国家社会科学基金教育学一般课题"家庭经济弱势本科生成长及其补偿研究"（BIA130063）研究成果

Jiating Jingji Ruoshi Benkesheng
Chengzhang jiqi Buchang Yanjiu

家庭经济弱势本科生
成长及其补偿研究

蔡连玉　等著

ZHEJIANG UNIVERSITY PRESS
浙江大学出版社

前　言

20 世纪 90 年代末期高校大"扩招",正式开启了我国高等教育大众化进程,至今高等教育毛入学率已接近 50%。高等教育大众化扩大了适龄青年的受教育权,教育公平的理念得到了践行。但是由于社会分层的客观存在,在广大进入大学校园接受高等教育的学子中,有家境优渥者,也有规模较大的家庭经济弱势本科生。后者享有了接受高等教育的权利,这是我国社会文明发展的体现,但是另一方面,我们想追问的是这一弱势群体在高校"场域"的成长状况怎样。自新中国成立以来,我国政府就一直对家庭经济弱势本科生实施形式多样、力度不一的经济资助。那么在现有的资助体系下,家庭经济弱势本科生的成长还有哪些补偿需求? 教育是摆脱贫困的治本之举,从逻辑上看,"教育脱贫"不只是要让寒门子弟"有学上",而且还要使其"上好学",也就是要让家庭经济弱势本科生在大学场域得到良好的成长,以阻断贫困的代际传递。基于以上,研究家庭经济弱势本科生的成长状况及其教育补偿需求,对在实践中保障这一弱势群体"上好学"具有重要意义。

个体的成长是一个复杂的教育学议题,因为个体具有自我意识和主观能动性,所以教育也就成为远远超越简单线性关系的复杂活动。那么怎样来衡量家庭经济弱势本科生的成长状况呢? 本书研究采用了一个基本的假定:成长即资本的积累。这一命题的学理基础是法国著名社会学家皮埃尔·布迪厄(Pierre Bourdieu)的资本理论。"资本"似乎是一个与且只与"金钱"相关的范畴,但是在布氏的资本理论中,资本远远超越了货币,他把资本分为经济资本、文化资本、社会资本和符号(象征)资本,这样资本就指涉到了人的思想认识和价值观念(文化资本)以及社会关系(社会资本),甚至人与人之间的符号互动(符号资本)。所以在本书研究的基本假定中,资本是一个意蕴丰富的概念。本书第一部分从整体上采用了布氏的上述资本分类理论框架来考察家庭经济弱势本科生的成长,即探究他们在四个维度(经济资本、文化资本、社会资本和符号资本)的资本积累状况。在本书第一部分的四个维度考察过程中,一般地,先是实践的调查(经验研究),旨在了解家庭经济弱势本科生在某一特定资本维度的成长状况,接着是相关的深入理论分析(理论研究)。在这一部分也会提出基于调查和理论探讨结论的教育补偿政策性建议。对教育补偿的系统研究是在本书的第二部分。研究在探索教育补偿时,先是对改革开放以来我国实施的教育补偿政策进行话语分析,接着是探究家庭经济弱势本科生的教育补偿政策体验。然后研究提出了教育政策补偿的原则和实现路径,还特别论证了非经济补偿的价值。第三部分是比较研究。他山之石,可以攻玉,本书探索了澳大利亚和美国大学生的经济状况、成长状况与补偿政策,以期得到有益的启示。

在研究方法上,本书采用了传统的理论研究(theoretical research)和实证研究(empirical research)。理论研究包括了理论上的探讨、构建,也包括对现实的学术意义上的批判性思考,甚至可以把比较研究也笼统地纳入这一研究范式。另一类则是基于经验的研究,用学者陈向明的概念就是"实证研究"。这类研究我们主要采用了质性研究和量化研究两种途径,其共同的特征是研究的结论都是基于经验数据的。无论是质性研究还是量化研究,我们都力求做到规范科学。

本书是国家社会科学基金教育学一般课题"家庭经济弱势本科生成长及其补偿研究"(BIA130063)的研究成果。研究的参与者有课题主持人蔡连玉及其所指导的来自浙江师范大学教育经济与管理、高等教育学和比较教育学三个专业的硕士研究生。各章标题及其作者如下:

第一部分:家庭经济弱势本科生的教育成长研究

第八章　家庭经济弱势本科生的教育生活研究(胡运梅)

第二部分:家庭经济弱势本科生的教育补偿研究

第九章　家庭经济弱势本科生补偿政策的话语分析(蔡连玉、应佳丽)

第十章　家庭经济弱势本科生补偿政策的体验研究(宁宇)

第十一章　家庭经济弱势本科生补偿原则及其实现(蔡连玉、王小会)

第十二章　家庭经济弱势本科生的非经济补偿研究(蔡连玉、胡运梅)

第三部分:家庭经济弱势本科生成长及其补偿的比较研究

第十三章　澳大利亚大学生经济状况与补偿政策(蔡连玉、刘杨、李文静)

第十四章　美国大学生助学贷款危机与解决路径(蔡连玉、张雯)

第二、四、八、十章修改自各作者的硕士学位论文,这四章研究的指导教师和收入本书时的修改者均为蔡连玉。蔡连玉负责了整书的统稿工作。全书各章的文责均由各自作者承担。

承蒙学术期刊和编辑的厚爱,本书部分章已有发表。其中第一章发表于《高校教育管理》2017年第6期(《教育脱贫的本科教育责任及其履行》);第五章发表于《教育与经济》2017年第6期(《贫困本科生社会资本的模型、积累及其教育补偿研究》);第六章发表于《高教探索》2018年第3期(《贫困本科生生活世界中的象征资本:规训、积累与补偿》);第七章发表于《高等教育研究》2018年第3期(《贫困本科生的自我结构与符号自我构建》);第九章发表于《高教探索》2017年第10期(《家庭经济弱势本科生补偿政策的话语分析(1979—2016年)》);第十一章发表于《重庆高教研究》2017年第6期(《贫困本科生经济补偿中的问题、原则及其实现路径》);第十二章发表于《江苏高教》2017年第8期(《贫困本科生非经济补偿的理论与实践研究》)。

整书的研究和写作工作前后持续了四年有余,中间经历了无数次规模或大或小的学术讨论,研究设计、数据收集分析和学术写作其中的艰辛只有亲历者才能深刻感知,也只有对学术有着浓厚兴趣才会自始至终保持对同一研究主题的长期热情与执着。作为项目主持人,我特别感谢各位作者一以贯之的学术努力与通力协作;作为指导教师,我也欣慰地看到学生的学术成长。本书付梓之时,他们大都学成毕业,其中多数从事教育事业,还有的负笈海外,继续追寻学术梦想。在本书的研究中,我们得到了许多人的良善帮助。感谢抽出时间参与访谈或者填答问卷的众多同学;感谢参加课题研讨的专家学者,你们提出的建议弥足珍贵;特别感谢浙江师范大学田家炳教育科学研究院时任院长、教育部长江学者特聘教授眭依凡老师所给予的指导与帮助。

　　限于研究者的学术素养,以及成书时间仓促,书中肯定会有不少缺陷与问题,期待读者与专家不吝指正。

蔡连玉

2018 年 5 月 11 日于尖峰山下

目　录

第一部分：家庭经济弱势本科生的教育成长研究

第二部分：家庭经济弱势本科生的教育补偿研究

第三部分：家庭经济弱势本科生成长及其补偿的比较研究

第一部分　家庭经济弱势本科生的教育成长研究

本部分旨在探究家庭经济弱势本科生的教育成长状况,并把此与非经济弱势本科生进行对照,从而得出这一弱势群体所需要的教育补偿。在探究家庭经济弱势本科生教育成长时,本部分使用了法国社会学家布迪厄的资本分析框架,把本科生的教育成长看作是其经济资本、文化资本、社会资本和符号(象征)资本的积累过程,所以研究分别从经济资本、文化资本、社会资本和符号(象征)资本四个维度来探究家庭经济弱势本科生的成长。并且在此基础上,本部分还把家庭经济弱势本科生的教育生活看作一个整体来进行补充性的综合考察。

分析框架	探究维度	分布的章
布迪厄资本理论 (由此得出命题: "成长即多重资 本的积累过程")	经济资本	第一章　家庭经济弱势本科生脱贫与本科教育
	文化资本	第二章　本科生家庭经济对其文化资本的影响
		第三章　家庭经济弱势本科生的文化资本积累
	社会资本	第四章　本科生家庭经济对其社会资本的影响
		第五章　家庭经济弱势本科生的社会资本积累
	符号(象征)资本	第六章　家庭经济弱势本科生的象征资本积累
		第七章　家庭经济弱势本科生的符号自我构建
教育生活理论	成长整体	第八章　家庭经济弱势本科生的教育生活研究

本部分分别使用了理论研究、量化研究和质性研究的方法来开展探究。

需要补充强调的是,本部分从四种资本维度和整体的教育生活、对照着非经济弱势本科生来探究家庭经济弱势本科生的成长状况,从而得出了其教育补偿需求,所以这部分内容核心关注的既是"教育成长",又是"补偿需求"。

第一章　家庭经济弱势本科生脱贫与本科教育

家庭经济弱势本科生成长的一个重要的体现是潜在或现实经济资本的积累。根据阿马蒂亚·森(Amartya Sen)的贫困理论,脱贫即扩大个体的资本所有权集合和交换权利映射,所以经济弱势本科生教育脱贫核心在于通过教育为个体累积资本。经济弱势本科生一般地在文化资本、社会资本、符号资本和经济资本四个维度的原生层面均处于劣势,且前三种资本都可转化成为经济资本。普通本科教育应基于自身质的规定性从如上四个维度补偿经济弱势学生,这是基于文明社会弱势补偿理念大学应有的责任担当。由此在精准识别家庭经济弱势本科生,对其进行有效的直接经济补偿的基础上,大学更应从学业、品位两个文化资本细分维度对其进行针对性帮助,并引导他们提高参与社会活动的意识与能力,以及在恪守通识教育理念的前提下,促进其潜在经济资本积累。

家庭经济弱势本科生成长的一个重要维度是潜在或现实经济资本的积累,在这一维度的良好成长体现在通过本科教育摆脱自身经济贫困状态,即教育脱贫。教育具有强大的经济功能,个人和社会的教育收益具有持效性,因此教育脱贫是我国当前扶贫工作和全面建设小康社会的战略重点。[①] 论及本科教育的教育脱贫责任担当,相关的想象力往往指向的是助学贷款、技能培训和就业指导等。然而本科教育更应基于其本质理念来促进家庭经济弱势本科生完成资本积累,以稳定脱贫。

---

① 中共中央国务院关于打赢脱贫攻坚战的决定[EB/OL]. (2015-11-29)[2017-02-08]. http://www.gov.cn/zhengce/2015-12/07/content_5020963.htm.

第一节　教育脱贫与经济弱势本科生资本积累

对"家庭经济弱势本科生"一般意义上的理解是家庭经济贫困的大学本科学生,"经济贫困"即指货币财富的缺少以及由此带来的物质财富不足。以上是基于日常生活中"贫困"通俗意义的解读,但是"贫困"一词含义甚为丰富。世界银行在《1980 年世界发展报告》中认为,当某些群体、家庭或个人没有足够的资源去交换获得在其所处社会公认和一般都能享受的食品、生活条件和参加某些活动的机会时,他们就处于贫困之中。① 世界银行还在《2000/2001 年世界发展报告》中进一步强调了"目前成为传统观点"的贫困解读,也就是:贫困不只是指物质的匮乏(以收入和消费来测算),还应包括低水平的健康与教育;另外该报告指出贫困还应包含风险和面临风险时的脆弱性,以及个体不能表达自身需求和影响力缺乏的状态。② 如上学界的"传统观点"已经突破了日常生活中对"贫困"简单的物质主义理解,贫困不只是物质匮乏,还与个体所享受的健康、教育服务和抗风险能力等有关。

进一步地,印度著名经济学者阿马蒂亚·森拓展了人们对贫困的想象。森的贫困理论集中表述于其名著《贫困与饥荒:论权利与剥夺》中,他认为贫困的生物学、社会学(不平等)、伦理学和政策学理解都存在不足。③ 森认为,在市场经济中,个体的典型权利关系包括"以贸易为基础的权利(trade-based entitlement)""以生产为基础的权利(production-based entitlement)""自己劳动的权利(own-labor entitlement)"和"继承转移的权利(inheritance and transfer entitlement)"。其中"以贸易为基础的权利",指在市场经济中,个体可以通过转换,获得各种商品组合所构成的集合的可能性,也即为"交换权利(exchange entitlement)",而每个个体都拥有基于自己(广义)所有权组合的交换权利组合,即"交换权利映射(exchange entitlement mapping)"。④

---

① 世界银行.1980 年世界发展报告[R].北京:中国财政经济出版社,1980:79.

② 世界银行.2000/2001 年世界发展报告[R].北京:中国财政经济出版社,2001:15.

③ [印度]阿马蒂亚·森.贫困与饥荒:论权利与剥夺[M].王宇,王文玉,译.北京:商务印书馆,2001:16—34.

④ [印度]阿马蒂亚·森.贫困与饥荒:论权利与剥夺[M].王宇,王文玉,译.北京:商务印书馆,2001:6—8.

森还认为,饥饿不是粮食供给的函数,而是交换权利的函数。进一步解释就是,饥饿不只是取决于食物的供给,而且还左右于食物的分配。① 森的研究是一个宏大的多学科论题,在这里我们并不想去讨论社会分配问题,但是可以由森如上精彩论述引申出:贫困是交换权利的函数,即贫困=F(交换权利)。在一个市场经济的现代社会,且在特定的社会分配制度情境中,个体的交换权利集合,也即交换权利映射越小,其就会越发贫困。从逻辑上可以推理出,个体交换权利映射既与宏观社会分配(如社会福利保障等)制度有关,也与个体(狭义)所有权集合有关,一般地在其他因素特定的情境下,个体所有权集合越大,则其交换权利就越大,其贫困程度也就愈低。

基于以上研究,可以认为"脱贫"指的是通过扩大个体交换权利映射来使其摆脱物质匮乏、健康和教育水平低下,以及面临风险大且抗风险能力弱等生活状况。个体交换权利映射建基于社会分配制度和个体所拥有的所有权,本书探究的旨趣在于后者,我们认为,在一个既定的市场经济、现代社会中,在特定的分配体制下,"教育脱贫"就是要通过教育来增加学生个体的所有权,以扩大其交换权利映射,最终稳定地摆脱贫困状态。教育是分层分类的,就大学普通本科教育而言,教育脱贫就是要通过大学本科教育,拓展学生的所有权集合,以扩大其交换权利映射,进而摆脱贫困状态。现在问题的关键是普通本科教育应该怎样来拓展学生的所有权集合。

所有权所依附的对象是资本。大学本科教育一般能够为本科生积累资本,也即扩大本科生的所有权集合。这只是一种笼统的认识,到底大学本科教育可能会增加本科生哪些资本,需要进一步追问。对此,法国著名社会学家皮埃尔·布迪厄(Pierre Bourdieu)的资本理论具有较好的解释力。资本(capital)可以理解为期望在市场中获得回报的、所投资的资源。② 布迪厄把资本的概念从经济学借用到文化研究中来,他想说明的是,文化也是一种财富,它可以被直接利用,也可以被转化成如金钱之类的有形物。③ 这就是布迪厄所谓的文化资本(cultural capital),文化资本包括了知识、文化习性和品

---

① [印度]阿马蒂亚·森.贫困与饥荒:论权利与剥夺[M].王宇,王文玉,译.北京:商务印书馆,2001:13—14.

② [美]林南.社会资本:关于社会结构与行动的理论[M].张磊,译.上海:上海人民出版社,2004:3.

③ Xue, H. Cultural Adaptation and Personal Capital Formation: The Experiences of Chinese Students in UK Higher Education[M]. Shanghai: Shanghai Jiao Tong University Press, 2011:43.

味等,它是资本的四种类型之一。其他的资本形式还有:经济资本(economic capital),指的是有形资产和金钱等;社会资本(social capital),指的是家庭、人际关系与社会网络等;符号资本(symbolic capital),指的是荣誉、声望和头衔等。这四种资本形式是可以相互转化的。[①] 布迪厄的文化资本理论其实是对传统的人力资本的另外解释,对他而言,被一般人视为人力资本累积的教育甚至是任何训练,都是文化资本的积累过程。[②] 文化资本可以转化成为经济资本。[③] 由上可知,大学本科教育过程对学生而言就是其文化资本的积累过程。但本科生在接受大学教育的过程中,不只是在进行学术学习,它还是个体的整体的生活过程。在这一过程中,本科生也在经历着社会资本、经济资本和符号资本的累积。布迪厄认为社会资本是"与个体的社会关系相关的实际或者潜在资源的集合,它是短期或者长期直接有用的"[④]。社会资本在形式上表现为一种社会关系网络,它在一定情境下能够转化为其他资本形式,特别是经济资本。[⑤] 经济资本则更为直接地与货币或者金钱相关,抑或其本身就是金钱。符号资本则可以理解为对文化资本、社会资本和经济资本的"固化",因为符号资本通常是这三种资本的表征与延伸。如重点大学毕业证书固化了持有者的文化资本。当然可以容易理解,符号资本在一定情境下也可转化为经济资本。

由上可知,家庭经济弱势本科生在大学受教育的过程中会积累四种资本:文化资本、社会资本、符号资本和经济资本,其中前三者完全可以、其实也通常会在当前或远期转化成为直接的或潜在的经济资本。但需指出并强调的是,在接受本科教育期间,学生所积累的经济资本往往不是即期的,虽然也不排除本科生在此期间实现现实的经济财富积累,但其经济资本积累

---

① Maclean, M., Harvey, C. & Press, J. Business Elites and Corporate Governance in France and the UK[M]. London: Palgrave Macmillan, 2006:29.

② [美]林南. 社会资本:关于社会结构与行动的理论[M]. 张磊,译. 上海:上海人民出版社,2004:13;14.

③ Bourdieu, P. The Forms of Capital[G]//Halsey, A. H., Lauder, H., Brown, P. & Wells, A. S. eds. Education: Culture, Economy, Society. London: Oxford University Press, 1997:46-58.

④ Bourdieu, P. The Forms of Capital[G]//Halsey, A. H., Lauder, H., Brown, P. & Wells, A. S. eds. Education: Culture, Economy, Society. London: Oxford University Press, 1997:46-58.

⑤ 刘精明,等. 教育公平与社会分层[M]. 北京:中国人民大学出版社,2016:228.

更多的是远期或潜在的，这种潜在的在毕业后获得更多经济资本的可能性往往在很大程度上由其在大学期间所积累的四种资本所决定。本科生通过大学教育积累了文化资本、社会资本、符号资本和经济资本，而前三者又促进了经济资本的积累，这样本科生就扩大了其个体的所有权集合，进而其交换权利映射就随之增大，于是家庭经济弱势本科生就会通过大学教育逐步摆脱物质匮乏、健康与教育服务水平低下以及风险人生等所表征的贫困状态。

第二节　本科教育履行教育脱贫责任的四维度

本科教育需要对受教育者个人和社会承担责任，尤其是在现代社会，大学不再是偏于一隅的边缘机构，其处于社会的核心，本科教育对个人成长和社会发展起到的作用是基础性的。本科教育承担起教育脱贫的职责，是大学对受教育者个人和社会的应有担当。而且本科教育对教育脱贫所起到的作用理应会更有持续性、稳定性，因为本科教育经历所累积起来的资本总和会沉淀在经济弱势学生个体身心之中，使其终身受益。这种受益又会弥散于社会，从而贡献于社会的文明进步。如前文所论，在市场经济及既定社会分配制度情境下，家庭经济弱势本科生的贫困是交换权利的函数，所以对本科教育而言，其教育脱贫的责任在于扩大家庭经济弱势本科生的交换权利映射。而欲扩大家庭经济弱势本科生的交换权利映射，则要更大程度地在本科教育阶段扩大他们的所有权集合。家庭经济弱势本科生的所有权集合附着在其拥有的资本之上，其总资本越多，则其所有权集合愈大，这样也就拥有更大的交换权利映射，进而更为远离贫困状态。于是本科教育努力促进家庭经济弱势本科生在受教育阶段的资本积累，就是其在担当教育脱贫责任。基于布迪厄资本分析框架，本科教育的教育脱贫责任应具有如下维度：

其一，文化资本，即本科教育应承担起促进经济弱势学生文化资本积累的责任。文化资本指涉学生的知识、习性和品味等，可以把个体受到的（广义）教育、培训甚至与文化相关的生活体验涵盖在内。布迪厄认为文化资本的存在有三种形式,即具体的、客观的和体制的。① 本科生进入大学场域时,并不是一张白纸,而是来自不同的家庭环境,受到了不同的基础教育,经历了不同的人生体验,所以各自已拥有的文化资本起点总量也不尽相同。布迪厄与马克思的观点相异,他认为经济资本与文化资本之间并不一定完全对应,②但是我们观察现实生活可以发现,经济弱势的家庭,一是其物质财富在不同程度上相对匮乏,二是在经济弱势家庭成长起来的本科生受到的基础教育也往往存在劣势,这就犹如整体上把经济发达城市的孩子受到的基础教育与农村孩子进行比较得出的结论一样。经济弱势家庭孩子在成长过程中,所拥有的如书籍等客观文化资本会较少,其进入大学前的具体的(品味等)、体制性的(文化相关证书等)文化资本也会相对缺失。家庭经济弱势本科生进入大学进行学习时,其原生文化资本相对较少,所以作为文明社会的弱势补偿,本科教育需要对经济弱势学生文化资本积累进行补助。布迪厄的实证研究有一些有趣的发现:社会(经济)出身越高的大学生,做研究时选择"他国"题目和地点的可能性越大;从艺术文化领域来看,越是出身高的大学生,他们的知识就越为丰富;在没有组织教学的文化学术领域,出身高的学生总是占优势的。③ 这类情形的出现,既是家庭经济弱势本科生进入大学前因家庭贫困带来的文化资本积累的结果,也表征出本科教育过程中对家庭经济弱势学生的不利不公局面。这就是本科教育应在文化资本领域对家庭经济弱势学生进行弱势补偿,以助其教育脱贫的必要性所在。

其二,社会资本,即本科教育应承担起促进家庭经济弱势学生社会资本积累的责任。一般地认为,社会资本是通过关系网络获得的社会资源。社会资本作为一种资源的集合体,可能是"实际的",也可能是"潜在的",④后者往往难以被感知。由于特定的原因,在我国社会资本在一定程度上被"污名化"了,甚至社会资本总是与裙带关系、贪污腐败相关联。这里我们讨论的社会资本本身具有正当性,属于合法的范畴之内。因为经济资本是其他形

① [法]皮埃尔·布迪厄.资本的形式[G].武锡申,译//薛晓源,曹荣湘主编.全球化与文化资本.北京:社会科学文献出版社,2005:3—22.

② [美]林南.社会资本:关于社会结构与行动的理论[M].张磊,译.上海:上海人民出版社,2004:16.

③ [法]布尔迪约,[法]帕斯隆.继承人:大学生与文化[M].邢克超,译.北京:商务印书馆,2002:19—21.

④ 包亚明主编.文化资本与社会炼金术[M].包亚明,译.上海:上海人民出版社,1997:202.

式资本的根源,①所以家庭经济弱势本科生因为经济贫困,其家庭所附着的社会资本往往会相对较少。经济弱势学生的家庭社会资本不足对其大学期间社会资本积累当然会有影响。可以把本科生的社会资本分为两类:一类是原生的,它主要是由本科生的家庭所带来。但是大学作为一种机构具有相对的社会活动封闭性,而本科生作为学习者其具有活动的单一性,这样原生社会资本并不一定能够被本科生所感知。但是可以推定的是,因为经济弱势本科生家庭所拥有的社会资本往往处于劣势,所以他们在大学期间所拥有的原生社会资本也相对较少。另一类本科生所拥有的社会资本是自生的,它是由于本科生自身的"关系活动"所创造出来的。通过观察可知,经济弱势学生往往在社会活动的意识和能力上处于相对劣势,这既与他们上大学前的贫困生活经历所带来的心理与精神上的影响有关,也受其所接受到的基础教育影响。基本的情形是,家庭经济弱势本科生与其他本科生相比,他们在社会活动的意识和能力上往往不足,这样他们自生的社会资本也具有相对劣势。经济弱势本科生的原生、自生社会资本的双重劣势决定了其社会资本积累的相对弱势,这种情形理应在大学受教育期间得到学校的相应补偿。弱势补偿是文明社会的根基,本科教育应在社会资本维度对经济弱势学生提供特别的帮助。

其三,经济资本,即本科教育应承担起促进家庭经济弱势学生(潜在)经济资本积累的责任。在布迪厄的理论中,经济资本由各种经济利益或收入、经济财产以及生产要素所组成。② 首先如前文所述,对本科教育而言,其主旨并不是要使学生在大学期间赚取更多的经济收入。本科生在校期间的经济资本积累更多的是一种"潜力",意指本科生积累的更多的是将来走上工作岗位后积累更多经济资本的潜能,当然这也并不否认其在校期间的实际经济资本增长,但后者并不是本科教育的旨趣。因此可以明确,本科教育对本科生经济资本积累的贡献应主要是提升其将来走出校园后积累更多经济资本的潜能。还有一个需要强调的基本意识是,普通本科教育从本质上讲应是通识教育,它是为学生将来的整个生活做准备的。为学生将来整个生活做准备当然也包括为其将来的经济生活做准备,但如若把这一点看成普通本科教育的核心所在,则庸俗化了本科教育,也偏离了本科教育为通识教育的质的规定性,从而滑向了职业教育。这里并没有对职业教育歧视之意,

---

① 　包亚明主编.文化资本与社会炼金术[M].包亚明,译.上海:上海人民出版社,1997:208.

② 　高宣扬.布迪厄的社会理论[M].上海:同济大学出版社,2004:149.

只是强调普通教育与职业教育的属性和功能的区分。普通本科教育能够通过学术教育促进本科生潜在经济资本积累,但本科教育其功能更为广泛,它指向的是本科生未来的整个生活。它不应是一种过分强调劳动技能的教育,而应是一种"无用的"博雅教育。当然这种"无用的"教育其实从长远来看对本科生的潜在经济资本积累是"有用的",因为整体来看,简单的技能教育往往在促进学生更多远期经济资本积累上比不过需要博雅教育作为基础的高智识的学习。有学者把教育分为"生存教育"和"地位教育"两种类型,生存教育只是为了满足基本的生存需要,而地位教育追求的是在满足基本生存需要的基础上的更高社会地位。① 即使把普通本科教育定位为通识教育,我们也很难说其只是单一的地位教育,尤其在我国普通本科教育因毕业生就业压力大、理念偏差等造成的明显的系统性"下移",或多或少地偏离通识教育的当下,普通本科教育其实是有很大程度上的生存教育属性。所以当前的普通本科教育是生存教育与地位教育并存。社会是分层的,经济弱势家庭属于下层,而社会分层往往在高教系统内有程度不一的"复制",所以下层经济弱势本科生的大学教育更多地偏向生存教育,这一情形往往是由他们的专业与课程选择、校园活动参与和关注主题偏好等在不知不觉中形塑而成的。而从长远和整体来看,地位教育才能更好地贡献于本科生的潜在经济资本积累。另外一方面,本科生在校期间的直接经济资本积累也不能完全否定,而这种积累在很大程度上受到其原生家庭经济状况的影响,这方面经济弱势学生同样处于劣势。由上可知,本科教育追求社会正义,应对家庭经济弱势学生在潜在经济资本维度进行切实的补偿。

其四,符号资本,即本科教育应承担起促进家庭经济弱势学生符号资本积累的责任。符号资本也可以称之为象征性资本,是用以表示威信、声誉和仪式活动等象征性现象的概念。② 符号资本的积累与其他三项资本的富有程度密切相关,甚至可以认为,符号资本是文化资本、社会资本和经济资本的延伸和固化。譬如,本科生通过努力学习,在大学期间积累了深厚的文化资本,荣获了优秀毕业生的称号,这一荣誉就是由文化资本延伸而来的;本科生通过自己的社会关系类的付出,担任了学生会主席一职,这一符号资本就是由其所累积的社会资本固化而来的;同样地,创业大赛获奖的荣誉也是由学生积累的潜在经济资本而得到的。由上探讨可知,整体来看,家庭经济

① 刘精明.国家、社会阶层与教育[M].北京:中国人民大学出版社,2005:77.
② 高宣扬.布迪厄的社会理论[M].上海:同济大学出版社,2004:151.

弱势本科生因为家庭经济贫困,在文化资本、社会资本和经济资本积累上往往处于劣势地位,而符号资本是这三种资本的延伸和固化,所以他们的符号资本积累也处于相对劣势地位。符号资本可以转化成为经济资本,本科教育担当教育脱贫责任,理应对家庭经济弱势本科生的符号资本进行弱势补偿。

第三节 本科教育助经济弱势学生脱贫的路径

家庭经济弱势本科生的教育脱贫关键在于扩大其所有权集合,以增大其基于所有权集合的交换权利映射。对经济弱势本科生而言,基于普通本科教育的本质属性,扩大其所有权集合,根据布迪厄的资本分析框架,就是通过本科教育促进其四重资本积累。本科教育履行教育脱贫责任,基于普通本科教育应为通识教育的基本理念,应遵循如下路径:

首先,大学需要精准识别家庭经济弱势本科生并对其实施有效的直接经济补偿。大学本科教育开展的是教育事业,它是旨在通过教育活动促进受教育者的文化资本、社会资本、经济资本和符号资本积累。但是经济弱势本科生能更公平地进行这四项资本积累的前提是,其经济困境要得到有效缓解。因为就经济弱势本科生个体而言,根据马斯洛需要层次理论,只有满足了基本的生存需求,才可更好地站在与其他本科生同样的平台上公平地积累四项资本,以扩大自身交换权利映射。如果经济弱势本科生在经济生活上遭受困顿,则会直接或间接影响其学业和资本积累。当前对家庭经济弱势本科生进行直接经济补偿的工作受到了政府部门和大学的高度重视,但是其中尚存在因"信息不对称"、识别"贫困生"精准度不足而带来的"搭便车""逆向选择"等负面现象,从而导致对经济弱势学生进行直接经济补偿的有效性不够。大学精准识别经济弱势学生需要有外部的制度供给,如整个社会的信用体系构建,以及在为经济弱势学生建档立卡基础上的信息合理共享制度的形成等。当前这些社会系统工程正在构建过程中。

其次,大学应从学业、品位两维度促进家庭经济弱势本科生文化资本积累。有论者把文化资本分为"学业资本"和"品位资本"两类,学业资本指向的是学业、学问和学识等,品位资本则与情趣、格调及品味相关。[①] 这一分类

---

① 陈卓.教育与社会分层[M].北京:教育科学出版社,2012:29.

方法虽然是粗线条的,但对本科教育具有一定的解释力。因为本科教育是一项教育事业,而教育的核心过程就是文化资本积累。本科教育过程中学生文化资本积累可以笼统地分为"学业文化资本"和"品位文化资本"两个角度。学业文化资本指向的是本科学业。家庭经济弱势本科生的学业与其他本科生相比,存在一些较为普遍的差异或差距。譬如,经济弱势本科生的英语学业经常处于劣势地位。他们在进入大学前,家庭和所就读学校为其所提供的英语教育资源是相对缺失和水平较低的,所以其英语学业成绩更多地分布在中低层次,更大的差距还体现在英语听说上。就一些高新科技相关的学习主题而言,经济弱势学生从小的科学见识以及由此带来的真实兴趣也往往相对不足。这些学业的原生劣势可能在高考成绩中体现不明显,因为高考分数可以通过反复地做题训练来提升。但是原生学业劣势会对经济弱势学生的大学学业文化资本积累带来不利,这需要大学重视并加以弥补。在品位文化资本积累上,家庭经济弱势本科生的劣势则更为突出。因为品味对贫困家庭及其孩子来说,仿佛更具"无用性",或者是更难具有"可获得性"。经济弱势本科生积累品位文化资本的意识需要通过大学教育来获得或者增强,而具体获得品位文化资本的教育过程,需要大学在课程设置、文化活动开展等方面予以重视,以切实促进经济弱势本科生的品位文化资本获取。"知识即财富",只有经济弱势本科生积累更多的学业和品位文化资本,才有可能使其获得更多的交换权利,以期稳定地摆脱贫困。

第三,大学需要引导教育家庭经济弱势本科生提升社会活动意识与能力。经济弱势本科生因为家庭经济贫困,原生社会资本存量相比而言往往是不足的,所以进行相应补偿需要他们在大学教育期间能够积累更多的自生社会资本。社会资本存在于社会关系之中,往往是通过积极的社会活动来创造的。如果本科生自身没有积极参与社会活动的意识,且其社会活动能力相对有限,则他们自身的社会资本积累就不会充分。经济弱势本科生因为早期的贫困生活经历,特别是家庭教育与基础教育体验使他们与其他本科生相比,在参与社会活动的意识和能力上往往都处于劣势。有论者对家庭经济弱势本科生进行研究指出,这一群体有更大的概率存在自卑封闭、自尊敏感和焦虑嫉恨等问题,他们需要进行"心理脱贫"和"精神脱贫"。[①] 所谓心理脱贫和精神脱贫就是进行相关的教育与心理干预,使经济弱势本科

---

① 矫宇.高校贫困学生群体的"精神脱贫"与"心理脱贫"[J].东北师大学报(哲学社会科学版),2008(4):183—189.

生走出自卑封闭、自尊敏感和焦虑嫉恨等负面心理。这些负面心理摆脱后，经济弱势本科生就更有可能以一种平和积极的心态参与社会活动。在此基础上，大学需要进一步主动引导经济弱势学生培育自身参与社会活动的意识，并且通过正式或非正式课程来培养其社会活动参与能力。大学此类针对经济弱势本科生的教育活动远远超出了当前主要只是进行简单的直接经济补偿的实践范畴，需要本科教育做出更多的努力，以促进他们的社会资本积累。家庭经济弱势本科生拥有了更多的社会资本，则其交换权利映射就得到扩大，摆脱贫困之路就往前迈了一步。

第四，大学应恪守通识理念增进家庭经济弱势本科生潜在经济资本积累。当前大学本科教育实践在对经济弱势学生进行直接经济补偿之外，主要在做的是开设更多易于就业的专业、加强技能性培训和就业指导等。在当下毕业生群体庞大、就业困难以及构建和谐社会的语境下，这些举措似乎拥有天然的正确性。但是需要强调的是，技能性教育应是职业教育的重要担当，普通本科教育本质上属于通识教育，过多的技能性教育会偏离通识教育理念，本科教育也应有更高的追求；而且大学本科教育对学生的就业责任也应是有限度的。[①] 大学本科教育应恪守通识教育理念，克服社会和市场需求带来的盲动，让本科教育回归本位，不应在为家庭经济弱势本科生进行直接经济补偿之外做过多的增进其短期和直接现时的经济资本积累的努力。无论社会以及受教育者个体意识到没有，其对普通本科教育其实有一种超越了简单的职业技能培训的期待，本科教育需要培养更多引领我国社会文明转型和发展的中坚力量，而不应只是培养蓝领工作者。如上文所述，本科教育更应重视的是对家庭经济弱势本科生潜在经济资本的积累，这需要大学强调博雅教育与地位教育，以此更为长远地促进经济弱势学生潜在经济资本累积，从而稳定脱贫。

符号资本同样可以转化成为经济资本，而符号资本是文化资本、社会资本和经济资本的固化和延伸，本科教育在促进家庭经济弱势学生进行这三类资本积累的同时，也会提升他们符号资本累积程度。本科教育通过以上路径的补偿努力促进了家庭经济弱势本科生四项资本累积，就会扩大他们的资本所有权集合，从而放大他们的交换权利映射，助其长远稳定地摆脱贫困状态。

---

① 蔡连玉，易娟.大学的就业责任及其履行困境[J].国家教育行政学院学报，2011(1)：67—71.

第二章　本科生家庭经济对其文化资本的影响

　　根据布迪厄的资本理论,本科生成长的一个重要维度是其文化资本积累状况。在当今社会,"寒门"能否出"贵子"是一个重要的争论话题。"贵子"的一个重要衡量维度是文化资本水平。本科生家庭经济水平对其大学期间的文化资本积累产生怎样的影响,是一个兼具理论与实践价值的研究课题。本书参考了已有成果,改编了文化资本测量量表,编制了"本科生家庭经济对其文化资本的影响调查问卷"。研究采用问卷调查的方法,在一所省属师范大学(Z校)随机抽取了 340 名本科生作为样本采集数据。通过差异分析、相关分析和回归分析,研究发现:不同家庭经济水平的本科生其文化资本状况存在显著差异;家庭经济水平与本科生文化资本状况之间呈显著中度正相关;本科生家庭经济水平一定程度上能够预测其文化资本状况。基于以上,大学应精准有效地资助经济弱势本科生;增强校园文化氛围,使经济弱势本科生有条件参与文化资本积累活动;有针对性地教育与引导经济弱势本科生积极主动积累文化资本,以促进其自身成长。

第一节　问题提出

　　近年来,我国高等教育大众化进程不断加快,大量学子被大学所吸纳,普通本科在校学生数由 1999 年的 272.4421 万人迅猛上升到 2014 年的

1541.0653 万人。① 这其中，有较大比例学生是来自于经济状况弱势的家庭。高等教育在校生数量庞大，大学生尤其是家庭经济弱势本科生这一群体的成长成为社会关注的焦点，那么，"寒门"能否出"贵子"？

本科生成长既关系社会的发展与进步，也是衡量一个国家高等教育水平高低的重要维度。人们始终把影响学生发展的关键因素定位于学校教育，但实际上，根据著名的《科尔曼报告》(*Coleman Report*，又名《关于教育机会平等》)，在学校教育因素以外，家庭环境因素也是影响学生成长较为重要的方面。家庭环境因素包含许多方面，如家庭结构、家庭社会经济地位、家庭关系和教育方式等。②

国内社会当前基尼系数较高，高校中家庭经济弱势本科生群体庞大，特别是在综合实力中等及偏下的高校中，由于高等教育大众化的迅猛推进，大量寒门学子被大学所吸纳。③ 这一群体当前在大学体制内受到的关照主要是在经济维度。大学会根据所掌握的有限信息，根据家庭经济状况的好坏给本科生贫困分级，然后针对不同贫困等级给予寒门本科生不同的经济补偿。但是寒门本科生在四年日常生活中的遭遇，特别是成长状况需要更多地被关注，这种关注是需要超越单一经济维度的。总之，寒门本科生的发展需要政策、学校层面提供全方位的补偿，对寒门本科生成长状况进行深入研究以了解其真正的发展需要，是反思现有高校经济弱势本科生成长补偿制度的基础。国内对家庭经济弱势本科生成长的研究较为薄弱，较多的相关研究关注的往往是未满 18 周岁的儿童。寒门本科生群体的成长一直在被忽视，即使现在有经济上的资助体系，但寒门本科生的成长是一个远远超越经济主题的议程。

法国社会学家布迪厄提出了"文化资本"的概念，把文化资本界定为"借助于不同教育行动传递的文化物品"，并指出文化资本具有主体、客体和制度三种存在形式。④ 基于此，可以将文化资本作为考量本科生成长状况和大

---

① 中华人民共和国国家统计局，http://data.stats.gov.cn/easyquery.htm？cn＝C01.2016-01-18.

② Coleman, J. S., Campbell, E. C. & Hobson, J. Equality of Educational Opportunity [M]. Washington, DC：U. S. Government Printing Office, 1966：10-32.

③ 李培林,李强,马戎主编. 社会学与中国社会[M]. 北京：社会科学文献出版社,2008：292.

④ [法]P. 布迪厄. 文化资本与社会炼金术[M]. 包亚明，编译. 上海：上海人民出版社,1997：192—193.

学教育质量的一个重要维度。根据布迪厄的文化再生产理论,[1]家庭和学校都是文化再生产的主要场所,并且家庭独特的文化资本、社会资本、经济资本和符号资本,对个体文化资本积累影响重大。而家庭经济水平又是衡量家庭经济资本的重要维度,那么,来自于经济水平低家庭的本科生的文化资本状况就必然处于弱势地位吗?把这一日常生活中的疑问提炼出来就是:作为家庭环境变量之一的家庭经济水平对本科生的文化资本状况有怎样的影响?在这一核心问题下,需要追问的细分问题有:(1)不同家庭经济水平本科生其文化资本状况存在显著差异吗?(2)本科生文化资本状况与其家庭经济水平之间的相关性怎样?(3)家庭经济水平能够在多大程度上预测本科生的文化资本状况?研究将通过对个案学校随机抽样采集数据进行分析的方法探究如上问题。

从下文的文献综述可知,现有研究多从描述与理论分析角度对文化资本进行探讨,规范的实证性研究较少。不同于以往理论性的分析,本书对抽象化的文化资本概念进行量化操作,使文化资本这一概念更具体和具有操作性。同时,本科生成长是一个抽象概念,很难对它进行量化。研究通过利用布迪厄的文化再生产理论,从文化资本角度审视本科生的成长,通过相关理论建立分析框架,分析家庭经济水平对本科生成长的影响,进而反思当前高校针对家庭经济弱势本科生设立的补偿机制,提出改善家庭经济弱势本科生文化资本状况的政策建议。这样的尝试性研究有助于丰富家庭经济弱势本科生成长的相关研究,具有理论价值。

大学阶段是本科生积累文化资本的关键时期,研究探究家庭经济水平对本科生文化资本状况的影响,关注家庭经济弱势本科生文化资本积累,为改善他们的文化资本积累提供政策建议;研究还从文化资本的角度反思现行弱势补偿政策的改善路径,具有较强的实践意义。

第二节　文献综述

一、家庭经济及其教育影响

国外学者较少使用"家庭经济水平"这一概念,更多的是用"家庭社会经

---

① [法]P.布尔迪约,J.帕斯隆.再生产:一种教育系统理论的要点[M].邢克超,译.北京:商务印书馆,2002:82—99.

济地位"(family social economic status)或"家庭背景"(family backgrounds)对学生的家庭经济水平进行研究,并且大多数的已有研究,都聚焦于家庭社会经济地位与学生学业成就之间的相关性。

(一)家庭经济水平的测量与评估

国内有学者从家庭消费的角度研究可用于测量家庭经济状况的指标,以家庭耐用消费品的拥有量为基础,以家庭人均年收入水平作比对,得出家庭经济状况的分类水平。然后用这种方法分别对 1989 年和 1991 年的"中国经济、人口和营养健康状况"调查中的居民经济状况进行分类,分类结果和实际相近,表明用家庭耐用消费品的拥有量测量家庭经济水平具有一定的可信度。[①] 李勇、王亚峰等以月收入和住房条件作为衡量家庭经济状况的标志,将月收入分成三个等级:低(低于 500 元)、中等(500～1000 元)和高(高于 1000 元)三个等级。居住条件分为四个等级:一室一厅、二室一厅、三室一厅和其他。他们还指出月收入与学生学业成绩不相关,居住条件与学生成绩亦无相关。[②] 用相似方法测量家庭经济水平的还有张新劳,他把地方财政局公布的户均月收入作为判断学生家庭经济水平的依据,把学生的家庭经济水平分为比较差(低于 1500 元)、中等(1500～2000 元)和比较好(高于 2000 元)三类。[③] 周蜀溪在其研究中,用住房条件、耐用消费品、食品消费及营养状况、零用钱消费情况、医疗保健和整体家庭经济状况六个方面的满意度对家庭经济状况进行量化,并指出这样的测量方法不仅能测量出经济学意义上的家庭经济状况,还能测量到中学生心理和行为层面上的家庭经济状况。[④] 这种测量家庭经济水平的方法后来也被许多研究者接纳并使用。

(二)家庭经济水平对学生发展的影响

国外家庭社会经济地位与学生发展的研究,早期而典型的有 1966 年的《科尔曼报告》,它对美国 3000 多所学校的学生和教师进行调查,通过对调查数据进行分析,发现美国的黑人以及其他少数民族后裔,如拉丁裔和印第

---

① 罗菊花,金水高,翟凤英,马林茂,于文涛.家庭经济状况评价指标探讨[J].卫生研究,1996(12):103—106.

② 李勇,王亚锋,张艳红.家长的职业、文化程度和家庭经济状况对学生学习成绩的影响[J].现代中小学教育,1998(1):55—57.

③ 张新劳.家庭因素对学生学业成就影响的调查研究[D].苏州:苏州大学,2008:40.

④ 周蜀溪.中学生学习动机与家庭经济状况的相关分析[D].成都:四川师范大学,2006:11.

安人,与白人中产阶级相比,缺乏改变和控制自己未来的信心和决心。报告总结认为:"学生的家庭社会经济状况(Family Socioeconomic Status, SES)最能影响学生的学业成就表现,而学校和教师的特征带来的影响可以忽略不计。"①《科尔曼报告》将家庭因素作为影响学生学业成绩的最主要因素,极大地冲击了传统的教育理念。在这之后,国内外许多学者都开始对家庭环境变量与学生成长之间的关系进行研究。1972 年,詹克斯(Jencks)等人研究美国家庭和学校教育的影响并指出,与学校因素相比,学生的家庭背景尤其是社会经济地位,更能说明学生学业表现的差异。家庭背景解释了 50%以上的学习成绩变异量,而学校因素的影响几乎可以忽略不计。② 列文尼(Levine)也在其研究中解释了为什么社会经济地位对学生的学习成绩有很大的影响。他认为,社会阶层不同,创造的教育环境也不同。中产阶级家庭会倾向于将房子买在学校附近,或者把孩子送到最好的学校念书。差异化的教育和学习环境,使得孩子的智力发展和学习动机也会产生差异。来自中产阶级家庭的孩子,更有可能获得较为优异的学习成绩。③ 1997 年,奥斯汀(Astin)基于对 2 万名学生和 2.5 万名教职工的调查也发现,良好的家庭社会经济状况对学生的平均绩点(Grade Point Average, GPA)有积极影响。④ 2007 年的国际学生评价项目(Programme for International Student Assessment, PISA)结果也表明,PISA 经济社会文化地位指数(PISA Index of Economic Social and Cultural Status, ESCS 指数)不仅影响学生的学业表现,而且会影响学校的教育质量,学生的家庭社会经济地位与学生学业表现之间呈现正相关。⑤

　　虽然学界广泛接受家庭经济社会地位与学生学业表现之间存在较高的相关度,但同样有部分研究指出,学生的家庭社会经济地位与学业表现之间

---

　　① Coleman, J. S., Campbell, E. C., Hobson, J. Equality of Educational Opportunity[M]. Washington, DC: U. S. Government Printing Office, 1966:10-32.

　　② Jencks, C. Inequality: A Reassessment of the Effects of Family and Schooling in America[M]. New York: Basic Books, 1972:22-43.

　　③ Levine, D. U. Society and Education (9th ed.)[M]. Boston: Allyn and Bacon, 1996:39-78.

　　④ Astin, A. W. What Matters in College: Four Critical Years Revisited[M]. San Francisco: Jossey-Bass, 1997:18-37.

　　⑤ OECD. PISA 2006-Learning for Tomorrow's World: First Results from PISA 2006[M]. Paris: OECD, 2007:8-27.

其实只呈中低度相关。如 PISA 测试虽然指出 ESCS 与学生的学业表现有较高的正相关性,但也指出较低阶层的社会背景与较差的平均学业表现水平之间没有因果关系。[①]图米(Toomey)通过研究指出,在英、美、加等国,家庭环境变量只能解释学业表现的 50%,家庭社会经济地位的解释力很小。[②]怀特(White)对 101 篇文献的元分析结果显示,父母职业对学生学业表现的解释率不足 4%,家庭经济水平对学生学业表现的解释率低于 10%,因而总结认为,家庭社会经济地位与学业表现低相关。[③]

"家庭经济水平"概念,国内研究也作"家庭经济状况"或"家庭经济条件"解释。国内关于家庭经济水平的研究始于 20 世纪 80 年代,已有研究主要围绕家庭经济水平的测量和家庭经济水平对学生发展的影响等方面展开。

国内关于家庭经济水平对学生发展影响的研究较多,主要关注点在以下几个方面:

第一,家庭经济水平和学生学业成就的关系。周蜀溪研究了中学生学习动机与家庭经济状况之间的相关关系,指出中学生的学习动机与家庭经济状况呈显著正相关,其中成功动机与家庭经济状况呈高相关。[④] 王殿春和张月秋通过改编周蜀溪的家庭经济状况调查问卷,研究了大学生学习动机与家庭经济状况之间的关系,发现大学生的学习动机与其家庭经济状况呈显著正相关,家庭经济条件越好,学生的学习动机越弱;家庭经济条件越差,学生学习动机则越强。[⑤]

第二,家庭经济水平和学生心理发展的关系。阎秀丽和苑旸等研究了学生的心理健康状况与其家庭经济水平之间的关系,指出家庭经济水平会

---

①　OECD. PISA 2006-Learning for Tomorrow's World：First Results from PISA 2006[M]. Paris：OECD, 2007：8-27.

②　Toomey, D. M. Educational Disadvantage and Meritocratic Schooling[J]. Australian and New Zealand Journal of Sociology，1976(12)：228-235.

③　White，K. R. The Relationship between Socioeconomic Status and Academic Achievement[J]. Psychological Bulletin，1982(3)：61-81.

④　周蜀溪. 中学生学习动机与家庭经济状况的相关分析[D]. 成都：四川师范大学，2006：44.

⑤　王殿春,张月秋. 大学生学习动机与家庭经济状况的相关研究[J]. 教育探索,2009(12)：129—131.

影响学生的心理健康,这种影响还呈现出一定的规律性和特异性。[①] 张二玲研究了家庭经济差异性对 90 后高职大学生的心理影响,发现家庭经济条件好与家庭经济条件较差的学生的心理压力显著高于家庭经济状况一般的学生。[②] 周芳对家庭经济状况对学生自杀意念的影响的研究发现,大学生自杀意念在性别、年级、本专科、家庭类型、是否独生子女上没有显著差异,但在家庭经济收入上有显著差异,大学生中有自杀意念的高危人群分别是家庭经济状况最好和最差的学生。[③]

第三,家庭经济水平和学生人际观、消费观的关系。李昕等通过自编的家庭经济状况调查表进行调查,发现家庭经济状况能对大学生的人际关系产生较大影响。[④] 梁前德通过对武汉地区 2662 名大学生的消费情况进行调查,发现大学生的消费水平与家庭经济状况呈显著相关;大学生在“社会交往消费”上有相同的消费倾向,与此同时,“精神消费”也慢慢进入大学生的视野,但大学生的总体消费情况处于理智状态。[⑤]

此外,还有少量关于家庭经济水平对儿童影响的研究,如刘浩强和张庆林的研究指出家庭经济水平在多种因素上影响儿童的成长,包括家庭和社区环境的影响,但家庭经济状况对儿童的影响又受儿童本身特征、内部家庭特征和外部支持系统的限制。[⑥]

二、文化资本

20 世纪 60 年代末 70 年代初,布迪厄提出了文化资本理论。作为一个理论范畴,其理论虽然没有形成完整的体系,但是对世界学术界产生了重大影响。关于文化资本的主要研究分为文化资本的基本理论、文化资本的量

[①] 阎秀丽,苑旸,宋真.家庭经济状况与学生心理健康的相关性研究[J].济南职业学院学报,2013(2):69—71.

[②] 张二玲.家庭经济差异性对 90 后高职大学生心理的影响[J].武汉职业工程技术学院学报,2014(2):94—96.

[③] 周芳.家庭经济状况对大学生自杀意念的影响[J].中国健康心理学杂志,2009(2):132—134.

[④] 李昕,俸娜,闫春平.不同家庭经济状况对大学生人际关系的影响[J].新乡医学院学报,2007(6):599—601.

[⑤] 梁前德.家庭经济状况与大学生消费的实证分析:以武汉地区 2662 名大学生消费调查数据为例[J].江汉论坛,2009(8):131—135.

[⑥] 刘浩强,张庆林.家庭经济状况对儿童成长的影响[J].淮北煤炭师范学院学报(哲学社会科学版),2004(4):134—136;142.

化、文化资本与个体发展,以及文化资本与社会问题四个方面。

(一)文化资本理论

国内学者萧俊明、[①]周宪[②]、高宣扬[③]、张意[④]和宫留记[⑤]等详细介绍了布迪厄的文化资本理论,并对其中的一些概念进行了诠释。刘小枫[⑥]和朱国华[⑦]则分别对文化资本理论中的阶级斗争、文化与权力的关系进行论述,其中,对布迪厄的文化资本理论做了详尽系统介绍的是朱国华的《权力的文化逻辑》。台湾学者邱天助阐述了文化再生产的过程及其意义。[⑧] 还有学者将布迪厄对知识分子与资本及利益的思考,引入当代中国知识分子社会地位和角色及其变迁的考查中。[⑨] 这些著作为系统梳理和深入研究文化资本理论提供了大量的资料。

(二)文化资本的量化

文化资本理论自兴起后,一直在不断发展,由于这一概念的边界比较模糊,因而难以对其进行量化考察和做出相关实质性的判断,国外学者为此做出了很多努力。

布迪厄用父母的受教育程度计算家庭文化资本,[⑩]用同样方法测量文化资本的还有罗宾逊(Robinson)与加尼尔(Garnier)[⑪]、琼森(Jonsson)[⑫]。迪

---

① 萧俊明.布尔迪厄的实践理论与文化再生理论[J].国外社会科学,1996(4):49—55.

② 周宪.文化工业—公共领域—收视率:布尔迪厄的媒体批判理论[J].国外社会科学,1999(2):70—74.

③ 高宣扬.布迪厄的社会理论[M].上海:同济大学出版社,2004:48.

④ 张意.文化与符号权力[M].北京:中国社会科学出版社,2005:53.

⑤ 宫留记.资本:社会实践工具:布尔迪厄的资本理论[M].郑州:河南大学出版社,2010:67.

⑥ 刘小枫.个体信仰与文化理论[M].成都:四川人民出版社,1997:49.

⑦ 朱国华.权力的文化逻辑[M].上海:上海三联书店,2004:31.

⑧ 邱天助.布尔迪厄文化再制理论[M].台北:桂冠图书股份有限公司,2002:75.

⑨ 陶东风.社会转型与当代知识分子[M].上海:上海三联书店,1999:131.

⑩ [法]P.布尔迪约,J.帕斯隆.再生产:一种教育系统理论的要点[M].邢克超,译.北京:商务印书馆,2002:85—113.

⑪ Robinson, R., Garnier, M. Class Reproduction among Men and Women in France [J]. American Journal of Sociology,1985(2):250-258.

⑫ Jonsson, J. O. Class Origin, Cultural Origin and Educational Attainment: The Case of Sweden[J]. European Sociological Review,1987(3):229-242.

马奇奥(Paul DiMaggio)①和摩尔(John Mohr)②通过文化兴趣、文化活动和文化信息三个维度的数据来进行家庭文化资本的测量。蒂奇曼(Teachman)认为父母受教育程度和家庭收入无法完全代表家庭的文化资本,家庭学习资源才最能体现家庭的文化资本状况,并指出学习资源有助于教育获得的提升。③ 德·格拉夫(De Graaf)则以父母高雅文化参与度(如每月去博物馆、音乐会和艺术馆的次数)和父母的阅读活动测量家庭文化资本。④ 通常研究者对家庭文化资本的测量,要么只用父母的文化资本状况作为考量,要么只用子女的文化资本状况进行考量,而苏丽婉(Sullivan)则同时测量了子女的文化资本状况和父母的文化资本状况,具体地说,她用子女参与文化活动的情况、掌握的文化知识和语言能力作为测量子女文化资本状况的依据,以父母的阅读活动、文化活动的参与等作为测量父母文化资本状况的依据。⑤ 此外,汤尼·贝纳特(Tony Bennett)等将文化活动的参与、文化知识和文化品位等作为衡量文化资本的三大因素,而其中的文化知识与文化品位主要是指艺术方面,而不是社会文化。⑥ 吉尔伯特(Gerbert Kraaykamp)和科恩·范(Koen Van Eijck)也从三重视角研究文化资本的代际再生产,指出学生的文化资本积累受父母文化资本积累的影响,如学生拥有的文化商品数量(客观化状态的文化资本)主要受父母文化财产的影响

---

① DiMaggio, P. Cultural Capital and School Success：The Impact of Status Culture Participation on the Grades of U. S. High School Students[J]. American Sociological Review, 1982(47):189-201.

② DiMaggio, P., Mohr, J. Cultural Capital, Educational Attainment, and Marital Selection[J]. American Journal of Sociology, 1985(6):1231-1261.

③ Teachman, J. D. Family Background, Educational Resources, and Educational Attainment[J]. American Sociology Review, 1987(8):548.

④ De Graaf, N. D., De Graaf, P. M., Kraaykamp, G. Parental Cultural Capital and Educational Attainment in the Netherlands：A Refinement of the Cultural Capital Perspective [J]. Sociology of Education, 2000(73):92-111.

⑤ Sullivan, A. Cultural Capital and Educational Attainment[J]. Sociology, 2001(4): 893-912.

⑥ Bennett, T., Savage, M., Silva, E., Warde, A., Gayo-Cal M. & Wright, D. Cultural Capital and the Cultural Field in Contemporary Britain[R]. CRESC Working Paper Series 3,2005:1-26.

等。① 之后，文化资本这一概念不断被纳入到教育获得研究中，并有学者研究文化资本与个体发展之间的相关性。

（三）文化资本与个体发展

西库雷尔（Cicourel）探讨了文化资本的分配状况，指出在不同社会阶层之间，文化资本的分配存在隐形的不平等现象，这种分配中的隐形不平等会造成后代之间的教育差异，而这种差异对个体未来的人生发展有很大影响。② 保罗·迪马奇奥和约翰·摩尔（John Mohr）认为性别、婚姻选择、父亲的受教育程度、文化资本等变量可以纳入量化研究分析之中，用来考察文化资本对阶级形成的影响。③ 西斯维克（Chiswick）分析劳动市场中外来移民和本土工人工资之间的差异，他使用布迪厄的文化资本理论进行分析，并得出收入差异源于文化因素的结论。④ 科斯坦萨（Costanza）和戴利（Daly）将文化资本视作人力资本不可或缺的部分，探讨了劳动者的受教育水平、技能知识和经验积累等对劳动能力与报酬的影响。⑤ 特雷尔·斯特雷霍恩（Terrell L. Strayhorn）研究了社会和文化两种资本对不同种族学生学业成就表现的作用，发现非洲裔和拉丁裔的男性在社会资本和文化资本方面存在巨大差异，并指出大学期间是积累社会资本和文化资本的最佳阶段。⑥

① Kraaykamp, G., Eijck, K. V. The Intergenerational Reproduction of Cultural Capital: A Threefold Perspective[J]. Social Forces, 2010, 89(1):209-231.

② Cicourel, A. Origin and Demise of Socio-Cultural Presentations of Self from Birth to Death: Caregiver "Scaffolding" Practices Necessary for Guiding and Sustaining Communal Social Structure throughout the Life Cycle[J]. Sociology, 2012, 47(1):51-73.

③ DiMaggio, P. & Mohr, J. Cultural Capital, Educational Attainment, and Marital Selection[J]. American Journal of Sociology, 1985(6):1231-1261.

④ Chiswick, B. R. The Earnings and Human Capital of American Jews[J]. The Journal of Human Resources, 1983(3): 313.

⑤ Cleveland, C. J., Ayres, R., Castaneda, B., Costanz, R., Daly, H., Folke, C., Hannon, B., Harris, J., Kaufmann, R., Lin, X., Norgaard, R., Ruth, M., Spreng, D., Stern, D. I., Jeroen, C. J. M. & Bergh, V. D. Natural Capital, Human-Made Capital, Economic Growthand Sustainability[EB/OL]. [2018-04-10]. https://www. researchgate. net/publication/255646529_Natural_Capital_ Human_Capital_and_Sustainable_Economic_ Growth.

⑥ Strayhorn, T. L. When Race and Gender Collide: Social and Cultural Capital's Influence on the Academic Achievement of African American and Latino Males[J]. The Review of Higher Education, 2010(3):307-332.

(四)文化资本与社会问题

文化资本理论同样是分析中国社会现象(包括宏观教育问题)的工具。陆学艺[①]、许欣欣[②]用文化资本理论分析了教育对个体社会地位变化的重大影响,指出了学历与文凭在社会流动中的重要作用。杨东平调查教育水平与家庭背景之间的关系,运用布迪厄文化资本理论的方法,揭示了当前中国的教育形势和困境。[③] 强晓华和查晓虎[④]、刘芳[⑤]、陆慧[⑥]等研究了文化资本对高校毕业生就业过程中的积极影响,以及大学生就业选择与文化资本状况之间的关系,将文化资本概念引入了大学生就业选择研究中,探究了文化资本对大学生就业选择的影响,并为改善大学生文化资本积累提出了建议。周小李用布迪厄文化资本理论审视了女大学生就业难现象,指出女大学生就业难难在其文化资本与符号资本的双重弱势。文化资本弱势的原因在于女大学生在专业区隔与文凭等级中的不利处境,符号资本弱势则是男女两性符号系统权力作用的结果,资本弱势源自社会结构合谋。从而指出要从根本上解决女大学生就业难问题,需要社会的结构性调整与变革。[⑦] 此外,孙海波[⑧]、刘佳[⑨]等关注大学生考证热现象,从文化资本积累与转换视域探析大学生考证热,指出当前大学生考证热是文化资本积累的有效途径之一,而这种途径是试图通过教育投资来提升自身文化资本的博弈,它能够在就业过程中将文化资本转化成经济资本。在布迪厄文化资本理论的影响下,研究者对一些现实针对性较强的社会问题进行了深入的探究,大大推动了文化资本理论与实际社会问题相结合研究的发展。

---

① 陆学艺. 当代中国社会流动[M]. 北京:社会科学文献出版社,2004:83.

② 许欣欣. 当代中国社会结构变迁与流动[M]. 北京:社会科学文献出版社,2000:49.

③ 杨东平. 中国教育公平的理想与现实[M]. 北京:北京大学出版社,2006:91.

④ 强晓华,查晓虎. 大学生的文化资本及其在职业获得中的作用[J]. 安徽工业大学学报(社会科学版),2007(1):147—148.

⑤ 刘芳. 当代中国大学生文化资本与就业选择[D]. 长春:东北师范大学,2008:13—14.

⑥ 陆慧. 论专科生的文化资本积累与择业[D]. 武汉:华中师范大学,2013:27—34.

⑦ 周小李. 女大学生就业难:文化资本与符号资本的双重弱势[J]. 教育研究与实验,2011(1):43—47.

⑧ 孙海波. 从社会学视角看大学生考证现象:文化资本的积累和与经济资本的相互转化[J]. 商业文化(学术版),2008(8):219.

⑨ 刘佳. 文化资本积累与转化视阈下的大学生考证热[J]. 理工高教研究,2009(6):73—75.

三、家庭经济对学生文化资本的影响

家庭经济水平对学生文化资本影响的研究文献并不丰富。国外学者库里克(Couric)运用元分析的统计方法进行研究,分析物质环境的改变对学生学业成绩的影响,结果发现使用电子计算机可以提升学生学习效率,当学生利用计算机作为基础教学时,他们对学习的兴趣整体上呈上升趋势。[①] 锡温河的研究也指出教育环境的改善有以下三个方面的优点:第一,不管是幼儿园还是大学,技术丰富的教育环境,对学生学习有益;第二,学生的学业成绩尤其是主要科目的成绩,会因为技术丰富的教育环境,而有明显提升;第三,计算机在学习过程中的使用,会帮助学生改善对学习的态度并且重新认识自我。[②] 此外,美国全国教育进步评估(NAPE)的研究数据显示,家庭拥有辞典、书本和报纸等阅读材料的数量,会影响学生的学业表现,家中有较多阅读材料的学生,平均阅读熟练水平会优于家中阅读材料少的学生。[③]

国内学者意识到家庭经济水平的差异会带来本科生成长方面的差异,因而将本科生按照家庭背景人为划分成了家庭经济弱势本科生和家庭经济非弱势本科生,并对改善家庭经济弱势本科生在大学场域内的境况做出了研究。程新奎中将贫困大学生作为经济弱势群体,引入布迪厄的场域理论,分析大学生群体内部差异,揭示贫困大学生与非贫困大学生之间的差异根源,指出经济资本影响学生的学业资本,文化资本和权力资本则会影响学生的社会资本。[④] 秦惠明、李娜指出,来自农村的大学生,其弱势地位主要体现在文化资本而不是经济资本,兼为权力场和学术场的大学场域,双重属性决定了它至少存在两种不同的主流文化,而农村背景的大学生,因为在大学场域中的文化劣势地位,会产生复杂的场内位置感,更有甚者,会怀疑场内竞争标准的公平性。所以建议大学管理者应当承担引导校园文化建设的任务,帮助学生正确认识大学场域,不仅要对其实行经济帮扶,也要重视非经济帮扶,从城市文化走向多元文化的共同发展,并意识到教育公平不仅指数

① [美]珍妮·H.巴兰坦.教育社会学[M].朱志勇,等,译.南京:江苏教育出版社,2011:68.

② [英]贝磊.教育补习与私人教育成本[M].杨慧娟,等,译.北京:北京师范大学出版社,2007:94.

③ 蒋逸民.教育机会与家庭资本[M].北京:社会科学文献出版社,2008:10—11.

④ 程新奎.经济弱势群体的生存境遇:以布迪厄理论解析华东师大本科生群体的内部差异[D].上海:华东师范大学,2006:16—25.

量上的分配公平,更关切互动中的关系公平。[①] 此外,在家庭背景与文化资本关系方面,查婧在其研究中指出,文化资本是累积性和传承性的,与其他类型的资本能够相互转化,而家庭中各种类型的资本会影响文化资本的获得和继承。[②]

综上可知,国内外研究者较多关注家庭环境中人文社会因素对学生发展的影响,如父母职业、文化程度、家庭社会地位等,而对家庭环境中的纯物质因素家庭经济水平与学生发展的影响关涉不多;研究者对家庭经济水平与学生成长的关系的研究,主要关注学习成就方面,而对于家庭经济水平影响学生其他方面发展的研究尚显不足;国内外学者关注点更多集中于家庭环境对中小学生、高中生发展的影响,而对家庭环境与本科生成长之间关系的关注度不够。基于以上,本研究结合社会学的概念,借用布迪厄的文化资本理论,研究家庭经济水平对本科生文化资本的影响,并为家庭经济弱势本科生的成长补偿提出相关政策建议,具有较好的学术价值。

第三节 概念界定与理论基础

一、相关概念界定

(一)本科生

本科生与大学生范畴有异。在本书中,本科生是指从属于普通高等教育领域内本科教育层次的大学在读学生。本科根据不同的高考录取批次,可以分为一本、二本和三本。开展本科教育的院校又可以分为重点本科高校和非重点本科高校,但是这只是高校管理的制度安排,本质上都是本科教育。如上这些高校本科学生都是本书研究的指涉对象。

(二)家庭经济水平

关于家庭经济水平的含义,目前并没有取得统一的认知,概念使用上有的学者用"家庭经济条件",有的用"家庭经济地位",也有的用"家庭收入状况"。家庭经济水平难以测量的原因除了家庭经济水平属于学生的个人隐

---

① 秦惠明,李娜.农村背景大学生文化资本的弱势地位:大学场域中文化作为资本影响力的视角[J].北京大学教育评论,2014(4):72—88.

② 查婧.家庭对文化资本的影响[J].太原师范学院学报(社会科学版),2007(3):44—46.

私外,还因为在市场经济发展大潮下,家庭收入趋向多元化,学生对自己家庭经济水平的评估基于个人感受,因此很难客观评判家庭经济水平的好坏。本书中的"家庭经济水平"指的是本科生家庭背景中的纯物质因素,因此指的就是本科生的家庭年总收入,并以本科生在校一年的必要支出占家庭年总收入的比重做对照来考察本科生的家庭经济水平。

(三)文化资本

文化资本这一概念最早由布迪厄提出,其目的是分析出生于不同阶层的学生在学业成就上是否存在差异。换句话说,来自不同阶层的学生,在学术市场上得到的特殊利益,是否与阶层之间的资本分布状况相一致。布迪厄发现,和学校直接教授和完全控制无关的领域,如先锋派戏剧或爵士音乐,有上层阶级家庭背景的大学生,会比较有优势并容易成功。① 这就说明排除学校教育因素的影响,有较好家庭背景的学生更容易凸显其优势,并获得学业成功。在布迪厄著名的《资本的形式》一文中,他构建了较为完整的文化资本理论,把文化资本视作"借助于不同的教育行动传递的文化物品"②。在《文化资本与社会炼金术》一书中,布迪厄首次明确指出了文化资本的存在形式,即文化资本有具体(或身体)的形式、客体的形式和制度的形式三种。具体的形式或身体的形式,是个体经由家庭环境和学校教育得到的一种文化能力,它会成为个体身体与精神的一部分,这种文化能力包括语言能力、行为惯习、适应能力和人格类型等;客体形式的文化资本,是个体拥有的文化产品,如辞典、工具书、报纸和杂志等;制度形式的文化资本最典型的表现是学历,它是指个体在一定的文化体制下所获得的制度性的资格与地位。此外,各类资格证书也可以被看作是制度形式的文化资本。③ 本书探讨家庭经济水平对本科生文化资本状况的影响,"文化资本"概念来源于布迪厄的文化资本理论,对文化资本的内涵和分类的理解也以这一理论为基础。

二、主要理论基础

布迪厄的文化资本理论使我们能够以全新的视角看待文化资本在个体

---

① [法]P.布尔迪约,J.-C.帕斯隆.再生产:一种教育系统理论的要点[M].邢克超,译.北京:商务印书馆,2002:85—87.

② [法]皮埃尔·布迪厄.资本的形式[G].武锡申译//薛晓源,曹荣湘主编.全球化与文化资本.北京:社会科学文献出版社,2005:3—22.

③ [法]P.布迪厄.文化资本与社会炼金术[M].包亚明,编译.上海:上海人民出版社,1997:192—193.

成长过程中的重要意义,也为我们探究家庭经济弱势本科生教育与成长过程中所存在的问题提供了新的分析框架。

(一)文化资本理论

1. 场域

当今社会结构如同一张网,呈现为一种非常活跃而紧张的状态,任何成员的活动都联系着社会整体结构及其活动;反过来,整个社会结构、生命及活动也不断影响个体。也就是说,整个社会整体、部分和个人,不断在进行力量的较量与制衡。为了尽可能具体化地反映社会结构的真实的动力惯习和生命运作状况,布迪厄试图以共时理解的概念形式,把社会宇宙结构化的动态性质,用"场域"概念表达。① 场域是"位置之间的客观关系的网络(network)或构型(configuration)",从这些位置的存在,以及附加于它们的占据者的各种约束条件来看,这些位置由两个方面决定:一是它们在不同类型的权力或资本分配结构中的境况;二是它们与其他位置的关系,这种关系可以指支配,也可以指服从等。这就意味着要想在场域中获得与利益相关的特定利润,就必须拥有权力或资本。而行动者在场域中会采取的策略不仅取决于他们在场域中的位置,也取决于他们对场域所持有的认知。行动者在场域中的位置就是行动者在特定资本分配中所占的地位,他们对场域所持有的认知又取决于他们对场域所采取的观点,也就是他们对场域中某一特定的点所做的观察。②

场域和传统的"社会结构"不同,也不是各种社会地位和社会空间的静态结构。场域通常与场域中各个行动者的社会地位相关,而各种社会地位又可以构成一个阶层化的社会关系网络。如文化资本对应的场域,布迪厄称之为"文化场",文化场域又可以细分为艺术场域、科技场域和教育场域等。教育场域包括的行动者主体有学生、教师和家长等。场域概念受布迪厄关系性思维模式影响较大,场域更多地关注的是在场域之中的实体间的关系,而不是实体本身或其特征。因此,他认为:"根据场域进行思考就是关系性地进行思考"。③ 布迪厄指出,人的行动场域构成了社会空间,个体在场

---

① 高宣扬.布迪厄的社会理论[M].上海:同济大学出版社,2004:136.

② [法]布尔迪厄,[美]华康德.实践与反思[M].李猛,李康,译.北京:中央编译出版社,1998:134.

③ Bourdieu, P. , Wacquant, J. D. An Invitation to Reflexive Sociology[M]. Chicago: University of Chicago Press, 1992:45.

域中的实际行动与社会结构密不可分,一方面社会结构能为个体的实践活动提供客观制约条件,另一方面正是个体的实践活动过程构成了社会结构的存在与发展。①

　　布迪厄认为,场域有多重特征。首先,场域是一个具有竞争性的场所,行动者为了获取更多的资源或资本,争取更大的权力而在其中进行竞争。其次,各个场域具有相对独立性,每个场域都有自己的逻辑,并且这种逻辑可以控制场域中一切行动者及其实践活动。再次,场域具有结构性,这就是说,在场域中位于不同的位置,其拥有的资本类型、数量和结构就会不同,这种不等分的资本,会造成场域内的行动者,形成支配与被支配的位置结构等级。最后,场域没有明确的界限,它有可能扩大、缩小甚至会消失,新的场域也很有可能出现。②

　　2. 惯习

　　"惯习"一词源于拉丁文"habitus",描述人的仪表、穿着状态以及"生存的样态",原来指的是在当时当地规定着某人某物之所以为某人某物的那种"存在的样态",所以国内也有学者将这一概念理解为"生存心态",布迪厄赋予了这个词新的意义。他认为惯习兼具"建构的结构"和"结构的建构"双重性质,是一种"持续的和可转换的秉性系统"。惯习贯穿行动者内外,会随时随地伴随着人的生活和行动,是一种生存心态和生活风格。惯习一方面能指导行为者的行动过程,另一方面还能凸显行动者的行为风格和气质;它不仅能体现行动者的主观意识,在社会生活中又以无意识的方式体现;既是行动者过去活动经验和教育经历的体现,有历史的"前结构"性,又能根据社会历史条件的变化,不断进行自我改变,有"创新性";既可以在实证的经验方法下准确地把握,又以不确定的模糊特征显示出来;既能显现出行动者个人的秉性,又渗透着他所属的社会群体的阶层性质;既因为社会结构长期内在化而以感情心理系统呈现出来,同时又主动外在化地影响生活和行动过程,并不断再生产和创造新的社会结构;既是行动的动力及客观效果的精神支柱,也是思想、感情、风格、个性甚至语言表达风格和策略的基础。③

　　因此,形成惯习的早期社会化,在教育中应该引起重视。孩子从父辈或祖辈处沿袭与传承的饮食、生活习惯、日常行为与思维方式等都会不自觉、

---

①　高宣扬.布迪厄的社会理论[M].上海:同济大学出版社,2004:136.

②　陈治国.布尔迪厄文化资本理论研究[D].北京:首都师范大学,2011:39—41.

③　高宣扬.布迪厄的社会理论[M].上海:同济大学出版社,2004:113—125.

无意识地透露其家庭出身。惯习说明个体不是只受外部起因决定的粒子，也不是只受内部原因引导，只会执行完全理性的内部行动计划的单子（monad）。[①] 惯习不仅体现个人特质，也是进行阶层区分的手段。处于相同阶层的成员，生活环境与社会条件相似，与从属于其他阶层的成员相比，更能互相欣赏和理解。

3. 文化资本

布迪厄提出文化资本这一概念，来分析影响不同阶层学生学业表现的因素，这些因素对学生未来发展有很重要的作用。布迪厄把资本划分为三种形式，分别是经济资本，文化资本和社会资本。布迪厄指出三者当中，文化资本最为重要，因为资本之间可以进行互相转化，个体可以将文化资本投资于各种市场，文化资本的投资能够给占有者取得相应的回报（利润）。[②] 迪马奇奥则在"地位文化参与"的意义上理解文化资本，具体包括文化活动、文化知识以及文化态度。[③] 也有学者认为文化资本是一种上层的地位符号，这种符号是进行文化和社会排斥的利器，因为它易于被制度化或特定的人群分享。如态度、偏好、形式知识、行为、商品和证书等。制度化的符号进行工作和资源的排斥，分享的符号被上层群体用来排斥其他群体。[④] 基于美国学术研究中的实践，拉鲁（Lareau）对文化资本的定义进行修正，认为文化资本的关键方面是文化能作为获取回报的资源，这种资源易于垄断，并且在特定情况下可以代际传递。这说明在教育过程中，学生和家长满足学校期望的能力，依社会分层的不同而不同，这种差异在文化资本上体现得尤为明显。[⑤]

文化资本与家庭背景关系密切。布迪厄在其著作《继承人》中，对这个问题进行了明确论述：学业成败在既非天赋，也非个人因素的情况下，归根

---

① ［法］布尔迪厄. 文化资本和社会炼金术［M］. 包亚明，编译. 上海：上海人民出版社，1997：183.

② 于胜男. 家庭文化资本对学生学习习惯的影响研究［D］. 长春：东北师范大学，2012：10—11.

③ DiMaggio, P. Cultural Capital and School Success: The Impact of Status Culture Participation on the Grades of U. S. High School Students［J］. American Sociological Review, 1982(47):189-201.

④ Lamont, M. & Lareau, A. Cultural Capital: Allusions, Gaps and Glissandos in Recent Theoretical Developments［J］. Sociological Theory, 1988(6):153-168.

⑤ Lareau, A & Weininger, E. B. Translating Bourdieu into the American Context: The Question of Social Class and Family-School Relations［J］. Poetics, 2003(31):375-402.

结底是家庭环境作用的结果。来自原生家庭的文化习惯和才能,在家庭环境作用下,对个体的影响成倍增加。①

在布迪厄的文化资本理论中,文化资本、场域和惯习这三个概念密不可分,每一个概念只有在与其他二者相互作用、互相影响时,才能获得有效的意义和功能。

(二)文化再生产理论

20 世纪 60 年代以来,西方资本主义社会的发展迎来了一个历史转折点,学者们将其后的资本主义社会称之为"晚期资本主义社会""后工业社会",或者是"消费社会"。不管其称谓为何,其共同特点是强调"文化再生产"在整个社会运作过程中的基本作用。布迪厄的文化再生产理论,重点在于指出当代社会与传统社会和早期的资本主义社会不同,文化在整个社会中具有优先性。并且,与政治、经济等领域相比,文化已经成为社会生活的首要关注点。政治和经济的发展都需要借助文化因素才能不断发展。②

"再生产(reproduction)"原是生物学领域的概念,指生物的生殖、繁殖或再生,除了有重复、再制的意思,也有改变和新生的可能性。③ 而文化再生产不同于一般意蕴下的"文化复制","复制"只是单纯的"重复"和"模仿",尽管文化再生产概念有"复制"的意思,但是它更重视"再生产"这一意蕴,关注它和原来的生产基础结构之间的关系,并表现出它多样化的因素之间互相交错互动的复杂性。多样化的因素是指这些因素有看得见的,也有看不见的,有能够表达出来的,也有无法表达的,有物质的,也有精神的。复杂性是指历史、现实和未来之间的多维并存和多向交错。布迪厄重视的文化再生产,不但要表现出它在整个社会运行中的决定性地位,展现与过去社会不一样的特征,还要表现出它在运行过程中的复杂性和决定性。强调它对调整和重构社会阶层结构、个人生活方式、文化资源再分配和社会权力再分配等过程中的特殊功能。④

布迪厄认为,现如今存在于文化再生产过程中的最关键的问题是在社会权力层面上有主导地位的集体及其社会成员,试图持续不断地垄断文化

---

① 　[法]P.布尔迪厄,J.帕斯隆.继承人:大学生与文化[M].邢克超,译.北京:商务印书馆,2002:18.

② 　高宣扬.布迪厄的社会理论[M].上海:同济大学出版社,2004:14.

③ 　Jenks, C. Cultural Reproduction[M]. London: Routledge and Kegan Paul, 1993:5.

④ 　高宣扬.布迪厄的社会理论[M].上海:同济大学出版社,2004:16—17.

特权,他们深谙当代文化再生产制度、组织和运作机制,通过玩弄一系列象征性的策略手段,获得源源不断的文化特权。他还研究了学校中的文化再生产过程,在他看来,学校场域中同样存在资本分配不均的现象,特权阶级利用其在学校场域中的有利位置保证其文化特权。他还对权力正当化的再生产机制、生活风格和品味的再生产机制、语言象征性权利的再生产机制以及文学和艺术场域的再生产机制等共五个方面进行了深入的研究,揭示了整个社会权力再分配过程的复杂性和象征性。①

其实文化再生产从个体出生就开始,所以家庭才是文化资本积累的起点。家庭原有的一切都会给后代带来影响,更不用说语音特征、感情交流、生活方式、思想观念等这些文化资本的重要内容。而学校教育是文化资本生产的最重要的环节,行动者可以通过学校教育获得各种知识和能力。而且随着社会的进步和教育的发展,教育早已成为社会发展的重要推动力量。因此,来自上层阶级家庭背景的孩子,凭借从父辈那里继承来的思维方式和活动模式,可以获得较好的文化资本,而来自下层阶级家庭背景的学生,更多地需要依靠自我的努力和成就动机,以弥补这种先天不足。

第四节　研究方法与数据收集

一、问卷调查

本书采取的方法是问卷调查法。问卷法前期工作量比较大,需要设计问卷,但是问卷法比较节省时间,并且实用性比较强。因为通过问卷调查,可以一次性获得比较大样本的信息资料。使用匿名调查,所以被调查者对问卷比较信任,因而获得的数据会比较可靠。② 但这种调查方法也有着其自身的局限性,比如说问卷的题目设计不合理,或者选项不充分,会影响整个问卷调查的质量;又或者调查对象不合作,或部分调查对象不做回答等,都会影响研究的结果分析。③ 所以在进行问卷调查的过程中,我们以尊重为前提,力求受调查者的配合。

研究旨在探究家庭经济对本科生文化资本状况的影响,所以分别对这

---

① 　高宣扬.布迪厄的社会理论[M].上海:同济大学出版社,2004:70—71.
② 　裴娣娜.教育研究方法导论[M].合肥:安徽教育出版社,1995:167.
③ 　裴娣娜.教育研究方法导论[M].合肥:安徽教育出版社,1995:167.

两个方面展开调查。研究通过试测开发出了正式调查问卷,然后使用正式问卷开展调查,收集到足够数据后,研究通过对数据进行了差异分析、相关分析和回归分析,得出研究结论。

二、量表开发

根据研究目的,研究工具选定为自行开发设计的封闭式问卷"本科生家庭经济水平对其文化资本影响的调查问卷"。

在正式设计问卷之前,我们采访过对调查内容有所了解的老师和学生,目的是对本科生家庭经济水平的一般状况和文化资本状况的现实情况进行摸底,得到一些可靠的实践资料。根据这些资料,对过去研究过家庭经济水平和文化资本理论的研究进行认真学习,格外关注已有的量表和问卷,在以上基础上,对问卷进行第一次编制。编制完成后,再与老师和同学进行讨论,对不合宜的地方进行了修改。

正式调查之前实施了一次试测,试测的目的主要是测量问卷的信效度。试测发放问卷 50 份,回收问卷 38 份,均为有效问卷,问卷有效率 76.00%,信度达到 0.787。对回收到的试测问卷数据进行整理分析,分别将家庭经济水平量表和文化资本量表中不合适的题型进行删除;并将其中一些题的表述修改得更为简洁,让学生更好理解;对文化资本量表中需要反向计分的题项做了标记;为了统计方便,将家庭经济水平量表中的反向计分题修改为正向计分;将学生反映的不便填写的题项删除后,我们制定出正式问卷。

(一)文化资本量表

文化资本的量化是本书的难点和重点。在编制问卷之前,我们通过各种方式理清了文化资本的内涵与外延。接着,根据研究需要,选定约翰·诺贝尔(John Noble)和彼得·戴维斯(Peter Davies)所制定的文化资本测量量表[①],综合苏丽婉的研究[②],在试测的基础上,对所选定的量表进行了修订。

文化资本量表包含的内容主要有:学生在空闲时间进行的活动及其频率,如看流行电视综艺节目、听音乐、玩乐器、去博物馆等;定期观看的电视节目有哪些;读课外书的频率以及是否能列举出课外书的作者名或书名等。

---

① Noble, J., Davies, P. Cultural Capital as an Explanation of Variation in Participation in Higher Education[J]. British Journal of Sociology of Education,2009,30(5): 591-605.

② Sullivan, A. Cultural Capital and Educational Attainment[J]. Sociology, 2001(4): 893-912.

此外,量表还对父母的受教育程度进行了调查。之所以对父母的受教育程度进行调查,是因为根据文化再生产理论,父母的文化资本在很大程度上会影响子女文化资本的状况,而其中父母的受教育程度是构成父母文化资本状况的最主要因素之一。

文化资本量表由 19 项 4 分量度表组成,1="从不",2="几乎不",3="有时",4="经常",其中第 1 和第 20 题为反向计分项。对文化资本量表进行信度测量,其信度为 0.811,表明量表具有较高的可靠性。有关文化资本量表的具体情况如表 2-1 所示,得分越高说明文化资本状况越好。

表 2-1 因变量的变量说明

变量类型	变量名	变量说明
因变量: 文化资本	看流行的电视综艺节目	1=经常,2=有时,3=几乎不,4=从不
	去美术馆或博物馆	1=从不,2=几乎不,3=有时,4=经常
	去剧院、电影院	1=从不,2=几乎不,3=有时,4=经常
	去流行乐现场音乐会	1=从不,2=几乎不,3=有时,4=经常
	玩乐器	1=从不,2=几乎不,3=有时,4=经常
	听音乐	1=从不,2=几乎不,3=有时,4=经常
	看电视了解时事	1=从不,2=几乎不,3=有时,4=经常
	听广播了解时事	1=从不,2=几乎不,3=有时,4=经常
	读报纸了解时事	1=从不,2=几乎不,3=有时,4=经常
	你定期看的电视节目	0=其他,1=纪录片,新闻,艺术类节目
	多久读一次课外书	0=几乎不,1=1月1次,2=半月一次,3=1周1次,4=1周2次,5=1周3次及以上
	最近读过的课外书的书名或作者	1=1本,2=2本,3=3本及以上
	所拥有的与专业相关的资格证书	0=0本,1=1本,2=2本,3=3本,4=4本,5=5本及以上
	父亲(或母亲)的最高学历或者在攻读的学位	0=没有,1=小学,2=初中,3=高中,4=大学,5=研究生(硕士、博士等)
	与他人讨论艺术的频率	0=从不,1=有时,2=经常
	与他人讨论书籍的频率	0=从不,1=有时,2=经常
	与他人讨论科学的频率	0=从不,1=有时,2=经常

续表

变量类型	变量名	变量说明
因变量：文化资本	与他人讨论时事的频率	0＝从不,1＝有时,2＝经常
	与他人讨论音乐的频率	0＝从不,1＝有时,2＝经常
	参加同学或朋友聚会	1＝经常,2＝有时,3＝几乎不,4＝从不
	进行户外运动	1＝从不,2＝几乎不,3＝有时,4＝经常
	进行室内运动	1＝从不,2＝几乎不,3＝有时,4＝经常
	做志愿者工作	1＝从不,2＝几乎不,3＝有时,4＝经常
	读小说	1＝从不,2＝几乎不,3＝有时,4＝经常
	读非小说类文学	1＝从不,2＝几乎不,3＝有时,4＝经常
	听讲座	1＝从不,2＝几乎不,3＝有时,4＝经常
	去古典乐现场音乐会	1＝从不,2＝几乎不,3＝有时,4＝经常
	去图书馆	1＝从不,2＝几乎不,3＝有时,4＝经常
	参加晚间或白天的学习班	1＝从不,2＝几乎不,3＝有时,4＝经常
	最近半个月是否看电影	0＝否,1＝是
	看的是什么电影	1＝电影名称
	大学期间是否购买过词典、字典之类的工具书	0＝否,1＝是
	你大概有多少本书	1＝0—25,2＝26—100,3＝101—300,4＝301—600,5＝601 及更多
	会除英语外的外语	0＝否,1＝是
	喜欢听什么样的音乐	0＝舞台/影视音乐,摇滚,其他;1＝古典,爵士

（二）家庭经济水平量表

根据国家统计局网站《2014 中国统计年鉴》公布的按收入五等份分组的城镇居民人均可支配收入和按收入五等份分组的农村居民人均纯收入[①],研究将本科生的家庭经济水平分为城镇和农村两组,每组五个等级。同时,研

---

① 中华人民共和国国家统计局. 2014 中国统计年鉴[EB/OL]. [2015-12-20]. http://www. stats. gov. cntjsjndsj/2014/indexch. htm.

究参考了清华大学吴斌珍等的研究[①],将本科生在校一年的必要支出(学费+住宿费+日常支出)占家庭年总收入的比重作为考察本科生家庭经济水平的主要依据,也分为五个等级。并参考周蜀溪所编制的家庭经济状况测量量表[②],把学生对体现家庭经济水平各方面的因素分为非常满意、比较满意、一般、不太满意和很不满意五个维度,采用李克特五点式量表进行评分,较高分值表示较好的家庭经济水平。此外,学生的基本信息如性别、年龄、民族、专业类别和生源所在地等也包含在调查问卷中。并且研究在试测的基础上,对量表进行了修订。

研究对量表信度进行测量,信度系数为 0.817,表明量表可信度高。自变量的具体情况见表 2-2。

三、信效度分析

(一)问卷信度

信度分析是对问卷的可靠性进行测试,它是体现问卷是否具有高质量的指标之一。一般采用 α 系数来表示。α 系数的大小在 0 到 1 之间,数值越高,表示信度越高。如果 α 系数小于 0.7,说明问卷信度过低,问卷不可靠。

在进行数据分析之前,分别对问卷的整体信度、两个分量表的信度进行检测。得到问卷的整体信度是 0.872,两个分量表的信度系数分别是 0.811和 0.817。信度系数都在 0.8 以上,说明问卷的可靠性较好,问卷有较好的内在一致性。

(二)因子分析与效度

做因子分析是为了在众多的体现文化资本的变量中找到共同的因子,用这些共同因子来表现文化资本,这样可以简化数据,并且检测量表的结构效度。因子分析的前提是变量之间要相关,一般用 KMO 统计量和 Bartlett's 球形度检验来进行判断。KMO 值如果靠近 1,说明适合做因子分析。如果 KMO 值小于 0.5,则不适合做因子分析。Bartlett's 球形度检验的原假设是相关系数矩阵为单位阵,如果 Sig. 值小于显著性水平,拒绝原假

---

① 吴斌珍,李宏彬,孟岭生,施新政.大学生贫困及奖助学金的政策效果[J].金融研究,2011(12):47—61.

② 周蜀溪.中学生学习动机与家庭经济状况的相关关系[D].成都:四川师范大学,2006:11.

表 2-2　自变量的变量说明

变量类型	变量名	变量说明
自变量：家庭经济水平	家庭类型	5＝健全,4＝单亲,3＝孤儿,2＝重病,1＝其他
	家庭经济主要来源	5＝务工,4＝个体经营,3＝半工半农,2＝务农,1＝其他
	家庭所在地	2＝城镇,1＝农村
	（家在城镇）家庭人均可支配收入	1＝12000 元,2＝18000 元,3＝25000 元,4＝33000 元,5＝55000 元
	（家在农村）家庭人均纯收入	1＝2500 元,2＝5500 元,3＝8000 元,4＝12000 元,5＝22000 元
	在校一年的必要支出（学费＋住宿费＋日常支出）	1＝12000 元以下,2＝12000～22000 元,3＝22000～32000 元,4＝32000～42000 元,5＝42000 元及以上
	在校一年的支出占家庭年总收入的比重	1＝80％以上,2＝60％～80％,3＝40％～60％,4＝20％～40％,5＝20％以下
	住房条件	1＝很不满意,2＝不太满意,3＝一般,4＝比较满意,5＝非常满意
	耐用消费品	1＝很不满意,2＝不太满意,3＝一般,4＝比较满意,5＝非常满意
	食品消费及营养状况	1＝很不满意,2＝不太满意,3＝一般,4＝比较满意,5＝非常满意
	生活费消费情况	1＝很不满意,2＝不太满意,3＝一般,4＝比较满意,5＝非常满意
	医疗保健状况（家人患重病时能否看病吃药）	1＝很不满意,2＝不太满意,3＝一般,4＝比较满意,5＝非常满意
	整体经济状况	1＝很不满意,2＝不太满意,3＝一般,4＝比较满意,5＝非常满意

设,说明变量之间有相关关系,可以做因子分析。否则不适合做因子分析。根据以上要求,对文化资本用 KMO 统计量和 Bartlett 的球形度进行检验,缺失值做均值处理。KMO 和 Bartlett 检验结果如表 2-3 所示。

表 2-3　文化资本的 KMO 和 Bartlett 检验

取样足够度的 Kaiser-Meyer-Olkin 度量		0.840
Bartlett 的球形度检验	近似卡方值	3784.072
	df	595
	Sig.	0.000

由表 2-3 可知,文化资本的 KMO 值为 0.840,Bartlett 的球形度检验的 Sig. 值为 0.000,小于显著水平 0.05。因此可以拒绝原来的假设,变量之间有相关关系,可以做因子分析。

然后,研究采用主成分分析法进行因子抽取,用最大变异法进行转轴。将因子数限定为 10,最大方差法在第 11 次进行迭代收敛,得到因子分析结果。

表 2-4　方差解释量

成分	初始特征值			提取平方和载入			旋转平方和载入		
	合计	方差的%	累积%	合计	方差的%	累积%	合计	方差的%	累积%
1	7.747	22.133	22.133	7.747	22.133	22.133	5.524	15.782	15.782
2	2.364	6.755	28.888	2.364	6.755	28.888	2.731	7.804	23.586
3	2.242	6.406	35.295	2.242	6.406	35.295	2.177	6.219	29.805
4	1.757	5.021	40.316	1.757	5.021	40.316	1.993	5.695	35.501
5	1.504	4.298	44.613	1.504	4.298	44.613	1.975	5.642	41.143
6	1.429	4.082	48.695	1.429	4.082	48.695	1.657	4.735	45.878
7	1.359	3.883	52.578	1.359	3.883	52.578	1.569	4.484	50.361
8	1.308	3.737	56.315	1.308	3.737	56.315	1.535	4.384	54.746
9	1.070	3.057	59.372	1.070	3.057	59.372	1.451	4.146	58.892
10	1.001	2.859	62.231	1.001	2.859	62.231	1.169	3.340	62.231
11	0.947	2.705	64.937						
12	0.937	2.677	67.614						
13	0.883	2.522	70.137						
14	0.831	2.374	72.511						
15	0.769	2.197	74.707						
16	0.728	2.081	76.789						
17	0.706	2.017	78.806						
18	0.657	1.876	80.682						
19	0.645	1.842	82.524						
20	0.610	1.743	84.267						

成分	初始特征值			提取平方和载入			旋转平方和载入		
	合计	方差的%	累积%	合计	方差的%	累积%	合计	方差的%	累积%
21	0.567	1.621	85.888						
22	0.533	1.524	87.412						
23	0.513	1.467	88.879						
24	0.492	1.407	90.286						
25	0.454	1.297	91.584						
26	0.417	1.191	92.774						
27	0.394	1.126	93.901						
28	0.378	1.081	94.982						
29	0.364	1.041	96.022						
30	0.314	0.897	96.919						
31	0.286	0.817	97.736						
32	0.271	0.773	98.509						
33	0.228	0.651	99.160						
34	0.157	0.450	99.610						
35	0.137	0.390	100.000						

注:提取方法为主成分分析。

表2-4给出的是因子贡献率的结果。从表中可以看出,第一个因子的特征值为7.747,第二个因子的特征值为2.364,第三个因子的特征值为2.242,第四个因子的特征值为1.757,第五个因子的特征值为1.504,第六个因子的特征值为1.429,第七个因子的特征值为1.359,第八个因子的特征值为1.308,第九个因子的特征值为1.070,第十个因子的特征值为1.001。前10个因子的特征值累计之和为62.231%,表明无论转轴前后,所有公共因子可以解释的总变异量为62.231%。

对文化资本做碎石图,如图2-1所示,第4个因子之后呈明显缓慢下降趋势。

研究根据以下标准确定因子的数目:每一个因子所得到的特征值必须大于1;抽取出的因子在旋转前至少能解释2%的总变异;每个因子至少包含2个项目,且每个项目的因子荷重不低于0.5。另外,通过对碎石图进行

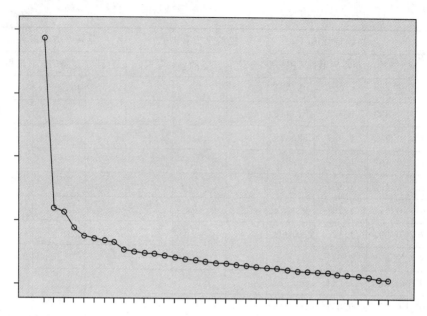

图 2-1　文化资本因子分析的碎石图

观察,第五个因子之后的数据呈明显平缓趋势。综合分析,决定提取前四个因子,前四个因子一共可以解释总体变异的 40.316%。得出的因子结构如表 2-5 所示。

表 2-5　旋转成分矩阵表

因子一		因子二		因子三		因子四	
题项	负荷值	题项	负荷值	题项	负荷值	题项	负荷值
n28	0.801	n17	0.740	n31	0.915	n9	0.798
n27	0.796	n18	0.733	n30	0.904	n8	0.746
n26	0.781	n16	0.659			n7	0.556
n29	0.758	n15	0.521			n10	0.519
n22	0.756						
n24	0.608						
n25	0.570						
n23	0.538						
n4	0.537						

注:提取方法为主成分分析法。

旋转法为具有 Kaiser 标准化的正交旋转法。

结合表 2-5 与问卷,第一个因子主要与休闲时间所做的事情有关,如去图书馆、听讲座、做志愿者工作等,因此将其命名为"文化活动";第二个因子与讨论的话题有关,如艺术、书籍、科学、时事等,将其命名为"文化知识";第三个因子主要与对电影等文化作品的欣赏品位有关,如最近看的什么电影等,将其命名为"文化品位";第四个因子主要是对社会时事的关注,如看电视了解时事、读报纸了解时事等,因此将其命名为"社会关注"。

以上命名的四个因子,能够有效解释总体变异的 40.316%,反映出了问卷测量的基本结构。

本研究效度测量使用内容效度和结构效度进行检测。内容效度是对问卷内容的考察,考察其是否具有代表性,是不是能够体现测量的目的,内容效度常以题目分布的合理性来判断。结构效度是指问卷对某一理论概念或特质测量的程度,是指理论与实践之间的一致性,简单而言,如果几个问题测的是一样或者相似的东西,那么这几个问题的相关系数应该较高。[1]

本问卷的各题项来源于文献综述和对教师、本科生的访谈整理结果,征求了专家的意见,从而保证了问卷的项目能够反映本科生的家庭经济水平和文化资本状况的实际情况。在问卷形成过程中,还进行了小样本的试测,根据试测结果对问卷的题项进行多次审查、修改,因此此问卷具有较高的内容效度。

上文的因子分析所得到的结果显示四个因子一共可以解释总变异方差的 40.316%,能够用较少的因子数来表示较多的数据量,与理论构想比较吻合,表明本问卷具有比较好的结构效度。为了进一步证明其结构效度,研究对因子分析后所得到的各因子之间的相关进行进一步的分析,结果见表 2-6。

表 2-6　各因子之间及各因子与总量表的 Pearson 相关系数

文化资本量表		因子一	因子二	因子三	因子四
因子一	1				
因子二	0.506**	1			
因子三	0.225**	0.329**	1		
因子四	0.243**	0.170**	0.114**	1	
文化资本量表	0.849**	0.696**	0.409**	0.438**	1

注:** 表示在 0.01 水平(双侧)上显著相关。

---

[1] [美]弗洛德·J.福勒.调查问卷的设计与评估[M].蒋逸民,等,译.重庆:重庆大学出版社,2010:139—149.

因子分析的结果与理论构想较吻合,问卷结构比较理想。表 2-6 中的数据也表明,各个因子之间的相关程度总体比较低,但各因子与总量表之间的相关程度比较高,且都达到了显著。这说明各个因子之间是相互独立的,又与问卷联系密切。综合以上分析,问卷具有较好的结构效度。

四、数据收集

(一)个案学校

研究以探究的核心问题"家庭经济水平对本科生文化资本状况的影响"为出发点,把个案研究对象确定为 Z 校。选择 Z 校的原因是研究者本科并不在 Z 校,所以对这个学校学生的文化资本状况没有了解,在研究过程中就会比较客观;另外选择 Z 校是因为对调查对象比较好把握,取样更加便捷。Z 校位于我国东部某二线城市,是一所以教师教育为主的多科性省属重点大学,拥有 19 个学院 69 个本科专业,全日制本专科在校生 25300 余人,男女比例大致为 3∶7。①

(二)抽样方法

本研究抽样方式为随机抽样。在发放问卷之后,让被调查者在无压力的状况下填写问卷,在问卷调查的过程中,研究者对研究对象详细说明了研究的所有必要信息,并使研究对象充分了解这些信息,在没有强迫、不当压力和引诱的情况下,让参与者自愿做出是否参与科研以及科研过程中是否退出的决定。自愿参与调查的研究对象,能够得到一些物质意义上的报酬。

鉴于研究需要和现实情况(临近毕业,大四学生忙着答辩和找工作,所以问卷调查的主要对象为大一、大二和大三的学生),共发放调查问卷 340份,回收问卷 316 份。其中有效问卷 300 份,问卷有效率为 88.24%。

问卷回收后,使用五级积分累加的方法,计算学生的家庭经济水平得分。按从高到低排列的方法,把学生分成三个组。高家庭经济水平组是位于前 27% 的同学,低家庭经济水平组是位于后 27% 的同学。对学生的家庭经济水平进行高低分组,是为了体现不同家庭经济水平学生之间的明显差异。

(三)样本信息

问卷基本信息有样本的性别、年龄、年级、专业类别、生源所在地和民族

---

① 浙江师范大学官网,http://www.zjnu.edu.cn/cont/1_2.html.2015-11-06.

等。样本基本信息如表 2-7 所示。

表 2-7　在个案学校所抽取样本的基本信息

分类	性别		专业类别			年级			
	男	女	文史类	理工类	艺术类	一年级	二年级	三年级	四年级
人数(人)	52	248	145	141	14	70	89	129	12
百分比(%)	17.33	82.67	48.33	47.00	4.67	23.33	29.67	43.00	4.00

分类	生源所在地			合计(包括缺失)
	东部地区	中部地区	西部地区	
人数(人)	233	42	25	300
百分比(%)	77.67	14.00	8.33	100

　　为了方便发放和回收,研究把本科生的家庭经济水平调查与文化资本状况调查整合在一套问卷之中。在发放之前,为了后期数据录入的便利,对问卷做了编号处理。问卷回收之后,仔细查看每一套问卷,对于作答不完整的问卷予以放弃。然后使用 Epidata3.1 软件对数据进行录入和管理。

　　研究主要的数据处理方法是 SPSS 统计分析法。量表选项按照"经常""有时""几乎不""从不"给予相应的 4、3、2、1 分值。问卷中设有反向计分题,将量表中每一道题的得分加起来就是研究对象的最后得分。研究运用 SPSS 17.0 对数据进行分析。

第五节　研究数据的统计分析

一、差异分析

　　对家庭经济水平得分进行排序,找出高低 27% 的分数点为 46 和 38。将家庭经济水平量表总分低于 38 的作为低分组(分组 1),家庭经济水平量表总分高于 46 的为高分组(分组 3)。同样,对文化资本状况得分进行排序,得到高低 27% 的分数点为 65 和 50,将本科生文化资本状况分为好、一般和差三个组。对本科生文化资本状况和家庭经济水平做交叉表,得出结果(见表 2-8)。

表 2-8 家庭经济水平分组 * 文化资本状况分组交叉列表   单位:%

文化资本分组 家庭经济水平分组	差	一般	好
低(所占比)	46.8	43.1	10.1
一般(所占比)	22.2	54.8	23.0
高(所占比)	10.5	37.9	51.6

从表 2-8 可以看出,家庭经济水平低的本科生占文化资本状况差的比重为 46.8%,家庭经济水平高的本科生,其占文化资本状况好的比重为 51.6%。这与研究假设基本相符。在对本科生的家庭经济水平与文化资本状况进行分组的基础上,进一步使用差异分析的方法,对不同家庭经济水平本科生的文化资本状况进行分析。

(一)不同家庭经济水平下各总体文化资本状况方差齐性检验

为从整体上了解本科生不同家庭经济水平(低、一般和好三个等级)与文化资本状况之间的关系,应对两者做单因素方差分析,在进行单因素方差分析之前,先做方差齐性检验,得出结果见表 2-9。

表 2-9 方差齐性检验

Levene 统计量	df1	df2	Sig.
4.060	2	297	0.018

(二)家庭经济水平与本科生文化资本状况的方差分析

如表 2-9 所示,不同家庭经济水平下,文化资本状况各因素满足方差齐性检验的前提条件,因此可以对这些因素进行单因素方差分析,分析结果见表 2-10。

表 2-10 不同家庭经济水平本科生文化资本状况单因素方差分析

统计量	平方和	df	均方	F	Sig.
组间	6338.262	2	3169.131	34.252	0.000
组内	27479.771	297	92.524		
总数	33818.033	299			

从表 2-10 可以看出,本科生家庭经济水平与其文化资本状况($F = 34.252, P < 0.001$)存在极显著的差异,也就是说家庭经济水平对文化资本

状况有一定程度的影响。表 2-11 的多重比较分析结果也同样证明不同家庭经济水平本科生的文化资本状况存在显著差异。

表 2-11　不同家庭经济水平本科生文化资本状况多重比较分析

(I)家庭经济水平分组	(J)家庭经济水平分组	均值差(I−J)	标准误	显著性	95％置信区间	
					下限	上限
家庭经济水平低	家庭经济水平一般	−5.935*	1.380	0.000	−8.65	−3.22
	家庭经济水平高	−12.091*	1.465	0.000	−14.97	−9.21
家庭经济水平一般	家庭经济水平低	5.935*	1.380	0.000	3.22	8.65
	家庭经济水平高	−6.157*	1.307	0.000	−8.73	−3.58
家庭经济水平高	家庭经济水平低	12.091*	1.465	0.000	9.21	14.97
	家庭经济水平一般	6.157*	1.307	0.000	3.58	8.73

注：* 表示均值差的显著性水平为 0.05。

从表 2-11 可以看出，不同家庭经济水平组的本科生之间，文化资本状况存在显著差异。其中，家庭经济水平低分组与家庭经济水平高分组的本科生之间的文化资本状况差异最大。

二、相关分析

相关分析是对变量之间的关系进行分析的一种方法，它分析变量之间的相关方向和相关程度，变量之间的因果关系不在相关分析的范围内。所以，相关分析不能知道相关的两个或多个因素中，谁是自变量，谁是因变量。相关可以分为多种相关：首先从相关的程度来看，有不相关、不完全相关和完全相关；从相关的方向来分，相关有正相关和负相关；根据相关的形式，相关可分为线性相关和非线性相关；依据影响因素多少，相关可以分为单相关、复相关和偏相关。本研究采用皮尔逊相关分析法，对家庭经济水平和文化资本的各个因子进行相关分析。根据 Pearson 系数判断两个变量之间的相关程度和相关方向。Pearson 系数的绝对值在 0 到 1 之间，这个系数越接近 1，表明相关程度越高。

（一）家庭经济水平与本科生文化资本状况的相关性

运用 SPSS17.0 中的双变量相关分析模型，将家庭经济水平积分与文化资本积分进行分析，得出结果如下（见表 2-12）。

表 2-12　家庭经济水平与文化资本状况的相关性

		文化资本状况	家庭经济水平
文化资本状况	Pearson 相关性	1	0.548**
	显著性(双侧)		0.000
家庭经济水平	Pearson 相关性	0.548**	1
	显著性(双侧)	0.000	

注:** 表示在 0.01 水平(双侧)上显著相关。

由表 2-12 可知,家庭经济水平与本科生的文化资本状况呈显著正相关,相关系数为 0.548($P<0.01$)。一般地可以认为,相关系数低于 0.2 或 0.3 表示弱相关,系数为 0.3~0.6 表示中度相关,系数为 0.6~0.8 表示强相关,系数在 0.8 以上表示高强相关。基于以上,家庭经济水平与本科生文化资本状况之间呈显著中度正相关。

(二)家庭经济水平与文化资本各因子的相关性

对家庭经济水平与文化资本各因子进行相关分析,从表 2-13 可以看出,因子一、二、三、四与家庭经济水平的相关系数分别为:"文化活动"(0.417,$P<0.01$)、"文化知识"(0.444,$P<0.01$)、"文化品位"(0.366,$P<0.01$)、"社会关注"(0.188,$P<0.01$)。所以,本科生家庭经济水平与文化资本中的"文化活动""文化知识"和"文化品位"分别都呈显著中度正相关,与文化资本中的"社会关注"呈弱相关。

表 2-13　家庭经济水平与文化资本各因子的相关

	因子一	因子二	因子三	因子四	家庭经济水平
因子一		0.506**	0.225**	0.243**	0.417**
因子二			0.329**	0.170**	0.444**
因子三				0.114**	0.366**
因子四					0.188**

注:** 表示在 0.01 水平(双侧)上显著相关。

三、回归分析

回归分析和相关分析是一对紧密相关的分析方法,相关分析是进行回归分析的基础,在相关比较显著的时候,进行回归分析才有意义。如果相关的程度很低,进行回归分析就没有意义,因为那样计算出来的回归表达式没有代表性。回归分析是对相关分析的补充和延伸。相关分析只能计算出变量之间的相关程度,无法明确变量之间的因果关系,而回归分析可以对变量之间的因果关系进行探究。为了更好地探索家庭经济水平对本科生文化资本状况的影响,研究应进行回归分析。回归分析的结果让我们有可能对因变量进行基于自变量的预测。研究采用数据分析软件 SPSS 对数据进行回归分析。

（一）模型概要

如上 Pearson 相关分析表明,家庭经济水平与本科生文化资本状况呈正相关,为了进一步探究家庭经济水平对本科生文化资本状况可能存在的影响,研究采用了层次回归分析法进行多元线性回归,方法为逐步进入法,表2-14 为运用相应的回归模型分析得出的回归结果。

表 2-14　模型汇总

模型	R	R^2	调整 R^2	标准估计的误差
1	0.383[a]	0.147	0.144	9.841
2	0.462[b]	0.213	0.208	9.464
3	0.481[c]	0.231	0.224	9.371

注:a.预测变量:(常量),SMEAN(N44 耐用消费品)。

b.预测变量:(常量),SMEAN(N44 耐用消费品),SMEAN(在校一年总支出)。

c.预测变量:(常量),SMEAN(N44 耐用消费品),SMEAN(在校一年总支出),SMEAN(N42 在校一年总支出家庭年总收入的比重)。

因变量:文化资本。

由表 2-14 可以看到 R、R^2、调整的 R^2 和标准估计的误差这四个方面的数据。前面三个数据是为了告诉我们因变量可以被自变量预测的程度,最后一个值表示因变量不能被自变量解释的程度。

第一个值 R 是多元相关系数,它等于文化资本的原始值和通过回归分析得到的文化资本的预测值之间的相关系数的绝对值($0 \leqslant R \leqslant 1$)。第二个值 R^2 是 R 的平方($0.481^2 = 0.231$),当乘以 100% 时,可理解为因变量的总变异性中被自变量解释的百分比。在研究中,自变量耐用消费品、在校一年总支出和在校一年总支出占家庭年总收入的比重揭示了本科生文化资本的总变异性的 23.1%。调整的 R^2 是为了对总体值做更好的估计(基于样本计算的 R^2 容易高估总体值)。最后,标准估计的误差表明自变量不能预测因变量值的程度。标准估计的误差为 9.371 说明耐用消费品、在校一年总支出和在校一年总支出占家庭年总收入的比重三个自变量预测本科生的文化资本状况时,回归方程平均偏离约为 9.371。

(二)方差分析——检验回归的整体显著性

表 2-15 用来检验包含所有预测变量的回归模型预测本科生文化资本状况的显著性。在表格中,p 值小于或等于 0.05 说明包含所有预测变量的回归模型能够显著地预测本科生的文化资本状况。因为 p 值(0.000)是小于 0.05 的,所以原假设 $R^2 = 0$ 被拒绝,说明回归方程(包含三个预测变量)预测本科生的文化资本状况具有显著性。

表 2-15　方差分析

模型		平方和	df	均方	F	Sig.
1	回归	4956.777	1	4956.777	51.180	.000ᵃ
	残差	28861.256	298	96.850		
	总计	33818.033	299			
2	回归	7214.466	2	3607.233	40.271	.000ᵇ
	残差	26603.567	297	89.574		
	总计	33818.033	299			
3	回归	7822.318	3	2607.439	29.690	.000ᶜ
	残差	25995.715	296	87.823		
	总计	33818.033	299			

注:a. 预测变量:(常量),SMEAN(N44 耐用消费品)。

b. 预测变量:(常量),SMEAN(N44 耐用消费品),SMEAN(在校一年总支出)。

c. 预测变量:(常量),SMEAN(N44 耐用消费品),SMEAN(在校一年总支出),SMEAN(N42 在校一年总支出占家庭年总收入的比重)。

因变量:文化资本状况。

(三)系数——检验单个预测变量的显著性

表 2-16 提供了构建回归方程和检验每个预测变量显著性的必要值。在多元回归中,方程以下面的形式建立:

$$Y = a + b_1 X_1 + b_2 X_2 + b_3 X_3$$

式中,Y——因变量的预测值,即本科生文化资本的预测值;

a——Y 轴截距,即当所有的 Xs 为 0 时 Y 的值;

b——第 i 个预测变量的回归系数,在研究中,i 的取值为 1、2、3,

依次表示第一个变量（耐用消费品）、第二个变量（在校一年总支出）和第三个变量（在校一年总支出占家庭年总收入的比重）；

Xi——每一个参与者第 i 个自变量的取值，在研究中，i 的取值为1、2、3，以此表示第一个自变量、第二个自变量和第三个自变量。

回归方程中的 a（Y 轴截距；在 SPSS 中称为常数）和 b_1，b_2，b_3（每个自变量的回归系数）可以在上表非标准化系数中找到。Y 轴截距的取值为36.542，耐用消费品、在校一年总支出和在校一年总支出占家庭年总收入的比重的系数分别是 2.702、2.517 和 1.476。将这些值代入回归方程中，我们可以得到如下所示的预测本科生文化资本状况的方程：

$$Y_{本科生文化资本} = 36.542 + 2.702(耐用消费品) + 2.507(在校一年总支出)$$
$$+ 1.476(在校一年总支出占家庭年总收入的比重)$$

表 2-16　系数

模型		非标准化系数		标准系数	t	$Sig.$
		B	标准误差	试用版		
1	（常量）	44.635	1.999		22.330	.000
	$SMEAN$（N44 耐用消费品）	3.705	0.518	0.383	7.154	0.000
2	（常量）	40.403	2.099		19.248	0.000
	$SMEAN$（N44 耐用消费品）	3.100	0.513	0.320	6.048	0.000
	$SMEAN$（在校一年总支出）	2.581	0.514	0.266	5.020	0.000
3	（常量）	36.542	2.544		14.362	0.000
	$SMEAN$（N44 耐用消费品）	2.702	0.530	0.279	5.102	0.000
	$SMEAN$（在校一年总支出）	2.517	0.510	0.259	4.939	0.000
	$SMEAN$（N42 在校一年总支出占家庭年总收入的比重）	1.476	0.561	0.141	2.631	0.009

注：因变量为文化资本状况。

这里可以以一位家庭所在地为农村的本科生的数据为例，对这三个自变量分别给定一个取值，就可以得到一个文化资本状况的预测值。譬如，第一个参与者的家庭人均纯收入、住房条件和家庭经济主要来源的取值分别

为 5、2 和 5,将这些数代入方程得到文化资本状况的一个预测值:

$$Y_{\text{本科生文化资本}} = 36.542 + 2.702(5) + 2.507(2) + 1.476(5)$$

$$Y_{\text{本科生文化资本}} = 62.446$$

使用这一方程可以求出数据库中每个人的预测值。但是测试大多会有些误差(它们一般不会刚好等于真实值);R 值越大,预测值越接近真实值,$R = 1.0$ 就能得到完美的预测(预测值与实际值完全一致)。

第六节　结论、建议与反思

一、研究结论

本研究在个案学校随机抽样、收集数据,并对数据进行差异分析、相关分析和回归分析,得出如下研究结论。

(一)不同家庭经济水平本科生的文化资本状况存在显著差异

对本科生的家庭经济水平与文化资本状况进行差异分析,研究发现不同家庭经济水平的本科生在文化资本状况上存在显著差异。整体来看,家庭经济水平高的本科生,其文化资本状况优于家庭经济水平一般和家庭经济水平差的本科生;家庭经济水平一般的本科生,其文化资本状况优于家庭经济水平差的本科生。这与本书的假设是相符的。

文化资本的本质内涵意味着,本科生不仅能从学校教育中获得文化再生产,还可以从其原生家庭中获得文化资本。进入大学的本科生,其本身就面对着至少两个场域的转换,一是从高中场域到大学场域的转换;二是从家庭到现代都市的场域转换。在这样的场域转换中,个体会根据自己在场域中的不同位置,采取不同的方法保持或改善自己的处境,为争夺资源而持续努力。[1] 这种争夺可能是显性的,也可能是隐性的;可能主体会意识到,也可能是无意识中的行动。不同家庭经济水平的本科生,上大学前处于不同的场域范围内,没有场域位置的竞争,并且在各自所属的家庭场域内,他们是文化资本再生产的承受者,家庭经济水平的不同,本科生所承受到的文化资本就存在差异。一般地,家庭经济水平高的家庭往往会有更多的文化资本再生产给孩子。而在他们到达大学这个共同场域之后,由于原生家庭的成长环境不同,

---

①　陈治国.布尔迪厄文化资本理论研究[D].北京:首都师范大学,2011:39—41.

在大学场域内的处境也会不同,由于家庭经济条件的差异,参与资本获取的手段与方法也不同,一般地也是家庭经济水平高的本科生更易获得更多的文化资本。基于以上,不同家庭经济水平本科生的文化资本状况存在显著差异。

(二)家庭经济水平与本科生文化资本状况显著相关

通过对家庭经济水平与本科生的文化资本状况进行相关分析发现,家庭经济水平与本科生的文化资本状况在 0.01 水平(双侧)检验上呈显著正相关,相关系数为 0.548;对家庭经济水平与文化资本状况各因子的相关情况进行分析可知,家庭经济水平与文化资本状况的四个主因子在 0.01 水平(双侧)检验上呈显著正相关。

休闲时间活动,如玩乐器、去音乐会、去剧院等是构成本科生文化资本状况的主要方面,而本科生这些休闲时间的活动明显地与家庭经济水平相关。家庭经济水平较差的家庭忙于谋生,因而较少有时间和财力进行这样的休闲活动;反之,家庭经济水平好的家庭已经脱离了马斯洛需求层次理论中较为低级的需求,往更高方向的需求发展,因而有更多的时间进行这样的休闲活动。此外,与家庭经济水平相关的文化资本另一因子是父母经常讨论的话题,如时事、科学、书籍等,经常在家庭场域讨论这些话题的家庭,其子女会慢慢形成惯习,而惯习作为一种特定的形塑机制(structuring mechanism),会固定行动者的行为方式、生存方式和持久性的禀性(permanent disposition),使行动者能以这种经验性的因素应付各种未被预见、变动不居的情境,完成各种复杂多样的任务。①

(三)本科生文化资本状况可以通过家庭经济水平进行预测

由回归分析结果可知,家庭经济水平可以对本科生的文化资本状况进行预测。根据回归分析中逐步进入的结果,可以对因变量文化资本状况进行预测的三个主要的自变量是家庭耐用消费品满意度、在校一年总支出,以及在校一年总支出占家庭年总收入的比重。自变量家庭经济水平解释了因变量文化资本状况变异方差的 23.1%,表明还有 76.9%没有得到解释。

文化资本作为一种文化形式的资本,或者说作为一种资本的文化形式,广泛存在于社会各个领域中,并内化于人们的身体和精神之中,塑造人们的习性,从而区隔出不同的社会阶级。家庭是个体文化资本积累的首要场所。家

---

① [法]布尔迪厄,[美]华康德. 实践与反思[M]. 李猛,李康,译. 北京:中央编译出版社,1998:234.

庭的经济水平在一定程度上决定了家庭的生存方式,以及对孩子的教养方式和孩子文化资本积累的方式。而孩子从家庭走出来进入大学场域后,作为本科生其文化的获取方式和获得程度也因为家庭所传承的惯习等影响而不同。本科生受家庭经济水平的影响,会从原生家庭和教育过程中获得不同量与质的文化资本,而这些就构成了其文化资本状况。但是需要指出的是作为自变量之一的家庭经济水平,虽然对本科生文化资本有预测作用,但同时也要考虑其他众多因素对本科生文化资本状况的影响,如个体后天的努力等。

基于如上差异分析、相关分析和回归分析的结果,研究可以认为本科生家庭经济水平在一定程度上显著地影响着他们的文化资本积累。

二、政策建议

本研究发现,家庭经济水平会显著地影响本科生文化资本积累,具体地说,如果本科生家庭经济水平高,其文化资本状况更有可能较好;反之亦然。但是这只是一个整体的规律,在教育实践过程中,对这个结论的运用要慎重。而且根据回归分析的结果可以看出,家庭经济水平对文化资本的影响也是有限度的,另外一些影响本科生文化资本状况的因素还有待发掘。所以,对于来自不同家庭背景的学生,教育工作者应该根据学生的具体情况进行具体分析,有针对性地对待,这样才有可能真正适应学生的发展,改善其文化资本状况,使之公平成长。尽管如此,基于以上研究和弱势补偿理念,我们应从如下两个方面来对家庭经济弱势本科生的文化资本积累实施教育干预。

(一)精准而有效地资助家庭经济弱势本科生

20世纪末期,我国开始实行高等教育收费制度改革。随着高等教育大众化政策的推行,一大批家庭经济条件偏弱的学生群体进入大学学习,贫困生成长的问题开始逐渐浮出水面。我国社会经济以农业为主、农民占人口多数,大部分来自农村的家庭由于缺少获取经济收入的有效途径,家庭收入水平较低且年收入增长速度较慢。而相对较高的大学学费支出,特别是持续上涨的物价水平,给许多经济收入位于中低阶层的家庭带来了较为严重的经济负担。[①] 因此,家庭经济水平处于弱势的本科生,不仅无法在家庭场域内获得应有的文化资本积累,在大学教育中个体的文化资本积累也往往处于劣势。

---

① 宁宇. A校家庭经济弱势本科生补偿政策体验研究[D].金华:浙江师范大学,2015:56—59.

家庭经济水平影响本科生的文化资本状况,而从短期来看,本科生的家庭经济水平无法得到迅速提升。因而,改善本科生文化资本状况的方式之一是,给予家庭经济水平处于弱势的本科生以经济上的支持。家庭经济弱势本科生得到了来自政府和高校的经济补偿,才能有更多时间投入紧张的学习中来,积累更多的文化资本。但是当前的高校贫困生资助实践中存在诸多问题,如因为学生、学校和银行等多方主体间信息不对称,导致了事前的"逆向选择"和事后的"道德风险"问题。[①] 这些问题的存在,其必然的结果就是政府和社会有限的家庭经济弱势学生补偿资源不能够精准地送达到最需要者的手中,从而使整个补偿资助工作难以达到高效。所以应从制度设计上解决这些问题,以求达到精准而有效地资助家庭经济弱势本科生,使其拥有积极主动积累文化资本的物质基础。这是一条通过克服这一群体的经济弱势,间接帮助其文化资本积累的重要路径。

(二)引导经济弱势本科生提升文化资本水准

一方面,从心理上对经济弱势本科生进行引导,鼓励他们提升文化资本水准。大学是学生搭建自我世界观、人生观和价值观的重要时期,这段时期,是学生正确认识自己,并实现由青年过渡为成年的关键期。教师的正确引导在他们的大学生涯中极为重要。随着社会经济的发展,人们越来越重视经济效益,尊重物质财富,在这种物质主义氛围的笼罩下,经济弱势本科生往往由于经济条件的窘迫,生活和学习不堪重负。他们心理压力较大,容易焦虑不安,缺乏自信。[②] 教师从心理上对经济弱势本科生进行引导,就应当多和学生进行面对面的交流与联系,培养师生之间的信赖感,这样才能及时了解和掌握学生的所思所想,及时化解学生的思想和心理问题,把学生的问题化解在萌芽状态。教师在引导过程中,对学生流露出的闪光点应加以肯定,培养其自信,对学生的迷茫认知和错误观点要及时发现并因势利导。在此基础上,教师应积极引导学生正确认识个体文化资本积累的重要性,鼓励其发挥主观能动性,通过各种方式提升自身文化资本水准。

另一方面,要从行动上进行引导,为经济弱势本科生提升文化资本水准创造条件。在经济场域的弱势位置迫使大部分经济弱势本科生产生强烈的

① 宁宇.A校家庭经济弱势本科生补偿政策体验研究[D].金华:浙江师范大学,2015:40—44.

② 阎秀丽,苑旸,宋真.家庭经济状况与学生心理健康的相关性研究[J].济南职业学院学报,2013(2):69—71.

成就动机,急切希望摆脱经济弱势地位,而唯一可行或是有效的方式便是学习,所以他们往往把较多的课余时间分配在学习上,忽略文化活动的参与以及对社会关系网络的搭建。[①] 在这种情况下,需要学校从行动上对其进行引导。学校进行引导最基础的方法就是适时举办多种多样的校园活动,如运动会、演讲比赛、朗诵大会等校园活动能为学生互动提供一个健康的平台,不同文化背景的学生都可以参与进来,学生之间可以互相学习,同时也是锻炼学生社交能力、培养学生竞争协作意识的最佳场所;此外,各学院可以多设立一些助研、助教、助管等勤工助学岗,为经济弱势本科生创造良好条件,这样不仅能缓解他们的经济压力,还可以让他们在与老师的交往之间,自觉或不自觉地受到老师的正面影响,丰富自己的文化知识,提升自我文化品位;最后,学校应采取各种不同手段鼓励学生考取资格证书,增加体制形态的文化资本存量。如对经济弱势本科生采取报名费减免,或对于考取相应从业资格证书和等级证书的学生加以奖励等。

三、研究反思

当家庭经济水平对本科生文化资本状况影响的研究落下帷幕之时,研究者满是收获,但也不乏遗憾。研究将教育学与社会学相结合,借用布迪厄的"文化资本"概念,以量化的形式测量本科生的文化资本状况,进而对本科生的成长进行关怀,具有一定的创新性;此外,根据客观数据分析的结果,对文化资本进行具象化,为经济弱势本科生提升文化资本水准提出具体的行之有效的建议,是将理论研究与实践相结合的一次有益尝试。

但是,问卷设计过程中,为了统计的便利,大部分题目是封闭型的单项选择题,这有可能会限制研究对象的想法,并且可能有个别题项由于选项不充分,没有涵盖所有可能的情况,这些都或多或少影响研究的效度。另外,个案研究虽具有重要的学术价值,但是研究选取的调查对象只是来自个案学校的本科生,不同地区、不同层次、不同类型大学本科生之间可能存在一定的差异,因而研究结果的推广需要慎重。后续研究可以选取更大样本,进一步验证家庭经济水平对本科生文化资本状况的影响。

---

① 程新奎.经济弱势群体的生存境遇:以布迪厄理论解析华东师大本科生群体的内部差异[D].上海:华东师范大学,2006:47—48.

第三章 家庭经济弱势本科生的文化资本积累

家庭经济弱势本科生的成长是布迪厄意义上的以文化资本为核心的多重资本积累过程。普通本科教育是通识教育,基于此,经济弱势本科生的成长应主要是具体形态文化资本的累积。经济弱势本科生进入大学校园是其人生的重要转场,进入大学"场域"后,家庭经济弱势本科生的"原生文化资本"一般处于相对劣势,而且"惯习"也影响着他们本科期间的"自生文化资本"积累。基于阿马蒂亚·森的理论,贫困是交换权利的缺失,所以经济弱势本科生应通过具体形态文化资本积累,扩大交换权利集合,从而实现稳定脱贫和向上社会流动。为此,大学应精准资助家庭经济弱势本科生、坚守通识教育理念并利用竞争性补偿机制来教育引导他们有效地积累文化资本,实现稳定的脱贫流动。

教育扶贫的内在要求不只是补偿经济弱势家庭子弟使其"有学上",而且要"上好学"。这一基本理念应用到本科教育领域,就是大学应关切经济弱势学生在校期间的成长。学界诸多的努力在探讨家庭经济弱势本科生资助体系,延伸的研究有对这一庞大群体"精神贫困"[①]等的关注。在政府已大幅增加经济资助力度的语境下,探索家庭经济弱势本科生的成长路径及其应得到的教育补偿,进而促其稳定脱贫,是当下学术研究之所急。

---

① 矫宇.高校贫困学生群体的"精神贫困"与"心理脱贫"[J].东北师大学报(哲学社会科学版),2008(4):183—189.

第一节   家庭经济弱势本科生成长与文化资本积累

本科生成长状况是衡量以人才培养为重要旨趣的本科教育质量的重要指针,这里的本科生就自然地包括家庭经济弱势本科生。那么到底怎样解读经济弱势本科生的成长?所谓"成长",指的是"向成熟的阶段发展""生长"。[①] 但这里"成熟"的指涉需要具体化,进而对家庭经济弱势本科生而言,成长(growth)可以理解为不只是个体重量、身高和力量等的增长,更应是"教化(cultivation)"水平的提升。[②] 然而"教化"这一概念仍然缺乏操作性。一般地,人们主要把学生的学业成绩作为成长和教化的指标,成绩提高了和成绩好,就是学生成长了。这种通俗化理解有其合理性,但学业成绩并不能涵盖贫困生成长的全部意蕴。另外,当前有一个指标,就是本科毕业生"一次就业率"。本科毕业生一次就业率成为衡量本科教育质量高低的重要指标,甚至把就业率与大学本科招生名额强制挂钩。但是这其中的逻辑合理性在一定程度上也受到了质疑。[③] 本科生一次就业率与诸多因素有关,如学生所学专业、性别和家庭社会资本水平等;还有一个核心的理念应该明确,本科生教育成长的效果具有后效性。再者,普通本科教育的核心应是通识教育,通识教育所教的常常被理解为无用的知识,但这些无用的知识却具有终生的、内隐的有用性。[④] 本科教育基于其质的规定性所教的这些"无用的知识"往往在本科生一次就业率上得不到表征,所以家庭经济弱势学生的就业状况也不能有效和完整地反映其真正成长。

对家庭经济弱势本科生成长的另一种重要解读是认为这种成长是"人力资本(human capital)"的积累过程。资本是"期望在市场中获得回报的资

---

① 中国社会科学院语言研究所词典编辑室编. 现代汉语词典[M]. 7 版. 北京:商务印书馆,2016:166.

② Allen, R. E. eds. The Pocket Oxford Dictionary of Current English (Seventh Edition)[M]. New York: Oxford University Press, 1984:326.

③ 蔡连玉,易娟. 大学的就业责任及其履行困境[J]. 国家教育行政学院学报,2011(1):67—71.

④ Flexner, A. The Usefulness of Useless Knowledge[J]. Harper's Magazine, 1939(179):544-552.

源投资"①；人力资本是人们花在人力保健、教育和培训等方面投资所形成的资本，它是个体所拥有的健康、体力、知识、技能和经验，以及其他精神存量的总称，它能够为个体在将来的经济活动中带来利润收益。② 人力资本的显著特征是，它属于人，是人的部分，附着于人身之上；它又是能够带来未来满足和收益的源泉。③ 教育是人力资本的积累过程，对这一观点美国经济学家西奥多·舒尔茨（Theodore W. Schultz）有过开创性和极具说服力的论证，④进而这一理念被广泛地接受，所以经济弱势本科生的成长过程也可以被解读为人力资本累积之旅。人力资本理论的形成是经济学领域突破性的进展，但它的想象力往往囿于经济学和管理学领域，缺少了对（大学）教育复杂过程的解释力。

　　法国社会学家皮埃尔·布迪厄的文化社会学理论对家庭经济弱势本科生成长提供了独特而有价值的分析框架。布迪厄把个体可能拥有的资本分为四类：经济资本，指的是有形资产和金钱等；文化资本，包括个体的知识、文化习性和品味等；社会资本，是指个体的家庭、人际关系和社会网络等；象征资本，也可称之为符号资本，包括声誉、荣誉和头衔等。这四种资本之间可以以特定的形式相互转化。⑤ 尤其是文化资本、社会资本和象征资本都可以直接或间接地形成经济资本。⑥ 这一点非常重要，因为物质利益的获得是个体生活的基础，也是"资本"这一概念的最为重要的指向。在布迪厄的理论中，经济资本的内涵与我们在经济学意义上的理解并无特别差异，强调的是物质性，它是社会分层的重要基础，但并不是唯一依据。布迪厄认为，社

---

　　①　［美］林南. 社会资本：关于社会结构与行动的理论［M］. 张磊，译. 上海：上海人民出版社，2004：3.

　　②　李宝元. 人力资本与经济发展：跨世纪中国经济发展及其战略选择的人本视角与考察［M］. 北京：北京师范大学出版社，2000：18—19.

　　③　［美］西奥多·W. 舒尔茨. 人力资本投资：教育和研究的作用［M］. 蒋斌，张蘅，译. 北京：商务印书馆，1990：40.

　　④　Schultz，T. W. Investment in Human Capital［J］. The American Economic Review，1961，51(1)：1-17.

　　⑤　Maclean，M.，Harvey，C. & Press，J. Business Elites and Corporate Governance in France and the UK［M］. London：Palgrave Macmillan，2006：29.

　　⑥　Bourdieu，P. The Forms of Capital［G］//Halsey，A. H.，Lauder，H.，Brown，P. & Wells，A. S. eds. Education：Culture，Economy，Society. London：Oxford University Press，1997：46-58.

会资本决定于个体联系的规模以及这些联系中所富有的资本容量。① 象征资本则是源于其他资本的转换并隐形，以致掩盖了行动者的自利性，但它通过符号效应实现了利益获取和权力关系的再生产。② 所以象征资本是其他资本形式的延伸和固化，甚至经常不被识别。而文化资本作为一种"累积的劳动"，其存在有三种形态：一是具体形态（embodied state），如身体和精神的"持久习性"；二是客体形态（objectified state），如文化和理论结晶的实物；三是制度形态（institutionalized state），如体制所认同的资格和学历证书。③

根据布迪厄的资本理论，家庭经济弱势本科生在接受本科教育期间，积累了文化资本、社会资本、经济资本和象征资本。更为细致的理解是，经济弱势本科生接受的是"本科教育"，首先它是一种教育活动，教育活动从学生培养的角度来看，受益主体是学生的身体和精神，这些受益是附着在学生身心之上的。其次，普通本科教育从其基本的教育理念来看，是通识教育，通识教育不只是为毕业生找工作和经济生活做准备的，它还应为学生的整个生活和长久生活做准备。基于此，可以认为，本科教育在促进经济弱势本科生文化资本积累上，主要的贡献不是使其拥有更多的如书籍之类的客体形式的文化产品，而是通过有效的教育使其累积身体和精神上的具体形态文化资本，并且在此基础上，形成其制度形态的文化资本。其实经济弱势本科生文化资本的积累就是教育与训练所得。在布迪厄的理念中，被视为人力资本积累的教育过程，甚至是任何形式的训练，都是在累积文化资本，④具体地说就是在积累具体和制度形态的文化资本。本科教育作为"通识的"和"教育的"活动，其旨趣不应在为经济弱势学生积累现实形态的社会资本和经济资本，而只是通过通识教育为其培育潜在的社会资本和经济资本。这种潜在的社会资本和经济资本是通过教育而获得的，也是附着在经济弱势学生身心之上的，所以本质意义上讲，这些潜在的社会资本和经济资本又是

---

① ［美］林南. 社会资本：关于社会结构与行动的理论［M］. 张磊，译. 上海：上海人民出版社，2004：21.

② 周霄汉，李侠. 象征资本的运作及其不正当收益［J］. 佛山科学技术学院学报（社会科学版），2013（5）：1—6.

③ Bourdieu, P. The Forms of Capital［G］//Halsey, A. H., Lauder, H., Brown, P. & Wells, A. S. eds. Education: Culture, Economy, Society. London: Oxford University Press, 1997：46-58.

④ ［美］林南. 社会资本：关于社会结构与行动的理论［M］. 张磊，译. 上海：上海人民出版社，2004：14.

通过教育获得的文化资本。至于象征资本,它是其他三种资本的延伸和固化,也主要是通过本科教育的文化资本积累获致的。如此则符合本科教育基本理念和布迪厄理论的结论应是,家庭经济弱势本科生在大学教育期间的成长是通过文化资本累积进而积累多重资本的过程。

基于以上,家庭经济弱势本科生的成长是人力资本投资的过程,更是文化资本累积之旅。文化资本理论是人力资本的另一套特别的理论解释,而且它更关注个体本身,以及其获得的资本与社会之间的关系,[①]因而更具解释力度。

第二节 家庭经济弱势本科生文化资本积累的境遇

家庭经济弱势本科生考上大学,进入大学校园,这对其本人而言是一个大的人生转变。在这之前,他们所经历的生活和学习环境是不同于大学校园的。为了解释类似这种生活情景的转换,布迪厄提出了场域的概念。现代社会并不是浑然一体的,它分化成为众多"各自为政"而又"相互联系"的单元,这就是场域,即"由不同位置之间形成的客观关系网络构成的开放性结构"。[②] 场域还是具有界线的社会竞争场,在其中,机构和个体参与各种不同的实践性追求活动,每一个场域里都有自己的制度、传统、规范、仪式和头衔等。[③] 经济弱势本科生在进入大学校园前,其所经历的场域主要是家庭和基础教育学校,当然还包括这两个场域之外的其他社会场域。他们在这些场域里开展学习等实践活动,这些实践活动最终在不知不觉中为每一个个体累积了文化资本。每一个学生,无论是经济弱势生还是非经济弱势生,他们所经历的原生家庭和基础教育赋予其文化资本的类型和数量都不尽相同。我们可以把本科生进入大学校园前所累积的所有文化资本称为"原生文化资本"。个体进入大学校园前的原生文化资本不尽相同,归类来看,来

---

① [美]林南.社会资本:关于社会结构与行动的理论[M].张磊,译.上海:上海人民出版社,2004:13;15.

② 汪民安主编.文化研究关键词[M].南京:江苏人民出版社,2007:21.

③ Xue, H. Cultural Adaptation and Personal Capital Formation: The Experiences of Chinese Students in UK Higher Education[M]. Shanghai: Shanghai Jiao Tong University Press, 2011:45.

自经济弱势家庭的学生的文化资本在类型和数量上有"家族相似性(family resemblance)"①。同样家庭经济背景非弱势的本科生的原生文化资本也存在诸多共同的重要特征。而这两类原生文化资本之间则形成了某种"区隔(distinction)"②,具有众多的显著差异。布迪厄对不同阶层文化资本的差异的研究集中在其著作《区隔:一种趣味判断的社会学批判》中,他认为,底层大众的文化资本一般的是一种简单的本能享受,往往是粗鄙、庸俗和低下的;相反地,上层人士的文化资本则不是简单本能的满足,而是高雅、崇高和非功利的。③ 一般可以认为,这些差异在一定程度上也就是经济弱势本科生与非经济弱势本科生之间所拥有的原生文化资本的差异。上面讨论的这种区隔主要是在具体文化资本维度,而且具体文化资本也最为重要,它是其他两种形态文化资本的基础,也往往通过家庭教育来传承和积累。④ 具体文化资本的传承主要取决于家庭文化资本,个体积累文化资本的时间长短则取决于家庭经济自由度。⑤ 家庭经济弱势本科生往往处于社会的下层,其所拥有的文化资本在类型和数量上通常都处于劣势,所以他们所拥有的原生文化资本也呈相对劣势。

　　问题的关键是,经济弱势本科生原生文化资本的相对劣势会带入到大学场域里来,影响其"自生文化资本"积累,其中的关键不在于客体文化资本和制度文化资本可能存在的差异,而更主要是附着在个体身体和精神上的"惯习(Habitus)"。布迪厄用惯习一词指一种身体知识,它体现了"社会空间"与"身体性情"之间的双向辩证作用;惯习把个体和集体的历史内化和具体化为某种性情倾向,它是历史和未来之间的中介,它脱胎于历史,又成为被铸造的结构。⑥ 个体在日常生活中都会无意识地养成自己独特的惯习,它

---

① [奥]维特根斯坦.哲学研究[M].李步楼,译.北京:商务印书馆,2000:48.

② Bourdieu, P. Distinction: A Social Critique of the Judgement of Taste [M]. Translated by Nice, R. Cambridge: Harvard University Press, 1984:260.

③ Bourdieu, P. Distinction: A Social Critique of the Judgement of Taste [M]. Translated by Nice, R. Cambridge: Harvard University Press, 1984:7.

④ 孙远太.文化资本与教育不平等[M].北京:知识产权出版社,2013:17.

⑤ [法]皮埃尔·布迪厄.资本的形式[G].武锡申,译//薛晓源,曹荣湘主编.全球化与文化资本.北京:社会科学文献出版社,2005:3—22.

⑥ 汪民安主编.文化研究关键词[M].南京:江苏人民出版社,2007:377.

是"客观社会机制"与"主观认知图式"之间的中介。① 如果说经济弱势本科生的原生文化资本积累是一种"前境遇",则其原生文化资本状况会影响他们在本科教育期间的自生文化资本积累境遇,这种影响正是通过惯习这一隐性存在的"幽灵"而实现的。所以分析经济弱势本科生原生文化资本状况是探究他们在校期间自生文化资本积累境遇的基础。

　　家庭经济弱势本科生自跨入大学校园起,他们的人生发展就实现了转场,进入了一个叫作大学的全新场域。而且进入大学场域后,本科生成人了,与原生家庭的联结也变弱了,表面看其自生文化资本积累具有相对的独立性,但是更需要重视的是,自生文化资本积累通过惯习的机制还在深受建基于家庭经济状况的原生文化资本影响,甚至是左右。经济弱势本科生的家庭因为经济贫困,其经济自由度相对缺失,则整个家庭对经济和实际物质利益的考量则会更多。这是一种基于人的本性的逻辑。家庭经济弱势本科生所选择的大学专业经常是更"有用的"。这种强调所选专业的有用性是经济弱势学生及其家庭的一种朴素的意识,更好找工作,更好找即时经济回报高的工作,这些都是其所谓的有用专业的属性,而不是风花雪月式的。这种惯习符合马斯洛的需求层次理论,也无可厚非,但是这样的专业选择往往就是经济弱势本科生大学期间文化资本积累境遇的开始。这种实用性选择意识和惯习还会影响到其进入大学后课程、教育与社会活动的选择和参与程度。他们往往倾向于选择参与能够带来直接利益特别是经济利益的教育活动,比如技能性教育。我们并没有在否定大学技能性教育的意义,但是根据上文布迪厄的分析理路,这种实用性选择导致的正是他们与非经济弱势学生的趣味区隔,而趣味区隔却是社会分层的重要基础。如上是经济弱势本科生文化资本积累的一种重要境遇,但与非经济弱势学生文化资本积累的区隔远不局限于此。譬如,语言中的英语学习,经济弱势本科生因其家庭经济贫困,在基础教育阶段所享有的来自体制内学校教育的以及体制外"影子教育(shadow education)"的学习资源的数量和优质程度都不及家境宽裕的学生,这往往会导致英语学习中听、说方面的相对劣势。这一点很好理解,如果从小开始教其英语的教师就发音不标准,很难苛求学生讲一口标准的英语,而这种情况往往更多地发生在家庭经济弱势的学生身上。这种经济弱势学生英语学习的相对劣势则会深深地影响他们大学期间的语言能力提

---

① 赵一凡,张中载,李德恩主编.西方文论关键词[M].北京:外语教学与研究出版社,2006:569.

升,而且这种语言获得的负面影响同样地会通过经济弱势学生英语学习的不良惯习而实现。在本科生文化资本积累境遇上,布迪厄和帕斯隆(Jean-Claude Passeron)做过不少的经验研究,他们发现:经济出身越好的学生越可能选择古典课程,也越会选择"他国"题目和地点做研究;在高雅文化领域,出身越好,学生的知识也就越广泛丰富;在没有组织教学的领域,出身越高的学生越擅长。① 这些观察都呼应了我们的上述分析。

学界有些略显粗线条的概念分类对我们理解家庭经济弱势本科生文化资本积累境遇有所帮助。如有论者把大学教育分为"生存教育"和"地位教育"两类,前者指个体为了满足自己基本的生存需要所接受的教育,后者则是为了获致或者维持某种优势地位所需而接受的教育。② 教育即文化资本的积累,如此则可观察到,经济弱势本科生所接受的教育更多地偏向生存教育,而非经济弱势生则偏向地位教育,这是一种区隔。家庭经济弱势本科生往往是偏向生存性文化资本积累,这也是其基本的境遇。另有学者把文化资本分为"学业资本"和"品味资本"两类,学业文化资本与学问、学识等相关,品味文化资本则与情趣、格调等相关。③ 根据这一路径,则经济弱势本科生的文化资本积累一般是学业强于品味。这一境遇是受经济弱势学生原生文化资本状况及其惯习影响甚至决定而成的。

第三节　家庭经济弱势本科生摆脱贫困与社会流动

经济弱势本科生的家庭经济状况是相对贫困的,对他们及其家庭来说,急切的事情是摆脱贫困状态。这一点对文明社会而言也特别重要,弱势关怀和补偿是文明社会的核心价值理念,是一种"政治正确";也只有对弱势群体进行有效的救助帮扶,社会才会更加和谐文明。但是在对经济弱势本科生进行补偿之前,需要厘定到底何谓贫困。贫困指的是"生产资料和生活资

---

① ［法］布尔迪约,［法］帕斯隆.继承人:大学生与文化[M].邢克超,译.北京:商务印书馆,2002:18—21.

② 刘精明.国家、社会阶层与教育[M].北京:中国人民大学出版社,2005:12.

③ 陈卓.教育与社会分层[M].北京:教育科学出版社,2012:29.

料缺乏"这样一种状态。① 这是一般意义的理解,更为学术化地审视,贫困有
多种不同的解读,如财货贫乏论、使用价值贫乏论、收入低下论、可行能力贫
乏论和交换价值贫乏论等。② 在如上理论中,交换价值贫乏具有中轴性,因
为个体财物货币、使用价值的缺失,以及收入低下等,如果其拥有足够多的
交换价值,则都难以成为贫困者,因为交换价值能换来这些生活资源;而可
行能力其本身就是一种交换价值,所以贫困的交换价值贫乏论具有很好的
解释力。印度诺贝尔经济学奖获得者阿马蒂亚·森在其名著《贫困与饥荒:
论权利与剥夺》中提出饥饿是交换权利的函数。③ 这一理论影响深远,根据
它的内在逻辑,贫困是因为交换权利的缺失。可以理解的是,个体拥有交换
权利的前提是拥有某种资产(本),它具有交换价值。权利指涉人与人之间
的关系,所以森"贫困即交换权利缺失"的理论把贫困理论从静态发展到了
动态。当个体拥有任何具有交换价值的资本时,他就拥有交换权利,当这种
资本足够丰富时,个体也就远离了贫困。但是这种资本的拥有量及其相应
附着的权利有相对和绝对之分。个体拥有具有交换价值的资本量相对于某
一标准缺失时,则其交换权利也相应地相对缺失,这就是"相对贫困(relative
poverty)"④;个体的生活可被划出能够维持生存的资本的最低标准,当其所
拥有的具有交换价值的资本量低于这个最低标准时,就是"绝对贫困
(absolute poverty)"⑤。显然,我们在讨论经济弱势本科生时,其贫困更多地
指一种相对贫困,但并不排除这些本科生中有人处于绝对贫困状况,而绝对
经济弱势本科生是我们研究对象中的极端。再根据布迪厄的资本理论,经
济弱势本科生个体拥有原生的文化资本、社会资本、经济资本和象征资本,
这些资本无论它的量的多少,都具有交换价值及其附着的交换权利。经济
弱势本科生之所以贫困,是因为他们所拥有的这些资本的总量相对缺失,因
而其交换权利不足。

---

① 中国社会科学院语言研究所词典编辑室编.现代汉语词典[M].7版.北京:商务印
书馆,2016:1003.
② 杨昌江.贫困生与教育救助研究[M].长沙:湖南教育出版社,2008:46—52.
③ [印度]阿马蒂亚·森.贫困与饥荒:论权利与剥夺[M].王宇,王文玉,译.北京:商务
印书馆,2001:13—14.
④ [美]理查德·谢弗.社会学与生活[M].9版.刘鹤群,房智慧,译.北京:世界图书出
版公司,2006:258.
⑤ [美]理查德·谢弗.社会学与生活[M].9版.刘鹤群,房智慧,译.北京:世界图书出
版公司,2006:257.

　　以上是布迪厄和森意义上的对经济弱势本科生的解读。根据这一认识，家庭经济弱势本科生需要摆脱贫困，就是要增加其四大资本的集合量，这是大学本科教育对经济弱势学生所应做的。我们把象征资本看作是其他三大资本的延伸和固化，所以象征资本在这里可以不予讨论。本科教育是一种通识的教育过程，一切教育和训练过程都是文化资本积累的过程，基于此，大学教育为经济弱势学生积累的主要是一种文化资本。现实的经济资本和社会资本积累并不是作为教育活动的本科教育的"主业"，但是本科教育应该也必须为经济弱势学生积累潜在的经济与社会资本。这种潜在的经济与社会资本是一种附着在经济弱势学生身心之上的意识与能力，它是一种人力资本，更可以理解为一种具体形态的文化资本。本科教育为经济弱势学生积累的主要是文化资本，或者说是通过文化资本的累积来逐步积累多重资本。如果这个过程是有效的，则家庭经济弱势本科生可以借此摆脱贫困状态。

　　社会分层是社会学的重点研究主题，那么经济弱势本科生摆脱贫困是不是就一定有社会分层意义呢？或者说，家庭经济弱势本科生摆脱贫困就能够实现社会向上流动吗？社会分层的"层"，一般意义上的理解是个体在社会中所处的不同地位。① 关于社会分层的理论，主要有功能论与冲突论等，前者把社会比作人的机体，认为社会分层是有益的，社会分层能够促进社会效率；而后者认为社会分层是一种冲突，不同社会阶层的人会为彼此的社会地位进行斗争。② 现代社会的情形是个体可以通过诸多因素来实现向上的社会流动。一种最容易想象到的思路是通过积累金钱即经济资本完成向上的社会流动。但是现实却偏离了我们的想当然，可以观察到，当今社会有不少内地农民到外地打工，然后创业经营小本生意，凭借着勤劳以及其他因素，他们富裕了起来。然而他们在经济资本积累起来后并没有真正实现向上的社会流动，成为中产阶层的一员。这一群体通常是虽然经济富裕了，但是生活方式还是粗放的，他们的经济资本没有转化成为文化资本，他们也没有高雅的情趣和品味，从而不能真正地实现向上的社会流动。他们往往用显摆的方式花完了赚来的钱，过完春节又把孩子丢给父母，让孩子接受贫乏的教育，自己又出去开启赚钱之旅。总之，我们使用布迪厄的分析范式可

---

　　① ［美］珍妮·H.巴兰坦，［美］弗洛伊德·M.海默克.教育社会学：系统的分析［M］.6版.熊耕，王春玲，王乃磊，译.北京：中国人民大学出版社，2011：42.

　　② 孙远太.文化资本与教育不平等［M］.北京：知识产权出版社，2013：7—11.

知,只是经济资本的积累并不能真正实现向上的社会流动。经济资本积累固然是个体向上社会流动的基础,但中产和上层社会的情趣和品味更多的是一种文化资本的积累所得。本科教育的功能应体现在促进经济弱势学生累积文化资本基础之上的多重资本积累,由此可知,通过有效的本科教育,个体所获得的以文化资本为主的资本量增加,相应地交换价值和交换权利也得到扩大,经由此种路径摆脱贫困状态更有利于实现家庭经济弱势本科生向上的社会流动,这是一种"稳定脱贫"①。

第四节　有效积累文化资本以实现"脱贫流动"

　　家庭经济弱势本科生的大学教育所积累资本有四种形态,但是象征资本只是文化资本、经济资本和社会资本的延伸和固化,而对经济资本和社会资本而言,因为大学教育的通识性,经济弱势本科生获得的更多的是一种潜在的经济资本和社会资本,它是一种能力,是经济弱势学生毕业后获取经济资本和社会资本的可能性,而且它附着在学生身心之上,即为人力资本。而这种人力资本回到布迪厄的理论上来,其实就是具体化的文化资本。在经济弱势本科生积累的文化资本维度,客体形态文化资本的积累也不是本科教育的主旨追求,它甚至经常是经济弱势学生具体文化资本的副产品,一般地对知识热爱的惯习会使主体更多地积累物质化的文化资本。至于制度形态文化资本,它是建基于具体形态文化资本之上的一种制度供给的产物,当然科学合理的文化资本制度供给能够彰显个体具体文化资本的获得与收益。所以从经济弱势学生的角度来看,在其主动性范围内,在本科教育过程中,最可能积累的只是具体形态的文化资本。其客观化的文化资本积累会随着其得到相关部门经济补偿的增加以及具体形态文化资本积累而增加;经济弱势本科生制度化文化资本积累则需要教育行政部门和大学有更好的相关制度供给。这里我们分析了在大学场域里家庭经济弱势本科生获取资本积累的图景,这个过程中是以文化资本特别是具体形态文化资本的累积为基础的。这一图景也为我们探讨经济弱势本科生有效积累文化资本提供了"导航"。

---

　　① 中共中央国务院关于打赢脱贫攻坚战的决定[EB/OL].(2015-11-29)[2017-02-08]. http://www.gov.cn/zhengce/2015-12/07/content_5020963.htm.

　　首先,经济弱势本科生应得到精准有效的经济补偿,这是这一弱势群体更好地积累文化资本的基础。如果经济弱势本科生没有得到应有的经济补偿,则生活会处于困顿之中,其在本科求学过程中,就会在为维持自己生存上花费更多的时间精力,会参与更多的低端直接经济活动以维持生计,结果就会导致经济弱势本科生在积累具体形态文化资本上因时间的不自由而扩大弱势。这是显性的影响。隐性地,因为经济上没有得到有效的补偿,则会强化经济弱势本科生原生文化资本形成的强调物质和即时经济收益的惯习,这种惯习也即一种"心智模式(mind-set)"①。这种惯习与心智则会影响经济弱势本科生在大学期间的诸多选择,如专业与课程选修、校内活动与社会活动参与等,他们更有可能会走向偏离本科教育重点在于累积具体形态文化资本的原则。所以对经济弱势本科生精准有效的经济补偿能够促进其正确有效地累积文化资本。基于现实的观察,精准有效地经济补偿经济弱势本科生,关键在于相关信息的充分采集与合理共享,且强化贫困生认定的制度刚性,以减少源于"信息不对称"而产生的非经济弱势生"搭便车"现象,抑制可能出现的"设租""寻租"等负面行为。

　　其次,本科教育应回归和坚守通识教育,教育引导经济弱势本科生积累具体形态的文化资本。本科教育是为学生的整个生活打基础的,不只是为他们找工作做准备,普通本科教育的本质在于通识性,人文教育是本科教育的基石。这些是大学教育理念中的"常识",但是在实践中,却往往有所偏离。普通本科教育与职业教育存在分野,前者更应专注于"无用知识"的教导,以使受教育者更具人文性。人文性是一种教养,它处在人的素养结构体系的冰山之下,不是外显的,其功用也往往是远期的,对受教育者个体的影响往往是终身的。而且通识性和人文性的学养也并不是真正地在经济资本意义上是无用的。乔布斯创造了苹果公司的商业帝国,而苹果产品的精致性与所体现的独特的审美价值,正是根源于乔布斯旁听过的、被一般人视为无用的字体学课程。这种"无用的"文化资本奠定了苹果的产品定位,苹果产品独特的审美情趣迎合了广大中上阶层的审美需要,由此使苹果产品成为一种精致生活的标签,也由此苹果商业帝国建成。知识即财富,"无用的"的具体文化资本往往是长远地创造更多财富的基础。如果把"教育"分为"教"与"育",则本科通识教育应重于慢性的"育",职业教育更重于"教"。这

---

　　① ［美］彼得·圣吉.第五项修炼:学习型组织的艺术与实务[M].2版.郭进隆,译.上海:上海三联书店,1998:202.

种分野只是不同教育类型的功能分工,但对本科教育而言,通识性是其根。这样本科教育应谨慎地对待来自市场和就业的压力,抵制功利性教育的诱惑,而坚守通识与人文教育。更进一步地,因为经济弱势学生原生文化资本状况具有相对弱势,本科教育基于弱势补偿的文明理念与社会责任,应特别针对家庭经济弱势本科生开展教育引导活动,使其能够有意识地集中精力积累具体形态的文化资本。一般地具体形态文化资本总是内隐的,其功用特别是经济意义上的功用不被人们所识别。而且经济弱势本科生本身通常是这样一种个体,他们在选择上因其原生文化资本及其所带来的惯习和心智模式的影响,往往是偏向即时实用的,如此则接受人文教育之类的具体文化资本积累过程的意义就更有可能被他们所忽视,其重要性难以进入经济弱势本科生的意识系统。这就需要本科教育针对这一群体有特别的教育引导。这种教育引导活动可以以生涯规划和心理咨询、本科导师制、专门课程、有针对性的讲座或者校园活动等方式开展。

　　第三,大学应充分利用"竞争性补偿"以促进家庭经济弱势本科生文化资本累积。竞争与刺激能够创造更高的效率,这是科学管理思想的内核。作为"经济人"的经济弱势本科生面对竞争和刺激也能够更为有效地积累具体文化资本。学者特纳(Ralph H. Turner)构建了社会流动的两种理想型:"赞助性流动"和"竞争性流动"。① 受此启发,我们可以把对经济弱势本科生的补偿政策分为两类,一类是赞助性补偿,另一类是竞争性补偿。前者是普惠式的,只要是被认定的贫困生,就可以得到这类补偿;后者是竞争性的,这类补偿需要在经济弱势学生中展开学业竞争,优胜者得。在补偿资源总量较为丰富的情境下,大学应在保障经济弱势本科生均可获取赞助性补偿的前提下,重视竞争性补偿的作用。当前实践中竞争性补偿机制已有在被部分地运用,但是使用的效果需要反思,而使用的力度宜合理增加,以此来促进家庭经济弱势本科生文化资本积累,进而助其稳定地脱贫流动。

---

　　① Turner, R. H. Sponsored and Contest Mobility and the School System[J]. American Sociological Review, 1960, 25(6):855-867.

第四章　本科生家庭经济对其社会资本的影响

　　家庭经济弱势本科生成长的一个重要维度是其社会资本累积状况。社会资本是指个体或社会组织在社会活动中为实现一定的目的,在一定社会规范环境下所能够直接和间接利用的人际量和对他人或者群体信任状况的综合资本占有量。探究家庭经济因素对本科学生社会资本积累的影响,具有理论与实践价值。布迪厄的资本转化理论能够从理论上指明本科生家庭经济与其社会资本之间的可能关系。为进一步验证两者的实际关系,本研究分别开发了用于测量本科生家庭经济水平和社会资本状况的测量问卷。家庭经济水平测量问卷根据罗云和苏鑫的测量量表改编而成,测量维度包括父母职业、家庭收入和应急经济能力;社会资本测量问卷是根据帕特南社会资本测量量表改编而来,测量维度包括社会网络、社会规范和社会信任。研究在一所省属重点师范大学进行样本数据收集,通过项目分析、探索性因素分析和验证性因素分析,以及信度测量,确定最终测量问卷。研究在描述性分析、差异性分析、相关性分析和回归分析的基础上发现:不同家庭经济水平本科生的社会资本状况存在显著差异;本科生家庭经济水平对其社会资本状况存在显著影响;家庭经济弱势本科生在社会资本的多个维度存在不足。基于此,高校应精准地补偿家庭经济弱势本科生,教育引导他们增强社会资本积累意识,实施多重举措提升他们的社会活动能力,以此间接或直接促进其社会资本积累,实现相对的社会补偿正义。

第一节　问题提出

高等教育是教育体系的重要组成部分,本科生作为这一特定阶段的学生群体,肩负建设祖国的使命,深受关注,其在校成长状况关乎国家未来发展。家庭经济弱势本科生在大学校园里占有相当的比重,他们的成长是高等教育发展程度的重要表征,同时也是我国整体教育水平的重要体现。家庭经济困难学生在经济上所表现出的弱势极有可能阻碍这一群体的发展,如社会上广泛讨论的"寒门难出贵子",透露出家庭经济弱势学生在实现人生成就上的困难。如何衡量这一阶段家庭经济困难学生的成长状况也成为社会各界争论的焦点。根据法国社会学家布迪厄的资本理论,资本是行动者或集合体以具体的或活劳动的形式占有社会资源的积累性劳动,具有一定的个体性和排他性,同时也是嵌套在客体或主体结构中的力量。① 家庭经济弱势本科生成长的一个重要维度是其自身社会资本的积累状况。相比家庭经济状况的研究,学界对社会资本的关注略显不足。作为一个相对晚近的概念,直到 20 世纪 80 年代社会资本才有了较为清晰的表述后,才受到较多的关注。布迪厄首先正式界定了社会资本概念,强调以声誉、头衔为符号,以社会规约为制度化的形式,行动者占有联系网络的规模,以及与他有联系的每个人占有的经济、文化、象征资本的多少。②

家庭经济弱势本科生的社会资本是怎样的,二者之间是否存在一定的关系成了吸引我们关注的焦点。在已有研究中,对家庭经济与社会资本二者关系的论述内容较少,我们不免会好奇:家庭经济弱势本科生的社会资本状况与其他经济水平本科生之间是否存在差异? 如果差异存在,这一差异是不是主要由本科生的家庭经济原因造成的? 如果明确了二者之间的关系,我们能否根据现有的本科生的家庭经济水平来预测其社会资本积累状况,并采取有效的补偿措施来帮助家庭经济困难的本科生,直接或间接促进其社会资本积累,实现相对的社会补偿正义? 带着这些疑问,我们具体地对 Z 校本科生的家庭经济水平对其社会资本状况的可能影响进行了实证研究。研究将探讨:本科生家庭经济水平对其社会资本积累产生怎样的影响?

---

① 薛晓源,曹荣湘主编.全球化与文化资本[M].北京:社会科学文献出版社,2005:3.
② 姚福喜,徐尚昆.国外社会资本理论研究进展[J].理论月刊,2008(5):143—148.

研究问题细分如下：(1)本科生社会资本状况在其家庭经济变量上是否存在差异？(2)本科生家庭经济水平与其社会资本状况是否存在相关？(3)能否通过本科生家庭经济水平指标来预测其社会资本状况？

现有相关文献对家庭经济水平和社会资本进行分别研究的文献较多，对二者之间的关系进行研究的文献较少，尤其是将其范围限定在本科生这一对象上，更能发现研究文献的不足。本书重在探讨本科生家庭经济水平对其社会资本的影响，将本科生、家庭经济水平和社会资本三个概念结合在一起具有一定的新颖性，在某种程度上也将丰富国内对于本科生社会资本研究的不足，具有理论价值。

本研究中，具有一定难度的是有关本科生家庭经济水平与社会资本的测量问卷的开发。第一，现有资料中，大多数的研究只是停留在理论化的层面，可操作化的内容较少，相关测量问卷也较少，且部分学者所用问卷是翻译过来的，虽有一定的适用性，但于本次研究对象而言，不太合适。第二，不同国家和社会之间存在着文化和习俗等方面的差异，因此，难以直接采用国外的量表来测量。第三，本研究所采用的量表是在综合分析不同学者所使用的问卷的基础上整理出来的具有我国本土化特征的测量问卷，能够较好地反映我国本科生的家庭经济水平和社会资本状况，对后续研究有借鉴价值。同时，本研究在分析二者的因果关系的基础上也会为家庭经济弱势本科生提供相应的补偿性建议，使其社会资本的状况能够得到改善，以此来助其更好成长。综上所述，本研究具有较强的实践意义。

第二节　文献综述

一、家庭经济的测量

国外对家庭经济测量指标进行系统表述的文献较少，多数都是将其与其他内容放在一起进行研究的。通过对文献资料的梳理，我们能够间接地从不同的文献中找到相关的测量指标。德·佩尼拉(M. De Pernillo)等论述了患有癌症的儿童与他们的家庭经济收入状况之间的关系，研究使用了较为全面的测量指标来评估家庭社会经济地位，包括收入的多少、家庭成员就业人数、住房状况、交通及通信工具的类型、受教育的水平，以及每月用于食物、娱乐休闲的费用。[①] 玛赫德·哈什米(Mahdi Hashemi)等比较了不同家庭经济状况和父母的支持对他们孩子的体育锻炼的影响,研究选取了两个不同发达程度的地区进行抽样测试,采用的测量家庭社会经济地位的指标主要是家庭的经济收入和家庭成员的文化水平。[②] 安吉拉·唐金(Angela Donkin)等分析了家庭社会经济地位对儿童的影响,研究通过对收集到的0~3岁儿童的数据的分析发现,社会经济地位(SES)越低的家庭的孩子越有可能发胖,这些家庭在巨大的压力下更难拥有一个健康的生活方式,这对孩子造成了消极的影响。研究采用家庭收入作为衡量家庭社会经济地位的指标。[③]

国内学者罗菊花等从家庭消费的角度对家庭经济指标体系进行了细致的论述,他们探讨了可用于评价家庭经济状况的指标,以家庭耐用消费品的拥有量为基础,采用中位数定权的方法,得到每个家庭耐用消费品的得分,并以此分类,然后用家庭人均年收入做参考对分类进行调整,最后得到家庭经济状况的分类指标。[④] 此外,其他国内学者也不同程度地论述了家庭经济水平的测量指标,为我们建立更加完善的指标体系提供了重要借鉴。罗云等以家庭环境因素为中介变量,分析家庭社会经济地位对青少年学习倦怠的影响,他们采用了年收入、父母职业类型和受教育水平三个指标作为测量

---

① Pernillo, M. D., Rivas, S., Fuentes, L. et al. Measurement of Socio-Economic Status in Families of Children with Cancer in Guatemala[J]. Pediatric Blood & Cancer,2014, 61(11):2071-2073.

② Hashemi, M., Hojjati, A., Nikravan, F. et al. The Comparison of Socio-Economic Status of Families and Social Support of Parents for the Physical Exercises of Their Children[J]. Procedia-Social and Behavioral Sciences, 2013(82):375-379.

③ Donkin, A., Roberts, J., Tedstone, A. et al. Family Socio-Economic Status and Young Children's Outcomes[J]. Journal of Children's Services, 2014, 9(2):83-95.

④ 罗菊花,金水高,翟凤英,等. 家庭经济状况评价指标探讨[J]. 卫生研究,1996(12): 103—106.

家庭经济水平的依据。① 王殿春等②和周蜀溪③使用相同的家庭经济状况调查问卷测量家庭经济水平,其家庭经济状况问卷共计六个方面,包括住房状况、家庭耐用消费品、食品消费、营养状况、零用钱消费和整体经济状况。李勇等分析了父母职业、文化程度和家庭经济状况对学生学习成绩的影响,他们对家庭经济状况的测量涉及家庭月收入和家庭居住条件两个方面。④ 周芳研究了大学生自杀意念的发生率,大学生自杀意念在性别、年级、本专科、家庭类型、是否独生子女上没有显著性差异,在家庭经济收入上有显著性差异,其在对家庭经济水平的测量上使用家庭人均年收入指标。⑤ 吴梅丽等研究了家庭经济状况对大学新生心理的影响,家庭经济水平测量指标为"家庭月收入"。⑥ 阎秀丽等⑦和秦云等⑧分别在分析家庭经济水平对学生心理健康的影响和家庭经济状况对于青少年学生阅读的影响研究中,采取了与吴梅丽等相同的测量方法。我国台湾学者研究了家庭经济地位和学校因素对单亲父亲家庭的孩子抑郁症状的影响,发现单亲父亲的家庭社会经济地位一般更低,这样环境下的孩子得抑郁症的风险更高,研究将家庭社会经济地位划分为高低两类,并以是否有资格申请政府的救济作为分组的依据。⑨ 孙涛等提出了我国家庭经济状况调查的重要指标,分别是家庭人口、家庭成员

① Luo, Y., Wang, Z., Zhang, H., Chen A. The Influence of Family Socio-Economic Status on Learning Burnout in Adolescents: Mediating and Moderating Effects[J]. Journal of Child and Family Studies, 2016, 25(7):2113.

② 王殿春,张月秋. 大学生学习动机与家庭经济状况的相关研究[J]. 教育探索,2009(12):129—131.

③ 周蜀溪. 中学生学习动机与家庭经济状况的相关分析[D]. 成都:四川师范大学,2006:11.

④ 李勇,王亚锋,张艳红. 家长的职业、文化程度和家庭经济状况对学生学习成绩的影响[J]. 现代中小学教育,1998(1):55—57.

⑤ 周芳. 家庭经济状况对大学生自杀意念的影响[J]. 中国健康心理学杂志,2009(2):132—134.

⑥ 吴梅丽,周满霞,林小锋,等. 家庭经济状况对大学新生心理的影响[J]. 四川教育学院学报,2009(3):15—17.

⑦ 阎秀丽,苑旸,宋真. 家庭经济状况与学生心理健康的相关性研究[J]. 济南职业学院学报,2013(2):69—71.

⑧ 秦云,葛明贵. 家庭经济状况对青少年阅读的影响[J]. 当代青年研究,2011(1):48—51.

⑨ Lin, J., Hsieh, Y., Lin, F. Modification Effects of Family Economic Status and School Factors on Depression Risk of Single-Father Family Children in Mid-Taiwan Area[J]. Research in Developmental Disabilities, 2013, 34:1468-1477.

全部收入、家庭需要供养的子女、非工资性收入、资产(房产、土地等)、家庭基本支出状况和特殊情况的说明(失业、重病、残疾、意外灾难等)等。①

二、社会资本

(一)社会资本的理解

对于社会资本的定义,学界并没有一个统一的认识,整体观之比较模糊。社会资本最早由莱达·汉尼芬(Lyda Hanifan)用来解释社会交往对教育和社群社会的重要性。其后,法国著名社会学家布迪厄首次正式对社会资本的概念进行了界定,并将其与社会关系网络联系起来,将其应用到社会学领域,提出社会资本是实际的或潜在的资源集合体,这些资源同大家共同熟悉或认可的制度化关系的持久网络联系在一起。詹姆斯·科尔曼(James S. Coleman)将社会资本界定为个人拥有的社会结构资源,它由社会团体、社会网络和网络摄取构成。罗伯特·帕特南(Robert D. Putnam)认为社会资本是一种组织特点,如信任、规范和网络等。② 我国学者薛在兴认为社会资本是认同关系的工具性价值。认同关系既是一种关系,表明对方是自己的亲戚、朋友、家人、同事、熟人这样一些结构性特征,同时也表明对方对自己的认可和信任这样一些认知性特征。工具性价值有三层含义:一是认同关系必须在目的性行动中被使用才能成为行动者的社会资本;二是认同关系的社会资本意义在于能够给行动者带来实质利益,比如收入和地位,而不仅仅是情感的满足;三是价值量的大小既取决于认同关系的强度(关系人愿意提供帮助和信任行动者的程度),也取决于关系人掌握的资源的价值。③

(二)社会资本的测量

国外学者金伯利·洛克纳(Kimberly Lochner)等论述了社会资本的测量问题,他们从群体效率、群体认同、邻里和睦和群体竞争性四个方面测量社会资本。④詹妮·奥克斯(Jenny Onyx)和保罗·布伦(Paul Bullen)从公共参与、互惠、社会规范、信任和社会机构等维度来测量五组有代表性的群体

---

① 孙涛,沈红.基于家庭经济状况调查的高校贫困生认定:国际比较的视角[J].外国教育研究,2008(10):26—29.

② 周娟.社会资本概念与测量的理论研究综述[J].改革与开放,2010(10):80—81.

③ 薛在兴.打开大学生就业之门的钥匙:社会资本、人力资本与大学生就业[M].北京:中国社会科学出版社,2011:53.

④ Lochner, K., Kawachi, I., Kennedy, B. P. Social Capital: A Guide to Its Measurement[J]. Health & Place, 1999 (5):259-270.

的社会资本状况,其中能够解释社会资本的题项有 36 道,研究发现这些群体在不同的社会资本指标上都有显著性差异。① 玛瑞亚·萨洛蒙(Maria Salomon)测量社会资本时用了五个指标,分别是:友好、归属感、社会信任、包容性和责任感。她的研究发现,商业组织通过发展员工的自信和社会资本状况,处理好他们与其他员工和管理人员之间的关系,不断强化他们的技能,能够获得更多的收益。② 娜塔莎·马格森(Natasha R. Magson)等通过测量社会资本比较了其与心理健康的关系,她们为进行此项研究开发了一个社会资本和凝聚力的量表,将社会资本分为"家庭、同事、邻里的信任""互惠"和"社会网络"三个观测维度。③

国内学者韦璞提出了三种社会资本测量方法,分别是:按概念层次划分的微观和宏观社会资本的测量方法、按构成要素划分为结构型社会资本和认知型社会资本的测量方法,以及前二者相结合的综合测量方法。④ 周娟也肯定了综合测量方法的优势。⑤ 在诸多国内文献中,论述社会资本的测量指标较为细致的是方然的《"社会资本"的中国本土化定量测量研究》。其研究综述了国内外不同的社会资本测量指标,并以帕特南的社会资本理论为基础建立了具体的符合中国本土化特色的社会资本测量指标体系,即社会网络、社会规范和社会信任。其中社会网络包括人际网络、社区网络和社团网络;社会规范包括人际交往规范和集体规范;社会信任包括人际信任、一般信任和政治信任。⑥

(三)社会资本与大学生

卡伦·萨恩斯(Karen P. Saenz)和茱莉·康伯斯(Julie P. Combs)在一

---

① Onyx, J., Bullen, P. Measuring Social Capital in Five Communities[J]. The Journal of Applied Behavioral Science, 2000,36(1):23-42.

② Salomon, M. Social Capital Outcomes of Adult Learning and Literacy Initiatives: How Do We Measure Them? [R]. Quebec: The Centre for Literacy of Quebec, 2010:1-36.

③ Magson, N. R., Craven, R. G., Bodkin-Andrews, G. H. Measuring Social Capital: The Development of the Social Capital and Cohesion Scale and the Associations between Social Capital and Mental Health [J]. Australian Journal of Educational & Developmental Psychology, 2014(14):202-216.

④ 韦璞. 社会资本的测量方法:经验研究综述[J]. 特区经济,2007(2):268—269.

⑤ 周娟. 社会资本概念与测量的理论研究综述[J]. 改革与开放,2010(10):80—81.

⑥ 方然. "社会资本"的中国本土化定量测量研究[M]. 北京:社会科学文献出版社,2014:25—26.

项调查中将社会资本的理论框架分为学校环境、家庭和教师的支持,以及学生的自我认同和价值观。他们认为社会资本的不断积累会让学生更有可能完成学业。①凯瑟琳·斯托勒(Kathleen Stolle)认为,为有天赋的科学、技术、工程和数学专业(STEM)的黑人学生在入学之前建立暑期过渡学校,以培养其社会资本是很有必要的。这些暑期活动能够帮助学生在以后的 STEM 学习中获得更大的成功;研究借鉴了布迪厄的社会资本理论,认为社会资本的测量主要是个体的声望和社交网络的范围。②杰·惠特尼(Jean Whitney)等对一所学校的科学、技术、工程和数学专业(STEM)中有身体疾病的学生的学习共同体进行了研究,旨在了解这些共同体中的学生所学习到的社会资本,包括知识、技能、资源和社会支持。③穆斯塔法·科特(Mustafa KOÇ)和卡伦·安(Karen Ann)调查了计算机网络对土耳其大学生的社会资本的影响状况,他们对社会资本的测量主要包括孤独感、家庭关系网络、朋友关系网络和社会态度。④ 塞伦·普瑞斯特(Suellen Priest)以澳大利亚职业教育和培训为例分析其与社会资本的关系,以及如何将社会资本放入到职业教育与培训之中,他们认为社会资本的测量应当包括人际网络、共同的价值观念和彼此之间的信任。⑤ 卡尔梅拉·马斯莱克(Karmela Aleksic-Maslac)和玛莎·麦格赞(Masha Magzan)认为通过信息和交流技术(ICT)能够有效地在高等教育阶段建立社会资本,还能在巩固现有的关系网络的基础上开展新的关系网络,更好地促进社会资本的建立,他们将社会资本归结为人际

----

① Saenz, K. P., Combs, J. P. Experiences, Perceived Challenges, and Support Systems of Early College High School Students [J]. Administrative Issues Journal: Connecting Education, Practice, and Research,2015,5(1):105-117.

② Stolle, K. The Case for Summer Bridge: Building Social and Cultural Capital for Talented Black STEM Students[J]. Science Educator, 2011, 20(2):12-22.

③ Whitney, J., Lovewell, L., Moeller, B. et al. Building Relationships, Sharing Resources, and Opening Opportunities: A STEM Learning Community Builds Social Capital for Students with Disabilities[J]. Journal of Postsecondary Education and Disability, 2012,25(2):131-144.

④ KOÇ, M., Ann K. The Consequences of Internet Cafe Use on Turkish College Students' Social Capital[J]. The Turkish Online Journal of Educational Technology,2007,6(3):88-97.

⑤ Priest, S. What is "Social Capital" and How Can Vocational Education and Training Help Develop It? [OB/EL]. [2018-04-17]. https://www.ncver.edu.au/publications/publications/all-publications/what-is-social-capital-and-how-can-vocational-education-and-training-help-develop-it#.

关系和人与人之间的信任。① 约翰·奈特(John Knight)等认为社会网络是社会资本的一部分,并分析了社会网络对学生进入高校的影响,认为学生能够通过社会网络平台获得朋友,为他们进入高等教育阶段提供机会和社会网络支持。② 菲奥娜·布真(Fiona Budgen)等为刚刚进入大学的学生提供了一个运动教育模式,在很大程度上降低了学生的留级率。这个项目重在培养学生的社会资本,即帮助在校学生培养社会性和大学性的人际关系,这些帮助大一学生的项目能够增加他们的社会资本。③ 托拜厄斯·布兰德勒(Tobias Brändle)等将社会资本看作是接受教育的一种特殊所得,并探究德国大学中传统学生与非传统学生所拥有的社会资本是否有所不同,他们依据布迪厄的社会资本理论将其看作是个体从组织中得到的物质或者是精神上的帮助。④ 罗克珊·莫斯凯蒂(Roxanne Moschetti)等研究了第一代上大学、非第一代上大学、工作阶层和白人男性之间的社会资本状况,认为大学生的社会资本主要是指在学校和社会中的关系网络,是能够提供社会地位所需要的支持和帮助的价值关系。同第一代上大学的学生相比,非第一代上大学的学生在大学之前所获得的社会网络使他们懂得如何寻求帮助,在社会资本拥有方面更有优势。⑤ 罗尼·塞莫(Ronnie Semo)以澳大利亚官方社会资本调查问卷为依据研究青年学生的社会资本状况,并分析了社会资本对青年学生的学业成就的影响。该社会资本调查问卷主要是测量学生的

---

① Aleksic-Maslac, K., Magzan, M. ICT as a Tool for Building Social Capital in Higher Education[C]. Croatia: University of Ulster Waterfront Hall Belfast,2011:2-9.

② Knight, J., Rochon, R. Starting Online: Exploring the Use of a Social Networking Site to Facilitate Transition into Higher Education[J]. The Electronic Journal of e-Learning, 2012,10(3):257-261.

③ Budgen, F., Main, S. J., Callcott, D., Hamlett, B. The First Year at University: Giving Social Capital a Sporting Chance[J]. Australian Journal of Teacher Education, 2014, 39(7):157-172.

④ Brändle, T., Häuberer, J. Social Capital of Non-Traditional Students at a German University: Do Traditional and Non-Traditional Students Access Different Social Resources? [J]. International Journal of Higher Education, 2015,4(1):92-105.

⑤ Moschetti, R., Hudley, C. Measuring Social Capital among First-Generation and Non-First-Generation, Working-Class, White Males[J]. Journal of College Admission, 2008 (4):25-30.

家庭、学校和团体组织的关系网络。[1]

　　国内有关社会资本与大学生关系的文献主要是论及社会资本与大学生就业或者是创业的关系。张晓英、张季红分析了完成学业的大学生对社会资本的选择,提出了大学毕业生的两种选择模式,并就社会资本模式选择的理论结构进行了分析,意在帮助学生实现在教育领域的目标。他们研究认为社会资本包括关系、规范、网络和社会交往。[2]李东霞探讨了社会资本与大学生就业的关系,从当前大学生的就业现状入手,分析了社会资本视角下社会规范、社会信任、社会网络对于大学生就业的积极作用和消极影响。[3] 与研究大学生就业视角不同,魏巍、李强则分析了社会资本拥有状况与大学生创业意愿之间的关系。他们从网络规模、网络差异性和人际信任来测量大学生的社会资本状况,通过对收集到的问卷进行数据分析,认为社会资本会对大学生创业意愿产生一定的正向显著影响。[4] 陈华平也从创业的视角研究了社会资本对大学生创业的功用,他从社会资本的功能出发认为社会资本为大学生提供了网络支持和信息的获得,大学生创业者的社会资本水平越高其创业绩效就会越好,二者呈显著的正相关关系。[5]

三、家庭经济与社会资本

　　李昕等研究了不同家庭经济状况对大学生人际关系的影响,他们采用家庭经济状况调查表(自编)、症状自评量表中的人际关系敏感分量表等量表对一至四年级大学生进行测评,发现不同学生拥有不相同的家庭背景,因此其成长的环境和教育背景及其家庭经济水平也不尽相同,而不同家庭经济水平对大学生人际关系的影响显著。[6] 杨金江等研究发现,彝族大学生的

---

① Semo, R., Karmel, T. Social Capital and Youth Transitions: Do Young People's Networks Improve Their Participation in Education and Training? Occasional Paper[R]. Adelaide: National Center for Vocational Education Research, 2011:1-10.

② Zhang, X., Zhang, J. Social Capital: An Alternative Model to College Graduation [R]. Chicago: AIR 2010 Forum, 2010:8-15.

③ 李东霞.浅析社会资本与大学生就业的关系[J].淄博师专学报,2007(3):31—33;42.

④ 魏巍,李强.社会资本、创业自我效能感与大学生创业意愿关系的实证研究[J].西安电子科技大学学报(社会科学版),2015(1):112—117.

⑤ 陈华平.试论心理资本、人力资本和社会资本在大学生创业中的功用[J].牡丹江教育学院学报,2015(2):58—59.

⑥ 李昕,俸娜,闫春平.不同家庭经济状况对大学生人际关系的影响[J].新乡医学院学报,2007(6):599—601.

家庭经济状况与其人际关系呈显著正相关,家庭经济好的人际关系也好,家庭经济差的人际关系也差,家庭经济一般的其人际关系也相对一般。① 李辉山等认为大学生人际关系在不同家庭经济状况下有差异,家庭经济状况对家庭人际关系有显著影响。② 李丽萍、张月研究了大学生宿舍关系的影响因素,认为月消费水平是家庭经济状况的一定代表,月消费水平与大学生宿舍关系总体上影响不显著,但在大学生亲融度和深度沟通方面有显著影响。③ 王荣④和许传新⑤也支持了上述观点,认为不同的家庭经济状况对学生的人际关系影响存在差异。王甫勤研究大学寝室人际关系发现与上述学者有所不同的结论:大学生不同家庭经济状况对人际关系的影响有差异,但并不显著。⑥

文梦雪等认为家庭经济状况对大学生的人际信任产生影响,家庭经济状况好的学生的信任水平要明显高于家庭经济状况一般和较差的。⑦ 冀军分析了人际信任与家庭收入的关系,研究发现,居民的收入水平越高,其对家庭成员、同事和同学的信任程度就会降低;居民的收入水平越低,其对家庭成员和朋友的信任就会越高。⑧ 这一结论与之前所述完全相反。陈岩在分析学生人际信任影响因素时认为,虽然家庭经济好的学生在人际信任上要高于家庭经济较差的学生,但不同家庭经济水平的学生的信任差异并不显著。⑨

迈克尔·怀特(Michael J. White)和盖尔·考夫曼(Gayle Kaufman)研

---

① 杨金江,苏永忠,李德波.彝族大学生家庭经济状况对其人际关系的影响:以云南农业大学彝族大学生为例[J].消费导刊,2008(8):45;61.

② 李辉山,包福存,何蓉.家庭环境对"90后"大学生人际关系适应的影响研究:以兰州六所高校的调查数据为例[J].兰州交通大学学报,2012(2):134—139.

③ 李丽萍,张月.大学生宿舍人际关系现状及影响因素研究:以云南师范大学为例[J].商场现代化,2012(3):236—238.

④ 王荣.大学生宿舍人际关系新探[J].烟台教育学院学报,2005(3):64—67.

⑤ 许传新.大学生宿舍人际关系质量研究[J].当代青年研究,2005(4):6—9.

⑥ 王甫勤.大学生寝室人际关系影响因素的实证探究[J].大学教育科学,2008(1):84—89.

⑦ 文梦雪,陈竹,包卫."90后"大学生人际信任的现状研究:基于生活与网络环境的比较[J].湖南工程学院学报,2016(1):93—96.

⑧ 冀军.人际信任与家庭收入、职业特征间关系的实证研究:基于成都市大样本社会调查[D].成都:西南交通大学,2012:50.

⑨ 陈岩.医学生人际信任现状及影响因素研究[D].合肥:安徽医科大学,2014:11.

究认为，来自较高社会经济地位的家庭的学生必然会拥有更多的社会资本。[1] 董丹辉认为家庭经济水平是决定大学生就业的社会资本重要影响因素，二者之间存在密切的关系，[2]但其并未对之进行详细的论述，且只是从理论上进行分析，缺乏实证研究。郑洁也在《家庭社会经济地位与大学生就业：一个社会资本的视角》中表达了同样的观点。[3]

综合以上文献分析，我们能够发现，无论是有关家庭经济水平，还是社会资本的研究文献都相对丰富，但涉及家庭经济水平与本科生社会资本的交叉研究则有待深入；对家庭经济水平的测量的指标都比较单一，不够完善；社会资本的测量指标纷繁复杂，标准不一，缺乏具有本土化特点的测量指标；在二者的交叉研究上往往是避开了二者的直接联系。基于如上，本研究将有一定的探索新意。

第三节　概念界定

一、家庭经济水平

"家庭经济水平"是一个较为含糊的表达，学界对其并没有一个统一的定义。综观相关文献，使用较多的有"家庭经济状况"和"家庭收入地位"。无论是国内还是国外，个人收入都被视为隐私，很多人都避之不谈，这在一定程度上导致对家庭经济水平测量的困难。另一方面，家庭经济水平测量指标的多样性也使其测量标准比较难以确定。当今社会，非工资性收入比重的不断上升使得通过工资来测量家庭经济水平变得不精确。相关研究往往是借助于多种间接形式来测量所需要的"家庭经济数据"，例如日常消费开支、家庭所拥有的大件或者贵重物品情况等等。本研究主要是通过父母职业类型、家庭税前月收入状况、家庭耐消耗品的数量、本科生在校的消费

---

[1]　White, M. J., Kaufman, G. Language Usage, Social Capital, and School Completion among Immigrants and Native-Born Ethnic Groups[J]. Social Science Quarterly, 1997,98(2):385-398.

[2]　董丹辉.社会资本视角下的家庭经济地位与大学生就业分析[J].传播经纬,2015(2):290.

[3]　郑洁.家庭社会经济地位与大学生就业：一个社会资本的视角[J].北京师范大学学报(社会科学版),2004(3):111—118.

状况及其消费占家庭收入的百分比、住房条件、应对疾病时的经济能力等来测量家庭经济水平。

二、社会资本

最早提出"社会资本"概念的是 20 世纪早期美国社区改革者莱达·汉尼芬,她使用社会资本来代表个人或家庭在日常互动中的资产。此后许多学者对其进行了深入研究,具有代表性的观点如表 4-1 所示。

表 4-1　社会资本的概念梳理

学者	定义	年份
莱达·汉尼芬	社会资本是人群之间自然发生的社会关系,而且这种关系能够协助获得市场所需要的技术与物质。	1916
格伦·洛瑞 (Glen Loury)	存在于个人社会关系中的那些能够促进或者帮助个人在市场中获得技能或者其他有用价值的资产。	1977
皮埃尔·布迪厄	以社会声誉、头衔为符号,以社会规约为制度化的形式,特定行动者占有的社会资本的数量,依赖于行动者可以有效加以运用的联系网络的规模大小,依赖于和他有联系的每个人以自己的权力所占有的经济的、文化的、象征的资本的数量的多少。	1985
詹姆斯·科尔曼	社会结构资源作为个人拥有的资本财产,即社会资本。社会资本的定义由其功能而来,而非某种单独的实体。它具有各种形式的不同实体,它有两个共同的特征:它们由构成社会结构的各个要素组成;它们为结构内部的个体提供便利。	1990
罗纳德·伯特 (Ronald Burt)	网络结构给网络中的各个结点提供资源和控制资源的程度,结点包括能获得资本的朋友、同事以及一般的熟人。	1992
罗伯特·帕特南	社会资本是指社会组织的特征,如信任、规范和网络,是一种公共物品,能够通过推动协调和合作行动来提高社会效率。	1995
法兰西斯·福山 (Francis Fukuyama)	社会资本是一种有助于两个或者更多个体之间相互合作、可用事例说明的社会规范;社会资本是非正式的、由群体中的成员所共享的,并且能够使全体成员进行合作的价值观和规范。	1995 1997
林南 (Nan Lin)	通过社会关系所获得的资本,社会资本是埋藏在社会网络中、活动者为了其利益可以接触和使用的资源。	2001

学者	定义	年份
堂·柯亨 (Don Cohen)	社会资本是由人们之间积极的联系构成,它包括相互信任、相互理解以及共同的价值观和行为理念,这样的联系可以把人际网络或是各种社群中的每个成员紧密地团结在一起,进而促使社群合作变成一种可能。	2002

注:本表由整理方然①与姚福喜等②有关社会资本概念编制而成。

社会资本理论框架的建立主要是由布迪厄、科尔曼和帕特南三者完成,此后不断完善。布迪厄在进行社会学问题研究的过程中将其自身的理论归结为"实践理论",这一理论的中心思想在于强调场域、习性和资本。③ 根据布迪厄的资本划分理论,资本表现为经济资本、文化资本和社会资本等形式。美国杜克大学社会学教授林南强调社会资本是在社会关系中获得的。这一资本的实现对个体、组织以及社区而言,都有助于其目标的实现。在其社会资本模型中,突出强调了三点:首先是社会资本的投资;其次在于社会资本的获得和动员;最后是社会资本的回报。这一模型完整呈现了个体在群体中通过关系所获得资源的过程。重点在于得到的回报,而获得的回报又是以表达性和工具性回报为典型,表达性的回报是以维持已有资源为主,工具性的回报是以获取有效资源为主。④ 薛在兴对社会资本作了一个简单的定义,即社会资本是指认同关系的工具性价值。⑤

本研究中所使用的"社会资本"概念主要是基于对以上学者的社会资本认识的理解,对社会资本测量的依据也来源于此。社会资本,就其本身而言,主要强调三点:体制化、关系化和网络化。这种集合体就如同是某一个体在对应的群体中,该个体既要遵守此群体的体制和规范,同时,又要利用与群体中其他个体的关系来实现个体自身的价值或者为群体的发展获得所需要的"资源",相互促进,共同提升。就个体而言,其所占有的社会资本量

① 方然."社会资本"的中国本土化定量测量研究[M].北京:社会科学文献出版社,2014:25—26.

② 姚福喜,徐尚昆.国外社会资本理论研究进展[J].理论月刊,2008(5):143—148.

③ 江小平.皮埃尔·布迪厄:《社会学问题》[J].读书,1987(5):144—146.

④ [美]林南.社会资本:关于社会结构与行动的理论[M].张磊,译.上海:上海人民出版社,2005:18,233.

⑤ 薛在兴.打开大学生就业之门的钥匙:社会资本、人力资本与大学生就业[M].北京:中国社会科学出版社,2011:53.

的多少取决于多个因素。首先,要有可以利用的关系网络,例如,学校中的学生可以利用校友资源;其次,所进行的社会资本的获取是要有利的,既可以是情感的满足,也可以是实质利益的获得;最后,还应当包括可以利用的网络规模的范围和强度。这一点与个体在此群体中所处的结构位置有关,其结构位置越高,或者是等级地位越高,那么,其相应的网络规模的范围和强度就越大。

本研究将依据帕特南有关社会资本的理论从社会网络、社会规范和社会信任三个维度来测量社会资本,原因如下:首先,将社会资本理论从个体层面上升到组织群体层面,这与本研究的主题吻合,研究重在通过对本科生这一群体的调查了解其社会资本现状。其次,其理论强调社会群体的自愿参与程度。基于学界已有相关研究,研究者尝试对社会资本进行如下定义:社会资本是指,个体或社会组织在社会活动中为实现一定的目的,在一定社会规范环境下所能够直接和间接利用的人际量和对他人或者群体信任状况的综合资本占有量。

第四节　研究设计与量表开发

一、研究对象

本研究针对本科生的家庭经济水平与社会资本状况进行研究,调查对象选择高校本科生。研究选取浙江省一所省属重点高校为个案学校。以该校本科生作为调研对象的原因如下:首先,该校学生的专业分布和家庭来源相对较广,避免了理工类、文艺类学校学生来源相对集中的问题;其次,该校位于浙江省这一沿海经济发展大省,但又处于该省中部,避免了高校本身所在地区经济发展水平过高或过低的情况;最后,研究者对此学校较为熟悉,方便研究取样和进行测量。

二、研究假设

为探究本科生家庭经济水平对其社会资本状况的影响程度,本研究在综合分析相关研究文献的基础上提出以下研究假设:

H1:本科生社会资本状况在其家庭经济变量上存在显著差异。

H2:本科生家庭经济水平与其社会资本状况之间存在显著正相关。

H3:本科生家庭经济水平对其社会资本状况存在显著影响。

三、研究方法

本研究使用了问卷调查法。问卷法是通过运用一系列的问题构成的调查表进行资料的收集,来测量人的行为和态度的一种研究方法。问卷类型多种多样,其来源大致包含以下三种:一是借鉴前人已有问卷;二是修改前人已有问卷;三是自编问卷。研究采用问卷法主要是利于信息的获得和处理,能够以匿名的方式获得相对真实、有效的资源。

本研究通过自编和改编问卷,以分层抽样与随机抽样相结合的方式进行问卷调查,以了解当前本科生的家庭经济水平和社会资本状况。首先,对已有的测量问卷进行改编,并增加相应的题目,形成问卷初稿。问卷初稿共包含三个主体部分:调查对象基本信息;家庭经济水平;社会资本状况。其次,采用问卷初稿进行预调查,利用 Epidata3.1 和 SPSS22.0 统计分析软件对调查数据进行录入、整理与分析,检测效度和信度。若具有较好的信度和效度,则确定最终的问卷,正式发放测试。

Epidata 是一种数据录入与整理软件,能够快速、有效地将问卷信息转化为数据信息,同时提高了问卷的处理效率。此外,它能够将数据转换为利于 SPSS 进行分析的格式,减少人工转录的工作量。SPSS 是基于问卷数据进行分析的一种软件,能够对数据进行多种分析,本研究主要用其进行信度、效度分析,探索性因素分析,差异分析、相关分析和回归分析。Amos 是利用结构方程式来探求变量间关系的一种分析软件,本研究主要利用其优于 SPSS 探索性因素分析的一面来进行验证性因素分析,以此来验证问卷的结构效度,减少问卷多次发放的工作量。

本研究以浙江省一所本科院校学生作为调研对象。调查采用随机抽样的方式进行,预调查阶段发放问卷 50 份。正式调查依据分层抽样原则进行问卷发放,发放问卷 300 份,涉及不同专业,不同年级。调查过程严格按照统计学问卷调查规范,确保问卷填写真实、有效。对于回收后的问卷进行严格的筛选:剔除漏答题目达到三分之一及以上的问卷;剔除明显乱勾乱答的问卷;剔除作答雷同和社会赞许性题目作答不良的问卷。

研究伦理是研究者在研究过程中所必须遵守的基本道义规范。本研究在实施过程中严格遵循自愿参与、避免伤害和保护隐私的原则,确保被调查对象的权利得到尊重。

四、量表开发

（一）变量的选取

1.控制变量的选取

控制变量指在研究中除了解释变量和因变量之外的变量。本研究所涉及的控制变量主要是被试的性别、家庭所在地、兄弟姐妹、年级、父母受教育程度等自然数据变量。研究将父母文化程度纳入控制变量范围主要是考虑到家庭文化氛围在本科生家庭经济对其社会资本影响的过程中产生的影响。根据布迪厄的资本理论，经济资本、文化资本和社会资本之间相互影响。家庭文化氛围在此并未设立专门的测量维度，而是选取父母文化程度作为主要测量题目。

若要将所有与研究有关的变量控制在内，需要极大的精力和时间以及资金支持，故研究选取以上因素为主要控制变量进行分析。

2.解释变量的选取

研究探讨本科生家庭经济水平对其社会资本状况的影响，将前者设计为解释变量，即家庭经济水平作为本次研究的解释变量。研究参照相关研究文献，改编和开发了家庭经济测量指标。

3.因变量的选取

研究探讨本科生家庭经济水平对其社会资本状况的影响，将后者设计为因变量，即社会资本状况作为本次研究的因变量。研究参照相关研究文献的综合分析设计出以帕特南的社会资本理论为主要基础的修改版社会资本测量指标。

（二）问卷的编制

研究采用自编与改编相结合的方式编制了"本科生家庭经济水平与社会资本状况调查问卷（初稿）"。问卷分三个部分：第一部分自然数据，共计7道题目；第二部分家庭经济水平，共计9道题目，包括父母职业、家庭收入、住房条件、应对灾害时经济状况等；第三部分社会资本状况，共计34道题目，包括社会网络、社会规范和社会信任。

1.维度划分

问卷主要分为家庭经济和社会资本两个大的测量维度。

家庭经济测量维度的划分根据相关家庭经济测量的文献。在已有文献中对家庭经济的测量指标大体分两种：一种是指标单一，测量题目过少；另一种指标复杂，许多指标不能达到有效测量的目的。因此，综合已有文献，在与导师和同学反复讨论的情况下确定了初步的家庭经济水平的测量指标,该指标共分四个维度:父母职业、家庭收入、家庭硬件和应急经济能力。

社会资本测量的维度主要依据方然的社会资本测量维度。方然通过综合有关社会资本理论的概念和定义,在帕特南社会资本理论基础上建立了中国本土化的社会资本测量维度:社会网络、社会规范和社会信任。[①]

2.题目来源

问卷自然数据变量部分为自编题目,包括性别、专业、家庭所在地、是否独生子女、年级以及父母受教育程度。家庭经济水平测量中的父母职业部分和家庭经济水平中的家庭收入部分分别改编自罗云[②]和苏鑫[③]的测量问卷,主要测量父母的职业、家庭人均年收入、学生在校年支出,以及在校支出占家庭收入的比重。家庭硬件、应急经济能力部分为自编题目,主要包括家庭所拥有的房屋总价值、家庭拥有的大件耐用消费品数量和家庭应对疾病、失业和自然灾害等问题时的经济状况。

社会资本测量题目依据方然编制的中国本土化测量指标改编而成。测量共分三个维度:社会网络、社会规范和社会信任。其中,社会网络包含人际网络、社区网络和社团网络;社会规范包含人际规范和集体规范;社会信任包含亲缘信任、地缘信任、学缘信任和一般信任。原有量表的信度、效度数据:社会网络中的人际网络信度系数为 0.651,社团网络信度系数为 0.587,社区网络指标单一,未进行一致性检验,社会网络建构效度累积解释率为 55%,因子载荷≥0.4;社会规范信度系数 0.829,建构效度累积解释率为 76%,因子载荷≥0.5;社会信任信度系数 0.781,建构效度累积解释率64%,因子载荷≥0.5。[④] 改编后的量表社会网络部分有 11 道题目,社会规范部分有 11 道题目,社会信任部分有 12 道题目。

①　方然.“社会资本”的中国本土化定量测量研究[M].北京:社会科学文献出版社,2014:25—26.

②　Luo, Y., Wang, Z., Zhang, H., Chen, A. The Influence of Family Socioeconomic Status on Learning Burnout in Adolescents: Mediating and Moderating Effects[J]. Journal of Child and Family Studies, 2016, 25(7):2111-2119.

③　苏鑫.家庭经济水平与本科生文化资本状况的相关研究[D].金华:浙江师范大学,2016:50.

④　方然.“社会资本”的中国本土化定量测量研究[M].北京:社会科学文献出版社,2014:83—84,108—109,138—139.

3.题目计分

以上所有观测变量的题目得分分值采用较为通用的赋值方法,各题项中五点量表得分为 1—5 分,是否题得分为 1—2 分,家庭经济指标总得分为 9—45 分,社会资本的测量总得分为 34—170 分。

4.预调查

问卷初稿设计完成后即进入预调查阶段。预调查是为了检验所设计调查问卷的合理性与科学性。虽然问卷中部分量表来自已有的研究成果,但在加入了研究者自编的问题后会对研究产生一定的影响,因此,有必要进行问卷预调查,考量问卷的信度和效度。

预调查共计发放问卷 50 份,回收问卷 49 份,其中有效问卷 46 份,问卷有效回收率 92.00%。为保证样本的随机性,问卷发放选择在该校学生密集和人员流动量较大的图书馆进行。研究对象为本科生,为避免非本科生填写,在发放问卷时依据自愿的原则采用逐一询问逐一发放的方式,同时确保填写人员明确知悉填写问卷的要求。

对回收后的样本采用 Epidata 数据录入软件进行样本数据的录入,对录入后的数据将其导入 SPSS22.0 中进行分析,并采用 Amos21.0 进行最后的验证。

5.项目分析

研究对“家庭经济量表”、社会资本中的“社会网络”“社会规范”和“社会信任”的题目分别做了项目分析,结果显示所有题目在各自类别中都具有较好的区分度,故保留所有题目。

6.效度分析

研究中所使用的家庭经济测量量表是改编与自编结合的问卷,而社会资本测量量表依据的是已有的社会资本测量量表的维度,且多数题目进行了修改,所以,有必要首先进行探索性因子分析以确定各维度下的题目是否能够有效解释其要测量的内容,之后采用验证性因子分析来进行验证。

(1)探索性因子分析

利用因子分析可以清晰地展现问卷的结构,分析问卷的结构效度。因子分析是通过研究众多变量之间的内部依赖性关系,探求和观测数据的基本结构,并用可以反映原变量主要信息的少数变量来表示原变量的基本数据结构。

一般在进行因子分析之前,首先要进行 KMO 统计和 Bartlett 检验。通常认为 KMO 的值越接近 1,越适合做因子分析。若 KMO 值在 0.5 以下,则不宜做因子分析。Bartlett 检验原假设相关系数矩阵为单位矩阵,若 Sig 值拒绝原假设,表示变量之间存在相关关系,则适合做因子分析,否则不可做。

以下将分别分析家庭经济量表与社会资本量表的结构效度。家庭经济量表研究的具体结果如表 4-2 所示，Bartlett 检验的值为 1348.942（df＝45，$P＝0.000$），表明数据的相关矩阵不是单位矩阵，总体的相关矩阵间有共同因素存在，适合进行因子分析；而抽样合适性代表值 KMO 值为 0.857，表明这批数据可以用来进行因子分析。

表 4-2　KMO 与 Bartlett 检验

取样足够度的 Kaiser-Meyer-Olkin 度量		0.857
Bartlett 的球形度检验	近似长方值	1348.942
	df	45
	Sig.	0.000

在因子分析中，采用主成分分析法进行因子抽取；采用最大方差法进行转轴。通过因子分析可以得到三个公共因子的累积解释变异数为 71.35%，亦即效度可达 71.35%，家庭经济问卷具有良好的效度。因子分析的详细结构如表 4-3 所示。

表 4-3　家庭经济测量量表因子分析摘要

题目	因子 1	因子 2	因子 3
16. 应对突发灾害	0.880		
15. 应对失业	0.869		
14. 应对重病	0.854		
9. 年人均可支配收入		0.774	
11. 在校一年支出占家庭年收入的比重		0.749	
12. 房产总价值		0.665	
10. 在校期间年支出的费用		0.622	
8. 母亲的职业			0.860
7. 父亲的职业			0.840
特征值	4.99	1.21	0.94
解释变异量	49.90%	12.100%	9.35%
累积解释变异量	49.90%	62.00%	71.35%

题项 13 因在各个因子上的载荷值都在 0.4 以上，且小于 0.5，故在之后的分析中将其排除。

由于社会资本测量指标中包含二阶因子，而 SPSS 不能处理二阶因子，因此，需要将其转换为分步一阶因子分析。根据之前问卷设计社会资本量表共三个维度,其中每个维度下又包含多个指标,根据探索性因子分析结果将其进行转换,一阶因子分别为:人际网络,社区网络,社团网络;人际规范,社会责任感和社会义务感;亲缘信任,地缘信任,学缘信任和一般信任。分别计算其得分,之后进行二次探索性因子分析。

社会资本各维度一阶探索性因子分析结果如表 4-4 所示。

表 4-4 社会资本各维度一阶探索性因子分析结果

维度	KMO	解释率(%)	因子数	题目数
社会网络[a]	0.729	52.36	3	10
社会规范	0.783	66.95	3	10
社会信任	0.826	71.49	4	10

注:a. 社会网络因子分析中第 26 题在各因子上的载荷值均小于 0.4,在之后的分析中将该题项排除。

各一阶因子计算求和,再次进行探索性因子分析,结果如表 4-5 所示。

表 4-5 KMO 与 Bartlett 检验

取样足够度的 Kaiser-Meyer-Olkin 度量		0.843
Bartlett 的球形度检验	近似长方值	850.742
	df	45
	Sig.	0.000

表 4-5 中,抽样合适性代表值 KMO 值为 0.843,且 sig 值为 0.000<0.05,表明此数据可以进行因子分析。

在因子分析中采用与前者相同的方法,三个公共因子的累积解释率为62.76%,表明此社会资本测量量表有较好的效度。其详细数据如表 4-6 所示。

表 4-6 社会资本测量量表因子分析摘要

指标	因子 1	因子 2	因子 3
地缘信任	0.838		
学缘信任	0.786		
亲缘信任	0.751		
人际规范	0.704		
社会责任感	0.698		
一般信任	0.680		
社团网络		0.776	

续表

指标	因子 1	因子 2	因子 3
人际网络		0.682	
社区网络		0.677	
社会义务感			0.879
特征值	4.04	1.31	0.93
解释变异量%	40.40%	13.10%	9.26%
累积解释变异量%	40.40%	53.50%	62.76%

依据原有社会资本量表,社会资本共分为三个二阶因子,而表 4-6 中的人际规范和社会责任感指标与假设不一致,未与社会义务感在同一因子下,按照帕特南的社会规范划分理论[①],社会责任感与义务感同属社会规范中的集体规范,与人际规范共同作为社会规范的组成部分(后续将验证此种划分的合理性)。因此,将其人为归入同一因子。即因子 1 为社会信任:地缘信任、学缘信任、亲缘信任、一般信任;因子 2 为社会网络:社团网络、人际网络、社区网络;因子 3 为社会规范:社会义务感、人际规范、社会责任感。

(2)验证性因子分析

研究进一步运用探索性因子分析来解释问卷效度,其中社会资本的划分根据探索性因子分析的结果进行了归类,因此,需要通过验证性因子分析来验证所提出的家庭经济量表和社会资本量表的结构是否合理。由于 SPSS 软件难以运行二阶因子模型的验证分析,故采用 Amos 来对问卷结构进行验证性分析。

家庭经济量表验证性因子分析模型见图 4-1。

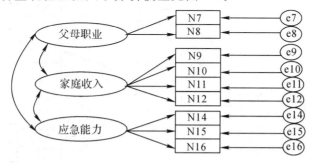

图 4-1　家庭经济量表验证性因子分析模型结构

---

① 方然.“社会资本”的中国本土化定量测量研究[M].北京:社会科学文献出版社,2014:108.

社会资本量表验证性因子分析模型见图 4-2。

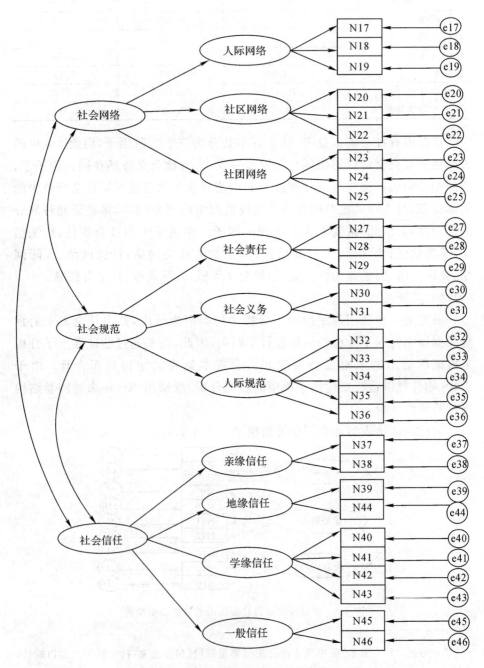

图 4-2 社会资本量表验证性因子分析模型结构

家庭经济量表与社会资本量表的验证性分析结果如表 4-7 所示。

表 4-7　Amos 验证性因子分析

模型及参数标准	维度数量	GFI	CFI	NFI	IFI	RMR	RMSEA
		>0.9	>0.9	>0.9	>0.9	<0.05	<0.08
家庭经济量表	3	0.955	0.973	0.954	0.974	0.047	0.072
社会资本量表	3	0.808	0.836	0.755	0.838	0.061	0.076

表 4-7 中家庭经济量表各项指标均达到精确拟合要求,社会资本量表各指标都在合理拟合的范围。

综合考虑,该量表具有较好的效度,同时论证了前述研究中社会资本三个维度调整划分的合理性。

7. 问卷形成

通过对问卷初稿的分析和修改,最终编制了正式的《本科生家庭经济对其社会资本的影响调查问卷》。问卷在基本信息题目上进行了调整,删除了"专业"一项,家庭经济测量部分保留原有题目,同时将原有的四个维度改为三个维度即父母职业、家庭收入和应急经济能力,增加了一道应急经济能力题目。社会资本测量部分对社会网络维度下的题目做了较大调整,所引用的原有的测量维度下的题目,部分题目并未删除,而是进行了改编,共有 10 道题目,维度指标进行重新划分,分为人际网络、校区网络和社团网络。社会规范和社会信任维度下的题目删除掉区分度不显著的题目后参照原有问卷的完整性各自将题目缩减至 10 道。

正式问卷结构如表 4-8 所示。

表 4-8　问卷的结构

题目	分类	
1,2,3,4,5,6	人口统计学信息	
7,8	父母职业	
9,10,11,12,13	家庭收入	家庭经济水平
14,15,16	应急经济能力	

续表

题目	分类		
17,18,19	人际网络	社会网络ᵃ	社会资本
20,21,22	校区网络		
23,24,25,26	社团网络		
27,28,29	社会责任感	社会规范ᵇ	
30,31	社会义务感		
32,33,34,35,36	人际规范		
37,38	亲缘信任	社会信任	
39,44	地缘信任		
40,41,42,43	学缘信任		
45,46	一般信任		

注:a.方然将社会网络划分为人际网络和社团网络,考虑到学生的特殊性,增加校区网络(非社团性质)。

b.方然将社会规范中的社会责任感与社会义务感合并为集体规范,与人际规范一起构成社会规范。

8.信度检验

正式施测,共计发放问卷 300 份,回收问卷 280 份,其中有效问卷 257 份,问卷有效率为 85.67%。正式问卷采用与之前相同的数据收集和处理方式,不同的是在发放时选择场所多元化,不再局限于图书馆,而是包括考研教室、自习室和教学楼等公共场合。

研究使用正式施测数据进行了信度检验。问卷总量表与各分量表信度如表 4-9 所示。

表 4-9　问卷信度

	总量表	家庭经济量表	社会资本量表
信度系数	0.893	0.846	0.893

由表 4-9 数据可以判断,问卷的总量表、家庭经济量表和社会资本量表都具有较高的信度,达到了研究的要求。

第五节　数据呈现与统计检验

一、描述统计

(一)样本分布

调查问卷基本信息题目主要包括:性别、家庭所在地、是否独生子女及年级。具体分布如表 4-10 所示。

表 4-10　调查对象人口统计学信息分布

类别		样本量	类别		样本量
性别	男	73	是否独生子女	独生	118
	女	184		非独生	139
家庭所在地	农村	93	年级	大一	53
	乡镇	59		大二	52
	城市	105		大三	83
				大四	69

调查学校为师范类型,在男女比例上呈现出较大的样本差,男生在数量上远少于女生,与实际情况相符。调查对象是否独生也与实际情况接近。理论上农村与城市之间的家庭经济存在较大差异,而乡镇属于农村向城市的过渡,为避免将其划分为二分变量所造成的差异不显著,由此根据研究需要将其设定为三项。从样本分布上看农村与城市样本数接近,利于后期研究的比较。年级分布上,因问卷发放地选择考研教室、图书馆和自习教室等地,较为分散,所以在样本分布上并未表现出较大的样本差别。

(二)家庭经济水平的分布

将被调查对象的家庭经济得分进行求和,数据为正态分布的连续性数据。按照相应的高低分组标准将其分为高、一般、低三个水平。

家庭经济各维度下指标统计如表 4-11 所示。

表 4-11　家庭经济各维度指标统计

维度	均值	最小值	最大值	众数	项目数	样本数
父母职业	4.654	2	10	4	2	257
家庭收入	13.619	4	20	15	4	257
应急经济能力	8.813	3	15	9	3	257

表 4-11 中父母职业得分的均值为 4.654,对于其整体的分布而言众数＜均值,数据呈现负偏态分布,得分值偏低。由此我们可以初步判断出,多数被调查对象的父母从事于得分较低的职业(职业的分类按照罗云[1]对父母职业类型的分类标准,数值越小,得分越低)。家庭收入均值为 13.619,众数＞均值,数据呈正偏态分布,得分值较高。通过进一步的数据分析,尽管有些家庭的父母职业得分低,但其家庭的收入并非一定低,家庭经济中部分来自于父母所从事的职业,也包括其他可能收入,如已有房屋价值。除此之外还要考虑测量题目,其中有关学生在校花费的题目,不排除有学生在就读期间做兼职工作,这部分考虑在内,学生在校花费越高,客观上也会提升其家庭经济水平的得分,这也能够解释在父母职业得分偏低的情况下家庭收入部分得分较高,说明大学生渐渐趋向独立,不再单纯依赖父母的资助完成大学学业。应急经济能力得分均值为 8.813,众数＞均值,数据呈正偏态分布,得分较高。这一数据能够得到有效解释,随着政府政策的完善和相应的医疗保障,家庭应对疾病、失业等突发情况时的经济能力也在增强。

(三)社会资本状况的分布

将被调查对象的社会资本得分进行求和,数据为正态分布的连续性数据。按照相应的高低分组标准将其分为高、一般、低三个水平。

社会资本各维度下指标统计如表 4-12 所示。

表 4-12　社会资本各维度指标统计

维度	均值	最小值	最大值	众数	项目数	样本数
社会网络	21.763	11	31	22	9	257
社会规范	37.891	24	50	37	10	257
社会信任	33.451	14	50	33	10	257

---

① Luo, Y., Wang, Z., Zhang, H., Chen, A. The Influence of Family Socio-Economic Status on Learning Burnout in Adolescents: Mediating and Moderating Effects[J]. Journal of Child and Family Studies, 2016, 25(7):2111-2119.

表 4-12 中社会网络得分均值为 21.763,最小值为 11,最大值为 31,众数＞均值,数据呈正偏态分布,被调查对象的整体得分略高,从整体来看社会网络状况较好。该维度除测量学生的人际交往关系外,还包括学生在校期间参与娱乐、比赛活动的状况以及社团活动,更能符合学生这一特殊群体。社会规范得分均值为 37.891,社会信任得分均值为 33.451,二者的值均大于各自众数值,数据皆呈负偏态分布,相比而言,其整体状况稍微差些。就社会规范而言,因测量的对象为学生,其与社会接触的时间较少,在社会规范的相应行为上的得分略微偏低仍可接受。比如,在集体规范的测量上采用的是比较普遍的测量题目,"您对政府部门的监督"和"您能够在国家需要时参军",这样的题目与学生的身份有所出入。在社会信任维度中,从收集到的数据看,被调查对象在对家人、亲戚的信任程度上基本一致,都比较高,对邻居、朋友、同学和学校老师等业缘和学缘关系上人的信任程度次之,对陌生人和大众媒体的信任程度也基本一致,属于比较低的程度。总体分析,所调查本科生的社会信任得分偏低。

二、差异分析

本部分将分析不同家庭经济水平学生的社会资本差异。研究将所有家庭经济测量题目的得分进行求和,再按照高低分组的要求分为三组:高、一般、低。探讨不同家庭经济水平学生所对应的社会资本状况是否存在显著差异。

表 4-13 中群组之间的显著性值为 0.000＜0.05,表明不同家庭经济水平学生的社会资本状况之间存在显著差异。采用差异不等的 Dunnett T3进行多重比较分析,表 4-14 中家庭经济水平低的学生与家庭经济水平一般、高的学生的社会资本状况的差异均在 0.05 水平上显著,家庭经济水平一般的学生与家庭经济水平高的学生的社会资本状况的差异未达到显著性。

表 4-13 不同家庭经济水平学生的社会资本状况变异数分析

	平方和	df	平均值平方	F	显著性
群组之间	4154.538	2	2077.269	11.884	0.000
在群组内	44397.291	254	174.792		
总计	48551.829	256			

为进一步了解差异情况,研究还将不同家庭经济水平本科生的社会资本具体状况进行了基于题项的对比。研究分别将被调查对象按照家庭经济水平和社会资本下的各指标得分进行高低分组,不同家庭经济水平的学生对应的社会资本指标水平如图 4-3 所示。

表 4-14   不同家庭经济多重比较

因变数:社会资本状况

	(I)家庭经济水平分组	(J)家庭经济水平分组	平均差异(I－J)	标准错误	显著性	95%信赖区间	
						下限	上限
Dunnett T3	低	一般	－7.493*	2.060	0.001	－12.490	－2.496
	低	高	－10.940*	2.519	0.000	－17.031	－4.850
	一般	高	－3.447	2.063	0.263	－8.442	1.547

注:* 表示在 0.05 水平上显著。

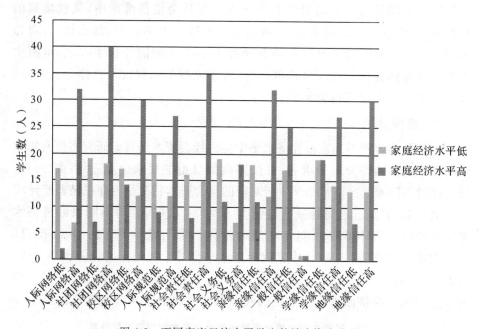

图 4-3   不同家庭经济水平学生的社会资本分布

从图 4-3 中可以看出,总体而言,社会资本各维度下,低水平指标中,低经济水平家庭学生所占的人数普遍高于高经济水平家庭的学生,如低水平的人际网络指标中,家庭经济水平低的学生的人数明显高于家庭经济水平高的学生;高水平指标中,低经济水平家庭学生所占人数普遍低于高经济水平家庭的学生。其中,在一般信任的高水平指标和学缘信任的低水平指标中,学生在此指标上的得分与其家庭经济水平无明显关联(前述内容已分析一般信任得分一致偏低),且在一般信任低水平指标中低经济水平家庭学生的人数少于高经济水平家庭。为此,我们可初步总结,低社会资本的学生中,家庭经济水平低的学生占有大多数,即家庭经济水平低的学生的社会资本相对于家庭经济水平高的学生处于较低层次,具体表现在家庭经济水平低的学生在人际关系交流、参与社团活动、参与校园娱乐活动、家人和朋友的信任中的得分明显不如后者。而高社会资本的学生中,家庭经济水平高的学生的社会资本相对于家庭经济水平低的学生处于较高层次。

综合如上差异性数据,从总体来看,本研究的假设一 H1 成立,即本科生的社会资本状况在家庭经济变量上存在显著差异。

三、相关分析

本部分主要分析本科生家庭经济水平与其社会资本状况之间的相关性,分两个方面:一是本科生家庭经济水平与社会资本状况的总体相关性,另一是家庭经济各维度与社会资本各维度的相关性。

(一)本科生家庭经济水平与其社会资本状况的相关性

研究从三个层次来分析本科生家庭经济水平与社会资本状况的相关:首先,不同水平的家庭经济与不同程度的社会资本状况之间的关联性;其次,不同水平的家庭经济与不同程度的社会资本状况之间相关的显著性;最后,家庭经济与社会资本的相关程度。

1.家庭经济水平分组与社会资本状况分组关联性分析

如表 4-15 所示,以家庭经济水平分组为参照,低分组的学生中社会资本低的学生占据最高比例;一般组的学生中社会资本一般的学生占据最高比例;高分组的学生中社会资本高的占据最高比例。由此,从二者的整体数据分布分析,社会资本状况与本科生的家庭经济水平有一定的关联性,至于二者是否相关则要进一步分析。

表 4-15　社会资本状况分组 * 家庭经济水平分组交叉列表　　　单位:%

社会资本状况分组 ＼ 家庭经济水平分组	低	一般	高
低(所占比)	44.1	38.2	17.7
一般(所占比)	19.8	59.5	20.7
高(所占比)	12.3	38.4	49.3

2.家庭经济水平分组与社会资本状况分组相关显著性分析

对家庭经济水平分组与社会资本状况分组的相关显著性分析需要运用 Cramer's V 非参数相关分析法,该方法用于研究对象的两个变量为 3×3(或以上)的名义变量。从表 4-16 中可以看出,家庭经济水平与社会资本状况之间的大约显著性值为 0.000<0.05,说明二者之间为显著相关。

表 4-16　对称的测量

		数值	大约显著性
名义变数对名义变数	克瑞玛 V(Cramer's V)	0.275	0.000
有效观察值个数		257	

3. 家庭经济水平与社会资本状况相关程度分析

表 4-17 给出了家庭经济水平与社会资本状况的相关程度分析,其 Pearson 相关值为 0.298,属于低相关(Pearson 相关系数采用三级划分:0～0.2/0.3,无相关或低度相关;0.3～0.6,中度相关;0.6～0.8,强相关)。[①]

表 4-17　家庭经济水平与社会资本相关

		社会资本状况
家庭经济水平	皮尔逊(Pearson)相关	0.298**
	显著性(双尾)	0.000

注:** 表示相关性在 0.01 层上显著(双尾)。

结合表 4-17 分析,本科生家庭经济水平与其社会资本状况之间存在显著的正相关关系,相关程度为低相关。如上数据验证了研究假设二 H2,即本科生的家庭经济与其社会资本之间存在显著的正相关。

(二)本科生家庭经济各维度与其社会资本各维度的相关

家庭经济与社会资本维度之间的相关性如表 4-18 所示。

表 4-18　家庭经济各维度与社会资本各维度之间的 Pearson 相关系数

维度	父母职业	家庭收入	应急经济能力	社会网络	社会规范	社会信任
父母职业	1					
家庭收入	0.549**	1				
应急经济能力	0.478**	0.534**	1			

---

① [美]彼得·纳迪. 如何解读统计图表:研究报告阅读指南[M]. 汪顺玉,席仲恩,译. 重庆:重庆大学出版社,2009:67.

续表

维度	父母职业	家庭收入	应急经济能力	社会网络	社会规范	社会信任
社会网络	0.299**	0.295**	0.331**	1		
社会规范	0.086	0.309**	0.166**	0.332**	1	
社会信任	0.065	0.126*	0.217**	0.396**	0.590**	1

注：* 表示相关性在 0.05 上显著（双尾）** .相关性在 0.01 上显著（双尾）。

从表 4-18 中可以看出，父母职业与社会网络存在正向低相关，且在 0.01 水平上显著，父母职业与社会规范和社会信任之间的相关度都极低且不显著。家庭收入、家庭应急经济能力与社会资本下的各个维度都存在显著相关，其中家庭收入与社会规范，应急经济能力与社会网络的相关达到中度相关。

四、回归分析

回归分析主要探讨家庭经济水平与社会资本状况之间的因果关系、前者对后者的影响程度，以及能否通过家庭经济这一指标来预测本科生的社会资本占有状况。

家庭文化资本与家庭经济之间又存在着重要的联系，这点在苏鑫[1]对文化资本的研究文章中已清晰表明。根据资本的划分理论，文化资本对个体的社会资本同样会产生影响，家庭经济与文化资本又存在显著相关，那么家庭经济对社会资本的影响是否会受到其家庭文化变量的影响？本研究调查了父母的学历，根据吴康宁[2]的观点，将受教育的程度作为文化阶层的划分依据，只需将社会成员的最终学历与现行学历水准序列对号入座即可。父母的学历可以作为测量家庭文化背景的一个重要指标，尽管并不全面，但是有很好的代表性。因此，本研究也将讨论家庭经济对社会资本的影响是否受到家庭文化背景的影响，即家庭经济在对社会资本产生影响的过程中是否受到家庭文化变量的显著影响。

三个变量之间的关系如图 4-4 所示。

① 苏鑫.家庭经济水平与本科生文化资本状况的相关研究[D].金华:浙江师范大学,2016:37.

② 吴康宁.教育社会学[M].北京:人民教育出版社,1997:133.

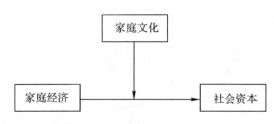

图 4-4　家庭文化、家庭经济和社会资本之间的关系

首先,分析家庭经济对社会资本的影响,解释变量为家庭经济,被解释变量为社会资本。为了能够更深层次地探究家庭经济对社会资本产生影响以及影响程度的大小,将家庭经济的三个维度放入回归模型中,所得结果如表 4-19 所示。

表 4-19　模型摘要

模型	R	R^2	调整后 R^2	标准偏斜度错误
1	0.331[a]	0.109	0.099	13.07449

注:a. 预测值:(常数),应急经济能力,父母职业,家庭收入。

表 4-19 中,决定系数 R^2＝0.109,表示在社会资本的变异中 10.9% 是由家庭经济所引起的。

表 4-20 中,方差分析的结果显著性值为 0.000＜0.05,拒绝解释变量对被解释变量无影响的假设,说明回归系数不为 0,即解释变量对被解释变量的影响显著。

表 4-20　变异数分析[a]

模型		平方和	df	平均值平方	F	Sig.
1	回归	5303.429	3	1767.810	10.342	.000[b]
	残差	43248.400	253	170.942		
	总计	48551.829	256			

注:a. 因变量:社会资本状况。

b. 预测值:(常数),应急经济能力,父母职业,家庭收入。

表 4-21 回归系数的输出结果中“父母职业”所对应的 T 检验的显著性值 0.540＞0.05,且其标准化回归系数的值接近零,说明“父母职业”对本科生的“社会资本”影响不显著。因对本科生社会资本的测量受到本科生自身的影响,其与外界或者是社会环境接触有限,时常处于校园生活中,“父母职

业"对于学生的影响无法通过社会环境作用在学生身上,所以,"父母职业"对学生的社会资本无显著影响,应当予以剔除。

表 4-21　系数^a

模型		非标准化系数		标准化系数	T	Sig.
		B	标准错误	Beta		
1	(常数)	75.744	3.480		21.765	0.000
	父母职业	−0.297	0.484	−0.045	−0.614	0.540
	家庭收入	0.704	0.254	0.212	2.774	0.006
	应急经济能力	1.172	0.441	0.193	2.659	0.008

注:a.因变量:社会资本状况。

表 4-22 为剔除"父母职业"后的回归模型输出结果。

表 4-22　家庭经济对其社会资本的回归分析^a

模型		非标准化系数		标准化系数	R^2	Sig.
		β	标准错误	Beta		
1 2	(常数)	75.824	3.473			0.000
	家庭收入	0.643	0.233	0.193	0.084	0.006
	应急经济能力	1.101	0.425	0.182	0.024	0.010

注:a.因变量:社会资本状况。

从表 4-22 中可以看出,所有解释变量的 T 检验的显著性都小于 0.05,说明每个偏回归系数的值都与零有显著差异。研究假设三 H3 本科生的家庭经济水平对其社会资本状况存在显著影响成立。

以上为家庭经济对社会资本的回归分析,下面就其影响是否受到家庭文化的干扰进行分析,即建立社会资本与家庭经济、家庭文化、家庭经济＊家庭文化的层次回归分析。解释变量为家庭经济,被解释变量为社会资本,调节变量为家庭文化。

首先,对所要分析的变量进行标准化处理。其次,建立新的变量使其值为家庭经济＊家庭文化数据标准值。最后,分别建立社会资本与家庭经济、家庭文化的回归模型(模型 1)和社会资本与家庭经济、家庭文化、家庭经济＊家庭文化的回归模型(模型 2)。其详细结果如表 4-23 所示。

表 4-23　家庭经济和家庭文化对其社会资本的回归分析

模型	R	R^2	调整后 R^2	标准偏斜度错误	变更统计资料				
					R^2 变更	F 值变更	df1	df2	显著性 F 值变更
1	0.355ª	0.126	0.119	12.92742	0.126	18.262	2	254	0.000
2	0.355ᵇ	0.126	0.115	12.95290	0.000	0.002	1	253	0.966

注:a.预测值:(常数),家庭文化,家庭经济。

　　b.预测值:(常数),家庭文化,家庭经济,家庭经济 * 家庭文化。

表 4-23 中,模型 1 中家庭经济与家庭文化对其社会资本影响的 R^2 变更值为 0.126,如果模型 2 中 R^2 变更值越大,家庭文化的调节作用就越显著,模型 2 中 R^2 变更值为 0,表明家庭经济在对社会资本影响的过程中不受调节变量家庭文化的影响。

通过家庭经济水平预测本科生社会资本的回归方程为:

$$Y_{社会资本} = 0.643 X_1 + 1.101 X_2 + 75.824$$

X_1:家庭收入;X_2:应急经济能力

第六节　结论、讨论与建议

一、结论与讨论

(一)不同家庭经济水平本科生的社会资本状况存在显著差异

研究发现,本科生的社会资本状况在不同水平的家庭经济变量上存在显著差异。社会资本需要个体通过一定的社会关系直接或间接获得。在学校这样一个场域中,学生所能够有效利用的资源又是相对有限的。因此,必然会导致不同家庭经济水平学生之间的竞争,正是由于场域的存在,产生了对有限资源的竞争。家庭经济水平高的学生在相应的社会结构中处于较高的层次,其自身所能利用和调动的资源也相对较多,这些直接和间接利用的关系有利于其社会资本的改善。迈克尔·J.怀特和盖尔·考夫曼强调家庭经济水平高的学生必然会拥有更多的社会资本,但是并不能说明二者之间存在绝对意义上的关系。他们认为父母在其中起到很大的作用,在经济水平高的家庭中,父母扮演着积极的促进作用。①

不同家庭经济水平本科学生在大学场域的社会资本积累差异缘于两个方面的效应:一是规模效应。社会资本是一种特定的资本形式。资本具有规模效应,也就是拥有的存量越多,越容易产生更多的增量。相较于家庭经济弱势本科生,家境较好的学生往往拥有更多的社会资本,这种社会资本是存量,在既有存量的基础之上,他们因为规模效应,更容易积累更多的社会资本。家庭经济弱势本科生则相反,他们所拥有的社会资本存量较少,则很难轻易地积累更多的社会资本。二是主动效应。家庭经济弱势学生在拥有较少经济资本的同时,因为其成长和早期教育等方面的因素,往往在个性上较为内向,甚至自卑而敏感,在社会交往上拥有的主动意识和能力则显得不足。家庭经济弱势本科生这种普遍的个性和社会交往能力往往会制约其在大学场域的社会资本积累。

(二)本科生家庭经济水平对其社会资本状况存在显著影响

本研究发现家庭经济水平与其社会资本的相关系数为 0.298,接近中度相关 0.3。将社会资本的测量范围限定在特定的群体本科生上,家庭经济的优势难以直接“干预”在校学生的社会资本积累,但却能够间接地在学生就学、就业的过程中提供较大的帮助,比如学生在入学和找工作的过程中,往往有其背后家庭的努力。本科生作为在校学习的主体,往往难以有效识别其家庭经济优势给他们带来的社会资本的提升,学生甚至不能有效辨别家庭本身所具有的社会资本,意识不到其家庭经济优势所带来的社会资本优势。所以单一地从学生的问卷填答上难以完全看到这种因为家庭经济弱势所带来的自身社会资本差距。在理论分析层面,家庭经济水平与其社会资本的相关关系并没有预想中高的合理性可以得到解释。

本研究发现,家庭经济水平对本科生社会资本的解释度为 10.9%,这就意味着还有近 89%的社会资本是受其他因素的影响。家庭经济水平高的学生并不一定会主动利用自己的经济优势来发展自己的人际关系、人际信任和人际规范,学生与学生之间的关系主要是建立在情感的基础上,并非家庭经济水平高的学生的社会资本完全是建立在其优越的经济基础之上。事实上,学生的家庭经济的优势也很难完全充分内化到学生的具体生活和学习

① White, M. J., Kaufman, G. Language Usage, Social Capital, and School Completion among Immigrants and Native-Born Ethnic Groups[J]. Social Science Quarterly, 1997,98(2):385-398.

中。家庭经济水平高的学生也有家庭经济水平低的学生作为朋友,同样的,家庭经济水平低的学生中也有家庭经济水平高的朋友。当然,这里也要考虑其他因素,如社会资本与工具性行动的关系,对于个体而言,存在为了获得一定的利益或有益于自身需求而进行的行为,这一行为能够使其接触等级地位更高的关系。① 所以,家庭经济水平低的学生也会因为想要改变自己的某种处境而与家庭经济水平高的学生建立紧密的人际关系。这种关系的建立往往伴随有非情感因素的影响,甚至可能带有一定的目的性。而且,本科生社会资本积累是一个非常复杂的过程,其存在诸多本研究没法一一探索的影响因素。因此,家庭经济水平尽管对本科生的社会资本存在显著影响,但在解释和预测本科生的社会资本方面仍然存在一定的限度。

整体来看,本科生的家庭经济对其社会资本产生显著影响,学生在家庭经济方面的弱势同样导致其社会资本处于弱势。其原因主要有两点:一是先赋性因素产生的代际复制加剧。对于学生而言,无论其家庭经济的优势还是弱势,都是一种先赋性的影响因素,这种因素如无遇特殊的变数会在代与代之间不断叠加,原本具有优势的家庭这种优势会逐渐明显,劣势家庭的劣势也会逐渐突出。在不同环境下成长的个体经历的不仅仅是表面上的经济水平的不同,受此影响的还包括其人际交往关系的范围和强度或者称其为社会资源支配的拥有量。在经历不断的迭代复加之后二者之间的阶层差异会愈加显著,一个体现就是,在拥有的社会资本量上的差异更加明显。二是后致性因素在改变青年阶层命运过程中作用的日趋弱化。个体的成功与先天因素有关,但后天因素的作用应更为重要。但是在当前难以否认的是,个体努力所起到的作用似乎在下降,后致性因素的影响在降低。"富二代""拼爹"等词语的涌现,也是阶层固化的一种话语体现。②

综上所述,家庭经济水平与本科学生社会资本积累状况存在接近中度的正相关,本科生家庭经济水平对其社会资本状况具有一定程度的解释效力,在一定程度上家庭经济水平能够预测出本科生的社会资本状况。所以,研究认为,家庭经济水平对本科生的社会资本积累状况具有显著影响。

---

① [美]林南.社会资本:关于社会结构与行动的理论[M].张磊,译.上海:上海人民出版社,2005:79.

② 唐玉琴,张乐方.高校家庭经济困难学生的多维透视[M].北京:中国书籍出版社,2015:1.

（三）家庭经济弱势本科生在社会资本的多个维度存在不足

本研究在做差异分析时发现,家庭经济水平低的本科学生在社会资本的人际关系交往、参与社团活动、校园娱乐活动和对亲友的信任等维度存在相对不足。

家庭经济弱势学生在人际交往方面的表现通常弱于家庭经济优势学生。一方面,经济弱势家庭的学生往往缺少在人际交往中的主动性,难以打破现有的关系圈,出于经济或者其他方面的考虑,更倾向于将自己限定在一个固定的、自认为能够恰当处理各种人际关系的范围内。另一方面,人际关系的建立与个体经济状况的好坏关系密切,正所谓"贫居闹市无人问,富在深山有远亲"。这一现象不仅是现实社会生活的现状,一定程度上也是学生在校园内人际交往的写照。经济弱势学生在参与同学聚会或娱乐活动方面较少,其中一个限制因素就是其经济状况不良。同学间的聚会、娱乐少不了会有经济消费的支出,不参加难免会疏远与同学间的关系,经常参加势必会对自己造成不小的经济负担。因此,采取减少消费、娱乐活动多数是出于经济利益的考虑,与学生自身的家庭经济水平有关。另外,在参与社团和校园娱乐活动方面与经济优势学生相比,家庭经济弱势学生也有所欠缺。家庭经济弱势学生还在对亲友信任上低于家庭经济优势学生。但是这并不能认定经济弱势学生对亲友信任度低,只是从数据呈现结果来看,比具有经济优势的学生的亲友信任度要相对低些。

二、政策性建议

从研究结论来看,不同家庭经济水平本科生的社会资本存在显著差异,本科生的家庭经济水平对其社会资本状况存在显著影响,家庭经济水平低的学生的社会资本也相应处于较低地位,家庭经济水平高的学生的社会资本积累相对较好。家庭经济因素对本科生的社会资本积累状况存在显著影响,通过改善家庭经济弱势学生的经济状况能够间接提升其社会资本,另外还有些直接的路径可以对家庭经济弱势本科生的社会资本积累提供弱势补偿。

（一）经济补偿家庭经济弱势本科生助其积累社会资本

国家为解决上大学难的问题,为高校大学生提供了"奖""助""贷""免""勤"等一系列综合性的经济补偿政策。弱势群体往往由于种种限制难以实现向上社会流动,奖、助学金和助学贷款等补偿政策具有帮助贫困学生克服经济障碍实现向上社会流动的价值。经济补偿以改善家庭经济弱势本科学生在校经济状况,能够为其社会资本积累夯实经济基础。因此,我们需要完善家庭经济弱势本科生经济补偿工作。

首先,应精准认定经济补偿对象。当前的教育补偿实践中,因为各主体之间存在信息不对称,所以并不能保证能够精准识别需要补偿的对象,这就导致一些家庭经济贫困的学生没有得到应有补助,而一些家庭经济条件好的学生却得到了,如此则有限补偿资源没有实现应有效用。因此需要政府和高校为精准识别家庭经济困难本科生提供应有的制度供给,包括建立相关信息的有效和安全共享体系等。其次,还应按需分配经济补偿名额。部分高校在经济补偿上采用了按比例分配的方法,将经济补偿名额按比例下放到各个院系。尽管这样做表面上对所有的学院一视同仁,但公平并不等于公正,这样就产生了部分院系名额不足,另一些院系名额用不完。事实上,贫困学生的分布不会如预想中的那样以固定的比例分布在各院。在学院名额不足的情况下,一部分贫困学生则得不到经济补偿;而学院名额用不完时,一些学院也会出于自身利益考虑,凑出足额的"贫困生",这样一部分家庭经济并不贫困的学生也在补助之列。国家经济补偿的初衷是为帮扶真正有需要的学生,因此,在名额下放时应当考虑具体院系的情况,按各院实际需要进行分配。

因为经济资本是基础性的,而且它还可以转化为社会资本,所以对家庭经济弱势本科生实行有效和精准的经济补偿,可以促进他们社会资本的积累。

(二)教育引导家庭经济弱势本科生社会资本积累意识

处于高等教育阶段的本科生,相比高中教育期间而言,外在环境有了很大的变化。从数据分析结果来看,不同家庭经济水平的本科生的社会资本存在显著差异,低经济水平的学生在交往的过程中很容易与其他同学之间存在这样或者那样的心理落差。因此,要引导经济弱势本科生树立社会资本积累意识。首先,引导经济弱势学生正确对待学生之间的经济差异。高等教育阶段的学生接触到的群体更具复杂性、多样化,经济弱势本科生由于自身经济状况所面临的压力更大,心理负担更重,更容易在交往中产生自卑心理。所以,学校教育要引导学生正确认识不同学生之间存在经济差异的客观性和社会性。与此同时,高校要关注经济弱势群体的心理健康发展,积极开设有关学生心理健康发展的课程,辅导员和班主任要经常与经济弱势学生沟通交流,进行面对面的谈话以了解其内心想法,给予其更多的关注,让其自然大方地与同学相处,积累社会资本。其次,需要引导经济弱势学生认识社会资本积累的重要性。不同家庭经济水平的本科生的社会资本存在显著差异,经济弱势本科生的社会资本相比经济优势本科生的社会资本较低。对于经济弱势本科生而言,其关注更多的是经济上的差异而忽略学生社会资本发展的重要性。社会资本是衡量个体发展的重要指标之一,对学生的人际交往、社会生活中规章制度的遵从和社会成员之间的信任的发展起到重要作用,社会资本的积累能够为学生以后的工作和生活奠定良好的基础。总之,虽然根据研究,经济因素影响社会资本,但不能只关注经济因素,本科教育更要引导经济弱势学生努力认识到自身社会资本发展的不足,增强提升社会资本积累的意识,以更好地促进其个体成长。

（三）多重举措提升家庭经济弱势本科生社会活动能力

本科生社会资本的提升受到多种因素的影响,除了通过以上所述的经济补偿弱势本科生的在校经济状况和引导其社会资本积累意识来实现外,还应实施多重举措来提升其社会活动能力。在讨论社会资本的概念及其测量时,将其划分成众多的维度,经济弱势本科生在多个维度下都表现出了相应的社会资本弱势,尤其是在与他人交往的互动关系方面。因此,家庭经济弱势本科生需要提升自身社会活动能力来更好地积累社会资本。

首先,丰富家庭经济弱势本科生的校园活动。从数据分析结果来看,家庭经济弱势本科生参加娱乐活动和校园社团活动的频率要低于家庭经济条件好的学生。"象牙塔"中的学生与社会接触得较少,没经历社会大"熔炉"的锤炼,自身的发展必然会有一定的限制,在社会活动能力上会有所欠缺,家庭经济弱势本科生更是如此。学校是浓缩的社会,学生通过参加社团、当学生干部、做志愿者、参加竞赛之类的活动,能够使自己得到良好的社会交往锻炼,为以后的工作和生活奠定基础。当前高校在强调学生个体发展中的综合能力提升,同时各用人单位也越发强调学生的实践经历。高校应丰富校园活动,使家庭经济弱势本科生能够参加更多的校园活动,从中得到锻炼,促进其社会资本的积累。其次,引导家庭经济弱势本科生积极参加校外活动。人际关系是社会资本的一个重要维度,就家庭经济弱势学生而言,生活在一定的圈子中,其与人交流的范围有限,所具有的人际关系的范围和强度也有限。当下的社会可以说是关系型的社会,人际关系的强弱在一定程度上决定了个体在社会阶层中所处的地位,以及凭此所能够直接和间接调用的社会资源的多少。数据分析结果显示,家庭经济弱势本科生在社会活动方面要明显劣于家庭经济优势本科生,同时,家庭经济弱势本科生在参与校外实践和志愿者活动的人数比例和频率上也低于后者。本科教育应引导家庭经济弱势本科生拓展自身的校外活动,积极投身到与外界交流的关系网中,可以参加不同高校之间大学生联谊互访或校外实践活动。走出校园与更多的人接触不仅能够拓展自己的阅历,还能培养团队意识,提升大学生的人际交往能力,有利于自身社会资本的积累。

最后,本研究从 Z 校选取样本,研究得出了本科生家庭经济水平影响其社会资本积累状况的结论,研究遵循了研究规范,但仍然存在一定的局限。首先,在样本选取上,研究只选取了一所学校的本科生作为研究对象。尽管这所高校为一所省属重点本科大学,具有一定的代表性,我们能够通过问卷测量的方式得到研究所需要的数据,但研究结论的外在效度具有局限性,研究结论的外推需要谨慎。就如同个案研究具有意义一样,本研究的价值也难以否定。其次,本研究主要运用了问卷调查法。问卷调查的优势在于能够在较短的时间内收集到大量的表征数据,但在研究过程中缺少对研究结果的理解性解读,对本科生家庭经济水平影响其社会资本积累的原因和怎样影响的研究深入程度不够。在这点上,访谈研究能够做得更细致,但这并不能否定量化研究的内在价值。基于以上,后续研究应当扩大研究对象的范围,可以以全国高校的本科生作为研究对象,获得更大样本数据,在研究过程中辅以深度访谈,如此广泛深入的研究值得期待。

第五章　家庭经济弱势本科生的社会资本积累

　　根据资本理论,家庭经济弱势本科生社会资本积累水平是其成长的一个重要表征。经济弱势本科生社会资本以获致的时间节点为界可分为"原生"与"自生"两类,根据与个体身心关系的不同又可分为"潜在"和"现实"两种,由此可构建社会资本二维模型。经济弱势本科生原生社会资本由于"惯习"和"存量"劣势影响了他们自生社会资本的积累。基于文明社会弱势补偿理念和大学存在合法性的"政治论"哲学,大学应对家庭经济弱势本科生社会资本积累实施教育补偿。大学在对经济弱势本科生实施精准经济资助的基础上,还应通过教育干预培育其潜在社会资本,通过开展校园活动和引导异质交往来促进其现实社会资本积累,以帮扶这一弱势群体稳定脱贫。

　　对家庭经济弱势本科生实施多种形式的补偿是教育扶贫的重要举措,在此基础上,大学应把保障这一弱势群体的有效成长作为自己的社会责任。对经济弱势本科生而言,成长是一个具有多重指向的概念,其中一个重要维度是其自身社会资本的积累。经济弱势本科生社会资本累积是他们实现稳定脱贫进而向上社会流动的重要基础之一。对家庭经济弱势本科生社会资本积累的境遇与大学能够且应该提供的教育补偿路径进行细致梳理,具有理论与实践的必要性。

第一节　个体的社会资本与经济弱势本科生的成长

　　社会资本这一概念在我国特有语境中,在一定程度上被"污名"了,经常被认为是"消极的"①。正因为此,在教育领域中学生个体社会资本积累的理念没有得到应有重视。认识家庭经济弱势本科生社会资本积累对其社会流动的意义,前提是要厘定这一概念的丰富内涵。"资本"最初是一个经济学概念,意指期望在市场交换中获得回报的资源。② 法国著名社会学家皮埃尔·布迪厄把社会资本看作是虚拟或真实资源的总和,③而这种资源与个体占有的某种稳定的社会关系网络密切相关。④ 布迪厄认为个体可能获得的资本有四种形式,即文化资本、经济资本、象征资本和社会资本,这四种资本之间可以相互转化,其中社会资本包括家庭、人际关系和社会网络。⑤ 在他的资本理论框架中,社会资本具有基础性,可以转化成为个体生存所需的经济资本。而个体作为行为者所占有的社会资本的多少,取决于其可以有效加以运用的社会关系网络规模的大小,以及与他有联系的他人依靠自己权力所占有的文化的、象征的和经济的资本量。⑥ 布迪厄还认为,社会资本的再生产需要个体持续投入于社交活动中,其中就存在连续系列的交换行为和对

　　① [美]亚历山德罗·波茨.社会资本:在现代社会学中的缘起和应用[G].杨雪冬,译//李惠斌,杨雪冬主编.社会资本与社会发展.北京:社会科学文献出版社,2000:119—152.

　　② [美]林南.社会资本:关于社会结构与行动的理论[M].张磊,译.上海:上海人民出版社,2004:3.

　　③ Bourdieu, P., Wacquant, L. Invitation to Reflexive Sociology[M]. Chicago: University of Chicago Press, 1992:119.

　　④ Bourdieu, P. The Forms of Capital[G]//Halsey, A. H., Lauder, H., Brown, P. & Wells, A. S. eds. Education: Culture, Economy, Society. London: Oxford University Press, 1997:46-58.

　　⑤ Maclean, M., Harvey, C. & Press, J. Business Elites and Corporate Governance in France and the UK[M]. London: Palgrave Macmillan, 2006:29.

　　⑥ [法]皮埃尔·布迪厄.资本的形式[G].武锡申,译//薛晓源,曹荣湘主编.全球化与文化资本.北京:社会科学文献出版社,2005:3—22.

相互间的认同感的肯定与再肯定。① 从如上观点可以看出，布迪厄在论述社会资本理论时，强调的是个体网络层面，统观布迪厄的文化社会学理论，其结构主义色彩较重，也就是布迪厄在社会结构及其再生产中来讨论个体获取社会资本的社会网络。对社会资本研究做出重大贡献的另一学者是美国社会学家詹姆斯·科尔曼。有异于布迪厄，科尔曼认为人出生后就拥有三种形式的资本，即人力资本、物质资本和社会资本。② 其中社会资本可以从功能的角度来界定，它是多个实体的集合，这些实体是由社会结构所组成的，且它们对处于这一社会结构中的个体的特定行动有利。如果个体之间的交往对行动有利，社会资本则由此产生。③ 科尔曼还把社会资本分为"义务与期待""信息渠道"和"社会规范"三种类型。④ 在这里，"义务与期待"是个体之间相互实施有利行动的义务与期望，"信息渠道"指在特定组织网络中获得有利于个体行动的信息源，"社会规范"则是指个体需要遵循的行动准则。可以看出，这三类社会资本都有利于个体特定行动的产生，而行动又带来资源，⑤这就体现出了社会资本的内在价值。罗伯特·帕特南进一步认为，社会资本是社会组织的"信任""规范"和"网络"等特征，这些特征能够通过合作来提升社会效率。⑥ 华裔美国学者林南（Nan Lin）则更为明确简洁地把社会资本操作化界定为个体行动者在行动中获得和使用的、嵌入在社会关系网络中的资源。⑦ 可以看出，这是一种个体层面的社会资本。⑧

　　如上学者的理论勾勒了学界对社会资本认识的整体轮廓。社会资本作为近半个世纪以来兴起的社会科学（包括经济学）重要范畴，具有较强的解

---

① Bourdieu, P. The Forms of Capital[G]//Halsey, A. H., Lauder, H., Brown, P. & Wells, A. S. eds. Education：Culture, Economy, Society. London：Oxford University Press, 1997：46-58.

② 吴刚主编.教育社会学的前沿议题[M].上海：上海教育出版社,2011：88.

③ Coleman, J. S. Foundations of Social Theory[M]. Cambridge：Harvard University Press, 1990：302,304.

④ Coleman, J. S. Social Capital in the Creation of Human Capital[J]. The American Journal of Sociology, 1988(94)：95-120.

⑤ 李培林,李强,马戎主编.社会学与中国社会[M].北京：社会科学文献出版社,2008：348.

⑥ [英]罗伯特·帕特南.使民主运转起来：现代意大利的公民传统[M].王列,赖海榕,译.南昌：江西人民出版社,2001：195.

⑦ [美]林南.社会资本：关于社会结构与行动的理论[M].张磊,译.上海：上海人民出版社,2004：24.

⑧ 李培林,李强,马戎主编.社会学与中国社会[M].北京：社会科学文献出版社,2008：349.

释力,但学界对其概念内涵论争不息。然而无论做何种理解,社会资本都超越了简单的"拉关系"解读,它首先强调的是一种能够为个体带来利益的社会关系网络,这个网络内部具有一定的信息渠道可供身处其中的个体所利用。其次,社会资本还强调在特定的社会关系网络中社会规范和准则的存在,个体必须认同并遵循这些规范,这样就为行动者带来应有的预期。最后,在个体层面,行动者需要有一种互惠心理,使相互之间在信任基础之上建立某种义务和形成某种期待。由上可知,即使不是从个体层面来理解社会资本,社会资本所需的社会关系网络的建立、规范的遵循以及互惠意识等都与个体的相关意识和能力密切相关,所以社会资本具有强烈的教育学意蕴,即通过教育措施在不同程度上促进个体社会资本积累具有现实的可能性。

　　学界对"贫困"一词有诸多理解,其中印度著名经济学家阿马蒂亚·森认为,饥饿不是粮食供给的而是交换权利的函数。[①] 由此观点可以推论出,贫困也是交换权利的函数,更为明确地,贫困是因为个体交换权利的缺失所致,而个体交换权利是建基于其资本总量之上的。在布迪厄的理论中,个体拥有的资本包括了文化资本、经济资本、社会资本和象征资本四种,个体缺失了这四种资本则其交换权利就会不足,如此则为贫困。而在科尔曼的理论中,个体从出生开始就拥有人力资本、物质资本和社会资本,这三种资本的缺失会导致个体交换权利的不足。无论是根据布迪厄还是科尔曼的理论,个体出生后就开始拥有社会资本,个体成长过程其实就伴随着个体社会资本的累积。引申之则可以认为,对个体的成长状况,社会资本积累水平是一个重要的表征,换言之,个体的成长需要有社会资本的积累。对家庭经济弱势本科生而言,家庭经济贫困是其成长的先赋条件。一般意义的理解是,经济弱势本科生的成长就是学业成绩的提升,学业有了成就,就谓之成长良好。但是这种"学业成长论"过于单一,不能解读经济弱势本科生成长的丰富性。对经济弱势本科生而言,他们的一个质的规定性是贫困,即资本总量不足,并由此带来了交换权利的缺失。基于这一质的规定性,经济弱势本科生的成长很大程度上就是资本总量的积累过程,这就包括了社会资本的累积。根据布迪厄的资本理论,社会资本可以转化成为经济资本、文化资本和象征资本。对经济弱势本科生个体而言,其当下和将来生存的物质基础是

---

　　① 〔印度〕阿马蒂亚·森.贫困与饥荒:论权利与剥夺[M].王宇,王文玉,译.北京:商务印书馆,2001:13—14.

经济资本,积累的社会资本可以转化成为物质性的经济资本;而且,当今社会的分层流动,不只是以经济资本为唯一基础,文化资本、象征资本,包括社会资本本身都是促进经济弱势本科生向上社会流动的重要因素,所以社会资本积累状况是衡量家庭经济弱势本科生成长的一个重要维度。

第二节 经济弱势本科生社会资本的二维四类模型

家庭经济弱势本科生是生活在特定的社会结构之中的,在这一社会结构之中我们考察他们在接受大学本科教育期间的社会资本获得,具有复杂性。从横向来看,社会资本指涉了诸多方面,既有其所处的社会关系网络、社会规范,又有基于信任的行动义务和期待等。具体到经济弱势本科生,我们会发现横向的社会资本既有经济弱势本科生身心之外的社会关系网络和社会规范等,又有其身心的元素。譬如,经济弱势本科生遵循社会规范的意识与能力、与他人之间建立信任关系的意识与能力,以及构建社会关系网络的意识与能力等,这些元素看似与社会资本相距较远,但实际上它们是一种"潜在社会资本"。个体潜在社会资本往往是社会资本概念中所包含的经济弱势本科生身心之外的"现实社会资本"的基础和前提。如果说现实社会资本是偏向社会学和经济学的概念,潜在社会资本则与教育学高度相关,因为教育事业的重点在于培育学生身心中的意识与能力。现实社会资本对经济弱势本科生而言是外显的,它的积累本身及其向经济资本、文化资本和象征资本的转化,可以为经济弱势本科生带来物质和精神上的回报,这些回报是经济弱势本科生因资本总量提升而带来交换权利集合扩大,最终稳定地摆脱贫困,实现向上社会流动的基础之一。潜在社会资本对经济弱势本科生而言是内隐的,它是经济弱势本科生相关的意识和能力的生成,是一种"认知型社会资本"①。经济弱势本科生的成长只有有效地培育了这类意识和能力,才能积累潜在社会资本,进而有可能"兑现"成为现实社会资本,促进其摆脱贫困状态,实现社会流动。现实社会资本可以归纳为社会参与网络以及其中的规范(信任、互惠和合作)等,②潜在社会资本概念则指向了产生这

---

① [美]帕萨·达斯古普特,伊斯梅尔·萨拉格尔丁编.社会资本:一个多角度的观点[M].张慧东,等,译.北京:中国人民大学出版社,2005:304—307.

② 吴刚主编.教育社会学的前沿议题[M].上海:上海教育出版社,2011:95.

些现实社会资本的个体身心元素,它是社会资本概念的必要拓展,也凸显了本科教育对经济弱势本科生个体社会资本积累做出贡献的可能性。对经济弱势本科生而言,社会资本既会带来收益,也需要付出成本,①这种成本最为基础的一方面是经济弱势本科生自身的学习付出,另一方面是本科教育对他们社会资本的培育。

再从纵向来分析经济弱势本科生的社会资本。经济弱势本科生从出生就开始了社会资本积累过程,不管他们社会资本累积状况怎样,这一社会资本积累过程是确切存在的。我们以经济弱势本科生进入大学校园这一时间点为分割线进行考察。美国社会学家布劳(Brow)和邓肯(Duncan)在其著名的"地位获得模型"中使用了两个核心概念"先赋性因素"和"后致性因素"来对影响个体社会地位获得的各种不同因素进行分类。②受此启发,我们可以把经济弱势本科生进入大学校园前的社会资本获得称之为"原生社会资本"。但是这个概念与"原生家庭"不同,原生性社会资本不只是其原生家庭带给经济弱势本科生的社会资本,我们把经济弱势本科生进入大学校园前原生家庭带给其的社会资本之外的、特别是基础教育阶段贫困生所积累的社会资本等都统称为原生社会资本,这种社会资本的"原生性"是相对经济弱势本科生在大学期间所积累的社会资本而言的。我们把后者称之为"自生社会资本",其实更为全面的理解是经济弱势本科生在大学期间的自生性社会资本。这样就以时间为纵轴,把经济弱势本科生上大学前累积的社会资本称之为原生社会资本,把其进入大学校园后积累的社会资本称为自生社会资本,而经济弱势本科生的原生社会资本的主体有来自其家庭的,也有来自其基础教育阶段学校的。我们把前文"潜在社会资本"和"现实社会资本"分类作为横向维度统合进来,就建立起了家庭经济弱势本科生社会资本的二维四类模型(见图 5-1)。

本科教育能够作用于经济弱势本科生的社会资本积累,但教育本身并不具有全能性,如上所构建的经济弱势本科生社会资本二维四类模型将为我们的深入分析提供框架和便利。

---

① [美]迈克尔·武考克.社会资本与经济发展:一种理论综合与政策构架[G].郗卫东,编译//李惠斌,杨雪冬主编.社会资本与社会发展.北京:社会科学文献出版社,2000:240—302.

② 周怡,朱静,王平,李沛.社会分层的理论逻辑[M].北京:中国人民大学出版社,2016:247.

现实社会资本　　潜在社会资本

	现实社会资本	潜在社会资本
原生社会资本	社会资本 Ⅰ	社会资本 Ⅱ
自生社会资本	社会资本 Ⅳ	社会资本 Ⅲ

图 5-1　家庭经济弱势本科生社会资本的二维四类模型

第三节　经济弱势本科生社会资本积累与大学责任

对经济弱势本科生而言,在大学期间社会资本的积累不是一个可以与过去完全相割裂的行动。现代社会不是浑然一体的,它分化成为许多"各自为政"而又"相互联系"的细分世界,也就是场域,即社会空间。① 经济弱势本科生从家庭和基础教育学校进入大学校园,这是一次重要的人生转场。场域虽然转换了,但是转换过程完成后,经济弱势本科生的身心由原先的场域带到了大学场域。经济弱势学生的身心,用彼得·圣吉的理论就是"心智模式",它根深蒂固地存在于个体之中,影响个体了解世界以及采取行动的诸多假设和成见等。② 布迪厄用了另一个更具解释力的概念"惯习"来总括行动者的举止心态、精神状态、行动模式和语言风格等,惯习成为行动者行动的不可分离的组成部分,也是行动者所处的历史条件和社会环境的内在结晶。③ 所以,经济弱势本科生虽然经历了人生重大转场,但是其惯习由原来的家庭和基础教育学校带到了新的大学场域。因为个体潜在的社会资本是真实存在的,而且还影响着个体现实社会资本的积累,所以经济弱势本科生进入大学前的惯习(社会资本Ⅱ)会影响他们转场后的自生社会资本积累,

① 汪民安主编.文化研究关键词[M].南京:江苏人民出版社,2007:21.

② [美]彼得·圣吉.第五项修炼:学习型组织的艺术与实务[M].2 版.郭进隆,译.上海:上海三联书店,1998:9.

③ 高宣扬.布迪厄的社会理论[M].上海:同济大学出版社,2004:117.

其中对自生潜在社会资本(社会资本Ⅲ)的影响是直接的,而对自生现实社会资本(社会资本Ⅳ)的影响是间接和生成性的。从另一维度来看,原生的现实社会资本(社会资本Ⅰ)也会影响自生社会资本的积累,它对自生社会资本中的现实社会资本(社会资本Ⅳ)的影响是一种"规模效应"和"马太效应",多者易获得更多;对自生社会资本中的潜在社会资本(社会资本Ⅲ)而言,主要是为其积累提供现实基础。

由上可知,经济弱势本科生自生社会资本积累受到原生社会资本的影响,其机制发挥作用的原因一个是场域转换后贫困生惯习的存在,另一个是原生社会资本的"规模效应"和"马太效应"。这是我们考察家庭经济弱势本科生在校期间积累社会资本境遇的基础认识。经济弱势本科生质的规定性是家庭经济贫困,对他们而言家庭贫困意味着家庭经济资本的不足。因为经济资本与社会资本之间是可以相互转化的,所以经济资本弱势的家庭往往意味着其拥有的现实社会资本也会有缺失,以及因教育资源的相对缺乏,经济弱势本科生从家庭所获致的潜在社会资本也处于相对弱势。再来看基础教育学校场域,在这里经济弱势本科生所获致的潜在社会资本和现实社会资本同样处于相对不足状态。把家庭场域和学校场域的情形统合起来,在原生社会资本维度,经济弱势本科生的潜在社会资本(社会资本Ⅱ)和现实社会资本(社会资本Ⅰ)往往均呈相对劣势。这是经济弱势本科生社会资本积累的基础,它影响了其在大学场域自生社会资本在潜在和现实两个维度的积累。对潜在自生社会资本(社会资本Ⅲ)而言,经济弱势本科生的劣势主要体现在认识领域,笼统而言就是他们生成现实社会资本的意识和能力不足。更为具体地,经济弱势本科生因为早期教育等原因,他们的规范意识等社会资本中的认知维度存在不足,而且参与社会活动的意识和能力也处于劣势,这种状况在他们就读本科期间,如果没有得到教育方面相应的干预补偿,那么这种劣势往往就会持续下去。事实状况是,经济弱势本科生认知性质的潜在社会资本的相对劣势在大学教育实践中往往没有得到应有的认识,教育者如果关注这一弱势群体的社会资本积累,更多意识到的是现实社会资本,而且也会往往认为学生现实性质的社会资本积累是教育范畴之外的事。这样经济弱势本科生潜在社会资本积累(社会资本Ⅲ)的相对劣势基本处于一个少有关注的状态。在经济弱势本科生潜在社会资本劣势的基础上,他们又因为能够利用的原生现实社会资本(社会资本Ⅰ)有限,所以自生现实社会资本(社会资本Ⅳ)积累往往相对不充分。可以观察到,非经济弱势本科生在校内和社会活动领域所积累的现实社会资本通常处于相对优势地位,这又给他们带来更好的就业前景等。

家庭经济弱势本科生在大学期间的社会资本累积在没有得到干预补偿的情况下,与非经济弱势本科生相比会处于劣势地位,这种劣势地位会给他们的成长带来负面影响,本科教育有责任对经济弱势本科生社会资本积累实施补偿。分叙之,第一,前文已有论及,一般地可以认为社会资本是个体一生中非常重要的基础性资本。根据森的观点,贫困就是交换权利的缺失,而交换权利是来源于资本总量的,所以经济弱势本科生一旦缺少社会资本,则其资本总量也有更大可能性处于劣势,这样就使这一经济弱势群体难以扩大交换权利集合,进而难以摆脱贫困。这一逻辑很清晰,但是它只是从单一的社会资本角度来考量的,更为重要的是,个体的社会资本往往会转化成为其他形式的资本,如经济资本、文化资本和象征资本,甚至可以说,社会资本积累也是其他形式资本积累的基础。个体社会资本就是以这种方式来影响个体资本总量的,经济弱势本科生资本总量的相对劣势影响了他们摆脱贫困。第二,再从人力资本的角度来看,社会资本理论是以群体人力资本视角来探讨社会经济发展的,社会资本对人力资本的作用发挥具有协同效应。[1] 在一定意义上可以这样理解,人力资本是附着在个体身心之上的,它往往是个体的和静态的。而个体的存在是一种社会性存在,个体的人力资本发挥功效是处在社会关系之中的,只有有一定的社会资本才能使个体的人力资本发挥应有的作用以创造财富,帮助个体摆脱贫困,所以经济弱势本科生的社会资本积累弱势是他们脱贫的阻力。而本科教育过程对经济弱势本科生而言是一个特别重要的人力资本积累过程。一般意义上来讲,个体人力资本发挥作用需要有充足的社会资本作保障,社会资本甚至可以被理解成为人力资本的"黏合剂"。对经济弱势本科生而言,其本科教育过程中所积累的、身心之上的人力资本只有在能够发挥作用取得收益的情境下才能称得上是真正的人力资本,所以大学理应对经济弱势本科生的社会资本积累进行弱势补偿,否则本科教育的人力资本培育(人才培养)功能就不能得到体现。第三,还可以从社会资本的分类来看,经济弱势本科生所积累的社会资本可以是现实形态的,也可以是、或者说更为重要的是潜在社会资本。根据上文的论述可以知道,所谓潜在社会资本是附着在经济弱势本科生身心之上的,是其主动生成社会资本的意识和能力。潜在社会资本的这

---

① 童宏保.从人力资本到社会资本:教育经济学研究的新视角[J].教育与经济,2003(4):23—27.

种意识和能力从本质上讲其实就是经济弱势本科生的人力资本。所以从这里可以看出,对以培育学生的人力资本为己任的本科教育而言,补偿经济弱势本科生(潜在)社会资本积累是自己的专业义务,更是应有的责任担当。第四,进一步地,国内已有不少的经验研究证实了社会资本在个体社会地位获得中起着重要作用,①这样经济弱势本科生在社会资本积累上的劣势将影响他们的向上社会流动。基于文明社会弱势补偿的基本理念,政府和社会应对社会资本积累处于劣势的经济弱势本科生实施必要的补偿救济。在文明社会和有效政府的治理下,经济弱势本科生在社会资本积累上获得弱势补偿,这应是一种因经济弱势而得到的权利。② 大学作为实现社会公平的公器,它应成为经济弱势本科生实现向上社会流动的"桥梁"③,所以对经济弱势本科生的社会资本积累提供教育补偿是大学履行自身社会责任的一个重要维度。况且根据布鲁贝克的理论,大学履行对经济弱势本科生实施社会资本积累的教育补偿,进而使这一经济弱势群体实现稳定脱贫、向上社会流动的社会责任,是对大学何以存在的"政治论"回应。④

第四节　经济弱势本科生社会资本积累的教育补偿

　　大学本科教育履行对经济弱势本科生社会资本积累的补偿责任,就需要有具体的教育补偿举措。教育补偿是一种针对弱势群体的、基于公平理念的"肯定性行动(affirmative action)"⑤。教育补偿有狭义和广义两种解读,狭义教育补偿是指通过开展具体教育活动来对弱势群体所进行的补偿,广义教育补偿不只是通过具体教育活动,还包括提供教育机会、教育资助等与教育相关的弱势群体补偿行为。本研究中大学对经济弱势本科生社会资本积累实施的教育补偿意指,大学这一教育主体针对家庭经济弱势本科生

---

① 刘精明,等.教育公平与社会分层[M].北京:中国人民大学出版社,2015:228—229.
② [德]齐美尔.社会是如何可能的:齐美尔社会学文选[M].林荣远,编译.桂林:广西师范大学出版社,2002:394.
③ 陈卓.教育与社会分层[M].北京:教育科学出版社,2012:196.
④ [美]约翰·S.布鲁贝克.高等教育哲学[M].3版.王承绪,等,译.杭州:浙江教育出版社,2001:15.
⑤ 肖地生.美国肯定性行动政策探源及其发展[J].南京师范大学学报(社会科学版),2016(1):89—97.

所开展的所有补偿活动,包括经济资助和诸多具体的非经济类补偿活动,都属于广义的教育补偿。根据上文对社会资本的解读和分类,以及对经济弱势本科生社会资本积累境遇的考察,我们认为大学履行对经济弱势本科生社会资本积累实施教育补偿的社会责任,可以采取如下路径。

第一,大学应对家庭经济弱势本科生实施精准的经济资助,为其积累社会资本创造物质基础。需要明确的是,大学对经济弱势本科生进行资助的物质资源主要是来自于政府和社会,大学是这些既定资源分配的落实机构。根据马斯洛需要层次理论,一般地对个体而言,生存往往是首要考虑因素。当贫困本科生经济上压力过大时,他们就需要花过多时间精力去缓解,于是就会做更多低层次的、少有教育收益的兼职,以此来补贴生活必需开销。个体的时间精力毕竟都是有限的,物质上的匮乏势必会挤占经济弱势本科生积累社会资本、特别是潜在社会资本所需要的时间精力。经济弱势本科生得到了必要的经济资助,他们才可能像非经济弱势学生一样正常地接受本科教育,并积累社会资本。另外,大学在落实经济弱势本科生经济资助时,特别重要的一点是努力确保资助的精准性。因为政府和社会所能给予的经济资源是有限的,而经济弱势本科生群体又特别庞大,所以提高资助效率是保障所有经济弱势学生都能得到尽量大力度资助的基础,这就要求大学提高对经济弱势本科生的识别能力。当前的情境是,我国居民个人资产信息并没有被有关部门充分采集,相关信息的合理共享制度也有待建立,这样大学精准识别经济弱势学生具有一定的难度。大学要提高经济弱势学生资助的精准性,需要把工作做细,采集多源信息,使信息之间可以多角互证,以减少因为"信息不对称"带来的"逆向选择""道德风险"和"搭便车"现象,从而使真正的经济弱势本科生能够得到必要的经济资源,为其积累社会资本创造物质条件。

第二,大学应通过教育干预培育经济弱势本科生潜在社会资本(社会资本Ⅲ)。潜在社会资本附着在经济弱势学生身心之上,从本质上看就是一种人力资本。一般的认识把社会资本固限于现实社会资本,也就是现实存在的、能够为个体带来收益的社会关系网络。基于此种认识来开展教育活动,就会把作为一种人力资本的潜在社会资本的培育遮蔽了,而在本科教育实践中培育经济弱势学生潜在社会资本的意识是欠缺的,如果有相关的课程开设,也只是一种非系统考量的结果。所以在本科教育阶段需要强化经济弱势学生潜在社会资本积累的意识与能力,如对社会规范的认知和遵循能力,人与人之间信任构建、参与社会活动、人际沟通的意识与能力等的培育。

需要强调的是,本科教育重视经济弱势本科生潜在社会资本的培育是一种对家庭经济弱势群体的教育补偿,所以需要有在精准识别经济弱势学生的基础上的专门性。经济弱势本科生作为一个群体,他们与非经济弱势学生之间往往会存在某种广义文化上的"区隔"。① 布迪厄把拥有相同惯习的个体集合界定为阶层,而这些相似惯习的形成是建基于个体存在"社会空间"的位置相似性,以及由相似消费实践所带来的个体"情怀倾向"相似性之上的。② 经济弱势本科生在大学的存在可以被看作是因为惯习相似而组成的一个集合(阶层),他们因为家庭经济贫困所带来的潜在社会资本相对贫乏,需要大学教育给予特别的补偿。为此大学需要开设特别针对经济弱势本科生的心理与职业发展等方面的咨询甚至是干预机构,也需要教师来对这一群体实施潜在社会资本培育上的救济帮扶。对经济弱势学生潜在社会资本积累的教育补偿干预工作还可以通过相关课程、讲座和校园活动等方式实施。

第三,大学应通过校园活动开展和异质交往引导来促进经济弱势本科生现实社会资本(社会资本Ⅳ)积累。现实社会资本是经济弱势学生社会资本积累的重要组成部分,但是本科教育的本职工作在于教育,而且通常地我们把本科教育定位于通识教育,它注重基础性和人文性。根据通识教育的理念,本科教育不只是为学生找工作做准备的,而且是为他们整个生活打基础的。基于此,本科教育对经济弱势本科生社会资本积累的补偿重点在于潜在社会资本维度,但是大学可以而且也应该为经济弱势学生创设更多的实质性机会来开展校园社会活动。实际上在经济弱势学生参与校园活动过程中,能够运作出更多的现实社会资本,而且在此过程中通过实践又培育了他们的潜在社会资本。经济弱势学生作为一个群体往往具有因为经济弱势所带来的社会活动上的相对封闭性,所以大学应鼓励和资助他们更多地参与校园活动。另外,经济弱势本科生与非经济弱势学生之间存在着某种区隔,而前者的交往对象也往往是倾向于同类个体。这就是社会交往的同质原则,也即"似我(like-me)假设":社会互动通常是倾向于在有着相类似的社

---

① Bourdieu, P. Distinction: A Social Critique of the Judgement of Taste[M]. Translated by Nice, R. Cambridge: Harvard University Press, 1984:260.

② Bourdieu, P. The Logic of Practice[M]. Stanford: Stanford University Press, 1990:59.

会经济和生活方式特征的个体之间发生。[①] 但是社会资本获致的渠道往往是所互动的对象,经济弱势本科生个体同样属于社会资本贫乏者,所以他们的同质交往带来的现实社会资本受益往往相对有限。大学履行对家庭经济弱势本科生社会资本积累补偿责任,就应鼓励引导他们克服心理和惯习上的阻力,勇于与非经济弱势学生互动,更多地进行异质交往,以获取更多的现实社会资本。

[①] ［美］林南.社会资本:关于社会结构与行动的理论[M].张磊,译.上海:上海人民出版社,2004:38.

第六章　家庭经济弱势本科生的象征资本积累

　　以微观政治视角深入家庭经济弱势本科生生活世界、探究他们的成长需求是提升大学教育补偿有效性的基础。经济弱势本科生在大学场域的活动是一种互通自身心智结构与社会结构的象征性实践,具有广义的象征资本价值。象征资本可分为正向与负向两类,"贫困生"符号作为一种负向象征资本对经济弱势本科生有物质、社会和精神三重规训作用,从而影响他们对这一符号的接纳程度。经济弱势本科生象征资本积累需要克服负向象征资本规训、出身所致的"先赋劣势"和"惯习"所致的"后致劣势"。本科教育应加强对经济弱势学生的教育咨询指导、促进他们多样资本的积累,特别是在心智层面提供有效的教育补偿,如此则能促进其向上社会流动。

　　对家庭经济弱势本科生进行帮扶是"弱势补偿"和"教育脱贫"的内在要求,而提升帮扶有效性的基础是我们能够精准明确这一弱势群体成长的真实需求,由此相关研究有必要回到经济弱势本科生的生活世界中来。本科教育往往会赋予经济弱势学生诸多类型不同、价值迥异的符号,这些符号的象征意义以及由此所带来的不同类型的象征资本,能够在较大程度上影响经济弱势本科生的向上社会流动。

第一节　经济弱势本科生的象征性实践与象征资本

　　在经济弱势本科生教育补偿实践中出现一些可以理解但值得反思的现

象。譬如,有的学生家庭经济十分贫困,但是他们却不愿意让生活世界中的他人包括老师和同学知晓其家庭经济状况,更是拒绝接受被认定为"贫困生";另外有些本科生却相反,他们的家庭经济算不上贫困,但是却尽力通过可能是非诚信的方式去争取贫困生教育补偿资源。这两类现象是相对的,在日常生活中前者可解读为学生自尊心过强,后者则是对补偿资源的争夺。但这些解释却有待深化。讨论经济弱势本科生生活世界中的诸多现象,一个前提性的人性假设是本科学生都具有"经济人"的人性基础,也就是他们理性地追求个人利益、特别是物质利益的最大化。这一认识并不否定人性的复杂性。另一个前提性认识是:"人是符号动物。"[①]可以认为,个体不只拥有自己的心智结构,而且还生活在一定的社会结构之中,处于个体心智结构与社会结构之间的是符号世界;社会结构通过符号作用于个体,形塑个体新的心智结构,个体心智结构又通过符号活动影响社会结构的构建。[②] 符号既能影响个体心智结构,也能影响社会结构,其"魔力"在于符号的象征意义。

　　具体到家庭经济弱势本科生生活世界中来。经济弱势本科生与其他本科生差异的一个质的规定性在于其"贫困",于是这一群体一旦被学校正式认定,则获得了"贫困生"这一具有丰富象征意义的身份符号。任何一种象征都具有双重结构,它会在一个方面意指某物,而在另一方面又替代某物,而且在法国社会学家皮埃尔·布迪厄的理论中,象征关涉了伴随着人类复杂语言社会应用而开展的实践活动的、动态双重结构的极其复杂的社会后果。[③] 所以在大学场域中,"贫困生"意指了家庭经济弱势本科生这一生物群体,另一方面人们会赋予"贫困生"符号丰富的意义,而且这种双重结构会对经济弱势本科生的成长、大学教育实践甚至社会发展带来极其复杂的社会后果。当然在经济弱势本科生的生活世界中还具有与其他本科生同样的实践活动及其追求,具体地就是通过文化实践活动即学习来获得其他的各种符号,如毕业证书和学士学位等。"人是符号动物",而符号及其社会运作是一种象征性活动,所以在大学场域中,经济弱势本科生的活动和成长就都可以被认为是"象征性实践"。在布迪厄的理论中,象征性实践是构成"社会结构"和"心智结构"的基础,也是此双重结构不断更新重构、进行同质同步双

---

　　① 　Cassirer, E. An Essay on Man: An Introduction to a Philosophy of Human Culture [M]. New Haven: Yale University Press, 1944:44.

　　② 　毕芙蓉. 文化资本与符号暴力:论布迪厄的知识社会学[J]. 理论探讨, 2015(1):53—56.

　　③ 　高宣扬. 布迪厄的社会理论[M]. 上海:同济大学出版社, 2004:98.

向互动和复杂运作的动力来源。① 也就是说经济弱势本科生在大学场域生活世界中的活动是一种符号的象征性实践，这种象征性实践对经济弱势学生自身的心智结构和整个社会的结构都产生影响，而对经济弱势学生心智结构的影响也就是对其个体成长的影响。

理解个体的符号活动即象征性实践是探讨象征资本的前提。人是一种符号性动物，人的活动具有符号性；符号的"魔力"在于其象征性，这种象征性带来一种具有资本属性的无形物，即象征资本。布迪厄举例说明，历史上在婚约协商过程中，需要由双方家庭具有"名望"的亲朋来担保，这里所展示的就是所谓的象征资本。② 象征资本是"摸不着的"或"无形的"，它深隐于个体的荣誉、头衔和社会地位之中，甚至呈现在个体与个体之间的风格、品味的区隔上。③ 象征资本与其他资本形式一样，能够为主体带来收益和利润，这是资本存在的本质规定性。但是象征资本具有"被承认"和"被否定"的双重性质。④ 更为准确地说，象征资本是通过"被否定"而得到"被承认"，它通过一种难以觉察的方式达到比有形方式更为有效的正当化目的。⑤ 这一点可以理解为，社会通过创设荣誉、头衔等象征资本机制，这种机制表面上看是公正的，所有的个体都可以公平地通过一定渠道获得这些符号，但是实际上这种机制是一种文化再生产过程。社会的象征资本机制通过无形的方式有效地实现了阶层的复制与再生产。另外，象征资本能够与其他资本（经济资本、文化资本和社会资本）之间互相转化，⑥个体各种资本累积总量及其结构确定了其最终社会分层。因为象征资本可以由经济资本、文化资本和社会资本转化而来，而且象征资本经常是在其他三种形式资本累积的基础上的固化。譬如，经济弱势本科生完成学业后就会被授予毕业证书和学士学位证书，这些证书以及授予仪式就是象征资本，它是经济弱势本科生文化资本累积的延伸和固化。由于象征资本的延伸性和固化性以及其在社会运作

① 高宣扬.布迪厄的社会理论[M].上海：同济大学出版社,2004:108.

② [法]皮埃尔·布迪厄.实践感[M].蒋梓骅,译.南京：译林出版社,2003:183.

③ Bourdieu, P. The Forms of Capital[G]//Halsey, A. H., Lauder, H., Brown, P. & Wells, A. S. eds. Education: Culture, Economy, Society. London: Oxford University Press, 1997:46-58.

④ Bourdieu, P. Le Sens Pratique[M]. Paris: Editions de Minuit, 1980:205.

⑤ 高宣扬.布迪厄的社会理论[M].上海：同济大学出版社,2004:151.

⑥ Maclean, M., Harvey, C. & Press, J. Business Elites and Corporate Governance in France and the UK[M]. London: Palgrave Macmillan, 2006:29.

中的"魔力",象征资本甚至可以被认为是一种更高层次的资本形态,象征资本的积累对家庭经济弱势本科生的向上社会流动也更具重要意义。

　　一般地,人们都是把"资本"视作为一个正值的概念,但是正如"负资产"概念也被用来描述现实一样,"资本"也可以被拓展为两类,即"正资本"和"负资本",两者的区分是某一具体资本对其主体而言其效用是正向的还是负向的。根据这一逻辑,我们可以把经济弱势学生的生活世界中广义的象征资本分为两类:一类是正向象征资本,如他们所获得的名誉、声望和头衔等,这类象征资本对经济弱势本科生而言具有正向价值,能够在一定的时空"照耀"他们的人生;另一类是负向象征资本,典型的如他们所被认定的"贫困生"甚至"特困生"资格,这些对经济弱势学生而言在某些维度和时空中是一种负向价值,给他们带来复杂的心理负面影响。一般地,我们说经济弱势本科生的象征资本,往往是指正向象征资本,当专指具有负面效应的象征资本时,会使用"负向象征资本"概念。人是符号性动物,经济弱势学生的行动都是通过符号让心智结构与社会结构进行互通的过程,而符号都具有象征意义。所以在这个意义上,经济弱势本科生的行为都是具有文化内涵的象征性实践,[①]对他们自身而言,也就都具有广义的象征资本价值。

第二节　微观政治与经济弱势本科生象征资本规训

　　经济弱势本科生成长于大学场域,大学场域从表面看只是一个学生学习、接受教育的场所,但是从整个社会的层面来看,大学场域是一个重要的教育竞争地。社会总体资源总是有限的,个体只有通过教育成长促进多样资本积累才能占据一个有利的阶层地位,这是社会学传统的冲突理论的基本观点,也在相当程度上反映了现实。具体到经济弱势本科生成长的情境中,他们的家庭经济状况处于劣势地位,这很大程度上是一种先赋社会地位的不利。在大学场域里随着弱势补偿文明理念的普及,政府、社会和大学给予经济弱势学生以特定的以经济帮助为主的教育补偿成为常态。但是所能给予的教育补偿资源往往是总量有限的,甚至相对于所有经济弱势学生的需求而言是不足的。又因为虽然人性具有复杂性,但经济弱势学生的"经济人"总体特性主导着他们的实践行动,即他们在以理性的方式追逐着个人所

---

　　①　汪民安主编.文化研究关键词[M].南京:江苏人民出版社,2007:394.

能获得的教育补偿资源。更需要指出的是,在大学场域与经济弱势学生教育补偿和成长相关的时空里充满着微观政治的运作。法国社会学家米歇尔·福柯(Michel Foucault)认为传统权力观强调集权于中央和王权至上,而现代权力观视权力为一种如同英国思想家边沁所提出的"全景敞视监狱(panopticon)"的社会控制技术,权力渗透进个体生活的各个角落,在日常生活中点点滴滴地"矫正"着人们的思想和行为,这时权力的全覆盖性、延续性和细节性使其成为微观政治。① 回到大学场域。学校微观政治将学校看作是由利益相关者所组成的权力竞技场,教师是班级事务的关键推进者,学生具有不同的家庭背景、价值观和教育需求,他们通过协商、合作、冲突和抵制等政治性活动追求个人利益的最大化。② 在大学场域,微观政治运作的权力的一个重要来源渠道是符号所带来的象征权力。符号及其系统如果没有象征意义,只具有本身的指向价值,就缺乏探讨意义,而事实中符号及其系统是个体心智结构与社会结构互动的媒介,具有象征意义,个体符号实践都是象征性实践。从广义上看,因为符号具有象征意义,符号本身就是象征资本,从而具有象征权力。在微观政治视角下,经济弱势本科生的符号实践具有象征意义,是象征性实践,在这些活动中实际上是象征权力在运作。布迪厄将象征系统看作"合法性之再现",③也就是在资本主义世界中,个体使用符号系统的象征性实践把不合理的社会秩序和利益获得机制合法化了,使人们能够接受甚至参与合作,在这一套游戏规则下生活。其实在不同的社会情境中,象征权力都是通过获得不同阶层人们赞同认可从而来整合社会的力量。④ 经济弱势本科生所在的大学场域也是如此,从学校层面来看,"贫困生"符号以及其他的系列仪式、头衔和荣誉体系等作为象征权力在微观政治层面规范着包括经济弱势学生在内的本科学生的思想和行为,维持着学校秩序和大学的文化再生产。

大学场域的符号系统通过象征权力规范着家庭经济弱势本科生的思想和行为,这里的"规范"在福柯理论中就是"规训"。规训这一概念是在福柯

---

① 谦立,肖力.福柯的微观政治[J].中国研究生,2008(6):38—39.

② 许殷宏,武佳滢.班级内教师权力运作的微观政治分析[J].中等教育,2011(3):114—131.

③ 赵一凡.从卢卡奇到萨义德:西方文论讲稿续编[M].北京:生活·读书·新知三联书店,2009:757.

④ Bourdieu, P., Passeron, J. C. Reproduction in Education, Society & Culture[M]. Translated by Nice, R. New York: Sage Publication, 1990:4.

处得到充分阐发的,即"规范化训练",是近代产生的一种以规范化为核心特征的权力技术,它既是权力干预、监视和训练肉体的技术,也是知识生产的手段,①而且规训以"重塑主体"为目的。② 大学系统有"贫困生"符号、毕业证书、学位证书等以及获得这些符号证书的"技术标准"作为符号—技术体系,经济弱势本科生在其生活世界中一般都基于理性实用原则来进行决策,而且大家一般都会服从于学校教育补偿和教育训练规范(社会契约)而行动,根据福柯的理论,这样大学就成为一个典型的规训机构。③ 经济弱势本科生是广大本科生中的一个群体,与其他本科生一样他们在大学场域内需要接受大学系统内本科毕业证书、学士学位证书、各种奖学金等符号的规训,这类符号对本科生个体而言都是(正向)象征资本;经济弱势本科生的特殊性在于他们拥有"贫困生"甚至"特困生"符号,这类符号在一定意义上属于负向象征资本,经济弱势本科生在大学场域还需要接受这类负向象征资本的规训。也就是经济弱势本科生在接受大学教育期间会接受负向和正向两类象征资本的规训,这两类规训对他们的成长影响深远。

个体心智结构的不断重建与成长,其资源来自于个体的直接或间接经验。在自我理论中,个体"经验自我"由物质自我、社会自我和精神自我三者所构成。④ 可以基于此来审视"贫困生"符号的负向象征资本规训的类型。第一类是物质规训。经济弱势学生被认定为"贫困生"从而才能获得各种教育补偿的机会,而贫困生认定需要有一定的程序,一般有填写各种描述家庭经济弱势的表格,还要基层政府部门开具的家庭经济贫困证明等。这些都是认定程序的基本项,但是我国社会整个诚信体系还在发展中,且有关部门当前还难以掌握居民家庭经济状况的完整和准确信息,这样所出现的"信息不对称"现象导致在贫困生认定过程中还需要有其他的补充信息。教育实践中的做法有开班级座谈会,让同学之间互相披露经济状况;还有就是一种所谓的自我演讲的方式,这种方式就成为所谓的"比穷大会"。总而言之,在贫困生的认定过程中,申请者需要充分展示自我物质的贫乏性。在本科生

---

① [法]米歇尔·福柯.规训与惩罚[M].刘北成,杨远婴,译.北京:生活·读书·新知三联书店,1999:375—376.

② 汪民安主编.文化研究关键词[M].南京:江苏人民出版社,2007:96.

③ 汪民安主编.文化研究关键词[M].南京:江苏人民出版社,2007:97.

④ 王丽.符号化的自我:大学生服装消费行为中的自我概念的研究[M].北京:中国社会科学出版社,2006:6.

的生活世界中就是,经济弱势学生一般不能拥有笔记本电脑,不能使用苹果等高档手机,不能衣着名贵,甚至不能进校园内比较贵的食堂。"群众"都用眼光看着你,把这些因素作为你是不是真正家庭经济弱势的标准。经济弱势本科生在被认定身份前后行为举止都要符合这些,否则就会受到同学们道德上的轻视。这就是生活世界中贫困生符号这一负向象征资本对经济弱势本科生的物质规训。第二类是社会规训。社会规训主要是一种与社会资本有关的关系规训。经济弱势本科生一般地也拥有较少的社会资本,在与人的关系维度,经济弱势学生一般会被认为是不积极的、内向的和被动的,他们与人交往的资源和技能是缺乏的,他们的活动也应是低调的。甚至对20多岁的经济弱势本科生而言,发展与异性的关系都是受到社会规训的。与这些刻板印象相违背的实践似乎就不应是贫困生的行为。第三类是精神规训。"笑贫"是我国传统文化的一部分,至今影响犹在。贫困生在大众心理中往往会有一种低人一等的感觉,无论一个家庭经济弱势本科生接受还是抵制"贫困生"符号,他都会受到这一符号的精神规训。而且"群众"的观念是,你家里穷,还不更拼命地学习?这种精神规训又给经济弱势本科生施加精神上的无形压力,甚至精神的规训让经济弱势学生在课程选修上优先考虑更实用的技能课程,而不是"风花雪月"式的博雅课程。

如上负向象征资本的规训是经济弱势本科生所特别经历的,作为本科生中的一员,经济弱势学生同样受到大学场域通用符号系统的正向象征资本规训。大学有一套荣誉和奖学金体系,还会为修满学分者颁发固化文化资本的学历与学位。这些符号运作体系推动着包括经济弱势学生在内的本科生的象征性实践,规训着他们思想和行为,引领着他们的成长,是大学运转和人才培养的基础。

第三节　经济弱势本科生象征资本积累的劣势境遇

因为象征资本可以同文化资本、社会资本和经济资本之间相互转化,特别是一般地可以认为象征资本是其他形式资本的延伸和固化,所以象征资本的来源其实是经济资本、文化资本和社会资本。如此则家庭经济弱势本科生象征资本的积累很大程度上就是来自于他们其他三种资本的累积。这一点经济弱势本科生与其他本科生是一致的,如果把社会作为一个竞争场,在微观政治的视角下则经济弱势本科生将要与其他本科生在积累象征资本上形成竞争,从而最终实现社会分层。如上所指象征资本具有正向性。经济弱势本科生不同之处在于他们需要经由贫困生认定,也就是他们会被认定为贫困生从而拥有一个"贫困生"的符号标识,而"贫困生"符号从某种角度看是一种负向象征资本,这就是经济弱势本科生象征资本积累的一重劣势境遇。

在教育补偿实践中,经济弱势本科生无论他们接受与否,实际上都会经历一个由"贫困生"符号所带来的负向象征资本规训。经济弱势本科生进入大学场域后面对学校的贫困生认定程序,往往会经历一个复杂的心路历程。这一心路历程,我们从旁观者的宏观角度来看,无非是"贫困生"符号有损于个体自尊之类,但是回到经济弱势学生的生活世界中且从微观政治的视角来审视就会发现其中的复杂之处。"贫困生"作为一种身份符号其象征意义十分丰富,但是在中国特定的文化中,"贫"是被人看不起的标识,而且其意义十分丰富,它让人想象到没有好的成长环境,所受教养、教育贫乏等,其整体形象一般与所谓的"高富帅"相对立。而且经济弱势本科生处于 20 多岁的年龄,他们与生活在同一场域的同龄人总是存在有意或无意的比较,谁也不想因为家庭经济贫困而与他人有所不同或者低人一等。如此种种都是复杂的经济弱势学生的心路历程,从学理上讲他们一旦接受了被认定为"贫困生"甚至由此而得到公示后,就会经历"贫困生"符号及其产生的负向象征资本的物质、社会和精神规训。这些规训对一个 20 多岁的个体而言,在许多情境中会给他们带来负面的情绪和心境。但是经济弱势学生也是一种"经济人",他们会理性地考虑自己可能的利益所得。然而身份经常被赋予权力,[①]家庭经济弱势本科生接受被认定为"贫困生"后,就获得了一种身份权力,即他们可以获得来自政府、社会和学校的各种教育补偿特别是经济补偿。明显地,经济弱势学生获得这种身份权力的前提是接受"贫困生"符号和负向象征资本的物质、社会和精神规训,对他们而言这是一种代价和成本。面对如此负向象征资本规训,大部分学生会接受甚至主动寻求,因为他们知道获得教育补偿是自己生活和成长的必要基础,或者是他们克服了因此被规训的心理关。然而也有部分经济弱势学生会不接受贫困符号,虽然他们知道这一身份符号能够给他们带来个体紧缺的教育补偿资源,但是还是小心翼翼地保护着自己的家庭贫困信息和脆弱的自尊。这种现象就是

---

① ［英］斯图亚特·霍尔,保罗·杜盖伊编著.文化身份问题研究[M].庞璃,译.开封:河南大学出版社,2010:45.

"符号抵制"。"抵制"是一种对抗性行为,可外显,也可以是内隐的。但是可贵之处在于,这一文化研究核心概念应用到教育场域,它引入了"社会结构""人的能动性""文化"和"自我构建"等分析意识。① 可以看出,经济弱势学生抵制"贫困生"符号和负向象征资本规训与他们的能动性和自我意识有关,但是抵制后,他们也真切地拒绝了自己成长所需的教育补偿,而这些教育补偿资源又是经济弱势学生更多地积累正向象征资本的基础。另外较大部分经济弱势学生会接受"贫困生"符号的负向象征资本的规训,他们可以经由付出这些负向规训的可能代价来换取教育补偿,以期获得与非经济弱势学生同样的成长条件。所以无论对规训是接受还是抵制,经济弱势学生与非经济弱势学生相比都具有因贫困生符号所带来的负向象征资本积累的劣势。

象征资本的积累来自于经济资本、文化资本与社会资本的延伸和固化,所以分析经济弱势本科生象征资本积累境遇要回到这三类资本上来。经济弱势本科生的一个质的规定性是他们的家庭经济处于相对弱势地位。需要明确的是,经济资本与文化资本和社会资本之间往往具有一定程度上的一致性,即在某个经济弱势家庭成长的本科生,他们的文化资本和社会资本拥有量同样地会呈现不同程度的相对劣势。文化资本具有身体化、客体化和制度化三种形态。② 细观之,身体化的文化资本是个体的知识、技能、情感和价值观等,它附着在个体的思想意识和身体中;客体化文化资本则是客观实物如书籍、光盘等;制度化文化资本由广义的制度所赋予。对经济弱势本科生而言,其家庭经济贫困往往会伴随着他们身体化文化资本的不足,他们所受的教育可能更多是与读写算等基本生存技能相关,而与文化品味和博雅艺术关联较少,这是受到家庭经济状况所制约的后果。同样很明显,经济弱势家庭所拥有的和从这样家庭成长的经济弱势学生所获致的客体化和制度化文化资本也往往会处于劣势地位。社会资本被认为是一种在相互熟悉和认同而又被不同程度制度化的环境中的可持续性的社会关系网络的集合,

---

① [美]亨利·吉鲁.教育中的理论与抵制[M].2版.张斌,等,译.北京:教育科学出版社,2016:113.

② Bourdieu, P. The Forms of Capital[G]//Halsey, A. H., Lauder, H., Brown, P. & Wells, A. S. eds. Education: Culture, Economy, Society. London: Oxford University Press, 1997:46-58.

它可能是现实的,也可能是潜在的。① 社会资本如果是现实的,则它是现时存在的关系网络,如果是潜在的,则指它在将来能够形成某种关系网络,但是从教育的角度来看,我们可以把这种潜在性拓展理解为附着在个体身上的构建社会关系网络的意识和能力。可以看出,无论是现实的还是潜在的,经济弱势本科生因家庭贫困往往会导致社会资本的相对不足。经济基础决定上层建筑,整体观之,经济弱势本科生其家庭经济贫困往往会伴随着不同程度的文化资本和社会资本的相对劣势,这导致的象征资本不足就是经济弱势本科生象征资本积累的"先赋劣势"。

经济弱势本科生进入大学场域后就会经历新一轮的象征资本累积过程,但是需要明确的是,由于主体的不变,在大学场域他们积累象征资本不能与之前的"先赋劣势"割裂,也就是诸多的"先赋劣势"会带进大学场域从而影响他们象征资本的进一步积累。经济弱势本科生进入大学后积累象征资本主要是通过对经济资本、文化资本和社会资本的延伸和固化。因为经济条件的基础性,经济弱势学生所拥有的发展自己即积累资本的条件相对不足,这使他们在大学场域内通过文化活动、社会活动和经济活动去积累相应资本的丰富程度受到限制。譬如,没有充足的资金来参加高雅的艺术学习等等。尤其需要指出的是,在文化资本、社会资本、经济资本的积累过程中,都存在与主体身心相关的因素。如主动累积这些资本的意识和能力,在文化资本中特别还有主体自我学习的意识与能力。这些与主体心智相关的资本积累因素用布迪厄的概念概括就是"惯习"。② 经济弱势本科生的"先赋劣势"特别是其"惯习"带来了他们在大学场域象征资本积累的"后致劣势"。

第四节　教育补偿与经济弱势本科生象征资本赶超

家庭经济弱势本科生象征资本积累的劣势境遇体现在他们首先要克服"贫困生"符号所带来的负向象征资本规训,其次就是需要弥补在大学场域

---

① Bourdieu, P. The Forms of Capital[G]//Halsey, A. H., Lauder, H., Brown, P. & Wells, A. S. eds. Education: Culture, Economy, Society. London: Oxford University Press, 1997:46-58.

② Harker, R. K. On Reproduction, Habitus and Education[J]. British Journal of Sociology of Education, 1984, 5(2):117-127.

象征资本积累的"先赋劣势"和"后致劣势"。如果说经济弱势本科生进入大学前所处社会阶层状况是家庭和父母所给予的,不是自己能够左右的话,那么他们大学毕业若干年后所能进入的社会阶层则在很大程度上受影响于他们在大学期间所能积累的象征资本。布迪厄的调查研究发现人类所有的行为都是象征性实践,①而人类社会的运行很大程度上可以理解为是介于个体心智结构和社会结构之间的象征性运作。象征资本是无形的,但是它切实"照耀"着个体的人生,影响深远。甚至象征资本是一种"社会炼金术(魔力)"②,在个体完成象征资本的"逆袭"和赶超后,它能使个体实现向上的社会流动。典型的如"985"高校本科毕业证书所能给个体带来的收益。象征资本具有促成个体社会流动的魔力,那么教育在其中能起到怎样的作用?迈克尔·阿普尔提出"教育能够改变社会吗"之问,实际上他旨在通过教育建设更为民主和公平的社会。③ 教育发挥建设民主公平社会的作用可以通过增进经济弱势本科生象征资本积累,从而促使这一社会弱势群体实现象征资本赶超,在此基础上实现向上社会流动来达成。经济弱势本科生的家庭贫困状况从文明社会弱势补偿的理念来看,更应受到相应的教育帮扶。大学教育对贫困家庭子女的教育补偿有不同路径,一种是在招生录取时给予"关照",使他们在接受高等教育机会上得到弥补。我们这里讨论的是,经济弱势本科生进入大学场域后,大学教育需要为他们提供教育补偿即采取一些措施来促进经济弱势本科生象征资本积累的赶超。

　　为了促进经济弱势本科生象征资本的累积,我们需要明确他们生活世界中的真实需求。经济弱势本科生的象征资本积累首先需要克服他们所经历的象征符号负向规训,对经济弱势学生而言,这种负向象征资本是一种负担,需要社会对之实施相应而有效的补偿。其次,因为经济弱势本科生象征资本积累存在"先赋劣势"以及由此"先赋劣势"和他们自身"惯习"带入大学场域共同所导致的象征资本积累"后致劣势",这里的双重劣势也需要得到社会和大学教育的补偿。这些是经济弱势本科生象征资本赶超时的自身需求。当前政府和高校对经济弱势本科生实施了多样性的教育补偿体系,这

---

　　① 　汪民安主编.文化研究关键词[M].南京:江苏人民出版社,2007:394.

　　② 　[法]P.布尔迪厄.国家精英:名牌大学与群体精神[M].杨亚平,译.北京:商务印书馆,2004:204.

　　③ 　[美]迈克尔·W.阿普尔.教育能够改变社会吗?[M].王占魁,译.上海:华东师范大学出版社,2013:11—38.

一补偿体系自改革开放以来处于持续的完善中,包括了"奖、助、贷、勤、免、补"等,实践中教育补偿体系也帮扶了众多的家庭经济弱势学生,使其能够顺利完成大学学业,甚至是得到了较好的自我成长。但是细而观之,整个经济弱势本科生教育补偿体系以经济补偿为主,非经济补偿的重视程度不够,非经济补偿工作的细化路径不多,效果也有限。即使是经济补偿,在实践中也存在低效甚至不公现象。我们可以根据经济弱势学生象征资本积累的如上三重劣势来反思高校经济弱势学生教育补偿实践,这能够为改进教育补偿工作提供新的思路。

经济弱势本科生克服象征资本积累劣势首先需要从大学得到教导咨询式教育补偿,使自己能够构建合理的自我。在我国具体文化场域里,贫困成为一种不光彩现象,甚至是一些人所"鄙视"的对象,这是一种客观的社会存在。但是家庭贫困并不是经济弱势学生自己的过错,甚至也不完全是其家庭的问题,贫困是一个复杂的社会现象,许多情况下是客观社会条件导致了难以摆脱的贫困,而不一定是个体不智慧、不勤劳的结果。所以家庭和个体的贫困经常是一种社会应承担起帮扶责任来解决的现象,而弱势得到补偿则具有正义性。明确这些,经济弱势本科生就更能以一种平和、开放的心态来合理接纳"贫困生"符号。在被认定为贫困生后,他们在面对因这一符号所带来的负向象征资本的物质、社会和精神规训时也应理性地辨清和看待这些规训背后合理或不合理的价值观念,用正确的价值观来引导自己积极向上地生活。成长舆论环境给经济弱势学生带来的可能是积极的鼓励,也可能是消极的抑制,这些都需要大学教育补偿为经济弱势学生提供更多合理有益的教导以及相关的成长咨询服务。其次,经济弱势本科生在象征资本积累时具有"先赋劣势",即其家庭为他们提供的能够转换成象征资本的经济资本、文化资本和社会资本是相对有限和欠缺的。明显地,物质即经济资本是其他形式资本现实性积累的基础,所在大学教育补偿需要精准地定位贫困生群体,克服补偿实践中的"信息不对称""搭便车"和"寻租"等问题,提高补偿的效率和效益,使经济弱势学生能够获得自己学习和成长所急需的基本物质条件。而且教育补偿需要为经济弱势学生提供充足的客体化和制度化的文化资本和现实性的社会资本,这些都是促进他们象征资本积累的资源。第三,经济弱势本科生的象征资本是其物质资本、文化资本和社会资本的延伸和固化,也就是前者转化自后三者。大学教育的长处在于作用于经济弱势学生的心智层面,而文化资本中的一种特别重要的形式是身体化的文化资本,这种文化资本其实就是经济弱势学生的知识、技能、意识和价值观,这是大学教育所擅长来补偿的;在经济资本和社会资本中也存在积累这两类资本的意识和能力,这些也属于经济弱势本科生的心智层面,也应是大学教育需要重点来补偿的。所以大学教育应更加重视教育补偿中这些与经济弱势学生心智相关的非经济类的补偿,强化这类补偿将能更长远地促进经济弱势本科生相关资本累积,从而帮助他们实现象征资本赶超和向上社会流动。

第七章　家庭经济弱势本科生的符号自我构建

　　作为教育符号，"贫困本科生"的解释项具有时代性，且对家庭经济弱势本科生成长有着深远影响。根据自我理论，经济弱势本科生的自我呈现"过去、客我、客体—当下、主我、符号—将来、你、解释项"的复杂结构。这一自我结构是解释经济弱势本科生对待"贫困生"符号的态度的基础。威利的符号自我理论旨在避免个体在构建符号自我时向上和向下还原的偏差。经济弱势本科生在符号自我构建过程中会出现向上还原的"简单抵制"和向下还原的"过度接纳"两种偏差，从而对其成长产生负面影响。对经济弱势本科生符号自我构建的教育干预要求教育者主动去理解家庭经济弱势学生的生活世界、为其符号自我合理构建创设人文、制度和伦理环境，并采取直接的专业引导。

　　"贫困本科生"身份是一种客观的符号存在，家庭经济弱势学生对此是"接纳"抑或"抵制"，不同心态以及由此带来的个体成长影响具有复杂性，有待深入解读。大学教育履行社会公平责任，需要对经济弱势学生提供有效的教育补偿，其中基础性工作就包括对这一弱势群体的符号自我构建实施有效的教育干预。探究经济弱势本科生的自我结构以及在此基础之上的符号自我构建，是提高相关教育干预有效性的基础。

第一节　教育符号"贫困本科生"及其解释项

　　家庭经济弱势本科生的日常称呼即"贫困本科生"。一般地本科生还没有从家庭中完全脱离并拥有独立的经济能力,所以经济弱势本科生的经济弱势往往是指涉其家庭,而且经济弱势本科生家庭经济的弱势一般也会同时导致其家庭在文化资本和社会资本等方面处于劣势地位。政府和社会对家庭经济弱势本科生应进行相应的扶助,这一工作的开展首先要求对贫困本科生进行精准定位。大学认定了某些本科生为贫困生后,这些学生就获得了"贫困本科生"的身份和符号。人是符号动物①,所以符号对人的存在具有重要意义。"贫困本科生"这一符号对家庭经济弱势本科生而言到底意味着什么,需要从符号学的视角来深入解读。

　　索绪尔(Saussure)把符号理解为两面一体的心理实体,认为符号是音响形象和概念的结合物,并命名前者为"能指(signifier)",后者为"所指(signified)"。② 根据这一符号学奠基理论,"贫困本科生"这是一个能指,这个能指包括了音与形,而贫困本科生这一概念则是所指。索绪尔的二元结构符号理论自然地能够让我们联想到思想史上的"名""实"之辩,能指为名,所指为实。那么名实或者说能指和所指之间的关系是怎样的? 根据索绪尔的理论,能指与所指之间的对应是"任意的",即能指与所指之间的关系"不可论证"。③ 但是索绪尔这一任意原理存在消极影响,陷入了结构主义的困境。④ 皮尔斯(Peirce)则拓展了符号学的发展空间,把符号分为三部分,首先是能够感知到的"再现体(representatum)",它相当于索绪尔所提出的能指;接着,皮尔斯把索绪尔意义上的所指分为两个部分,一部分是符号所指涉的"对象(object)",另一部分是"解释项(interpretant)",即符号所引发的意义

---

　　① Cassirer, E. An Essay on Man: An Introduction to a Philosophy of Human Culture [M]. New Haven: Yale University Press, 1944:44.

　　② [瑞士]费尔迪南·德·索绪尔.普通语言学教程[M].高名凯,译.北京:商务印书馆,1980:101;102.

　　③ [瑞士]费尔迪南·德·索绪尔.普通语言学教程[M].高名凯,译.北京:商务印书馆,1980:102;104.

　　④ 丁尔苏.符号与意义[M].南京:南京大学出版社,2012:1—21.

与思想。① 具体到我们所讨论的语境中来,"贫困本科生"就是一个再现体,而其对象则是家庭经济弱势的本科学生这样的一群生物体,"贫困本科生"所引发的思想与意义则是解释项。"贫困本科生"的解释项具有丰富的想象空间,且它在很大程度上成为以符号为表征的贫困本科生个体形象定位。贫困本科生的家庭经济状况处于弱势地位,用日常生活中的通俗概念来形容就是"穷"。与"穷"相关的想象极为丰富,且不只是在经济维度,因为经济基础决定上层建筑,"穷"对一个家庭来说,不只是意味着家庭经济资本不足,而且家庭的文化和社会资本也往往会处于劣势,而且从一个多种资本不足的家庭成长起来的本科学生,给人的惯常想象也往往会是其"品味"不良。② 在"贫困本科生"的解释项中,很难有穿着体面、举止优雅、谈吐风趣的有活力的年轻人形象,其个体形象定位往往与当下流行且推崇的"白富美""高大上"相左,甚至存在心理弱势需要调节干预,③且学习上也往往存在不足。④ "贫困本科生"另外一个维度的解释项可能是勤奋、坚毅等,但是在当前的物质社会和"符号消费"⑤时代,"贫困本科生"后一维度的解释项在相当程度上被遮蔽、忽视了。

关于如上"贫困本科生"解释项是怎样得来的,根据索绪尔能指与所指关系理论,这是"任意的"。但是我们需要有更为深入的分析。索绪尔把符号任意性作为符号学第一原则,但是如果追踪他对语言符号的研究路径与结论就会发现,其实他不得不认为,所指与能指之间并不存在抗拒社会力量的自然纽带,他的符号任意性学说只是以借用否定和戴上面具的方式来表达符号社会决定论原理。⑥ 社会决定符号解释项的观点也可以从"贫困本科生"这里得到印证。回顾到改革开放前,彼时"穷"是高尚、革命的而受到推崇,当下相反,上文所展示的"贫困本科生"的主流解释项大异其趣。所以,

① 赵毅衡.符号学原理与推演[M].南京:南京大学出版社,2011:97.

② Bourdieu, P. Distinction: A Social Critique of the Judgement of Taste[M]. Translated by Nice, R. Cambridge: Harvard University Press, 1984:7.

③ 杨宝泉,贾晓辉.对家庭经济困难学生进行情感关怀和心理救助的探索与实践[J].中国高教研究,2008(2):67—68.

④ 张玉婷.不同家庭背景学生的高等教育经验:基于学生投入理论的质性研究[J].教育学报,2016(6):88—97.

⑤ 班建武.符号消费与青少年身份认同[M].北京:教育科学出版社,2010:23.

⑥ [英]罗伯特·霍奇,[英]冈瑟·克雷斯.社会符号学[M].周劲松,张碧,译.成都:四川教育出版社,2012:22—23.

"贫困本科生"的解释项由时代语境所决定。另一方面,符号(其解释项)又对个体生活产生重要影响。布迪厄把符号看作一种权力实践,认为符号不只是意义沟通的媒介,更是权力技术的工具,处于支配地位的阶层主导符号生产与再生产,从而实现社会的再生产。[①] 符号权力是通过言语符号构建特定事物的能力,它视而可见、闻而可信,且具有某种魔力,能够借助隐性手段使人们获得只有通过强力才能获取之物,而且符号权力需要有被支配者的配合才可实现。[②] 由此可知,"贫困本科生"这一符号作为一种权力实践,它在不知不觉中成为一种权力工具,"规训"[③]着利益相关者,以实现现有社会的再生产。这里规训的具体路径是,"贫困本科生"在当下特定的社会语境中获得了特定的解释项,这一解释项是当前社会秩序的产物,它又借由"教育符号"[④]——"贫困本科生"(能指或再现体),通过家庭经济弱势本科生(对象)的意义生产(解释项)间接地作用于其个体成长。所以,作为符号,"贫困本科生"的意蕴超越了我们的日常想象,它是一个社会再生产的权力工具,作用于家庭经济弱势本科生,深刻地影响着他们的成长。

第二节 自我理论与经济弱势本科生的自我结构

"贫困生"对家庭经济弱势本科生而言,是一个符号。这一符号的解释项具有时代烙印,而日常生活中经济弱势本科生对此符号可能会"接纳",也可能会"抵制"。对教育者而言,这些都能被观察并意识到,在具体经济弱势学生补偿工作实践中,甚至我们会自觉地注意经济弱势生尊严保护问题。但是"贫困本科生"符号的象征意义对这一弱势群体的影响机理需要明晰,它涉及经济弱势本科生通过符号构建自我的复杂过程。

首先需要探讨的是"自我"。个体具有自我意识,这一观点在心理学和

---

① 章兴鸣.符号生产与社会秩序再生产:布迪厄符号权力理论的政治传播意蕴[J].湖北社会科学,2008(9):50—52.

② Bourdieu, P. Language and Symbolic Power[M]. Cambridge:Harvard University Press, 1991:70.

③ [法]朱迪特·勒薇尔.福柯思想辞典[M].潘培庆,译.重庆:重庆大学出版社,2015:35—36.

④ [英]巴兹尔·伯恩斯坦.教育、符号控制与认同[M].王小凤,等,译.北京:中国人民大学出版社,2016:3.

哲学领域已有共识。譬如著名符号学家诺伯特·威利(Norbert Wiley)就详细回忆了自己大约一岁时发现"自我"的神奇经历。① 甚至可以认为,在西方近代思想史中,笛卡尔以降,自我意识便构成了基本论题,而且对自我意识的探究从"个体自身"拓展到"交互空间"之中。② 所以可以认为,个体成长的过程就是个体自我建立和发展,即构建的过程。经济弱势本科生从出生始至进入大学就读的当下,他们往往都经历了家庭经济的不富足,以及由此带来的可能的其他资本贫乏,在这样的个体成长过程中,经济弱势本科生一步步地构建自我。对自我的经典研究早期代表是威廉·詹姆斯(William James),他把自我看作是个体经验的核心,认为自我可以分为"主我(I)"和"客我(me)":主我具有主观性,是个体心理与行为的主体;客我则是主我对个体自身的认识,这种认识的知识表征就是个体的"自我(概念)"或"经验自我","经验自我"由物质自我、社会自我与精神自我所构成。③ 接着,詹姆斯还提出了个体在感受自我时有三种出于本能的情感——自豪、内疚和羞愧(耻),而个体应该体验积极情感,去除消极情感。④ 乔治·米德(George Mead)则进一步从互动的角度指出,"主我"是个体对他人态度的反应,"客我"是个体采取的有组织的对他人的态度之集合。⑤ 皮尔斯则提出了自我的"我(I)"—"你(you)"模型。⑥ 如上都是自我的二元结构,威利则把米德与皮尔斯的理论综合起来,形成了自我的"客我(me)—主我(I)—你(you)"三边对话模型。⑦ 从时间维度来看这一模型对应的是"过去(past)"—"当下(present)"—"将来(future)",用符号术语表达就是"客体(object)"—"符号(sign)"—"解释项(interpretant)"。这样就形成了"客我(me)"—"过去(past)"—"客体(object)"、"主我(I)"—"当下(present)"—"符号(sign)"和"你(you)"—"将来(future)"—"解释项(interpretant)"三条对应链。⑧ 把时

---

① [美]诺伯特·威利.符号自我[M].文一茗,译.成都:四川教育出版社,2011:2.

② 文一茗.《红楼梦》叙述中的符号自我[M].苏州:苏州大学出版社,2011:4.

③ 王丽.符号化的自我:大学生服装消费行为中的自我概念的研究[M].北京:中国社会科学出版社,2006:6.

④ [美]乔纳森·布朗.自我[M].陈浩莺等,译.北京:人民邮电出版社,2004:40.

⑤ [美]乔治·H.米德.心灵、自我与社会[M].赵月瑟,译.上海:上海译文出版社,1992:155.

⑥ 文一茗.《红楼梦》叙述中的符号自我[M].苏州:苏州大学出版社,2011:5.

⑦ [美]诺伯特·威利.符号自我[M].文一茗,译.成都:四川教育出版社,2011:7.

⑧ 文一茗.《红楼梦》叙述中的符号自我[M].苏州:苏州大学出版社,2011:5.

间维度纳入自我的分析框架具有创造性,这一范式把自我从静态转向了动态。根据威利的理论,"过去"的"客我"是自我反思的"客体",也是一种詹姆斯意义上的"经验自我"。这种"经验自我"影响着"当下""主我"的"符号"认同,进而会影响到个体的当下行动。反过来,个体当下的感受体验也会影响到其"经验自我"的形成。"将来"则是个体"你"的"解释项",同样地,个体当下的感受体验会影响到其对将来自我发展"理想型"的构思,更为重要的是,个体对将来的愿景(解释项)会深刻影响到其当下的行为选择。如上复杂的自我理论展示了自我进行内心对话的可能性与现实性,因为个体自我在过去、当下和将来三个时间维度上相互影响着,而个体存在的过程就是一个自我内心对话的过程,也是个体自我构建之旅。

　　基于以上,经济弱势本科生的自我应引入时间维度,这样也就呈现出了复杂的三元结构。首先,经济弱势本科生"过去"的自我,是一种"客我",是当下自我实施反思的"客体",它客观存在着,但当下的自我对其会有不同的解读。家庭经济弱势本科生体验过家庭物质贫乏以及由此所关联的文化资本和社会资本不足。譬如,贫困家庭物质上的精致性缺失,以及由此所带来的在文化资本维度价值观念层面的对经济利益的过分关注等"惯习"①,这些状况和经历是客观存在的,经济弱势学生可能都有类似经历,但是当下的经济弱势学生对此会有因人而异的解读。而对过去贫困生活的不同解读自然会影响到经济弱势学生自我构建中当下和将来维度的选择倾向。其次,经济弱势本科生"当下"的自我则是"主我",它会以某种符号的方式呈现,如在经济弱势学生日常生活中的"贫困生""特困生"等。当然与这类符号关联的是由社会所决定的符号意义,譬如"特困生"的家庭经济状况特别弱势,这个符号会给人以"贫困"的极端想象。这些意义是未来导向的,也就是它们影响个体将来生活,符号意义是经济弱势本科生"将来"的"解释项"。所以单一的符号因为没有解释项,是没有意义的。正是因为符号的未来指向及其对个体生活可能带来的影响客观存在,所以个体对当下符号的态度会是接纳或者抵制。经济弱势本科生如果经历过因为贫困被人耻笑的过去,则很有可能会抵制"贫困生"符号,因为其对"贫困生"的解释项有自己的理解,并不愿意将来再经历这种被人看不起的体验。同时,经济弱势学生当下自我的状况也会影响到其对过去客我和将来解释项的理解与阐释。第三,经济弱势本科生"将来"就成为"你",它是面向未来的"解释项"。经济弱势本科

---

　　①　汪民安主编.文化研究关键词[M].南京:江苏人民出版社,2007:377.

生当下的自我对未来解释项的预期来自过去的"经验自我"和个体当下状况,而这种预期又会影响和决定当下经济弱势本科生的行动选择,特别是其符号认同。总而言之,对经济弱势本科生而言,自我不只是当前的,它指涉过去、当下和将来三个维度,而这三个维度的不同状况又相互影响,特别是影响着经济弱势本科生当前的行动选择。如上就是家庭经济弱势本科生复杂的三元自我结构。

第三节 符号自我与经济弱势本科生符号自我构建

威利指出,自我即符号实体,这也就意味着自我不只是在运用符号,自我本身就是符号。[①] 这样"符号自我"的概念就形成了。更为重要的是,威利提出"符号自我"概念旨在避免自我"向上还原"即被社会所吸纳,也避免自我"向下还原"即被生物本能所支配。[②] 在自我的三元结构中,自我是可以对话的,这种对话性展示了符号自我的自反性。自反性指个体以某种仿佛是远离自身的方式来描绘一个事物,而又站在某个点,个体转过头来朝自身回移这样的一种状态。[③] 这里符号自我的自反性展示的是建立在自我三元结构对话性基础上的个体反思能力。另外,自我三元结构还决定了个体内心的一致性,它为个体对自身的价值约束提供了动力,即崇真、向善和求美,一致性成为符号自我的内在规定。[④] 由此可知,正是符号自我的自反性和一致性,才使其有可能避免向上和向下还原,呈现出自我的理想形态也就成为可能。在日常生活中我们构建自我的身份,其外在方式就是形成和接纳不同的与身份相关的符号,从而形成一个身份的符号集合。对家庭经济弱势本科生而言,在一个维度上,就存在接纳或者不接纳"贫困生"这样一个重要的身份构建问题。从这个角度来看,所谓的身份构建问题其实其核心关涉就是(身份)符号接纳,也即符号自我的构建。对个体的身份构建而言,客观上存在一个逻辑过程,即从身份认知开始,接着是身份挣扎,最后是身份认同。所谓身份认知就是要辨识某一身份符号解释项的特殊性,比如"贫

① [美]诺伯特·威利.符号自我[M].文一茗,译.成都:四川教育出版社,2011:5.
② 程然."符号自我"的构建与当代教育的使命[J].课程教学研究,2013(8):10—13;31.
③ [美]诺伯特·威利.符号自我[M].文一茗,译.成都:四川教育出版社,2011:80.
④ [美]诺伯特·威利.符号自我[M].文一茗,译.成都:四川教育出版社,2011:241.

困生"对本科生而言意味着怎样的特殊性。身份挣扎则体现在不同的个体身上程度会不一样,有的对某一身份符号难以接纳,但是这种身份符号给个体可能带来的收益又是重要的,在这样的情景中个体身份构建时身份挣扎程度就会高。最后是身份认同,个体经历了符号身份的挣扎后会得出一种结论,这种结论就是身份认同,当然身份认同也可能是完全否定式的。质言之,身份的表征是符号,身份构建伴随着符号活动,其本身就是符号自我的构建,而符号自我的构建则是建基于自反性和一致性之上的。

再把上述理论应用到经济弱势本科生符号自我的建立上来。通过观察我们可知,家庭经济弱势本科生对"贫困生"符号的态度往往有三种类型,即简单抵制、合理接纳与过度接纳。解释之就是,当家庭经济弱势本科生因为自身心理认知和情感等原因,简单地拒绝"贫困生"的符号,也就是这类本科生不去申请认证为"贫困生",甚至根本就不让他人知道其家庭的经济弱势,这就是简单抵制。另有一类学生,其家庭经济呈弱势,他们申请认定为"贫困生",但是他们利用了贫困生认定制度中"信息不对称"来投机使自己获得超越了自身贫困程度的"特困生"之类的符号,这就是过度接纳。处于这两类中间的是合理接纳,这类学生通过向有关方提供真实信息以按相关规定获得贫困生身份。事实上在家庭经济弱势本科生群体中,对贫困生符号简单抵制的群体规模会超出我们的想象,因为这样一个群体总是不被他人所关注,但他们默默存在着,并且以简单抵制这种方式小心翼翼地保护着自己。而现有贫困生认定制度存在自身难以克服的漏洞也是事实,个体具有投机心理,再加上我们的教育体制人文性缺失,具有培养"精致的利己主义者"①倾向的弊端,在这一语境下,部分本科生夸大了自身家庭经济弱势程度,搭了"便车",这类过度接纳现象在现实中也不少见。居于其中的是对贫困生符号的合理接纳。如上现象是我们从表面看到的,在其之下,存在不同个体的不同"经验自我"和"自我预期"。"经验自我"来自"过去",是"客我"和"主体"反思的"客体",来自于物质自我、社会自我和精神自我;"自我预期"则是经济弱势本科生与"未来"的"你"的对话,是符号的"解释项"。"经验自我"和"自我预期"都会影响家庭经济弱势学生对"贫困生"符号的选择,即无论是简单抵制、过度接纳抑或是合理接纳"贫困生"符号的本科生,都能从"经验自我"和"自我预期"中找到缘由。譬如有过物质贫乏体验且对未来具有通过扶助脱贫预期的本科生,他们通常不会抵制"贫困生"符号。但是

---

① 钱理群.活着的理由[M].桂林:广西师范大学出版社,2010:56.

如果经济弱势学生在过去的精神自我中有相关负面意义生成,则他们就很有可能抵制这一符号。无论是简单抵制,还是过度或合理接纳"贫困生"符号,经济弱势本科生的这一选择过程实际就是其在此语境中的符号自我构建。显然地,并不是每一个体的符号自我所构建的"自我图式"①都符合符号自我的"理想型"。

经济弱势本科生的符号自我构建中存在简单抵制和过度接纳两类偏差,这两类偏差会对他们自身的成长带来负面的教育影响。需要再次明确的是,威利提出的符号自我具有"自反性"和"一致性",自反性建基于自我的三元结构理解及其对话性,一致性则是出于个体本真中的真、善、美元素的客观存在以及在此基础之上个体内心对和谐的追求。自反性与一致性极力避免的是自我向上和向下还原,前者即个体被社会所吸纳和遮蔽,受社会观念所左右,个体真实诉求被忽略,后者则是个体被自身的动物本能所左右,只重视个人所欲,难以顾及他人和社会的秩序与利益。自反性与一致性使个体的符号自我合理构建具有可能性。由上可知,威利意义上的符号自我构建具有理想性格,而现实中却总是存在符号自我构建的偏差。经济弱势本科生对"贫困生"符号的简单抵制,可以归为符号自我构建的向上还原偏差。这类本科生"经验自我"以及由此带来的对"贫困生"符号的"未来预期"(解释项)多是负面的,他们对他人和社会怎样看待自己有着过度的担忧,不能很好地接纳自我以及自己的原生家庭。这样在一定程度上,这一弱势群体在个性中具有较强的封闭性,甚至在人际交往过程中会存在对自我尊严的过度保护倾向。简单抵制"贫困生"符号的学生难以正常地看待自己与他人之间的出身差异,也常常不能完全接纳自己,甚至个性中存在偏执成分,符号自我构建中更多地偏向于向上还原,这种情形肯定会影响他们自身的成长。外在地看,这类学生可能只是抵制接纳他人和社会给予他们的帮助,但是实际上他们这种难以自我接纳的心理更会潜移默化地给自身的成长带来负面影响,使他们难以构建一个开放、对话和平和的美好自我。在另一端,经济弱势本科生对"贫困生"符号的过度接纳,则是符号自我构建向下还原的偏差。简言之,这一群体的"经验自我"中有贫困生活艰苦的体验,另一方面在他们的"未来预期"中又有对摆脱贫困生活的欲念,过度接纳的另一合谋者则是我们教育中人文性的缺失。个体具有生存的本能,追求美好生活无可厚非,个体"自利"是社会进步的基础,但往前发展,"自私"或者"精致

---

① ［美］乔纳森·布朗.自我［M］.陈浩莺,等,译.北京:人民邮电出版社,2004:97.

利己"则不是我们教育所要培育的德目。因为贫困生认定制度中"信息不对称"的客观存在且难以根本改变,过度接纳"贫困生"符号者不在少数,当他们通过过度接纳行为获益后,这一方面带来社会不公,使有限的贫困生弱势补偿资源利用效率不高,更重要的是这种投机行为强化了他们价值观念中的相关负面元素,这种教育影响较为恶劣,对过度接纳者本人的负面影响具有终身性,且对班级、大学正向的文化生成形成破坏,其他本科学生在这样一种大家都能观察到的非公正文化中生活,不受其影响而产生相关负面意义生产几乎是不可能的。经济弱势学生符号自我构建的过度接纳偏差在客观上促进了"精致利己主义者"培养环境的形成,其负面影响应受到高度重视。

第四节　经济弱势本科生符号自我构建的教育补偿

经济弱势本科生的成长与非经济弱势学生相比客观上存在劣势,对前者实施弱势补偿是文明社会内在要求,也是我国当前"教育脱贫"的重要举措。弱势补偿的有效性有赖于补偿活动的针对性,经济弱势本科生在符号自我构建过程中可能会出现简单抵制或过度接纳"贫困生"符号的偏差。通过符号学,特别是符号自我理论对作为教育符号的"贫困本科生"的解读,我们明晰了家庭经济弱势本科生在符号自我构建中存在偏差的机理及其不良影响,这为本科教育相关教育补偿即教育干预提供了学理基础。

首先,教育者需要主动去理解经济弱势学生的生活世界,在此基础上了解他们在符号自我构建过程中出现偏差的具体原因。教育有效性的基础在于主体间的理解,特别是对于成年人的本科教育而言,外在的简单规制对本科生内在心智结构通常起不到真正的改善作用,因为此时受教育者的价值观念等已然确立。教育者如果只是远远地站在经济弱势本科生边上,不用"同情之理解"①作为工具去了解他们的内心世界,就不能明察他们在符号自我构建过程中可能存在的向上或向下还原偏差。如此我们就不会意识到默默存在的"贫困生"符号的简单抵制者,这一群体总是不吸引他人的注意,在边缘处存在,他们也往往不是麻烦的制造者,似乎不需要教师的关注。但是

---

① 彭华."同情的理解"略说:以陈寅恪、贺麟为考察中心[G]//陈勇,谢维扬主编.中国传统学术的近代转型.上海:上海人民出版社,2011:333—346.

事实的情形是,简单抵制者因为负面的"经验自我"存在,难以完整和合理地理解"贫困生"的符号意义。他们封闭甚至经常是偏执的个性在简单抵制"贫困生"符号过程中得到了强化,从而不利于自身成长。家庭贫困对经济弱势学生带来的发展不利处境,需要教育者的干预以作为一种教育补偿。对过度接纳"贫困生"符号者,因为这一行为会强化他们现有的不良心智,使其更有可能成为"精致的利己主义者",所以教育干预的必要性是比较外显的。总之,教育者尽其责任,主动去理解经济弱势学生的生活世界,了解他们符号自我构建中可能存在的偏差及其原因是教育干预的基础。

其次,教育者需要为经济弱势学生的符号自我合理构建创设环境。这首先包括浓厚的人文环境。市场经济在我国的确立推动了社会经济的发展,但在另一维度又带来了物质主义的高涨,伴随的客观情形是传统文化中的人文元素在一点点地流失,这样功利主义和实用主义成为本科教育的大环境,培养自我利益为中心的"精致的利己主义者"成为教育的弊病。教育者应在日常实践中展现更多的基于专业的教育爱心,关切学生的精神和心灵世界,并让这种关切成为一种大学育人文化,使学生能够真正地关心、关爱他人与社会,从而在符号自我构建中能够不被社会和个体本能所吸纳。经济弱势本科生符号自我构建还需要有良好的制度环境。当前的贫困生认定制度中存在较为严重的"信息不对称"问题,这就使利益相关者的"逆向选择"和"道德风险"行为成为可能。[①] 而且在贫困生认定制度中还存在较大的自由裁量空间,于是教育者就有"选择性行政"[②]的空间。教育者应公平、公正地对待学生,在贫困生认定过程中严格遵循相关制度,合理使用自由裁量权,克服自身的投机与自利行为,为经济弱势本科生的符号自我构建营造一个公正的制度环境,以使其符号自我向下、向本能还原的概率降低。另外,教育者在贫困生认定等相关工作中应体现伦理关怀,不应使认定工作成为一种"比穷大会",而需要在各个环节为家庭经济弱势学生的个人隐私负责,因为"穷"的解释项及其社会形象会对学生心理带来诸多负面影响。伦理环境建设对经济弱势本科生符号自我的合理构建至关重要。

第三,教育者需要为经济弱势本科生符号自我合理构建进行专业的直

---

① 潘立.完善国家助学金制度的策略思考:基于对申请者诚信的分析[J].兰州教育学院学报,2012(7):91—93.

② 李长健,罗洁.基于和谐视角的选择性行政行为制度探索[J].四川行政学院学报,2009(3):12—15.

接教育干预。具体地，教育者需要对"贫困生"符号的简单抵制者和过度接纳者做专业引导。教育者在明晰经济弱势本科生的符号意义，以及这一弱势群体的自我结构和符号自我构建原理后，应进一步了解这两种符号自我构建偏差的教育负面影响，从而更有针对性地做工作，包括与经济弱势学生分享对贫困的合理认识，特别是贫困的社会原因等，使其能够正确地看待贫困；还包括与其分享社会弱势补偿的出发点和社会意义，以及其中的社会期望等。这些对经济弱势本科生符号自我构建的直接教育干预以理解他们的生活世界为基础，以专业知识为工具，从而展现出针对性和有效性。

第八章　家庭经济弱势本科生的教育生活研究

　　《教育脱贫攻坚"十三五"规划》强调要对家庭经济弱势学生实施帮扶补偿，这是社会文明的体现。探究家庭经济弱势本科生在大学校园中的教育生活状况，以及在现有资助体系基础之上他们的成长帮扶需求，是实施精准教育脱贫举措的基础，具有理论与实践意义。根据威廉·詹姆斯的自我理论，"自我"可以分为物质自我、精神自我和社会自我三个维度。物质自我是躯体外的自我，精神自我是个体表现出来的心理，社会自我涉及人与人之间的交往。由此家庭经济弱势本科生在大学校园中会体验物质、社会和精神三个维度的教育生活。从"教育生活"理念视角出发，把家庭经济弱势本科生的生活世界进行如上三分较具新意，而在此基础之上，基于访谈语料库的质性研究，能够深描这一群体的生活状况及其补偿帮扶需求。研究从 Z 校选取了 14 名家庭经济弱势本科生受访者，对他们进行半结构化访谈，并把访谈录音转换为文字，形成 90988 字的语料库。在利用质性分析软件 NVivo11.0 作为辅助工具的基础上，根据扎根理论研究的方法论，对收集的访谈资料实施三级编码。与前期理论预设相一致，研究最后得到"物质生活""社会生活"和"精神生活"三个三级编码维度。通过对访谈语料进行话语分析发现，在物质生活方面，家庭经济弱势本科生的经济来源主要依靠父母，经济状况比较拮据，消费观念上注重节俭，生活方式单一。虽然国家给予的物质资助在一定程度上减轻了家庭负担，但在贫困生认定过程中，仍然存在粗暴的"比穷"等问题，这让他们的隐私暴露无遗。在精神生活方面，家庭经济弱势本科生或多或少表现出自卑、缺乏自信和敏感多疑等心理特征，学习过程中也遇到不小的挑战。在社会生活方面，家庭经济弱势本科生与非弱势生之间由于缺少共同话题，前者很难融入后者圈子，导致他们成为"圈外人"。家庭经济弱势本科生在人际交往过程中比较被动，喜欢与自己经历相仿的人交往，人际交往圈子较为狭小。整体来看，现有资助措施改善了家庭经济弱势本科生的物质生活，但他们在精神生活方面存在诸多挑战，在社会生活中人际交往受限。为了使家庭经济弱势本科生在校期间得到更好、更公平的成长，高校应对其实施弱势补偿，包括合理地认定，并精准有效地资助他们；专业地引导他们，帮助其社会性成长；有针对性地为其提供精神性补偿，以助其构建合理的精神自我。

第一节　问题提出

改革开放以来，我国社会进入了转型期。转型也使得社会出现了阶层分化，存在基于收入、职业和声望等不同的群体。[①] 弱势群体的存在，是每个社会都要面临的共同问题，是不可避免的，从文明社会弱势关怀理念出发，我们应关注弱势群体。我国对弱势群体的关心首先体现在政策法规的制定上，国家向来将保护弱势群体的立法放在紧要位置。因此，我国立法机关制定了针对妇女、未成年人、老年人和残疾人的众多法律来保障他们的权利。同时，各地方政府也启动了"弱势群体帮扶"工作。从中央政府制定法律法规到地方政府开展关爱弱势群体的活动，无不体现我国对弱势群体的关怀。

弱势群体不只是缺乏保障的部分工人和农民，高校学生中也存在弱势群体。自1999年开始，随着高校招生规模的扩大和招生人数的增加，越来越多的学生有了进入高校的机会。虽然近几年高校扩招没有刚开始时那么猛烈，但数据显示，2016年我国高校招生规模已达748.6万，在校学生2695.8万人。[②] 进入高校、圆自己的大学梦本应该是一件值得高兴的事，然而，高校收费和日常生活消费支出却让部分学生感受到相当大的压力。因为家庭经济状况不佳，他们无法支付这笔费用，这让他们在整个大学生群体中处于弱势地位。据国家相关部门统计，2015年，新入学的高校家庭经济弱

① 张敏杰. 中国弱势群体研究[M]. 长春：长春出版社，2003：78—79.
② 2016年国民经济和社会发展统计公报[EB/OL]. [2017-06-16]. http://www.stats. gov.cn/tjsj/zxfb/201702/t2017 0228_1467424. html.

势学生就有 107.49 万人。① 高校大量家庭经济弱势本科生的存在,将对高校教育、教学产生负面影响,也会影响高校与社会的稳定。为了提高高校人才培养质量,促进高等教育稳定持续发展,家庭经济弱势本科生作为高校学生中处于弱势地位的群体理应得到关注和帮扶。

虽然高校扩招为寒门学子提供了进入高等学府的机会,但这部分学生进入高校后,在经济困顿的情景下,适应陌生的环境进而自我良好成长对他们来说是一种挑战。与非经济弱势本科生相比,经济弱势本科生不仅在经济资本数量上处于弱势地位,而且在文化资本、社会资本等方面也处于弱势地位。因此,他们在校期间的教育生活状况值得我们深入探究,这是社会和高校对其实施弱势补偿的基础。基于此,本研究的核心问题如下:

问题 1:家庭经济弱势本科生的教育生活(物质生活、精神生活、社会生活)状况是怎样的?

问题 2:在现有教育补偿的基础上,家庭经济弱势本科生还需要哪些补偿?

现有研究文献多以单一的方式研究家庭经济弱势学生的心理、人际关系和消费等问题,而从整体上探讨家庭经济弱势本科生在校期间的物质生活、精神生活和社会生活状况的研究缺少。本研究的对象为 Z 校家庭经济弱势本科生,研究者通过半结构化访谈的方式收集数据,在利用扎根理论对语料进行逐级编码的基础上,得出 Z 校家庭经济弱势本科生教育生活的基本状况。本研究将丰富有关弱势群体,特别是家庭经济弱势本科生的理论研究成果,具有理论意义。

本研究通过质性访谈的方式能够帮助我们更好地收集有关家庭经济弱势本科生在校期间教育生活的一手资料,对所收集的资料进行分析,探究家庭经济弱势本科生在校期间学习和生活的特点,对高校更好地开展家庭经济弱势本科生教育和补偿的政策制定提出建议,使其更具针对性,帮扶措施的效果更好,因而具有实践价值。

---

① 资助政策"兜底"贫困生[EB/OL].[2018-03-10]. http://www. moe. Gov. cn/jyb_xwfb/xw_fbh/moe_2069/xwfbh_2016n/xwfb_160825/160825_mtbd/201608/t20160826_276764. html.

第二节　核心概念

一、教育生活

"教育生活"是由"教育"和"生活"组合而成,因此要理解教育生活的内涵,应先了解教育与生活各自的含义以及教育与生活之间的关系。

（一）教育与生活的含义

首先,教育行为与人类活动一样久远,在相当长的时段里,它存在于人类的社会生活和生产过程之中。教育随着人类文明的发展而发展。教育是培育人的活动。通过教育,人们可以获得社会生活经验,教授生产经验,让文明得以流传。教育是一个复杂的概念。夸美纽斯指出,个体唯有接受适合的教育,他才能成其为一个人;[①]卢梭指出教育的最大秘诀是:身体锻炼能够促进思想锻炼,思想锻炼又反作用于身体锻炼;[②]康德认为,通过教育,人才能成为真正的人,可以认为人是教育的成果;[③]杜威提出:"教育即生活,教育即生长。"[④]广义上,教育泛指能帮助人们积累知识、学习技能,并且能影响人们思想观念的活动,这些活动都具有教育作用;狭义上的教育多指学校教育,是教师依据一定的社会标准,有目标有规划地影响学生的身体和心灵,希冀受教育者产生积极改变的人类活动。[⑤] 由上可知,教育是一种特殊的社会活动,其目的是培养人。其次,教育的发展是与生活息息相关的,生活是一个充满诗意又有些模糊的词。在英语语境中,"生活"有两种词性,名词"life",表示生活或生计,动词"live",表达为活着、生存(to remain alive)。在古文中,生活的含义与生存的含义相近。《汉书·萧望之传》写道,"人情,贫穷,父兄囚执,闻出财得以生活",此处的生活表示的便是生存。在日常生活中,生活多与人们的生计活动相联系,如我们经常讨论的吃饭、学习、工作、人际和衣食住行等。概括而言,生活就是人们为了生存而开展的诸多活动。

---

① ［捷］夸美纽斯.大教学论［M］.傅任敢,译.北京:人民教育出版社,1997:36.
② ［法］卢梭.爱弥儿［M］.李平沤,译.北京:商务印书馆,1978:274.
③ ［德］康德.康德论教育［M］.李其龙,彭正梅,译.北京:人民教育出版社,2017:5.
④ ［美］杜威.民本主义与教育［M］.邹恩润,译.北京:商务印书馆,1947:58;62.
⑤ 袁振国.当代教育学［M］.北京:教育科学出版社,2010:4.

(二)教育与生活的关系

自有人类社会始,教育便成为生活的一部分。因此,有学者认为教育与生活的关系,实质是教育与人的关系,表现为生活是教育的基础,教育是生活的凝练,教育能够推动生活的发展;生活能指导教育,教育则能为未来生活进行筹划;此外,生活使教育领域得到了扩宽。反过来,教育让生活的方式变得多样化。[①] 另有论者从社会发展的视角指出了教育与生活的关系:在人类社会早期阶段,生活比较简单,此时的教育主要是教会人们如何生存,还未形成一种专门的活动;随着社会生产力的提高和经济的发展,社会出现了一定的分工,如出现了政治生活、经济生活和社会生活,局部的分工促使教育本身进一步分化,出现专门的学校教育传授政治、经济和文化知识;当人类社会进入工业革命之后,工业革命促使人们的生活方式和生活内容发生了改变,人们的生活出现社会化的发展趋势,如城市人口增多,机器生产代替手工生产,生活的社会化产生了许多与此相配套的各种共同服务体系。与此同时,教育也随着社会化的发展而出现了公共教育体系。[②] 概括而言,该观点认为教育是随着社会的发展而发展的。有学者从哲学的角度分析了教育与生活的辩证关系,指出教育与生活是对立统一的辩证关系,因为教育与生活属于两种不同的范畴,生活的主要特征体现为其实然与应然两重性的互动,教育则表现为追求积极的生命意义。两者的统一主要体现为教育从生活中来,生活也需要教育,教育即生活,生活也即教育。[③]

(三)教育生活的内涵

当前,教育生活作为一个概念已在一些文献中出现。建立在各自对教育与生活关系的理解基础之上,学者对教育生活各有阐释。朱永新认为,教育即是生活,教育是生活和行动的方式,教育作为促进美好生活的一种方式,它的目的是让所有接受教育的人过上快乐完美的教育生活。[④] 赵长林等认为教育生活属于幸福生活的一个重要组成部分,它就是一种真实的生活本身,就是此在的生活,而不是达成另外一种生活的中介媒体。[⑤] 傅松涛提

---

① 韦春林.论教育与生活的关系[J].科教导刊(上旬刊),2011(1):20—21.
② 杜瑞.教育与生活关系的发生、发展及演变研究[D].海口:海南师范大学,2011:34.
③ 王欣瑜.生活与教育的涵义及其辩证关系[D].呼和浩特:内蒙古师范大学,2006:52.
④ 朱永新.新教育[M].桂林:漓江出版社,2009:3.
⑤ 赵长林,扈中平.教育生活与个体的幸福[J].当代教育科学,2008(17):36—39.

出教育生活就是人们的教育存在和活动过程。① 李志刚进一步详细地描述了教育生活,认为教育生活是一种特殊的生命活动,是老师和学生在教育过程中为促进学生生命成长和发展而开展的,是教师和学生在教育过程中积极展现自身生命存在的过程。② 龙宝新划分了教育生活的维度,他指出教育生活包括日常生活(追求实质结果和外在效果为其特征)和符号生活(形象性和代表性为特征),亦即教育仪式中的生活。③

通过以上对教育生活阐释的梳理,可以归纳出以下几点:(1)教育生活也是一种生活,属于生活的一个范畴;(2)教育生活发生在教育的活动过程中;(3)教育生活是一种特殊的生命活动,目的是在教育中促进学生生命成长和发展;(4)教育生活的主体是教师和学生。

在以上分析的基础上,我们认为,教育生活是指学生在校期间所经历的教育与成长过程,包括物质生活、精神生活和社会生活。教育生活研究强调的是学生本位,它所呈现的是一种从学生丰富而鲜活的生活出发,并以此为研究质料的研究范式。

二、家庭经济弱势本科生

家庭经济弱势本科生是弱势群体的一个类别,因此,理解家庭经济弱势本科生的内涵应先定义弱势群体。"弱势群体"是由社会分层发展到特定时间段产生的,作为一个社会学概念,学术界对此还未形成完全一致的观点。沈立人将弱势群体定义为社会上的一部分人,因为某些因素的限制,致使他们的竞争能力偏弱,因此,他们能够占有的社会资源少,甚至是不能占有,最终在就业市场中处于弱势;另外,工作的不佳会直接影响其家庭收入,家庭收入偏低会使他们的生活水平也偏低。除此以外,他们还缺少应对各类型危机的资本,因此,他们处在社会的边沿。④ 张敏杰指出,弱势群体是指处于弱势地位,因为自然、经济、社会和文化方面缺乏一定的竞争力,致使其缺少能力去克服社会问题造成的压力,以致陷入困境的一类群体。不同于传统意义上因失去劳动能力只能靠救济的人群和老弱病残者,随着改革的不断

---

① 傅松涛,刘树船.教育生活简论[J].河北大学学报(哲学社会科学版),2004(5):1—5.

② 李志刚.论"教育生活"[D].郑州:河南大学,2005:19.

③ 龙宝新.论仪式文化对教师教育生活的建构功能[J].扬州大学学报(高教研究版),2011(4):12—17.

④ 沈立人.中国弱势群体[M].长春:长春出版社,2003:24.

推进,弱势群体的范围扩大至农村贫困人口、失业和下岗人员以及女性等。[①]
由以上可知,弱势群体的成因有诸多因素,即有主观的(如自身能力的不
足),也有客观的(如失业);弱势群体处于社会的边缘,他们在经济利益上面
临的共同困难是贫困性;弱势群体是相对于正常群体和强势群体而言的,弱
势群体包含的人群范围较广。

在以上分析的基础上,我们认为,家庭经济弱势本科生是指从属于本科
教育层次的在校学生,他们由于家庭经济条件较差,在社会资源的占有上处
于劣势,在整个本科生群体中处于弱势地位。"家庭经济弱势本科生"是从
社会学的角度统称的"经济困难本科学生"或者"贫困本科生",具有社会学
意蕴。

第三节　文献综述

一、家庭经济弱势本科生的物质生活

国内相关文献主要从消费现象、消费行为、消费观念和消费心理等方面
探讨了贫困生的物质生活状况。刘联等对家庭困难学生超前消费现象的现
状和特点进行了分析,其表现为额外消费逐步增加和人情往来费用增多等,
指出造成家庭困难学生超前消费现象的因素可以概括为消费观念、所处环
境、心理因素和成长教育等。因此建议引导家庭困难学生树立正确的消费
观念,为其营造良好的校园环境,注重对家庭经济困难学生心理的支援,注
重他们的消费教育,鼓励学生通过一些活动自立自强。[②] 在消费行为方面,
桂富强[③]和颜明[④]都有深入研究,前者主要分析成都地区高校贫困生的消费
行为,后者分析的是西部地区民族高校学生的消费行为。前者通过问卷调
查的方法,对贫困生的消费现状进行了分析,结果显示,贫困生缺少必要的
消费支出;贫困生很少有发展资料消费和享受资料消费。后者利用随机抽

①　张敏杰.中国弱势群体研究[M].长春:长春出版社,2003:21.

②　刘联,彭友霖.高校贫困生超前消费现象探析[J].商场现代化,2008(32):182—183.

③　桂富强.高校贫困生消费行为和消费观念的现状与对策[J].中国青年政治学院学
报,2007(1):20—24.

④　颜明.西部地区民族高校学生贫困现状与消费行为研究[J].云南民族大学学报(哲
学社会科学版),2011(4):156—160.

样法,分析了西部地区某民族高校 2007 年学生综合调查数据,结果发现在民族地区大学生消费中,饮食消费要高于学习消费。在这一点上两者的结论比较相似。在消费观念方面,许进军等分析了贫困生的两种消费观,一种是"传统消费观",另一种是"现代消费观",具有"传统消费观念"的贫困生认为不管是否有钱生活都应该节俭,而具有"现代消费观"的贫困生并不一味坚持节俭,他们根据自己的经济状况能够理性地安排消费行为,他们重视品味,看重商品的质量而非价格,重视自我的消费体验。该研究认为,"传统消费观"与贫困生自身的实际情况比较相符,但会影响他们的全面发展;如果不对持"现代消费观"的贫困生加以引导,则会让他们在心理上产生认识误区。① 在消费心理方面,宋卫民分析了贫困生的消费自卑心理,重点关注该群体自卑感的表现:爱情方面,由于谈恋爱成本高昂致使他们无力承担爱情中的消费支出;社交方面,家庭经济水平制约他们参加活动的积极性;娱乐方面,他们缺少一定的经济基础,因此很难做到用必要的娱乐消费丰富自己的精神生活;就业方面,贫困生缺少一定的经济资本增加就业的含金量。②

国外相关研究主要有,拉斐奇·多萨尼(Rafiq Dossani)指出低收入学生面对的一个现实挑战是债务的增加迫使他们不得不辍学,其研究发现,贫困生中只有 36% 的入学者能够按时毕业,延迟毕业往往需要额外的开销,他们需要兼职来支付大学学费和生活开销,也就会耽误毕业。总之,延迟毕业就意味着他们累计的债务会更多,压力更大。③ 克里斯坦·贝内加斯(Kristan Venegas)研究了电脑和网络接入帮助学生学习这一现象,以此来反映高收入家庭学生和低收入家庭学生的境遇。其研究指出,随着互联网成为大学入学和经济援助申请的必要工具,这种入学差距对低收入学生来说越来越不利,因为,低收入学生与收入较高的学生相比,他们不太可能有机会上网;另外,低收入家庭学生、拉丁美洲人、黑人和美国土著学生上网的机会比那些高收入、白人或亚裔学生要少得多。④

---

① 许进军,张含玮,姚艳红.贫困大学生的消费观[J].中外企业家,2013(32):262—263.

② 宋卫民.浅议贫困大学生消费自卑心理[J].商场现代化,2006(14):33.

③ Dossani, R. There are Reasons to Believe American Students from the Middle-and Lower-Income Tiers aren't Making Affordable College Choices: Can a New Ratings System Help Them Make Better, More Affordable Decisions? [EB/OL]. [2018-03-09]. https:// www. rand. orgblog2014/12/college-ratings-and-affordable-education. html.

④ Venegas, K. M. The Internet and College Access: Challenges for Low-Income Students[J]. American Academic, 2007, 3(1):141-154.

二、家庭经济弱势本科生的精神生活

国内有关家庭经济弱势本科生精神生活方面的文献较为丰富,主要是从贫困学生的学习体验、文化资本积累状况、心理状况和思想道德等方面进行探讨的。

在学习状况方面,张清海分析了贫困生的学习动机和学习因素,研究采用问卷调查的方式调查了南京地区四所高校的学生,发现:贫困生的学习状况总体上比较乐观,但仍然需要关注他们的成绩;人生价值和学业成就动机与学习活动各要素呈现正相关的关系;"社会报答"动机有助于培养贫困生的学习态度、学习目标和学习动力;"环境影响"和"地位形象"动机对自控力和学习力的形成不仅有一定的积极影响,也有消极影响。[①] 刘喜东等通过对贫困大学生学习生活现状的分析发现,贫困大学生大部分能合理面对家庭实际情况,不仅参加勤工助学,还发奋学习,争取各类奖学金和助学金。[②] 杨红英对高校学生的学术生活进行了研究,通过对他们内心感受的描述,呈现了高校学生的学术生活,并建议大学作为研究学问的机构,应当为学生创造良好的学术体验氛围,营造浓厚的学术体验环境。[③] 熊静和余秀兰对经济弱势学生和非经济弱势学生的学习参与过程和学业收获进行了比较分析,结果发现,研究型大学中经济弱势学生与非经济弱势学生在参加学业过程、进校时的学习能力水平和整体学习经历满意度等方面均存在明显的差别。[④]

在文化资本积累方面,涉及贫困生文化资本积累状况的文献则稀少,其中,徐瑞和刘慧珍介绍了布迪厄的大学生社会出身与文化行为之间关系的研究:在法国,大学生对著名戏剧作品的了解不会因为不同的社会出身而有影响。所不同的是,下层社会出身的大学生对与学校联系较多的戏剧作品更感兴趣,对与学校联系较少的戏剧作品则兴趣较小;而出身层次越高的大学生,对两类戏剧作品的兴趣差距较小。这说明,家庭经济越好的学生,由

---

① 张清海.贫困生学习动机与学习因素的实证研究[J].中外企业家,2011(20):190—192.

② 刘喜东,刘颖,李柳情.贫困大学生学习生活问题分析及对策探讨[J].中国成人教育,2008(6):77—78.

③ 杨红英.当代大学生学术生活体验研究[J].首都师范大学学报(社会科学版),2009(1):143—145.

④ 熊静,余秀兰.研究型大学贫困生与非贫困生的学习经历差异分析[J].高等教育研究,2015(2):46—55.

于他们涉猎面广,因此其文化资本积累要优于家庭经济较差的学生。[1]

在心理状况方面,王光炎等调查了高校学生的心理健康状况,研究结果表明,贫困生的心理状况比非贫困生的心理状况差;人际关系和学习压力也会影响贫困生的心理健康状况。[2] 张艳总结了贫困生心理问题的表现:有的贫困生非常敏感,他们很容易将自己与他人讨论的内容相联系,误解他人给予自己的关心和帮助,甚至拒绝和抵触他人的帮助;他们有时压抑自己的情绪,有时又不能控制自己的情绪,久而久之容易产生抑郁心理;有些贫困生会非常羡慕他人过的生活,有较强的嫉妒心。[3] 龙晓东把贫困生心理问题产生的原因归为三个方面,分别是贫困文化的社会遗传、组织环境以及家庭生活背景。[4] 陈曦把贫困生心理问题产生的原因归为四对冲突:学习期待值和学业实现值、消费欲望与经济承担能力、自强与自卑、善意救助与精神施舍。[5]

在思想道德方面,马俊以感恩意识为切入点,详细分析了经济弱势学生缺乏感恩意识的原因,主要有:第一,看重利益导致贫困大学生缺少感恩意识。第二,以个人为中心的思想让贫困大学生缺少礼仪修养。第三,自卑心理让他们不敢与帮助者交流;第四,应试教育让贫困大学生缺少情商培养;第五,忽视感恩教育让贫困大学生缺少感恩意识。他还对这一现象提出了培养贫困生感恩意识的策略。[6] 姜旭萍等选取了负责学生工作的教师720名,帮助学校实施资助政策的学生2480名进行调查,发现贫困生在认识和思想等方面存在问题,主要表现为:思想观和人生观存在偏差;思想品质、道德品质、政治品质、文化素质、专业素质和身心素养等方面的水平呈现出低值状态;心理健康状况也令人担忧。[7]

---

[1] 徐瑞,刘慧珍.教育社会学[M].北京:北京师范大学出版社,2010:149.

[2] 王光炎,王佳,李继国,张心雨.大学生心理健康状况调查与分析[J].武汉体育学院学报,2005(8):72—76.

[3] 张艳.高校贫困生心理问题分析与救助[J].江苏高教,2012(1):133—134.

[4] 龙晓东.贫困大学生心理健康问题成因分析与对策研究[J].高等教育研究,2003(5):90—93.

[5] 陈曦.高校贫困生心理问题探因与帮护[J].中国青年研究,2005(12):74—76.

[6] 马俊.高校贫困生感恩意识淡薄原因及对策分析[J].西南民族大学学报(人文社会科学版),2012(S2):236—238.

[7] 姜旭萍,姚娟.高校经济贫困生思想现状及教育对策[J].学校党建与思想教育,2009(29):69—71.

国外相关研究也较为丰富,主要有约翰·道格拉斯(John Douglass)和格雷格·汤姆森(Gregg Thomson)有关贫困生和非贫困生学术成就的研究。该研究运用比较的方法,将加州大学的数据与其他私立大学和公立大学的数据进行比较,结果发现,加州大学的低收入学生,特别是佩尔格兰特(Pell Grant)项目的受助人,在数学、科学、工程学以及人文与社会科学领域的 GPA 低于同龄段高收入孩子。该研究还发现,低收入学生在那些富裕学生比较多而低收入学生比较少的校园里,他们感到更加不满意。[①]

塔梅克·杰克逊(Tameka Jackson)对经济弱势黑人学生进入白人精英私立寄宿学校的生活经历进行了探索。研究采用半结构式访谈法对 9 名参与者进行了访谈数据的收集,分析了经济弱势黑人学生的心理感受,以及所面对的心理挑战。研究发现课堂经历、黑人同伴的观念、种族观念、社会经济挑战、与黑人教师的关系等九个因素影响了经济弱势黑人学生的心理感受。[②]

埃里森·米切尔(Allison Mitchall)探讨了贫困生在面对诸多障碍的情况下,坚持完成高等教育的动力。她利用自我决定理论,运用案例分析的方法发现,学校教育者为学生的学业能力提供了职业鼓励和积极的反馈,还培养了贫困生在特定环境中相信自己的信仰和能力;教师和辅导员与家庭经济弱势贫困生保持接触,并时刻提醒他们规划自己的大学生涯,而父母则是家庭经济弱势学生坚持读下去的另一个动机。总之,家庭经济弱势学生能够坚持完成高等教育应归因于学校的老师和辅导员、家里的父母和支持他们的社会人士。[③]

卡特(Carter)对非裔美国低收入学生的文化资本、社会地位和教育冲突进行了探讨。基于先前的文献未证明社会科学家所说的"主流"和"非主流"文化资本两者之间的区别,该研究的目的是提供证据,证明这两种资本在贫

---

① Douglass, J. A., Thomson, G. The Poor and the Rich: A Look at Economic Stratification and Academic Performance among Undergraduate Students in the United States. [J]. Center for Studies in Higher Education,2008(15):20.

② Jackson, T. R. The Lived Experience of Economically Disadvantaged, Black Students Attending Predominantly White, Elite Private Boarding Schools [D]. Atlanta: Georgia State University,2010:51.

③ Mitchall, A. M. Influences on the Motivation of Low-Income, First-Generation Students on the Path to College: A Cross-Case Analysis Using Self-Determination Theory [D]. Raleigh: North Carolina State University,2015:1-313.

困少数民族学生的社会和学术生活中是共存的。该研究选取了 44 名低收入的非裔美国学生进行了深度访谈,研究发现参与者(经济弱势学生)以不同的属性创造了两种方式的非主流文化;低收入的非裔美国学生认为自我的文化展示会对老师的评估产生不利的影响;同时,大量的这一类学生寻求构建他们的"黑人"文化资本,并试图传入学校。①

贾斯汀·查康(Justin Chacon)采用质的研究方法和现象学方法研究了教育预算削减时期,加利福尼亚社区学院低收入拉丁裔学生的经历。研究表明,由于预算消减,学生在完成教育目标方面遇到了额外的困难,导致人们认为这些学生受到的教育没有社会意义。②

三、家庭经济弱势本科生的社会生活

在家庭经济弱势本科生的社会生活方面,现有国内文献多以研究贫困生人际交往状况、社会关系网和社团参与为主。在人际交往状况方面,李伟基于调查从贫困生的校园人际和社会人际两个维度分析了其人际交往的现状和特点,发现:贫困生交往圈比较狭小,人际交往目的更注重互助,看重朋友之间的感情,但是却比较被动;对自己缺乏自信,但能积极地看待师生之间的交往。③ 陈智旭从个体、家庭和社会三个方面分析了贫困生产生人际交往问题的原因,并给出了相应的对策。④ 在社会关系网方面,马梅芳分析了农村女大学生进入大学以前的乡土社会关系网络的特点,以及她们社会关系网络的拓展情况和她们借助社会关系网络拓展,从中获取情感扶助和信息扶助的状况。⑤ 周大雄等对社会网络资本对高校贫困生职业地位获得的影响进行了研究。⑥ 吕迎春则对贫困大学生参与社团的意义进行了研究,结

---

① Carter, P. L. Black Cultural Capital, Status Positioning, and Schooling Conflicts for Low-Income African American Youth[J]. Social Problems, 2003(1):136-155.

② Chacon, J. A. The Experiences of Low-Income Latino: A Students in the California Community College System at a Time of Education Budget Cuts[J]. Journal of Hispanic Higher Education, 2013(3):207-224.

③ 李伟. 贫困大学生人际交往现状研究[D]. 长沙:湖南师范大学,2008:39.

④ 陈智旭. 贫困大学生人际交往问题及对策研究[J]. 高教探索,2011(4):129—133.

⑤ 马梅芳. 农村贫困女大学生社会关系网络个案研究[D]. 北京:中央民族大学,2010:3.

⑥ 周大雄,陈海平. 高校贫困生的社会网络资本:拓展与重构:社会网络资本对高校贫困生职业地位获得影响研究[J]. 高等教育研究,2005(10):86—92.

果发现,对贫困生而言,社团参与有助于他们社会资本等的累积。[①]

国外对家庭经济弱势本科生社会生活的研究主要有,凯莉·西摩尔黑伯(Kelly Himmelheber)认为可以通过建立关系的方式,培养低收入第一代大学生的社会资本。其研究还认为,贫困学生必须主动寻求有目的的关系,这种关系要受他们自己的激情、独立和弹性的影响,而大学需要提供足够的机会来关心和理解他们的需求,这样才更容易培养低收入第一代大学生的社会资本。[②]

霍特尔(Hottell)提出了社会资本的一种形式即校园资本,他认为人们可以利用脸书(Facebook)这种媒介积累社会资本。校园资本能够促进校园社会资本等的获得,所以,学校应为贫困生提供更便利的关系网络建立途径。[③]

在美国,许多黑人大学生是社会经济地位低下家庭的第一代大学生,他们的家庭往往没有非常有用的与职业有关的资源。针对这一现象,帕克斯-燕西(Parks-Yancy)探讨了低收入非裔美国学生如何从大学交往中获取社会资本资源,从而实现职业目标。其研究发现,很少有学生利用大学交往中的信息、影响力和机会资源来增加他们的事业机会,因为他们不知道与他人的非正式交流会对自己社会资本积累有所帮助。[④]

通过对相关文献的梳理,研究发现,国内外学者对家庭经济弱势本科生较有研究,具体而言,国外研究多于国内,国外相关文献较为丰富,且研究对象广泛,不仅有家庭经济弱势本土学生,还有留学生,且多采用经验实证的方法,内容深入具体。相比而言,当前国内相关主题的研究跨学科探索相对较少,从社会学视角出发的、基于扎实经验数据的质性研究有待加强。其次,国内研究对家庭经济弱势本科生的物质补偿和心理问题的研究较多,但是从家庭经济弱势本科生教育生活出发,对其物质生活、社会生活和精神生活三者整合起来的研究缺少,这也是本研究的意义之所在。

---

① 吕迎春.贫困大学生社团参与的价值探索[J].浙江师范大学学报(社会科学版),2009(4):109—113.

② Hennessy-Himmelheber, K. S. Making Connections [D]. Rutgers: The State University of New Jersey, 2015:11;187.

③ Hottell, D. L. Summer Bridge Program 2.0: Using Social Media to Develop Students' Campus Capital[J]. Change the Magazine of Higher Learning, 2014(5):34-38.

④ Parks-Yancy, R. Interactions into Opportunities: Career Management for Low-Income, First-Generation African American College Students[J]. Journal of College Student Development, 2012(4):510-523.

第四节　研究设计与实施

一、分析框架

威廉·詹姆斯从心理学的角度分析了自我。在心理学上,自我是一个完整的、独特的人,是一个活生生的、具体的存在。自我由主我和客我组成。主我又叫作纯粹的我,是个体行为活动和心理的主体,核心是主观性,包括对自己所经历事件的觉知;客我是个体以自身作为觉知对象,然后形成对自身的认识和态度。① 结合研究目的,本研究主要探讨的是客我。詹姆斯用"经验自我"来表达客我,表示个体对自己的看法。客我由物质自我、精神自我和社会自我组成。② 物质自我由躯体自我(组成身体的实体)和躯体外自我(超越躯体的其他人及财物)组成。也就是说躯体外的自我实质上指的是自我以外的其他人和物,如衣服、房子、账户。③ 本研究所指的物质自我,主要意指躯体外的自我。精神自我是指个体的内心自我或心理自我,是个体能感受到的内部心理特质,它表达了个体对自我产生何种主观感受。④ 换言之,精神自我是个体表现出来的心理。社会自我指的是我们被他人如何对待和认可。⑤ 基于此概念,社会自我必定是发生在至少两人之间的交往活动中,这就涉及人际交往。根据生活的概念,有人才能有生活,自我的本质是作为个体的人,客体包括物质自我、社会自我和精神自我。由此,个体也会体验物质生活、社会生活和精神生活。教育生活属于生活的一个重要领域,作为教育生活的主体的学生,在教育的过程中同样有物质生活、社会生活和精神生活。基于以上,本研究将物质生活、精神生活和社会生活作为研究家

---

① 王丽.符号化的自我:大学生服装消费行为中的自我概念研究[M].北京:中国社会科学出版社,2006:6.

② 王丽.符号化的自我:大学生服装消费行为中的自我概念研究[M].北京:中国社会科学出版社,2006:6.

③ 王丽.符号化的自我:大学生服装消费行为中的自我概念研究[M].北京:中国社会科学出版社,2006:7.

④ 王丽.符号化的自我:大学生服装消费行为中的自我概念研究[M].北京:中国社会科学出版社,2006:7.

⑤ 王丽.符号化的自我:大学生服装消费行为中的自我概念研究[M].北京:中国社会科学出版社,2006:7.

庭经济弱势本科生教育生活的三个维度,三者之间的关系如图 8-1 所示。物质生活包括收入、消费、工作等情况;社会生活探究人与人之间的交往、参与的活动等情况;精神生活包括心理健康、学习状况等。

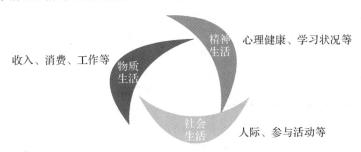

图 8-1　教育生活的构成

二、研究路径

整个研究过程,首先是确定研究的问题,根据主题查阅相关文献,在此基础上设计"家庭经济弱势本科生教育生活"的访谈提纲,紧接着联系符合条件的受访者进行预调查。基于预调查,完善访谈提纲后进入正式调查阶段。访谈结束将访谈录音转为文本,利用 NVivo11.0 对收集的数据进行逐级编码和分析,得出结论,并提出相应建议。研究路径如图 8-2 所示。

三、研究方法

(一)质性访谈

质性研究方法是研究者不借助量表或其他测量工具,而是将自己看作研究工具,在非人工控制的实验环境中,采用访谈等资料收集方法对社会现象进行探究,使用归纳法在收集资料的基础上提炼出分析类别和理论假设,通过研究者与被研究者之间的交流,理解被研究者的行为及其意义表达的一种活动。[①] 本研究采用访谈法。访谈是一种交流,是通过研究者与被研究者直接接触、直接交谈的一种活动。访谈除了是一种交流活动,也是收集资料的方法。这里的资料是一种"活"的资料,它与文献资料在整理和使用上都有显著的区别。研究者要对记录下来的信息进行再现和归类,以便把握研究事件和对象动态。访谈对研究者还提出较高的要求,要求研究者在访谈开始之前设计好访谈提纲、访谈者要有较高的访谈技巧、选择的访谈地点

---

① 　陈向明.教师如何作质的研究[M].北京:教育科学出版社,2001:12—13.

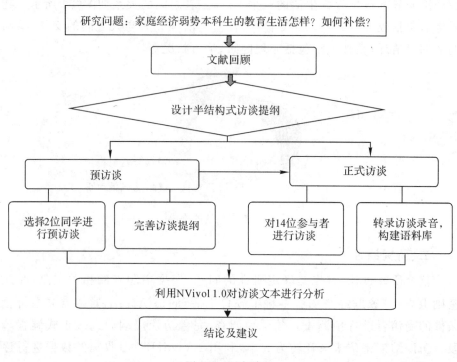

图 8-2　研究路径

要便于交流等,研究者要熟悉访谈的原则,做到尊重受访者,不强迫受访者。

　　根据访谈问题设计状况,访谈分为结构式访谈、半结构式访谈和无结构式访谈。本研究主要采用的是半结构式访谈,在已有访谈提纲的基础上,在访谈过程中,根据受访者回答的情况,调整问题的顺序,对确实需要深入了解的问题,访谈者可以进行追问,以便获得更详细的访谈资料。

　　由于访谈是一种人与人之间交流的过程,受访者如果不信任研究者,他便不愿意向研究者提供所需的信息。因此,为使访谈能顺利地进行,访谈开始之前要求做好访谈的准备工作。这些工作包括与受访者确定访谈时间和地点、了解被访谈者的相关情况、设计访谈提纲、协商相关事宜。本研究在访谈之前先设计好访谈提纲,并咨询同学和老师完善访谈提纲,在这之后对访谈进行试测,以锻炼访谈技巧、熟悉访谈问题,进一步完善访谈提纲。接着,根据从学工办老师处获得的潜在受访者信息,或者经过同学推荐来联系受访者,受访者同意后与受访者见面。正式访谈开始之前,先向受访者介绍自己的相关信息以及研究的目的,以消除受访者的戒备心理,向受访者告知其权利。接下来,待受访者知情同意并准备好后开始访谈。

（二）话语分析

斯塔布斯（Stubbs）依据两个标准对话语分析进行了定义，认为话语分析是对那些非刻意产生的、连续的口语或书面语进行分析。[①] 话语分析的主要任务体现在两方面：一是揭示交谈双方在特定语意情景下理解意义的过程；二是通过分析日常对话展现社会意义。前者主要探讨一个静止的话语成品，目的是解释话语构造的规则；后者主要研究非静止的话语过程，目的是揭示交流双方在特定语境中话语的涵义。[②] 本研究主要是对访谈文本进行分析，属于探讨非静态的话语成品。本研究主要通过访谈法收集语料，根据事先确定的主题，从 Z 校的家庭经济弱势学生资助系统选取 14 名符合要求的访谈对象，结合访谈提纲对其进行访谈。访谈结束后，研究者将访谈录音转为文本，即访谈文本 14 份、共计 90988 个汉字的语料库。

基于以上，研究借助辅助工具 NVivo11.0 对访谈文本进行了语料分析，而分析的关键是对文本进行编码。研究者在对文本编码的过程中注重将其分散、整合、提炼，这样做的目的包含两方面：一是在言语层面寻找能揭示主题的词、短语、句子及其表述的相关概念和命题；二是在中心思想层面寻找与研究问题相关的、多次出现的行为模式和意义模式。此外，在编码过程中，研究者要着重找寻那些能够代表受访者自己观点和情感感受的语言，即本土概念。研究者通过对 14 份语料编码，最终得出六组本土概念，分别为"拮据"与"受限"，"感激"与"无奈"，"自卑"与"挑战"，"清晰"与"迷茫"，"圈外"与"圈内"以及"炼"与"烦"。

四、研究实施

设计访谈提纲：访谈提纲的设计不能偏离研究问题。访谈提纲又不同于问卷调查，列出的问题应具有开放性，本研究访谈提纲的形成经历了这样一个过程：从 2017 年 3 月确定选题，之后开始查阅相关领域文献，对收集的文献进行分析、总结。到 2017 年 5 月，从家庭经济弱势本科生的物质生活、社会生活和精神生活这三个维度确定了访谈提纲的主要问题。后因论文题目的微调，访谈提纲进行了几次修改，到 2017 年 10 月确定了访谈提纲初稿。然后，邀请了两位符合条件的受访者进行预访谈，目的是查看问题设置是否合理、语言是否简洁和通俗易懂，便于受访者理解。最后根据预访谈的

---

①　李悦娥，范宏雅.话语分析［M］.上海：上海外语教育出版社，2002：5.

②　李悦娥，范宏雅.话语分析［M］.上海：上海外语教育出版社，2002：11.

情况修订了访谈提纲。

选取研究对象：本研究从 Z 校的家庭经济弱势本科生中选取符合条件的 14 名家庭经济弱势本科生进行访谈。主要选择大二、大三和大四的本科生作为研究对象，是考虑到大一新生刚入校，他们对大学生活还没有较为全面的体验，于是将大一新生排除。选择 Z 校主要基于以下两个原因：第一，各高校都较注重保护学生的身份信息，特别是家庭经济弱势学生的。Z 校是研究者所在学校，研究者身份信息的真实性更容易被得到确认，这样便于从相关老师处获得信任，从而得到潜在受访对象的信息。第二，基于取样的便利原则。由于质性研究的特殊性，本研究采用非概率抽样中的目的性抽样，即依据研究目的选取研究对象，研究对象应符合能为研究问题提供大量信息这一标准。根据"校标抽样"定义，即事先为所要选取的研究对象设定一定的标准或一定的条件，再依据相应的标准和条件选择需要的受访者。本研究以 Z 校为样本探讨家庭经济弱势本科生的教育生活，受访的学生应符合以下标准：第一，经过 Z 校的学生资助系统认定为家庭经济弱势的大二、大三和大四本科生。第二，在校期间获得过学校的资助和补偿。研究者通过多种途径收集受访者信息，将以下符合本次研究条件的学生作为受访者。受访者在知晓访谈目的后接受了访谈。受访者信息如表 8-1 所示，依据保密原则，受访者的姓名以代号代替。

表 8-1　受访者与访谈实施信息

受访者	性别	专业	访谈时间	访谈地点
S1	女	小学教育	2017 年 10 月 1 日	启明公寓
S2	女	应用心理学	2017 年 10 月 7 日	杏园公寓
S3	女	小学教育	2017 年 10 月 6 日	杏园公寓
S4	男	城乡规划	2017 年 10 月 7 日	17 幢教学楼
S5	女	思想政治教育	2017 年 10 月 11 日	27 幢教学楼
S6	女	生物	2017 年 10 月 12 日	16 幢教学楼
S7	男	化学	2017 年 10 月 10 日	16 幢教学楼
S8	男	生物技术	2017 年 10 月 10 日	16 幢教学楼
S9	男	法学	2017 年 10 月 11 日	27 幢教学楼
S10	女	应用化学	2017 年 10 月 12 日	5 幢教学楼
S11	女	物理	2017 年 10 月 15 日	17 幢教学楼

受访者	性别	专业	访谈时间	访谈地点
S12	女	计算机专业	2017 年 10 月 18 日	启明公寓
S13	男	电子信息工程	2017 年 10 月 14 日	图书馆
S14	男	数学	2017 年 10 月 14 日	图书馆

实施访谈:从相关老师处获得潜在受访者的信息以后,研究者在较短时间内以电话或者短信的方式与受访者取得联系,告知联系他的原因。在受访者初步同意的情况下与受访者商定访谈的时间和地点。为了让受访者能感到轻松和安全,可以比较自如地展现自己,研究者选择的地点多以安静的地方为主,如寝室活动室和教学楼。在规定的时间和地点与受访者见面后,先与对方聊天,以减少两人之间的陌生感,便于更好地访谈。然后,在受访者知情同意并准备好后开始访谈,并且在征得受访者同意的情况下对访谈内容进行录音,录音主要是便于后续资料的整理和分析。此外,访谈的过程主要以访谈提纲作为引导,过程中会根据受访者的回答情况适当追问。

资料整理:每次访谈结束后,研究者整理关于访谈过程中受访者的表情和特殊行为等的笔记,并将录音转为文本,最终转成的整个录音文本为90988 个汉字。为了区分不同受访者的访谈内容,研究者对每一份转录资料进行编号。如将转录的第一份访谈内容标为 S1,第二份为 S2,第三份为 S3,以此类推。

资料分析:研究者利用质性分析软件 NVivo11.0 对收集的资料进行逐级编码,并得出初步的研究结果。在这些结果的基础上,结合多学科的理论知识,对家庭经济弱势本科生的物质生活、社会生活和精神生活的状况进行分析,并思考在现有的补偿政策下,应有怎样的进一步的制度供给来帮助家庭经济弱势本科生更好地在教育生活中成长。

五、研究伦理

在质性研究过程中,研究者会触及参与者较为私人的生活领域,需深层次探听他们的内心活动和生活经历,与参与者有较多时间的交流,这可能会引发了一系列的伦理问题。[①] 在本次研究过程中,主要遵循如下四项重要的质性研究伦理标准。

---

① 文军,蒋逸民.质性研究概论[M].北京:北京大学出版社,2010:15.

第一,知情同意。这是指被研究者在完全知情的情况下自愿参与研究的过程。它主要强调两方面,即参与者自愿参与,并且需要取得参与者的书面或口头同意。本研究在正式访谈之前,研究者将告知(潜在)参与者此次访谈的目的以及研究的用途,(潜在)参与者在知晓后自行决定是否参与。若其决定参与,则在知情同意书上签字。

第二,隐私和保密。由于质性研究要进入参与者的生活世界,去倾听、观察、理解和诠释其个人生活,因此隐私和保密就显得格外重要。在研究中,保护受访者的隐私不受侵犯的最好方法是保密。本研究正式访谈开始之前,研究者会告知受访者其姓名或可辨识身份的信息都将做匿名处理,访谈录音只为了方便之后资料的整理,访谈材料和录音仅供研究者本人使用,且不做他用。

第三,防止潜在伤害。研究者不应该给参与者造成心理或生理的伤害是质性研究中最基本的伦理原则。这些心理或生理的伤害包括参与者回忆痛苦的经历或不良行为等。如在这次访谈过程中,当研究者询问参与者在社会生活中有哪些难忘的经历,其在讲述自己父亲去世时声音有些哽咽,为了安抚受访者的情绪,研究者转移了话题,这在一定程度上减少了受访者因回忆过往经历给自己带来的心理伤害。

第四,互惠原则。在访谈过程中,参与者往往花费大量时间和精力参与研究者的活动,为研究者提供所需要的信息,有时还会涉及自己的隐私问题。因此,研究者应该通过某种方式向参与者表达自己的感激之情。在本次研究中,研究人员在访谈结束后向自愿参与访谈的受访者表达了谢意,并向受访者给予一定的物质报酬。

第五节　编码与聚类分析

一、编码分析

本研究借助 NVivo11.0 质性分析软件分析收集的访谈语料库,概括得出自由节点和树状节点两种编码。对访谈资料的编码主要按开放式编码、轴心编码和选择编码的顺序进行。具体分析步骤如下:

第一步,开放式编码。进行开放式编码时应以一种开放的心态,不带个人"偏见",将所有语料按照语料本身所呈现的状态进行概括。通过熟读 14

份访谈语料,以原始语料中参与者自己的语言或句子为编码质料,初步产生320个自由节点,主要包括:减轻负担、学会感恩、感受到关怀、生活拮据、有计划消费、自身难保、学习机会多、被孤立、人际关系恐惧、积累经验、拓宽人际、学习问题得不到解决、缺乏自律、绘画课程不擅长、就业和考研之间的矛盾、提高学习成绩是前提等。

第二步,轴心编码。对原有的访谈语料进行编码后,自由节点还处于零散状态,需要对它们进行二次编码。此时需要对这320个自由节点的内容进一步思考、分析与比较,找出它们之间的共性,将具有共性的节点进行调整和归类。如"物质帮助减轻负担"和"物质帮助改善生活"两个自由节点都包含了对物质资助的评价,因此可以将它们归到"评价物质帮助"这个树状节点下。根据以上做法,最终将320个自由节点归类到22个主轴中,它们分别是:评价物质帮助、经济状况、物质困难、兼职原因、工作感悟、就读期间难忘的经历、非经济弱势学生与经济弱势学生在物质生活方面的差异、人际关系、学生参与活动情况、人际交往挑战、帮扶对人际交往的影响、对待贫困生的态度、非经济弱势学生与经济弱势学生在社会生活方面的差异、本科学习经历对人生规划的影响、人生规划、自身改变、自我评价、影响自我成长的事、非经济弱势学生与弱势学生在精神生活方面的差异等。

第三步,选择性编码。进行二级轴心编码以后,根据编码的情况,研究者将轴心编码进一步分类,可以提炼出3个核心类别,即物质生活、社会生活和精神生活。其中,评价物质帮助、经济状况、物质困难、兼职原因、工作感悟、就读期间难忘的经历、非经济弱势学生与经济弱势学生在物质生活方面的差异这七个轴心编码节点可以归为物质生活这一核心类别;人际关系、学生活动情况、人际交往挑战、帮扶对人际交往的影响、就读期间难忘的经历、对待贫困生的态度、非经济弱势学生与经济弱势学生在社会生活方面的差异这七个轴心编码节点可归到社会生活这一核心类别;而本科学习经历对人生规划的影响、影响自我成长的事、人生规划、自身改变、自我评价、就读期间难忘的经历、非经济弱势学生与经济弱势学生在精神生活方面的差异这七个节点归为精神生活这一核心类别。

二、聚类分析

研究在选取个案之前,如果收集到的样本比较多,而我们又要选取其中的例子,则需要对这些样本进行聚类分析。使用聚类分析,可以对单词的相似性、编码相似性或属性值相似性进行分组。如使用单词相似性进行聚类分析,NVivo 系统会将各材料中受访者使用的短语或单词进行对比,如若这些短语或单词有很高的相似性,系统就会将它们归为同一组。

由图 8-3 可知,S2 和 S1 使用的单词相似性程度较高,我们可以将这两个文本归为一组,S11 和 S12 以及 S10 可以归为一组。不同的是,S14 的材料与图中其他材料交集相对较少,这说明该受访者在访谈过程中使用的词汇与其他受访者使用的词汇具有较低的相似性。

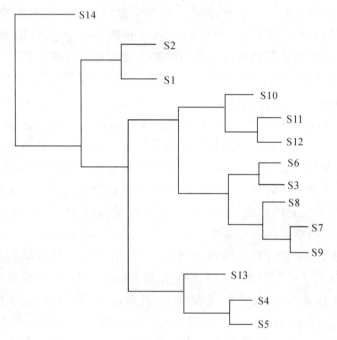

图 8-3　按单词相似性聚类的材料来源分析

分析软件 NVivo11.0 还可以对收集的访谈文本的可信度(稳定性)进行分析,由此可以求出本次所有的访谈材料按照单词相似性聚类分析得出的皮尔逊相关系数。相关系数在−1 至+1 之间取值,一般而言,相关系数绝对值的大小与相关性的强弱成正比,相关系数越接近−1 或 1,相关度越高,相关系数越接近 0,相关度越低。相关系数取值在 0.8 与 1.0 之间表示极强相关,0.6 与 0.8 之间为强相关,0.4 与 0.6 之间表示中等程度相关,0.2 与 0.4 之间为弱相关,0.0 与 0.2 之间表示极弱相关或无相关。此次访谈资料相关性程度最高的是 S1 和 S2 的访谈,其次是 S11 和 S12 的访谈,相关程度最低的两组分别是 S14 和 S1 以及 S14 和 S2。所有访谈材料之间的相关系数均在 0.6 以上,说明个案之间具有较强的相关性,访谈语料具有较好的稳定性和信度。

第六节　语料的话语分析

一、"拮据"与"受限"

家庭经济弱势本科生最主要的共性就是家庭和父母能给予的物质支撑非常有限。除了父母给的为数不多的生活费以外,他们的经济来源主要包括助学金、勤工助学和兼职收入,以及社会资助等。

> S10:之前暑假的时候有做过家教,资助我的人资助我一点,我也存着。以前高中的时候也有助学金补贴嘛,那时候我妈妈让我存着当大学生活费用,大学的学费就帮我付掉了(用存着的钱)。现在的话我就是靠社会上的人资助,还有以前存的压岁钱、补助以及暑假兼职的一点家教(收入),学校还减免了学费。

不管是父母给生活费,还是自己额外赚取收入,对家庭经济弱势本科生而言,这些收入毕竟有限。

> S2:有点拮据。大一过得比较拮据,虽然有(兼职当)家教(的收入),只是勉强过得去。但是到最近有点穷,又在等奖学金。其他都还好,因为消费不是很高。有的时候会数着钱过日子。
> S10:比如有些特别想买的东西,可能(因为)一直以来的消费习惯,(就觉得应该)省省算了,别买了。真的太贵了,就算想要也可以拿别的东西凑合一下啊。
> S7:想买的东西很多,毕竟每个人都希望自己物质生活好一点吧。但是买不了就只能看着呗。想学的东西也有很多,从小就想学很多乐器,从小就想学钢琴、架子鼓、吉他。结果到现在也没有学,因为太贵了。

家庭收入作为高校学生最直接的经济来源,其高低在一定程度上影响学生的生活方式。社会学家凡勃伦(Veblen)认为,可以抽象地将生活方式看作是精神立场或者生活道理,如果一个人的生活方式表现出夸耀的消费行为时,处于底层阶级的群体在一定程度上会效仿这种消费。① 韦伯(Max Weber)认为当人们有着令人羡慕的生活方式时,他人便希望与这类人有一定的交集。② 由上可知,"消费"是生活方式的一种表现形式,而且有同样消费行为的人易在一起。一般地,有收入才能进行消费,收入越多,消费实力越强,他们也更愿意消费。家庭经济弱势本科生由于收入有限,他们的消费水平、消费观念和消费能力因此受到一定的影响,在日常"非常规"消费中会很"纠结"。

> S1:寝室(里大家)想点外卖,其实你不太想点,因为很贵,但又觉得她们都点,你又没点。之前和室友去旅游,有点小的纠结。我这样做对不对? 因为家里爸妈那么辛苦,我还拿着这些钱去玩,会有一些愧疚感。我打电话问我爸,说室友想去玩,其实我蛮想去,还挺便宜。我爸说,那你去啊,你钱够不够? 他也会照顾我的心理,自己内心的声音会觉得我这样做不对,会有点愧疚。

有一位来自广西的女生,她的室友家境比较好,她向研究者讲述了两人各自的消费观念差异。

> S2:记得有一次,我当时因为没凉鞋,就想买凉鞋。刚好她家卖鞋,我说你们家有没有(合适的)鞋? 推荐一双。她说有啊,当时她说一百多块。我说好贵啊。当时她就很不理解,她说:"一百多块,(鞋子)很实用啊,这是用的东西,一百多块不贵啊!"但对我来说就很贵,我从来没有穿过那么贵的鞋,一百多块,你的生活费就过了一半。那像我的话,只能穿三四十块的鞋。她们可能就会觉得为什么你会这样子。她们可能不知道一百块对你来说意味着什么,但她们没有恶意,因为她们的消费水平比我们高,她们就觉得我就是这样消费,我觉得不贵。她们每个月家里给三四千,像我们的话一个学期也就三四千,这个差距,她们没在你的生活环境,就不了解。

有一位来自河南的男生,和大多数男生一样,他也曾经想过在大学谈一场校园恋爱,当谈恋爱的成本超过自己的生活支出的时候,他觉得谈恋爱对

---

① [美]凡勃伦.有闲阶级论[M].蔡受百,译.北京:商务印书馆,1982:16.

② Weber, M. From Max Weber: Essays in Sociology [M]. Oxford: Oxford University Press,1946:91.

他来说还是太遥远。

> S8：我们刚开学，我们班班主任就说，大学当然要谈一个女朋友了，但是你的生活费用会翻倍。经济方面，就拿女朋友来说，别人就是带女朋友出来玩，看电影，周末一起去逛街什么的，都是需要开销的。而我们这些（贫困生），本身我们自己每天的生活有时可能就保证不了，没有更多的钱投入这方面。

当消费受到经济条件的影响，选择的范围也会缩小。因此有受访者表示他们的生活比较单调，周末的时候要么待寝室看看剧，要么去电脑房学习。家境好的本科生则会选择出去唱歌、游玩，他们的生活显得更丰富多彩。而家庭经济弱势学生在生活基本开销之外的"非常规"消费上时常处于"纠结"之中。

二、"感激"与"无奈"

古希腊以降，人们从未放弃讨论"公平"问题。教育领域的公平应遵循三条原则：一是平等原则；二是差异原则；三为补偿原则。其中补偿原则要求关注高校学生社会经济地位的差距，并对那些社会经济处于较弱地位的高校学生在教育资源上给予帮助。[1] 我国从新中国成立开始便对家庭经济弱势本科生进行资助，最初的资助政策为"免费加人民助学金"。当前，已经形成集奖学金、助学金、助学贷款和勤工助学等为一体的多元化资助体系，在制度上实现了学生不因家庭经济困难而失学的目标。政府、高校和社会在 2016 年共资助全国高校大学生 4281 万人次，资助费用共计 956 亿元。[2] 可见，国家对家庭经济弱势本科生的资助力度很大，正如受访者所言，国家和社会的物质资助减轻了他们的家庭负担，增加了其对未来的信心。

> S11：物质帮助一定程度上减轻了（我的）家庭负担，至少可以不用管爸妈要钱。每次回去我奶奶都觉得我在学校没吃饱饭，她又经常想塞给我钱，我说我在学校有打工啊，她才会放宽心一点。学校有给我帮助，她就会觉得还是可以不那么担心。

> S12：上个学期，因为大一我也没有申请什么东西，不知道有这个，

---

① 褚宏启，杨海燕. 教育公平的原则及其政策含义[J]. 教育研究，2008(1)：10—16.

② 资助政策精准惠及更多学子[EB/OL]. [2018-01-25]. http://www. mof. gov. cn/zhengwuxinxi/caijingshidian/renminwang/201704/t201704172581049. html.

就只申请了一个二等的国家助学金,一年是 2500 元,一个学期 1250 元,一个月生活费解决了。还是会让爸妈感觉好一点,比如这个学期我申请了学费减免,我给我爸讲,感觉让他松了一口气,因为学费减免还挺多的。另外,上学期我家出了点事情,老师就帮我改了一下,就把贫困生给我改成了一档,这个我还是觉得挺好的,因为我家是突然之间爸妈全都失业了。其实这个我还是挺感激的。

S2:我觉得吧,在你没有能力的时候,你接受这一切,你会觉得很感激,特别感激,特别温暖,想到它可能是给你一种对你未来的支撑,相当于给你一种台阶,给你一个平台,你上去了,但是路要怎么走,还得看你自己。反正我一直觉得他们是我人生的救星,总是会在你最无助的时候,会给你帮助,那种感觉超级好。感觉你爸都不会给你钱,国家会给你钱,我就会感觉,原来我是国家养大的,有的时候我对爸说:"爸,我是国家养大的!"

从以上访谈资料可看出,受访者是发自内心地感谢国家和社会给予的帮助。但也有个别受访者会怀有"不拿白不拿"的心理。

S13:从某种角度来讲也是一种帮助吧,至少能减少点压力,因为我并不是很在意这个东西,有钱拿我就拿,管它什么呢,像我室友的话,就感觉不想拿,他就感觉自己没那么贫困,也没那么缺那点钱。既然能帮家庭减轻困难干吗不拿,又不是非要你上去说什么话啊,做什么事啊,我觉得能拿还是拿啊,没什么。

另有受访者指出,资助政策的出发点是好的,只是在执行的过程中却显得不尽如人意。如弱势学生的评定过程中对"室友"等外人展示自家的贫困,甚至弱势学生之间相互比穷。参与评定的人除了弱势学生外,其余所有人都在,因此,有受访者认为这样的一种方式将自己的隐私暴露无遗。

S6:每个人都会有自尊心,这种直接公布出来(就不好)。当然这个是不可避免的,我觉得是找不到解决方案的。大学里评的时候不是要每个寝室拉人过去评嘛,我真的是很震惊,居然要比谁更贫困,然后赋予谁什么(等级)。室友要(被)拉过去,一个寝室拉两个,然后班干部也要过去,那基本上全班都在了,然后要他们对你们(贫困生)畅所欲言,说这个人(贫困生)哪个方面更贫困一点,然后说这个给她。这都是由全班一起评,我觉得这个真的是太震惊了。虽然我们不在,但把贫困生的名字都写上,这个室友说那个贫困生怎么样,另一个寝室说她又怎么贫困,然后比较这两个人哪一个更贫困。全班那么多人,我觉得自己的隐私就像被曝光了一样。我觉得这种方式实在是太……老师也在,把贫困生拿出来比较,那么多人,然后说你们投票。

S7:贫困生公示,能不要就不要啊。当然公示也体现出公平性,因为贫困生毕竟是经过认定的,你平时表现不符的话,同学也能监督一下,但是我觉得如果有些人特别重视这方面的话,就不太好。

除以上外,有的奖学金要求太高,家庭经济弱势本科生若达不到要求,就会缺少相应的补助。

S8:贫困生方面也有国家励志奖学金嘛,我们要求的是班级排名在前20%。在我们班就是前16,这16个人中间又给出一些一等奖、二等奖以及别的奖学金。申请完学业奖学金的人就不能申请国家励志奖学金。满足国家励志奖学金的就占八九名的样子,获得这个名额的人是比较少的,真正需要帮助的人就觉得那没有(用)。

许多高校为了激励学生,设立了学业奖学金,获奖覆盖面在30%左右,但资助额度不大。如Z校的奖学金评定由基本评价和发展评价两部分组成,获奖覆盖面为30%,一等奖5%,二等奖10%,三等奖15%,资助金额分别为2000元、1000元、600元。在制度设计中,单凭成绩好还不能帮助学生获得奖学金,学习成绩优秀之外还必须获得其他成绩才有机会获奖。事实上,家庭经济弱势本科生比非家庭经济弱势本科生更难获得奖学金,大部分经济弱势学生来自中西部地区,在早期所接受的教育方面存在差异,文化基础薄弱,再加上家庭经济困难,没有更多的资源投入自身能力的培养,综合素质不高,因而很难获得学业奖学金。对大多数经济弱势学生而言,学业奖学金是遥不可及的,因此,学校的各项奖学金难以在助困上发挥重要作用。

三、"自卑"与"挑战"

"自卑"是日常生活中经常使用的词语。心理学家阿德勒将自卑定义为:当个体面对一个他很难处理的困难时,此时个体会下意识地认为自己根本没办法解决面临的困难,这时所产生的内心情感。[1] 家庭经济弱势本科生

---

① ［奥地利］阿德勒.自卑与超越［M］.徐家宁,徐家康,译.长春:吉林人民出版社,2007:36.

产生自卑感的主要原因是家庭条件等客观因素,主要表现为自信心不足、缺乏主动、恐惧交往和敏感等。

> S2:性格吧,有的时候我觉得我有点回避性,有点自卑。比如,出现很多问题的时候会不断地怀疑自己,觉得为什么努力没有结果。学画画的时候,自己真的很努力,周末自己一个人去学,别人都在休息,自己会在那里写作业。那时候会觉得自己很笨,特别是每当学跳舞画画,因为老师一直会在旁边说,当时看着心里会特别难受。特别是学音乐,别人乐感很好,你没有学过,你追不上。有些人学书法学得很好,那个时候你很羡慕别人,但是真的没办法。就像他们说的,从小学的啊,当时老师跟我说过一句话,现在钢琴的话,有些人是从小学的,你大学四年未必能追得回来。这是一个很残酷的现实,我后来就慢慢地接受了。我其实一直想学书法,学艺术类的东西,我那个时候就觉得很无助。

来自广西的家庭经济弱势学生的浓重广西口音也会让其感到自卑,觉得东西部的教育差距实在太大,严重的时候甚至怀疑自己曾经白学了。

> S2:其实我觉得浙江教育发展得比我们西部好很多,我们在广西学英语,口语特别差。像我们的普通话其实是有口音的,因为根深蒂固,你很难去改,使有意识去改,也觉得很无助。我考普通话的时候,第一次没过,就觉得我们口音是不是真的很重,是不是我们的普通话一点也不标准啊? 那时候觉得我曾经学的难道都白学了? 你会这样去怀疑自己,那种东西部的教育落差,会给自己带来一种很大的困扰,很挫败,不管你怎么追,也许追一辈子你都追不回来。这种感觉是最致命的。

有些家庭经济弱势本科生的自卑主要表现为过于在乎他人对自己的评价。

> S8:感觉还是比他们自卑一点,往往我们这些学生会比较在意他们对自己的看法。同样的出去娱乐的话,我如果和他们一起,但是我的经济条件却不能满足;而如果我不去的话,就会觉得我是故意疏远他们,故意不愿意和他们一起去玩。但是我又不能说因为我没钱,所以我不去,这样的话又碍于面子。在实际生活中会有这种(难于)选择的时候。

敏感也是一种自卑的表现。家庭经济弱势学生往往会想得多因而敏感。

S12：像我们内心还是有一点点自卑的，可能会比较敏感，想法可能会比较多。我见过很多真正家庭贫困的那种，不是像有的是假贫困生，我发现普遍地内心都还是有些自卑的，不是很开朗吧，在有些方面不太愿意跟别人接触，人际交往方面，可能不像他们那么（放得开）。有些人际交往圈子不是很大，我和我室友，她也是贫困生，我感觉我们俩性格是差不多的，很少会去讲话，不会是很主动的那种。和陌生人交往不会主动，会很羞涩。有一种自卑，就是不太敢，其实是害怕的那种。

家庭经济弱势本科生会敏感，会想得多，那么他们到底在乎的是什么呢？

S11：一些贫困生顾虑还是比较大的，比如她会觉得别人会不会看不起自己，因为她家里比较贫困，也没有什么好的衣服、鞋子。就是觉得自己在人群中格格不入。有一些人会觉得，会不会有的人觉得自己看起来不像贫困生，他们就会觉得自己又不贫困还要去冒领资助名额，他们就会觉得你这些钱拿过来肯定就是去吃吃喝喝。

家庭经济弱势本科生因为受到资助，他们会从心里感到"贫困生"这个符号走到哪里都会跟随自己，由此担心他人看不起自己，觉得自己很土，同时也害怕自己的行为与"贫困生"的身份不符。

如果一个人长期处于自卑状态，这种状态会使他采取某种行为，克服并超越这种状态，做出补偿。① "补偿"是心理防御机制的一种，是指个体因自己的缺陷或能力不足遇挫陷入自卑时，以求在其他方面取得成绩，弥补自卑心理。

S1：上初中时，我觉得我不是很聪明的，我其实一直属于很拼、很努力的那种。水平只是中等，所以就只能通过自己努力。那个时候觉得家庭条件不好，亲戚也并不会很那个（帮忙）。有一次，突然在初中的时候考过第一名，从来没想过我会得第一名，你会突然感觉到被聚焦，被关注，突然觉得你受重视，所以就开始（更加）拼命努力学习。正好那个时候，我们村有人在我们学校工地上工作，看见我的名字在光荣榜上，村里就传开了，没想到她家庭条件这么苦，成绩还这么好。突然感觉自己地位就抬高了，我就开始觉得我可以通过这个东西弥补某些东西，所

---

① ［奥地利］A.阿德勒.超越自卑［M］.刘泗，译.北京：经济日报出版社，1997：96.

以我一直觉得只要成绩好，就可以弥补其他的。

许多经济弱势学生因为家庭的原因，在同学、老师和亲戚面前会显得自卑，但当他们在某一方面取得成绩，并且这些成绩可以提高自身地位并带来优越感，以弥补因家庭经济的不足产生的自卑感时，他们便会努力去学习来维持这种优越感。当进入新的环境，发现自身的优势无法体现，原来的优越感便会消失，这时会产生新的自卑。

家庭经济弱势本科生除了面对心理上的自卑外，学习方面面临诸多挑战。目前在高校中，家庭经济弱势本科生在学业上呈现出两极分化的态势，其中只有少数经济弱势学生学习成绩优异，大多数中等偏下。"我觉得自己水平算是比较低的。我的名次就快见底了。"这是 S12 在描述自己的学业状况，S8 则形容自己的学业状况为"不容乐观"，他说如果从名单最后开始看，很快就会看到他的名字。影响他们学业成绩的因素是多方面且复杂的。

> S11：大学课程比较难嘛。大一时候，如果该科有问题，老师会有答疑的时间，去问老师后好像就没什么问题了。后来上其他课没有答疑的环节，基本上老师讲完就走，有些课没有听得太懂，而且你自己看的话也不是很懂，去问老师的话也不太好意思。高中的时候，大家一般课间都会讨论题目，有时候一起写作业，但是大学就没有了，都是一个人刷题目，就是难找到和你一起讨论题目的人。

高中阶段的学习以老师为中心，老师引导学生学习。有固定的教室和座椅，同学之间主要的交流场所都集中在了教室，大家共同的目标是高考，所以同学之间交流也方便，加上早晚还有自习，老师也会定期答疑，这些条件是方便学习的。到了大学，学习方法就变为主动学习，学习压力变小，学习氛围也没有高中浓厚，也没有固定的教室，老师们上完这堂课还得赶下堂课，留给学生的时间就少了，所以很多家庭经济弱势的本科学生进入大学之后有很长一段时间难以适应这种学习方式，从而影响其学习。

> S12：学计算机（专业）嘛，英语又比较重要。我小学英语还挺好的，初中的时候，我都不知道该怪那个老师还是我自己，那个老师给我讲高中的内容，心很痛。他说你们以后会学到，他就讲那些内容，我就完全听不懂，特别难，基础没打好，到高中就这样混混过来了。大学之后，英语课也上，但是感觉以前基础就差，大学英语根本不能上。我去年考六级挂掉了。

不少家庭经济弱势本科生来自广大的中西部地区。那里特别是乡镇学校教师流失率比较高,许多学校缺专业课老师,英语课都是由非英语专业的转岗教师教,这些教师缺乏相应的专业知识和专业技能。课堂上,他们只为教英语而教英语,不会用英语与学生进行交流互动,课下较少接触英文书籍、英语电影,他们只为应试而教育,试想在这样一群教师的培养下,学生会有怎样的发音,会形成怎样的知识结构,他们如何形成正确的英语学习思维。另外,许多家庭经济弱势学生因为经济所限,课外难以参加辅导班,英语学习习惯得不到及时纠正,严重影响大学英语学习。

以上学习困难是家庭经济弱势本科生在学习过程中普遍存在的问题,其他的像学习动力不足、缺乏艺术功底、学习方法难以掌握等都影响着他们的学业成绩。

四、"清晰"与"迷茫"

凡事预则立,不预则废,古人告诉我们,不论做什么事,事先有计划,就容易获得成功,反之会失败。大学是人生发展的重要阶段,做好人生规划对个人而言有着重要的作用。西方有句谚语:如果你不清楚自己的路在哪里,那通常你哪儿也去不了。因此,大学生要明确自己的人生方向,确立人生目标。家庭经济弱势本科生对此或"清晰"或"迷茫"。

> S1:未来的生活,考研的话去尝试一下,然后找工作,但我不太想回自己家乡工作,因为熟人太多了。先工作,如果工作不是很满意的话,以后有别的想法再考研,未来的话,希望家庭越来越好。

每个从大学阶段过来的人都深有体会,大四这一年是紧张加忙碌的一年,有的同学会直接选择就业,有的同学会选择考研。

> S8:从小的人生规划就是考研读博士。因为我有一个亲戚是清华读物理的博士,是一个教授。我家里人就跟我说看看他是怎么样,以后你也要怎么样。小时候嘛,家里人慢慢灌输这种想法,从小就觉得比较喜欢生物科学方向的,我就想往里边钻研。

> S14:其实家里是支持考研的,但我自己对于考研,首先觉得自己家里的经济条件比较困难,感觉自己没有一个好的考研方向,如果继续学这个方向的话,自己又不太想考研,如果是换方向的话,自己关注又比较少,认为自己没有找到自己感兴趣的专业。所以不打算考。

很多家庭经济弱势本科生选择放弃考研,一是基于自身家庭原因,家庭的贫困导致没有多余的钱提供给自己继续上学;二是专业兴趣,研究生至少读三年,如果对所选专业不感兴趣,研究生的三年将是难熬的三年。可见,家庭经济弱势学生在做规划的时候,家庭经济状况和专业兴趣是不可忽视的影响因素。

有家庭经济弱势本科生表示自己有一个明确的人生规划,也有表示自己为此感到"迷茫"的。

> S3:我对未来的想法总是在变,比如现在陷入一种迷茫期,有点像高三那时。比如说特别积极的时候,是想着要考上研究生嘛,然后去好的地方工作,然后能给家里人提供帮助。然后自己找一个好的对象,建立一个好的家庭;如果当老师的话,评上职称,能够教育什么样的学生。后来觉得自己还想开书店,一直有这么个梦想,开一家儿童文学的书店。现在真的陷入一种迷茫,觉得未来不是自己想象的那么美好,有太多现实的阻碍,经济条件啊,自己的学历,学校也一般,找工作还是挺困难的。当现实的阻碍在一起的时候,就觉得以前的那些东西就像梦想一样,有点遥不可及。

正所谓"理想很丰满,现实很骨感",当理想遇上残酷的现实,不免会让家庭经济弱势本科生陷入困境,开始怀疑自己的能力,开始对未来失去信心,对未知事物产生恐惧,最终找不到人生奋斗的方向。

> S6:我其实感觉自己一直过得比较迷茫,考到这边后就一直在想,我不会在这边就业嘛,师范老师回去就业就比较烦,因为老家比较偏远嘛。我一直在想大四毕业是直接就业还是考研,结果到现在也没有完全下定决心。就是两个抉择吧,我觉得要看情况来定,也没有一定要定下来我是要就业还是考研,如果在你想考研的时候,有一个很好的就业机会摆在你面前,你肯定会选择就业。

面对就业的压力,是选择直接就业还是想通过深造后再就业,也成为困扰家庭经济弱势本科生的一个问题。

五、"圈外"与"圈内"

有人的地方就有圈子,圈子存在于各个领域中。它既是一种特有的文化现象,也是中国社会的特殊结构。圈子是由一群有着共同利益、兴趣爱好、地位的人组成的群体。它不同于布迪厄的"场域",也不等同于奥尔森的"集团",用管理学上的术语讲,它是非正式组织。圈子具有同质性、自发性、松散性和封闭性特征。① 学生时代的圈子,同质性特征更加明显,表现为同学之间因共同的爱好、话题、品位和个性,特别是因经济实力类似而走在一起。

> S2:跟同学之间的关系吧,感觉有的时候,进入不了(家庭经济好的学生的)圈子。娱乐啊,微博这些,她们所谈及的内容,自己不是很了解,因为我很少会关注这些东西。跟她们有时不在一条线上,她们讲话的时候我也插不进去,就有点尴尬,作为倾听者,我不会主动挑起话题。
>
> S10:就是说一群人在一起聊天,在一起嘻嘻哈哈,然后有时候就是我讲什么,大家都好像没听到一样,这种感觉,我觉得蛮尴尬的,这也是我人际交往方面的一个劣势。她们(家境好的学生)就口齿伶俐一点,交流来交流去好像话都能说得上,我说的时候感觉有点接不下去。
>
> S3:她们(家境好的学生)跟朋友相处,会聊一些共同的兴趣爱好,比如说化妆品啊,电影啊,演唱会,追的明星啊,还有去哪儿旅游啊,买什么衣服包包之类的。而这些离我很远。

非经济弱势学生依托家庭的经济因素,从小就有更多的机会去接触不同的东西,有经济能力去旅行、参加兴趣班、观看演出等,也有一个更高的平台,从小就知道更多的东西。对比家境好的学生,经济弱势学生因为家庭经济条件的限制,接触的东西少、见的世面少,知识结构单一,即使父母有培养他们全面发展的意识,限于经济条件也很难实施。久而久之,当他们与见多识广的非经济弱势学生接触时,就会发现自己爱好少、见识短、学习基础差。正所谓"物以类聚,人以群分",经济弱势学生与非经济弱势学生在交流时由于缺少共同的话题,他们很难融入非经济弱势学生的圈子,成为圈外人。除了缺少共同的话题,现实的差距更是拉大了他们之间的距离。

> S2:我刚从广西来的时候,一开始很不适应,气候、消费啊,很多方面都很不适应,感觉自己跟周围的人差距有点大,当时有一种惶恐的感觉。一直以来,我性格不是那么外向和"疯",熟了之后才那个。我当时一来的时候,就有一个计算机等级考试,当时超级无奈,我计算机(水

---

① 王如鹏.简论圈子文化[J].学术交流,2009(11):128—132.

平)真是 low(低)死，A、B、C(键盘上的字母)在哪里都不知道。旁边的人啪啪啪在打，我还在找 A、B、C，我对当时的印象特别深刻，26 分，感觉到了人生的深渊。我就超级、超级难过，但我室友计算机超级好，那一刻就觉得自己特别挫败。

改革开放至今，我国经济取得了飞跃，科技水平也得到了提高，新的科技产品不断涌入市场，走进千家万户。每年每个家庭和每个人几乎都在不同程度上感受着时代的变迁，感叹着科技的能量。但似乎家境好的孩子更先、更多地接受着这样的变化和幸福，依靠家庭积累的经济财富，他们总能先人一步，在很小的时候就可以接触先进的文化、科技和知识，好像时刻都可以走在时代的前沿。相反，家庭经济弱势的孩子便没有这样的待遇，因为经济条件有限，他们生活艰辛，没有多余的钱用于接触先进的知识和科技，也很难追逐潮流和时尚。

家庭经济弱势本科生因家庭条件比他人差，这在一定程度上导致了自卑心理的产生，致使他们性格较内向，在人际交往的过程中不敢或者说不愿意主动和同学交往，人际交往多限于不得不每天面对的室友和班上为数不多在性格上相仿的同学。总的来看，家庭经济弱势本科生的人际交往圈子狭小，缺乏主动交往的意识。

> S8：有一次我们去 KTV 唱歌。第一，我是不喜欢唱歌；第二，他们每次开包厢需要花很多钱，一个人需要分摊七八十元。但是我就是觉得这个钱有点多，还不如用它买一顿饭来吃，我就没有去。他们就说："同学，班上一共就几个男生，你还不去？"

> S11：可能刚开始开学的时候，如果碰上喜欢聚餐的或者说喜欢出去玩儿的寝室，可能经济方面有点薄弱，因为你去市中心可能就要花钱，而且市中心的餐厅你吃下来肯定是要花一两百的，这样子的话，每个月去一次就差不多(没钱)了。如果一些寝室经常喜欢约人出去玩的话，可能就会承受不起，但是如果别人约你，你不出去，别人就会觉得你不合群，就会觉得你怎么老不出去，就可能以后有活动都不会叫上你。

家庭经济弱势本科生一般较少参加班上组织的聚会等活动，因为他们知道这会花很多钱，所以他们一般都会以委婉的方式拒绝。但如果他们时常缺席班上同学组织的活动，班上同学则会认为他们性格孤僻，再有班上组织的活动便不会对其发出邀请。反过来，家庭经济弱势本科生自己也会产生一种被同学孤立、忽视的感觉,所以他们更愿意选择与自己有着相似经历或背景的同学交往。

　　S2:我们寝室四个人,我跟一个同学虽然在一个班,但是我还是觉得跟她们聊不到一起,因为她们说了很多东西,真是什么都不懂,当时觉得很无助,怎么办? 因为感觉自己受到了孤立,所以选择去图书馆看书,以这种方式让自己(感觉)充实。后来发现还是去图书馆看书,让自己舒服,就会每天去图书馆看书。所以那时候比较舒服。就一开始是惶恐的,只能通过看书找到一点安慰,反正大一就比较喜欢一个人乱逛,就没有想过要去和别人交往。直到遇到一个同学,她跟我一样是贫困生,她是单亲(家庭),后来就跟她聊得比较来,我们就成了好朋友。

　　人际吸引领域中有这样一个发现:在与人交往过程中,人们更喜欢与那些和自己相似的人接触,人们彼此间的相似性越大,彼此之间的吸引力也就越大。① 家庭经济弱势本科生倾向于和自己有相似经历的同学交往,是因为他们之间除了有经历的相似,还有相近的价值观等。

六、"炼"与"烦"

　　家庭经济弱势本科生的生活也可以是五彩斑斓的,他们可以加入社团,可以竞选学生干部,或者参加各种志愿者活动。在大学这样一个奇特的场域,他们有意地磨炼着自己。

　　S1:我大一时曾去青大队做志愿者。那时候觉得其他的工作做不来,我当时面试的时候也是跟他们说我是贫困生,其实我当时也是想锻炼一下能力嘛。我觉得是正确的,加入青大队后,我从他们身上学习到了如何学习。我觉得读大学有一个特别深的感受,就是这里很多同学经济条件都非常好,但他们学习也会非常努力,这与原来想象的不一样。

　　有的家庭经济弱势本科生最初是奔着锻炼能力的目的参与志愿者活动,在参与的过程中,他们的眼界不仅得到了拓宽,队友们的友爱也让自己感受到了温暖,同时,在与他人接触的过程中,自己的某些观念也得到了改变。

　　S2:我大二做生活委员,大三做体育委员。因为我大一时是一个很

---

　　① 佘丽琳.人际交往心理学[M].北京:光明日报出版社,1989:265.

沉默的人，基本上都是独立的个体，就去图书馆，很少跟别人在一起说话。当班干部以后，感觉跟班上的人会多沟通些，自己得到的信息也更多了。特别是转专业和打排球赛的过程中，就认识了很多同学，而且举办阳光体育（活动），在主持过程中，就会逼自己去。因为你要号召所有人，当时声音很小，你就会发现自己有很多短板，就逼自己不断地去改，在这方面就是逼自己去。

家庭经济弱势学生也不都是一直很被动，在磨炼自己能力意识的推动下，他们也会勇敢地迈出脚步。

S10：我大一任的是班里的文艺委员，然后在党组织里当策划组的副主任。我个人觉得担任学生干部对个人还是有锻炼作用的，尤其是进入大学，如果你什么都不干，要专心学习的话可以，但是你光学习肯定没用的，你还需要其他方面的（能力）嘛。像当学生干部，你就可以锻炼你自己的工作能力，当学生干部你还要和其他人交流沟通啊，都有很大的锻炼作用。当学生干部你还可以和班以外的同学交流，扩大自己的交际圈。相对于同班同学来说，你和她们的关系更亲近一点。

能力，可以说它是连接目标与行动之间的纽带。21世纪的今天，随着科学技术的迅猛发展，技术更加精细化，知识结构出现多元化的特征，各行各业对就业者提出了更高的条件：不仅要求就业者具有更丰富的专业所需知识，还要求就业者具备各种能力，如人际交往的能力、沟通能力、管理能力。这些能力的培养单靠读书是很难养成的，所以家庭经济弱势本科生不能"一心只读圣贤书，两耳不闻窗外事"，要提升自己的社会竞争力，就必须在多方面锻炼以提升能力。

虽然担任各类班干部在一定程度上能培养学生的自信心和责任心，提高组织管理能力和锻炼沟通能力，但任何事物都有它的双面性，担任干部也不例外。学生干部需要处理很多事情，这些事情会占用他们较多的时间和精力，有时还会影响自己的学习。在这一点上，有的受访者表示在担任干部期间很"烦"。

S4：主要是我感觉这种东西还是很烦的。我们专业像大一和大二，课都挺少的，但这学期，课程也变严了。城乡规划赛，我们学校算是比较差的，今年要搞培训什么的，要内部通过评估，老师要求也稍微严了点。这学期课程本来就多了，现在是搞助学金的，一周五天，早上除了上课就是在老师那边给老师帮忙啊,有的时候中午还要开会,晚上回来还帮着填表格。这种就比较忙,有段时间特别忙,就把自己搞得特别累,特别"烦"。

"烦"既为一种心理活动,如急躁、苦闷,也是一种情绪,如厌烦。[①] 访谈的过程中,受访者表示因为学期课程很多,当天课程结束还要帮忙处理助学金的工作,这让他很累,久而久之便产生了厌烦与苦闷。

第七节　结论、建议与反思

一、主要结论

(一)现有资助改善了家庭经济弱势本科生的物质生活

为了帮助经济弱势学生顺利入学和完成学业,并得到良好成长,国家在高校中建立起助学贷款、助学金、奖学金、困难补助、减免学杂费等多种形式的经济资助体系。除此以外,许多大学积极倡导和支持社会组织、企事业和个人面向高校设立奖助学金。如 Z 校设有绿城助学金、俞强新生助学金、康恩贝自强奖学金、秋田奖学金、精工奖学金、永在奖学金和睿达奖学金等,以帮助经济弱势学生减轻家庭负担,并专心读书。在实践中,物质资助也确确实实帮助了经济弱势学生渡过难关,减少他们对生存问题的担忧。国家助学金等在很大程度上解决了他们的生活费问题,助学贷款帮助解决了学费问题。总之,现有的来自各个方面的资助改善了家庭经济弱势本科生的物质生活。

进一步地,我们应该能够看到,一方面,物质资助发挥了资助的功能,让越来越多的家庭经济弱势学生受益,圆了大学梦,许多受资助的学生也因此找到一份好工作,拥有一个好未来,他们发自内心地感激政府、社会和学校给予的帮助。另一方面,因为各种原因,也造成家庭经济弱势学生认定过程中客观存在一些不合理现象,如受访者提到的"比穷大会",即补助实践中将申请资助的学生名字列出,由室友向全班告知他们的情况,最后选出谁更穷之类。这种认定方式将申请者的信息完全公开,深深地刺痛了申请者的自

[①]　中国社会科学院语言研究所编.新华字典[M].11 版.北京:商务印书馆,2011:125.

尊心。久而久之，一些真正贫困的学生因为惧怕这类情况从而放弃申请，物质资助则没有能够达到资助的目的。总而言之，为了实现从物质层面上帮助家庭经济弱势学生，合理地处理好认定过程，使之公平而又保护好弱者心理，具有必要性。

（二）家庭经济弱势本科生在社会生活中人际交往受限

由访谈数据的分析可知，家庭经济弱势本科生由于多方面的原因，在人际交往过程中表现出人际交往圈子狭小，人际交往趋于被动，即他们在社会生活中人际交往受限。

Z校许多家庭经济弱势本科生都是来自农村地区、中西部或偏远的山区，经济上的困难导致了她们不能像其他同学一样从小就接触新科技和广阔的世界。因此，当她们进入大学，面临一个新的环境时，发现自己与周围的环境是那么的格格不入。就像访谈中有受访者提到的那样，在计算机考试中，她都不知道A、B、C键在哪里，而旁边同学却能熟练敲击键盘，这让她感到很挫败。还有在与其他家境好的同学聊天过程中发现缺少共同话题，这让她们感到很尴尬。而自己提出的话题，其他家境好的同学又不感兴趣，这让她们产生一种被孤立的感觉。事实上，大学的人际，很多是建立在物质基础上的，也就是说如果你家庭经济状况好，你可以和同学去逛街购物、去追星、去旅行、去聚餐。在这样的交往过程中，同学之间很容易形成更多的关系链接。但是这些对经济弱势学生而言，却经常是可望而不可即的，因为他们没有额外的钱去和同学消费，也就谈不上所谓的人际互动了。她们考虑更多的是生存问题，久而久之，经济弱势学生就脱离了人群，与同学之间就会更加缺乏共同的话题，这便给其他同学留下孤僻的印象。除此之外，家境不同的本科生在消费观念上也有很大差异。如一双100元的凉鞋，经济弱势者认为这很贵，因为100元相当于她们小半个月的生活费，但其他同学对此却不能理解，在她们看来鞋子是用来穿的，100元一双很实用。诸如此类让经济弱势学生在与他人交往过程中感觉自己和其他同学"不合群"，感觉和她们不是同一类人，不在同一个"圈子"内。所以她们更愿意与那些和自己有着相似经历、相同家庭经济背景的同学交往，只有与这些人在一起才不会让自己感到不自在，这样导致的结果便是人际交往圈子的狭小。

在漫长的人生旅途中，人们寻求朋友，渴望有自己的朋友。家庭经济弱势本科生也渴望在求学的道路上能够拥有属于自己的友谊，但由于家庭经济状况不佳及由此带来的个性原因，她们选择将自己封闭，不愿和同学交往。许多受访者表示自己性格内向,在人际交往过程中比较被动,甚至会恐惧人际交往。有家庭经济弱势学生甚至惧怕和每个人搞好关系,有的当发现那些与自己性格上有较大差异的人,就会选择远离他们,不和他们接触;有的比较沉默,几乎是一个人独来独往。她们甚至没有想要和别人交谈,因为感觉和周围同学的差距很大,别人也不理解自己,所以很多时候就会选择泡图书馆充实自己,转移自己的注意力。家庭经济弱势本科生在人际交往过程中缺乏主动性,这也是社会生活中人际交往受限的一种体现。

(三)家庭经济弱势本科生的精神生活尚存在诸多挑战

本研究发现家庭经济弱势本科生在精神生活中还存在诸多挑战,主要表现为普遍存在自卑、敏感多疑和学习困难等问题。

自卑是一种自我评判,一种偏离了正常认知,认为自己与他人相差甚远,从而赶不上别人的消极情感。家庭经济弱势本科生由于经济困难,经常要考虑吃穿和学费问题,生活压力比较大。还有的家庭经济弱势本科生来自偏远的农村,虽然有的来自城市,但这部分学生的父母因为文化水平较低,要么工资收入低,要么下岗没有稳定的经济收入,弱势学生在校期间的开销就会受到一定的限制。这与周围那些衣食无忧的同学形成强烈的反差,家庭经济弱势本科生往往会因为囊中羞涩而感到自卑。有家庭经济弱势学生每当寝室点外卖的时候,室友都会点,但因为价格太贵自己便不会做出和室友同样的选择;有人和室友出去逛街,发现她们买很多东西,而自己则什么都不会买,这种明显的差距让她感觉到巨大的落差感。在大学期间,学习成绩已不再成为学生受到尊重的唯一因素,大学期间考察的是学生的综合素质,即除了学习成绩之外还有其他能力,如艺术才能。经济弱势学生由于生长环境,综合素质发展不全面,个性也没有得到充分的发挥。与那些经济条件较好、兴趣广泛、思想活跃、具备多种综合能力的学生相比,她们很容易因为自身条件的不足而感到自卑,对自己失去信心。很多受访者都表示自己的艺术才能不及非经济弱势学生,即使他们花费更多的时间,但最后的效果也没有非经济弱势学生的好。所以,很多家庭经济弱势本科生因为现实的差距而感到自卑。

除了有自卑心理,经济弱势本科生还有多疑敏感心理,想的东西比别人多,也比较在意他人对自己的评价。譬如,如果他们看见两个同学在窃窃私语,他们会对号入座,以为是在说自己,但事实上那两位同学讨论的是其他事情;如果别人无意之中讲了一句笑话,他们也会觉得笑话是针对自己。另外,作为经济弱势学生,他们时常还要注意自己的穿着,稍微穿得好一点,就会担心别人的指指点点。同样是出去娱乐,如果和同学们一起玩,那自身的经济实力是满足不了的,如果不答应和他们一起,他又怕被同学误会是故意疏远他们,碍于面子又不能说自己没钱。所以,在学校生活中,经济弱势本科生因多疑敏感而思想负担沉重。

研究还发现在家庭经济弱势本科生中普遍存在学业困难或学业不优秀的现象,获得过奖学金者少,普遍的学习困难主要表现为知识面窄、英语差、计算机操作和实验动手能力差等。有同学曾经因为在实验室中犯错被同学嘲笑为"蠢"。家庭经济弱势本科生学习方面存在的困难一方面与家庭经济状况不佳有关,另一方面他们大多来自经济偏弱的农村,成长中所受教育的学校师资力量等都相对较弱。

二、对策建议

家庭经济弱势本科生作为高校相对特殊的群体,其物质生活、精神生活和社会生活都受到政府、社会和高校的关注,为了让他们能够顺利度过4年求学时光,并得到良好成长,研究者在研究结论的基础上提出如下对策建议。

(一)合理认定并精准有效地资助家庭经济弱势本科生

高校学生资助,不是一般性的社会慈善活动,其受助对象是经过挑选认定后确定的。在现实生活中,由于家庭收入具有隐私性,各种隐形收入复杂而难以衡量,再加上我国地域广阔,因此调查资助对象的家庭经济状况需要花费高昂成本。造成每个经济弱势学生家庭困难的原因很多,贫困情况也很复杂,在居民家庭经济信息没有准确上报并有效共享的制度情景下,高校目前还无法详细、准确地调查每个学生的家庭经济情况。在认定方式上,目前大多数高校将生源地认定和高校内部认定相结合以认定经济弱势学生;在认定方法上,主要有学生平均消费水平认定法、综合认定法、收入水平认定法和居民最低生活保障线比照认定法;认定标准上,主要根据学生就读期间每月生活和学习花费、家庭年纯收入以及其他可能影响家庭收入的特殊情况。① 虽然有多种途径可以帮助高校认定经济弱势学生,但不得不承认,由于教育补偿实践中各主体间信息的不对称,高校在认定的过程中难以确切地掌握每个学生家庭具体的经济状况,这就会造成经济水平高的学生得

---

① 林娜.高校贫困生资助新模式[M].桂林:广西师范大学出版社,2008:5;6.

到了资助,经济水平低的得不到有效资助,或者得到资助的学生则被迫公示自己的家庭情况、贫困原因等。为避免出现以上问题,应该建立一套科学有效的信号传递机制,使政府、学校和银行接收的信息与学生的真实经济状况相匹配。[①] 这样再辅之以其他相应的监管和制度安排,才有可能做到精准而有效地资助家庭经济弱势本科生。

但在认定之后,为了体现经济弱势学生认定的公平公正性,也为了遏制寻租现象的出现,高校还是应将认定的结果进行公示。虽然多数经济弱势学生能够坦然面对公示,但是有部分学生对此会比较敏感,没有勇气面对。我们认为,作为认定的一个重要环节,公示应要避免触及受助学生的自尊心,保护隐私,不能将所有的信息都公示,应有选择性地公示。这也是合理认定工作的内在要求。

精准而有效地资助家庭经济弱势本科生,能让家庭真正困难的学生获得应有的帮助,减少他们的经济负担,合理的认定则相应地减少受助者心灵上可能受到的伤害,提升他们的成长自信心。

(二)专业引导家庭经济弱势本科生帮助其社会性成长

在日常生活中,人无法作为孤立的个体而存在,个体必须要同他人进行交往,从而形成各种各样的社会关系。然而,家庭经济弱势本科生在人际交往方面受到的限制会影响人际关系的深入发展和良好人际关系的建立。作为弱势补偿,本科教育应专业地引导他们,以帮助其社会性成长。

第一,培育主动交往的意识。舒适的人际关系不但有利于个人的身心健康,还有助于个人的成长发展。但是,家庭经济弱势本科生因为家庭环境因素的影响,缺乏主动交往的意识或者主动交往的意识淡薄,这就需要高校通过开展各种各样的专业性教育活动,提高和加强家庭经济弱势本科生的人际交往意识,促使他们自愿地与他人交流。譬如,高校可以将"大学生活之人际"制定成手册放入通知书提前供学生浏览。当前,许多高校设有大学生职业规划选修课,科任老师可以将人际交往的有关内容整合进该课程;高校还可以组织以"人际交往"为主题的班会和辩论赛,让家庭经济弱势本科生了解人际交往的目的和意义。此外,辅导员还可以以自身经历向经济弱势学生讲述当今社会人际交往的重要性。总之,通过不断强化人际交往意识转变他们对人际交往的看法,最终形成主动交往的意识。

---

① 宁宇.A校家庭经济弱势本科生补偿政策体验研究[D].金华:浙江师范大学,2015:44.

第二，鼓励积极参加社团活动。社团活动作为高校校园文化建设不可或缺的一部分，对拓宽家庭经济弱势本科生的人际交往圈有重要的作用。在高校，学生根据各自的兴趣和爱好结成形式多样的社团，其内容指涉广泛，社团的成员来自不同的学院或不同的专业，家庭经济弱势本科生通过参加这些社团活动可以结识更多的朋友，学会交流、尊重、团结、宽容，拉近与其他同学的距离，发展友谊。因此，高校应在家庭经济弱势本科新生刚入校的时候，安排专门的人员向新生讲述大学生活的情况，向他们描述社团活动的作用，鼓励他们积极参加社团活动。

（三）有针对性地为家庭经济弱势本科生提供精神补偿

如果说物质资助是解决学生经济层面的问题，那么精神补偿则是为了解决学生在精神层面（心理、学习等）的困难。精神补偿是指通过学习辅导、心理辅导、价值引导等方式对精神层面存在困难的家庭经济弱势本科生进行帮扶。为经济弱势本科生提供精神补偿有助于他们精神状态的改善，缓解他们的精神压力，从而使他们在学习和生活过程中能拥有健康的心态，更好地成长。针对家庭经济弱势本科生面临精神生活中的困难，可以从以下途径为其提供补偿：

第一，心理辅导。由研究结论可知，家庭经济弱势本科生普遍有自卑和敏感心理。如果这些消极情感长期存在而得不到释放，会导致他们走向极端，曾经的马加爵事件就是一个典型的例子。虽然许多高校设有心理咨询室来帮助家庭经济弱势本科生，但实际上，很少有学生主动走进心理咨询室进行咨询，这样心理咨询室便成了摆设。家庭经济弱势本科生性格比较内向，不愿主动在陌生人面前谈及自己遇到的问题，另一方面，还有的学生认为，从心理咨询室出来的人就意味着自己心理方面有问题，恐于他人的嘲笑，所以家庭经济弱势学生大多不会主动选择心理咨询。基于以上原因，我们认为应由班主任和辅导员主动对其进行心理辅导。因班主任和辅导员是和学生接触比较多的老师，在与他们谈话过程中能够获得他们的信任，缩短心理距离，便于辅导的顺利进行。班主任或辅导员在与经济弱势本科生谈话的过程中，应注意保护学生的隐私，引导学生正确认识自己的自卑，正确看待他人的评价，还要引导他们认识到自己不合理信念对情绪和行为的影响，同时培育合理的成长信念，克服自卑和敏感心理。

第二，学习辅导。在访谈过程中，有受访者提出，大学老师每次上完课都会匆匆忙忙赶往下一堂课，平时也很难见老师，课后同学也不会聚集在一起讨论问题,因此许多学习上遇到的难题没法及时解决。因此,教师应通过信息技术创设与学生沟通的渠道,可以通过网络社区在规定时间在线答疑解决学生的问题。教师应对经济弱势学生进行引导,帮助他们掌握正确的学习方法,做到事半功倍。另外,还应通过教师的学习辅导来提高经济弱势学生的自主学习能力。

第三,价值引导。因为"贫困生"这个符号,家庭经济弱势本科生的生活受到很多限制。在一般同学的眼里,作为家庭经济弱势的同学,应该是穿着很朴素,吃得很节俭,生活要过得很苦,这样才符合他们心中所认为的形象,一旦偏离了这一形象,其他学生就会对此议论纷纷。事实上,作为正常人的家庭经济弱势学生自然也会有过更好生活的想法,这也是可以理解的。因此,高校在校园文化的建设中应注重价值引导,改变师生对家庭经济弱势学生的刻板印象,教育全体学生学会宽容他人,理解他人,尊重家庭经济弱势本科生的人格,给他们创造一个良好、和谐的心理环境。

需要强调的是,对家庭经济弱势本科生的教育补偿措施不是单个的,割裂的,而应是指涉到他们教育生活的全部。因此,对他们的帮助也应该是物质补偿和非物质补偿同时进行,物质生活、社会生活和精神生活全方位进行关照。

三、研究反思

至此,论文的写作已接近尾声,整个写作的过程既有收获,也存在一些不足。

第一,本研究的访谈对象主要选取的是 Z 校家庭经济弱势本科生,对于本研究的主题而言,该样本的选取符合研究的需求。由于不同地区、不同类型高校的家庭经济弱势本科生在物质生活、精神生活和社会生活方面的状况可能存在一定的差异,因此,本研究得出的结论外推时需慎重。这虽然是质性研究的内在限度,但并不能因此否定质性研究的价值。

第二,一般地,质性研究论文的写作,要求研究者要有很强的文字功底,但对于非中文专业出身的研究者而言,在对访谈语料进行分析后的学术表达中,可能没有能够带给读者足够多的阅读愉悦。研究者会在以后的学习研究中进一步修炼自己,提升写作素养。

第二部分　家庭经济弱势本科生
的教育补偿研究

　　本部分的逻辑是,先对改革开放以来我国家庭经济弱势本科生补偿政策进行深入的话语分析,梳理政策变迁的路径,并进行相关经验的讨论。家庭经济弱势本科生是补偿政策的接受主体,本部分进而探究了经济弱势本科生的补偿政策体验,了解其政策受益和政策认同,并从受体角度提出了相关改进建议。

　　接着本部分尝试提出了家庭经济弱势本科生经济补偿三原则,即差别公平、教育关怀和精准有效原则,其中差别公平和教育关怀是精准有效的前提,三个原则是一种"三位一体"式的存在。研究还对为什么提出这三项原则以及三项原则之间的关系进行了深入的论证,并提出了三大经济补偿原则的实施路径。

　　最后,本部分针对当前家庭经济弱势本科生补偿实践,提出并论证了"非经济补偿"的理念,以此启示当前补偿体系的改进。

分析框架	探究维度	分布的章
政策研究路径	补偿政策文本	第九章　家庭经济弱势本科生补偿政策的话语分析
	补偿政策体验	第十章　家庭经济弱势本科生补偿政策的体验研究
补偿分类理论	经济补偿	第十一章　家庭经济弱势本科生补偿原则及其实现
	非经济补偿	第十二章　家庭经济弱势本科生的非经济补偿研究

　　本部分分别使用了话语分析、质性研究和理论研究等方法进行探究。

第九章　家庭经济弱势本科生补偿政策的话语分析

对家庭经济弱势本科生进行补偿是"教育脱贫"的重要举措。对改革开放至今(1979—2016)我国政府颁布实施的补偿政策文本语料库进行话语分析能够探析政策变迁的路径与趋势。在编码与词频分析的基础上,研究发现补偿政策近四十年来经历了:补偿主体由政府走向多元、补偿对象认定由粗放趋向精准、补偿获取由身份普惠趋向引入竞争、补偿项目由免费助学走向丰富多样的过程。补偿主体的多元带来补偿资源的相对丰裕,精准定位补偿对象且引入竞争元素使补偿资源的利用效率和效果均在提升,而补偿项目的丰富化则能更好地满足家庭经济弱势本科生的多样需求。

对家庭经济弱势本科生实行帮扶是文明社会弱势补偿理念的内在要求,也是"教育脱贫"的重要举措。① 改革开放以来,我国政府先后出台实施了众多对家庭经济弱势本科生进行补偿的政策,并取得了相应的效果。政府补偿政策是高校本科生补偿实践的依据,把改革开放以来重要的家庭经济弱势本科生补偿政策建立语料库,并在此基础上进行深入的话语分析,发现政策变迁的路径与趋势,并就这些发现进行基于当下语境的讨论,是下一个政策循环的基础,也是寻求更好补偿绩效的起点,具有必要性。

---

① 中共中央国务院关于打赢脱贫攻坚战的决定[EB/OL]. (2015-11-29)[2017-02-08]. http://www.gov.cn/zhengce/2015-12/07/content_5020963.htm.

第一节　经济弱势本科生补偿政策语料库的建立

"家庭经济状况"这一家庭阶层分类要素对大学本科生成长有着重要影响，一般认为，家庭经济弱势通常会影响本科生的人际交往、学业和就业等诸多因素。我国政府自 1949 年以来，相继颁布了众多补偿政策。纵观整个历史时期的教育补偿政策，不难发现，各类政策文本随着社会、经济和文化等的发展而不断完善。改革开放是我国社会发展的重要转折点，本研究旨在对改革开放后即 1979 年起至 2016 年国家层面的家庭经济弱势本科生补偿政策文本进行话语分析，以探求政策变迁的路径与趋势。研究建立语料库所需的政策文本都是通过网络搜索的方式获取，主要来源是中华人民共和国教育部政府门户网站。研究通过教育部网站搜索并下载从 1979 年至 2016 年的关于家庭经济弱势本科生补偿的政策文本，再根据"贫困生""补助""家庭经济弱势""本科生""困难""经济"等关键词，剔除不符合条件的政策、条例，保留与本研究主题相关的政策文本，形成最原始的语料库。此外，我们通过细读这一研究领域学者的重要成果，对获得的文献线索进行网上检索，以补充尚未在教育部网站检索到的政策文本，以期完善研究所需的语料库。最后，研究将政策文本按照国家五年规（计）划作为时间节点进行阶段划分。

在以上工作的基础之上，我们通过整理得到与本研究主题有关的家庭经济弱势本科生补偿政策文本共 58 份，计 99734 字的语料库。需要说明的是，研究在建立语料库的过程中，删除了有关政策文本中所存在的与本研究主题不相关或者相关度极小的语句。整体观之，语料库涵盖了 1979—2016 年这一时间段内国家层面所发布实施的与本研究主题密切相关的所有语料，语料库具有研究所需的完备性。

第二节　经济弱势本科生补偿政策的编码与词频

本研究基于语料库的话语分析方法，对语料的政策文本集进行了定量分析。在话语分析领域中,对语料库进行分析的方法有着很大的利用价值。[①] 语料库方法通常会应用计算机技术对分词进行频率分析,以获取研究所需的词频、关键词表。[②] 然后研究再根据这些统计结果,找出所要分析的目标语料库文本存在的某种规律,或者通过一系列质性分析,联系实际情况找出问题,并且引发思考。

　　本研究所使用的分析辅助工具为 NVivo11.0 软件。分析政策文本的关键是对文本进行编码,一般认为,编码过程必须将所有相关的条目都包括在内。编码可以采取完全开放式方式进行,如对质性访谈语料的分析,也可以是非开放式(格式化)的。研究者在对语料库(特别是政策文本类)有深入认知的前提下,也可以先有宏观的主题框架,然后再通过这一“高位”的框架来细读语料文本。即使提炼主题框架会受到研究者自身所附带相关认知的影响,但是还是不能否定研究者提炼语料的主题框架在一定程度上就是一个隐性编码过程。本研究编码使用的是非开放式(格式化)编码。切合本研究主题的政策文本包括了四个要素,每个要素亦包含诸多关键词,研究借助 NVivo11.0 分析、挖掘了文本。本研究的编码设计结构如表 9-1 所示。

表 9-1　家庭经济弱势本科生补偿政策文本的编码结构

主题话语	序号	编码维度	解释说明
弱势补偿	1	补偿主体	哪些主体介入了对家庭经济弱势本科生的补偿?
	2	补偿对象	怎样确定谁是补偿对象即家庭经济弱势本科生?
	3	补偿获取	家庭经济弱势本科生是怎样获得补偿资格的?
	4	补偿项目	家庭经济弱势本科生补偿的项目有哪些?

　　此外,研究对家庭经济弱势本科生补偿政策文本进行截取,以“国家五年规(计)划”为时间界限,划分成九个政策文本集,利用 NVivo11.0 的近义词功能、词汇分析等得出高频词汇,经汇总后取词频前 50 的分词,形成词汇云,具体如图 9-1 所示。

　　词频分析法主要是用可揭露或集中表达文本中心思想的关键分词所呈现的频数以明确该文本集的研究焦点或动态的一种较直观的分析方法。[③]

---

①　窦卫霖,等.教育公平的话语分析[M].南京:江苏凤凰教育出版社,2014:111—112.

②　窦卫霖,等.教育公平的话语分析[M].南京:江苏凤凰教育出版社,2014:191.

③　马费成,张勤.国内外知识管理研究热点:基于词频的统计分析[J].情报学报,2006(2):163—171.

图 9-1　与编码维度相关的特征词的词汇云

通过上述词汇云图，可较直观地发现"资助""困难""学生""贷款""资助""奖学金""高等学校"等分词在该词汇云中的覆盖率较大，表明语料库与本研究所要探究的主题贴切。另外，政府的资助政策、补偿措施在宏观上触及多维度内容。譬如，补偿政策强调受惠对象（贫困本科生）的身份辨识。"贫困家庭""贫困地区""特困生"和"在校生"等有关受惠对象界定的关键分词在词汇云中的总体覆盖面积较为可观，此类限定条件表明补偿路径在着眼于公平，在逐步摆脱补偿工作"粗线条"局面；"就业""应征入伍""绿色通道"等分词的出现表明了补偿政策的人文关怀和补偿项目的丰富化；"脱贫"分词的出现表明补偿不仅是针对在校生活的当前救助，更是拓展到了长远的脱贫帮扶。

词汇云可从宏观整体层面分析政策的热点，对于内容的趋势分析，还需借助编码系统，深入分析各分阶段词频较高的关键分词。因此，基于已确定的编码结构，本研究将所需关键词以"OR"的关系带输入至 NVivo11.0 分析工具中，利用近义词功能，进行词频搜索，并删除与本研究编码无关的特征词，取词频前五的分词，并将结果汇总如表 9-2 所示。

表 9-2　与编码维度有关的特征词的频率表（词频前五位）

分析阶段	词频最高	词频第二	词频第三	词频第四	词频第五
1979—1980 年	助学金、学生（4）	制度、人民、享受（3）	职工、实行（2）	大学、资助（1）	
"六五"计划（1981—1985 年）	学生（58）	人民、助学金（38）	学校（17）	职工（14）	困难（12）
"七五"计划（1986—1990 年）	学生（94）	贷款（56）	奖学金（42）	制度（33）	国家（24）

分析阶段	词频最高	词频第二	词频第三	词频第四	词频第五
"八五"计划 （1991—1995 年）	学生(64)	困难(43)	经济(25)	勤工助学、高等学校(22)	贷款、学校(19)
"九五"计划 （1996—2000 年）	学生(97)	贷款(72)	困难(50)	国家(48)	经济(46)
"十五"计划 （2001—2005 年）	国家(97)	学生(94)	贷款(67)	助学(62)	困难(41)
"十一五"规划 （2006—2010 年）	学生(428)	资助(403)	高校(311)	困难(299)	国家(296)
"十二五"规划 （2011—2015 年）	资助(280)	学生(279)	国家(218)	贷款(156)	助学(131)
2016 年	教育(67)	脱贫(47)	学生(44)	高校(31)	建档立卡(28)

细读表 9-2 内容，分析其变迁规律可以发现：首先，无论是从总样本还是各阶段样本集视角分析，其核心均在强调"困难""学生"的"资助"问题，这也表明了研究所建语料库的适恰性。其次，各个阶段的政策都具有发展性，呈现变迁的过渡状态。譬如，资助项目由助学金过渡到多样化的奖学金、贷款、勤工助学等，资助主体由单一的主体（国家）转向政府、社会各界、高校等；而现有政策更强调对贫困本科生实行"建档立卡"，精准地对贫困生的身份进行认定，而不再是"粗线条"地认定受补偿对象。最后，从单一的经济层面帮扶到现阶段"脱贫"，这不仅表明贫困生补偿所指涉内容在丰富化，"教育脱贫"更是一种社会行为，对社会均衡发展具有战略意义。

多视角分析与编码系统有关的特征词，可以发现词汇云和分阶段词频反映的整体内容具有较大一致性，都在一定程度上反映了政府对家庭经济弱势大学生补偿理念和制度在逐步变迁，下文将进一步细致阐明。

第三节　经济弱势本科生补偿政策变迁的路径

家庭经济弱势本科生补偿政策文本的格式化编码有四个维度：补偿主体、补偿对象、补偿获取和补偿项目，这既是研究对语料库进行初步编码得出的结果，又是政府对家庭经济弱势本科生实施补偿这一政策事件的关键项和逻辑脉络。根据这四个编码维度进行政策文本的话语分析，研究得出了如下发现。

一、补偿主体由单一政府走向多元渠道

改革开放至 20 世纪 80 年代初,对家庭经济弱势本科生的补偿,我国实行的是政府"免学费+助学金"模式;80 年代中期直至 90 年代后期,引入了政府"奖学金"的方式对家庭经济弱势本科生进行补偿。但是随着社会机制的不断完善,原有的补偿模式已无法满足社会的需要,必须有所突破和改革。由此,以政府为主导的多元化补偿体系登上了历史舞台,且发挥着举足轻重的作用。

家庭经济弱势本科生补偿主体由单一政府走向多元的第一步是国家助学贷款制度的形成。1999 年,国家明确规定中国工商银行是唯一具备制定我国助学贷款细则资格的主体。① 2000 年关于助学贷款的政策表明国家不仅扩大了贷款的范围,且经办方也由中国工商银行这一单一主体拓宽至其他三大银行。② 这些举措标志着"商业银行"成为助学贷款的发放者和家庭经济弱势本科生补偿的主体之一,拓宽了补偿资源的来源渠道。

接着国家设立了"国家奖学金"和"励志奖学金",这些制度安排虽是以政府为主导,但要求全国各高校客观公正地实施奖学金评定办法,确保做好贫困本科生的认定工作。与此同时,各高等院校也逐步成为贫困本科生补偿的主体,一系列举措逐渐形成。国家于 2004 年、2006 年分别下发通知,强调各高等院校每学年需投入一定比例的经费到困难生的补偿工作中去。③④其次,以各高校为主导的"绿色通道"制度也初步发挥作用,自 2007 年起,按照政策的指示,各地需切实部署好家庭贫困大学生的"绿色通道"事务。往后的每一学年,政府都要求各高校做好此项工作。此外,高校还与学生共同承担部分助学贷款的补偿和风险金。1999 年,《国家助学贷款管理操作规程(试行)》详细规定贫困大学生若因经济原因未能按时偿还部分的贷款额,则该部分贷款由提出贷款申请的学校、贷款管理中心双方进行偿还。⑤ 2004年国家也以类似的方式要求各高校必须负担部分风险金额,且负担的部分也与该高校毕业学生的还款情况直接挂钩,这将高校和学生的利益与贷款风险捆绑在一起,使高校和家庭经济弱势本科生成为利益共同体。如上过

---

① 关于国家助学贷款的管理规定(试行)的通知[S].1999.

② 关于学生助学贷款管理的补充意见[S].2000.

③ 关于切实解决高校贫困家庭学生困难问题的通知[S].2004.

④ 关于进一步加强高等学校学生资助工作机构建设的通知[S].2006.

⑤ 国家助学贷款管理操作规程(试行)[S].1999.

程展示了高校在一步步承担更多的家庭经济弱势本科生补偿责任。这样高校就与政府、商业机构等主体共同构建起了多元补偿渠道。

二、补偿对象认定由粗放趋向精准定位

从近 40 年家庭经济弱势本科生补助政策的文本来看,我国在改革开放后较长一段时间对于"贫困生(家庭经济弱势本科生)"没有清晰的界定。1987 年至 1989 年,政府文件均将"贫困生"大致界定为"家庭经济确有困难的学生"①②。这一时期,人们往往模糊地认为"贫困生"即是"家庭经济困难、生活俭朴的学生"。③

"贫困生"界定的具体化始于 1996 年,该年相关政策文本将"贫困生"归纳为某些特定的群体,如"灾区人民的子女后代;经济需要救济的学生;位于少数民族区域的学生;'并轨'制度改革过程当中出现的贫困学生"等。④1999 年《国家助学贷款管理操作规程(试行)》对"贫困生"进行了稍为详细的解读,即在校期间的全部收入不够支付学业、生活等开支的本科生群体。⑤同年 6 月,又将"生活贫困、父母下岗的学生"列为贫困生群体;⑥2004 年有关部门在着力解决贫困生问题的文件中明确规定:因公牺牲军人的子女、城市低保户、农村特困户、偏远且落后贫困地区家庭的后代均被列为"家庭经济特别困难的学生"。⑦

贫困本科生的身份认定于 2007 年逐渐走向精准。2007 年 6 月,教育部、财政部连续颁发了五个文件,均以"国家奖助学金管理"和"家庭经济弱势学生认定"为内容。同年,相关指导意见对高校家庭经济弱势学生的身份认定工作做了一系列规定,且将"家庭经济困难学生"界定为"个体与家庭能够支配的资金不足以满足其在校时期所需的学业、生活等方面的费用支出"这样的本科生群体。⑧ 同年,所有相关政策文本都要求各高校按照政策规定对贫困生的身份进行有效识别与认定。2008 年在有关新生资助的政策文本

---

① 普通高等学校本、专科学生实行贷款制度的办法[S].1987.

② 关于普通高等学校收取学杂费和住宿费的规定[S].1989.

③ 余秀兰.60 年的探索:建国以来我国大学生资助政策探析[J].北京大学教育评论,2010(1):151—163.

④ 关于切实做好高校经济困难学生入学工作的通知[S].1996.

⑤ 国家助学贷款管理操作规程(试行)[S].1999.

⑥ 关于进一步加强高校资助经济困难学生工作的通知[S].1999.

⑦ 关于切实解决高校贫困家庭学生困难问题的通知[S].2004.

⑧ 关于认真做好高等学校家庭经济困难学生认定工作的指导意见[S].2007.

中再次强调要公正地开展贫困生身份认定和识别工作。① 2009 年至 2013 年间,国家进一步下发文件要求各高校对家庭经济弱势本科生的身份进行客观、公正认定。教育部《高等学校学生资助政策简介(2014)(本专科学生)》再次强调了 2007 年的如上贫困生界定,并对贫困本科生的认定工作进行了进一步的具体阐述。② 2016 年 12 月教育部《教育脱贫攻坚"十三五"规划》指出,精准扶贫须集中着眼于教育中最困难、最薄弱的群体,确保每个个体均可接受优质教育。③ 在"教育脱贫"这一大背景下,扶贫须精准,具体到教育领域也是如此,做好贫困生的教育扶助工作,不让家庭经济弱势本科生掉队。

分析 1979—2016 年有关家庭经济弱势本科生补偿的政策文本可发现,政府在日益重视贫困本科生的身份认定工作,从改革开放至今,家庭经济弱势本科生的认定工作从模糊走向了清晰,从粗放趋向精准。

三、补偿获取由普惠趋向引入竞争元素

改革开放初期,我国对所有本科生包括家庭经济弱势本科生实施整齐划一式、普惠性的补偿政策,主要模式是"免费上学＋助学金"。这一模式的源头是 1952 年颁布的《关于调整全国高等学校及中等学校学生人民助学金的通知》④和《关于调整全国各级各类学校教职工工资及人民助学金标准的通知》⑤,直至 1983 年,实行了 30 余年。

然而,"大学生"身份普惠补偿模式在当时新形势下逐渐凸显出了弊端,已经不能很好地适应现实,特别是在本科生群体日益庞大,国家补偿资金有限的情境下,政府深刻地意识到了变革的必要性,尝试以更有效的补偿政策逐渐取代旧办法。1983 年政府启动"人民助学金""人民奖学金"共存的补偿模式,把部分资金用于奖励学业优秀本科生(包括家庭经济弱势本科生);普惠性的人民助学金制度的明显松动则是以 1986 年国家发布《关于改革现行普通高等院校人民助学金制度》为标志。1987 年为了奖励本科生刻苦学习,激励其报考某些定向专业,鼓励本科生于毕业之际去往条件艰苦的地区从

① 关于认真做好 2008 年高等学校新生资助有关工作的通知[S].2008.
② 高等学校学生资助政策简介(本专科学生)[S].2014.
③ 教育脱贫攻坚"十三五"规划[S].2016.
④ 关于调整全国高等学校及中等学校学生人民助学金的通知[S].1952.
⑤ 关于调整全国各级各类学校教职工工资及人民助学金标准的通知[S].1952.

业,政府创设了"优秀学生奖学金""专业奖学金"和"定向奖学金"。① 这意味着我国对补偿对象的帮扶引入了竞争元素,有的补偿项目仅针对优秀大学生(包括优秀的家庭经济弱势本科生),不再是针对所有本科生。

在这之后,政策逐步把家庭经济弱势本科生从非贫困生中单列出来,从而逐渐走出基于"大学生"身份普惠的制度安排。1989 年,政府开始设制立法,将"家庭经济弱势本科生"这一类特定对象从"所有本科生"群体中抽离出来,将补偿的受惠对象指向贫困本科生。1989 年,国家有关政策指出:除师范生,其余学生均须缴纳学杂费、住宿费,若确属家庭困难,可适当减少学杂费用。② 政府于 1993 年、1995 年分别下发了资助贫困生的文件,文件均强调学校须依据学生家庭困难程度,结合考虑其在校表现,适当减免学杂费以支持其完成学业。③④《高等教育法》也规定政府需接济位于少数民族区域学生、经济需救助的学生,以实现教育机会均等。⑤ 这些政策不再是传统的、所有本科生均可减免学杂费的制度安排,这表明补偿的对象群体在聚焦,补偿基于家庭实际经济状况发放,费用减免仅针对贫困生,从而进入了"家庭经济弱势本科生"身份普惠时期。

2000 年前后,对"补偿对象"的限定得到进一步聚焦,有的补偿项目不仅要以"家庭经济弱势"为资助前提,更要求受资助贫困本科生须"品学兼优",以此来激励这一群体努力学习,补偿获得引入了竞争元素。2000 年,《关于实施"西部开发助学工程"的通知》指出受惠对象除了因家庭经济弱势导致其无法顺利完成学业外,还应是顺利考入国家或省级重点高校、品学兼优的学生,⑥以此增加了资助条件。同年发布的《关于印发国家奖学金管理办法的通知》规定我国开始施行"国家奖学金"制度,用来资助家庭经济弱势、品学兼优的学生。⑦ 国家奖学金的设立也正印证了政策转变的趋势,政府开始设立特定的补偿项目,其标准是"家庭经济弱势"和"品学兼优"。我国政府

---

① 何东昌主编.中华人民共和国重要教育文献:1976—1990[M].海口:海南出版社,1998:2647—2649.

② 关于普通高等学校收取学杂费和住宿费的规定[S].1989.

③ 关于对高等学校生活特别困难学生进行资助的通知[S].1993.

④ 关于对普通高等学校经济困难学生减免学杂费有关事项的通知[S].1995.

⑤ 中华人民共和国高等教育法[S].1998.

⑥ 关于实施"西部开发助学工程"的通知[S].2000.

⑦ 关于印发国家奖学金管理办法的通知[S].2002.

于 2004 年也明确表示要加大对符合上述双重条件学生的资助力度。① 不难发现,对家庭经济弱势本科生的补偿更加强调了竞争性,这些政策性的补偿更倾向那些家庭经济弱势同时也德才兼备、品学兼优的学生。国家于 2007 年创设的"国家励志奖学金"对此更有体现,创设励志奖学金的目的是对品学兼优的家庭经济弱势本科生予以最大力度的经济帮扶。② 2012 年有关新生入学及资助工作的文件再三强调要有效、公平地使用国家奖学金、励志奖学金名额,确保此类经济补偿资源真正用在亟待帮扶的对象身上。③ 所以,为了提高补偿资源的利用效率,政府在对家庭经济弱势本科生的补偿路径上经历了一个由身份普惠到引入竞争元素的发展过程。

四、补偿项目由免费助学走向丰富多样

改革开放伊始,我国对家庭经济弱势本科生的补偿主要是以"免学费"加"人民助学金"这种经济补偿的方式进行。实践证明该阶段推行的帮扶政策过于单一,难以适应当时快速发展的社会。因此政府开始丰富家庭经济弱势本科生的补偿项目,以期更好地帮扶这一弱势群体。

在经济补偿层面,从单一的"人民助学金"向"奖、贷、助、补、减"等丰富多样的补偿形式转变。1983 年,教育部对人民助学金制度进行初步的改革,明确规定以该学年为界点,各高校开始实行人民助学金与奖学金并存的补偿模式。④⑤ 以此为标志,我国家庭经济弱势本科生补偿政策开始进入人民助学金变革时期,其特征是由单一的人民助学金向多元资助体系转变。⑥ 1987 年国家将贫困本科生的补偿形式由助学金变成奖学金、学生贷款两项,⑦⑧由此进入补偿政策的"奖、贷"新时期。从 1989 年起,各高校按政策的指示收取学生的学杂费,为支持部分家庭经济弱势本科生顺利完成学业,

---

① 关于切实解决高校贫困家庭学生困难问题的通知[S].2004.

② 关于印发普通本科高校、高等职业学校国家励志奖学金管理暂行办法的通知[S].2007.

③ 关于切实做好 2012 年普通高等学校家庭经济困难新生入学及各项资助工作的通知[S].2012.

④ 普通高等学校本、专科学生人民助学金暂行办法[S].1983.

⑤ 普通高等学校本、专科学生人民奖学金试行办法[S].1983.

⑥ 严海波.我国高校贫困生资助政策演变及现状研究[J].中国成人教育,2015(9):63—65.

⑦ 普通高等学校本、专科学生实行奖学金制度的办法[S].1987.

⑧ 普通高等学校本、专科学生实行贷款制度的办法[S].1987.

国家先后颁布了一系列条文、规定,提出高校须依据学生家庭困难程度,适当减免学杂费以支持其完成学业。①② 至此,政府开始实行"减"这一帮扶政策。1989 年开始,高校依据政策指示设立勤工助学岗,并下发各类以勤工助学为主题的文件,予以政策上的大力支持,确保其合法性。这些政策文本都指出勤工助学要面向广大学生,尤其是家庭经济弱势的本科生,用"勤工"行为换取一定的经济报酬,以顺利完成学业,因此勤工助学应规范化、科学化,应设立基金确保资金来源。③④ 1998 年《高等教育法》明确规定:设立勤工助学岗,鼓励社会各界和个体增设多样化的助学金。⑤ 至此,增加了"助"的补偿方式,丰富了补偿项目,政府和高校对勤工助学、助研岗等间接经济补偿予以更大关注,其经费来源也相对稳定。在之后近十年的政策文本都强调设立勤工助学岗制度对贫困生成长的重要性。除此之外,国务院于 1999 年转发了关于助学贷款的通知,以该通知为标志,我国开始实行国家层面的助学贷款制度。⑥ 2005 年政府创设了国家助学金,至此,我们将国家助学金、国家奖学金统称为"国家助学奖学金"。⑦ 由上可知,随着我国经济实力的不断增强以及社会弱势补偿意识的普及,国家对家庭经济弱势本科生的经济资助项目日趋丰富。⑧

　　除经济补偿外,国家愈发注重在非经济层面对贫困生实施补偿。非经济补偿主要是使这一群体拥有某些权利和机会。⑨ 自 1989 年普通高校开始收取学杂费之后,我国开始推行勤工助学、助研、助教岗等政策,它具有双重性质,不但体现了国家的经济补偿,同时也是个体自身获得教育成长的非经济资助途径。2007 年,我国增设了国家励志奖学金,它除了助困,更强调评

---

① 关于对高等学校生活特别困难学生进行资助的通知[S].1989.

② 关于修改《普通高等学校本、专科学生实行贷款制度的办法》部分条款的通知[S].1989.

③ 关于进一步做好高等学校勤工助学工作意见的通知[S].1989.

④ 关于在普通高等学校设立勤工助学基金的通知[S].1994.

⑤ 中华人民共和国高等教育法[S].1998.

⑥ 关于国家助学贷款的管理规定(试行)的通知[S].1999.

⑦ 余秀兰.60 年的探索:建国以来我国大学生资助政策探析[J].北京大学教育评论,2010(1):151—163.

⑧ 薛浩,陈万明.我国高校贫困生资助政策的演进与完善[J].高等教育研究,2012(2):87—90.

⑨ 余秀兰.60 年的探索:建国以来我国大学生资助政策探析[J].北京大学教育评论,2010(1):151—163.

优,要求家庭经济弱势本科生注重自身成长。① 同年,我国开始实行"绿色通道"政策,当年下发的文件要求各地、各高校确保做好此项工作,坚决履行贫困生新资助政策。② 此外,2008 年至 2014 年(除 2013 年外)每年都颁布了关于贫困新生入学"绿色通道"的文件。纵观这个时期的政策文本不难发现,从 2012 年开始,政府不但要求从经济上全力资助贫困本科生,也着重强调各高校要保证绿色通道顺畅,给贫困本科生更多的人文关怀;涉及国家助学金部分,文件强调它的创设也是旨在将殷切的关怀带给家庭经济困难学生。③ 2015 年国家相关通知指出我国的资助体系及其结构日趋丰富完善,应加大宣传力度,使贫困生能够真切地感受到国家、社会各界的深切关怀。④ 政府在 2016 年下发的相关通知中着重强调我国大学选拔制度应方便经济落后区域的考生(尤其是贫困生)报考,并在其入学后提供学业、生活方面的帮扶和关怀。⑤ 这些政策文本再次强调,对家庭经济弱势本科生的补偿不仅要从经济层面出发,还应给予他们更多的人文关怀和成长机会,补偿项目进一步丰富化。

第四节　经济弱势本科生补偿政策变迁的讨论

对家庭经济弱势本科生进行有效补偿是文明社会的内在要求,也是国家扶贫战略和"教育脱贫"的重要举措。改革开放以来,我国政府一直重视对家庭经济弱势本科生的补偿,相应政策的颁布实施具有一贯性,都体现出人民政府的"社会公正"和"弱势补偿"意识;同时近四十年补偿政策也体现出与时俱进的变迁性。首先,对家庭经济弱势本科生进行补偿需要有足够的资源配置,改革开放早期,社会的开放程度不够,市场经济体制尚未建立,政府对以社会和市场的方式对家庭经济弱势本科生实施补偿的意识较为欠

---

① 关于印发普通本科高校、高等职业学校国家励志奖学金管理暂行办法的通知[S].2007.

② 关于认真做好 2007 年高等学校新生入学"绿色通道"和贯彻落实新资助政策有关工作的通知[S].2007.

③ 关于切实做好 2012 年普通高等学校家庭经济困难新生入学及各项资助工作的通知[S].2012.

④ 关于进一步加强学生资助政策宣传工作的通知[S].2015.

⑤ 关于做好 2016 年重点高校招收农村和贫困地区学生工作的通知[S].2016.

缺,所以在那个时期,补偿主体只是单一政府,政府需要统筹有限的资源来对家庭经济弱势本科生进行补偿,渠道单一,资源有限。随着1993年党的十三届四中全会通过了《中共中央关于建立社会主义市场经济体制若干问题的决定》,市场经济体制在我国正式确立,人们对利用社会和市场机制来统筹资源的意识得到加强,家庭经济弱势本科生补偿的主体也开始多元起来,不同形式的社会和市场主体如商业银行、社会基金等成为补偿主体。这种变迁对统筹更多资源来开展补偿工作具有重要意义。其次,对家庭经济弱势本科生补偿政策进行话语分析会发现,政府对补偿对象的认定越来越精准化。从新制度经济学的角度来看,在认定贫困生的过程当中存在"信息不对称"现象。我国尚未建立起严格的个人财产申报制度,政府部门对居民个人财产信息的掌握程度不充分,甚至严重缺失,而贫困本科生的认定是由学生个人来申报的。学生个人的家庭经济状况只有学生及其家庭准确知晓,这里就存在"信息不对称"情形。基于"经济人"的人性假设,部分学生个人可能出于"自利"考量,上报的家庭经济信息并不一定是准确的,而贫困生认定主体又难以对上报信息进行准确核实,所以就存在非贫困生搭了贫困生便车的现象,导致有限的补偿资源利用效率不高。在2016年颁布的相关政策文本中"建档立卡"成为一个关键词,这标志着相关政策在补偿对象认定上正由粗放走向精准定位。对家庭经济弱势本科生的精准定位是提升有限补偿资源利用效率的重要举措。第三,改革开放以来,政府在家庭经济弱势本科生补偿获取上逐步引入了竞争元素。近40年来,政府对家庭经济弱势本科生的补偿经历了四个阶段:最开始是"免费上学＋助学金"模式,在这一模式中,并没有把家庭经济弱势本科生与非贫困生进行区分,所有本科生只要拥有"大学生"这个身份即可获取,这是第一层次的身份普惠;第二阶段是在第一阶段基础上加入了"奖学金"项目,引入了竞争元素,但还是没有把贫困生单列出来;第三阶段有了进一步发展,明确把"家庭经济弱势本科生"作为专门的补偿对象,但是这还是一种"贫困本科生"的身份普惠,只要是贫困的本科生即可获得;第四阶段则是进一步引入了竞争元素。从政策的整体发展轨迹来看,政府对家庭经济弱势本科生的补偿政策是在逐步引入竞争元素,日益重视提升补偿资源的利用效率。最后,家庭经济弱势本科生的"弱势"一方面是经济的,另一方面是由于经济弱势带来的文化资本和社会资本等的劣势,以及相应的"精神贫困"①。所以从家庭经济弱势本科生成长需要来看,政府的补偿项目理应是多样而丰富的,既有纯粹经济的,也有能力提升发展类的,还有综合式的。近40年的补偿政策变迁正是一个补偿项目从单一走向多样的过程,一步步地关切到家庭经济弱势本科生的成长需求,从而助其"教育脱贫"。从现状和逻辑来看,我国家庭经济弱势本科生补偿政策的完善也将会在如上四个维度继续推进。

---

① 矫宇.高校贫困学生群体的"精神贫困"与"心理脱贫"[J].东北师大学报(哲学社会科学版),2008(4):183—189.

第十章　家庭经济弱势本科生补偿政策的体验研究

　　为保障公民的平等受教育权利,实现教育公平,近年来,政府对家庭经济弱势本科生的补偿在强化。从公共政策循环的角度来看,反思补偿政策的实施效果是补偿政策进一步改进的基础。政策体验指的是,主体对政策的价值、过程和结果等的一种知、情、意、行的感知。探究补偿政策的实施效果的一个重要路径是研究补偿政策受益者的政策体验。研究对 A 校接受过补偿政策的 15 名本科生,实施了半结构化访谈,获得了丰富的访谈数据,并且借助质性分析软件 NVivo10.0,基于扎根理论研究的方法论,对访谈数据进行编码,最终得到"政策执行""政策效果"和"政策认同"三个三级编码。研究对访谈数据进行进一步的深度分析发现:在补偿政策的执行过程中,因为政府、学校、银行、学生等主体之间存在着信息不对称,导致了"逆向选择"和"道德风险"的不良行为;补偿政策在生活方面缓解了家庭经济弱势本科生的经济压力,起到了较好的"保健作用",但是对学生学习激励作用成效不大;受补助学生对补偿政策的认同度低于社会预期,且存在着各种显性或隐性的抵制行为。基于如上研究,我们可以采取以下措施来改善家庭经济弱势本科生补偿政策:建立科学的信号传递和信用激励制度;增加弱势补偿政策中激励性补偿的比重;通过多种制度安排,提升受益者对补偿政策的认同度。

第一节　问题提出

改革开放30多年以来,我国经济发展迅速,GDP总量增长近10倍,平均增长速度达9%以上,人民生活水平大幅度提升,生活质量也有很大改善。但在经济增长的同时,我国城乡居民之间的收入差距也在拉大,从2014年的统计数据来看,我国高收入和低收入人群之间的基尼系数已超过国际警戒线0.4,达到0.47。[①]

经济收入的不平衡带来社会资源分配的不平均,教育资源的分配也不例外。教育不公和贫富不均总是相伴相生,经济发展的不平衡是导致教育不公平的决定性因素,而教育的不公平发展又将加剧社会的贫富差距。贫富差距和教育不公平会阻碍我国社会主义和谐社会的建设进程。高等教育作为教育领域中的重要环节,肩负着为社会培养高素质人才、提高社会生产力、推动科学发展和科技创新等使命。国家高度重视高等教育事业的发展,自1997年教育部做出高等教育扩招的决策以来,我国高等学校学生人数激增,近年来虽然扩招速度有所放缓,但是从数据来看,2014年全国高校招生计划人数依然达到698万。我国从20世纪90年代开始进行高等教育体制改革,"收费上大学"取代"免费上大学",近十多年来,高等教育收费的增长速度超过很多中低收入家庭经济收入的增长速度,给不少家庭带来了沉重的经济压力和负担,由于家庭经济贫困而在整个同伴群体中处于弱势的本科学生无法获得公平、稳定和有所依靠的学习环境。

为了促进社会公正和教育公平,保障每个公民平等接受教育的权利,使家庭经济弱势本科生能顺利完成学业,通过学习来实现其人生价值和社会价值,我国政府一直在为建立健全家庭经济弱势学生的资助体系而努力。经过一直以来不断的实践与改善,目前已形成一套比较丰富的补偿资助政策体系。这些补偿政策的实施到底有没有真正实现其价值,作为补偿政策最直接受惠主体的受资助学生有资格来回答。那么,在他们眼中:(1)现行家庭经济弱势本科生补偿政策实施得怎样?(2)补偿政策对受益本科生学习生活带来了哪些影响?(3)受资助本科生对补偿政策的认同情况是怎样的?

---

① 中华人民共和国国家统计局,http://www.stats.gov.cntjsjzxfb/201501/t20150120_671037.html.2015-01-27.

基于如上问题,我们对 A 校家庭经济弱势本科生补偿政策体验开展研究,以期得出补偿政策的现实效果与不足之处,为决策部门完善家庭经济弱势本科生补偿政策提供政策建议。

本研究在对抽样对象进行深度访谈的基础上,以扎根理论为基础,使用质性分析软件 NVivo10.0 作为分析工具,运用质性研究方法对访谈数据进行分析,注重对家庭经济弱势学生的受助经历的倾听,立足于其真实感受,以得出他们最为真实的关于补偿政策的体验。研究力求通过家庭经济弱势本科生对补偿政策的体验而追寻体验背后的意义。通过质性分析软件来对家庭经济弱势学生访谈数据进行挖掘,不同于以往以问卷调查为主的定量分析,是一种充满新鲜生活气息的研究路径,能促进教育研究的多样化。研究使用了信息经济学、管理学、教育学等多个不同学科视角,开阔了此领域研究,能丰富相关理论研究成果。

家庭经济弱势本科生问题一直为政府和社会所重视,本研究从接受补偿政策的家庭经济弱势本科生的角度来解读我国现行政策的实施情况对学生产生的影响,以及学生对政策的评价认同,切实从学生角度来解读补偿政策,并结合不同学科的理论知识,探寻补偿政策及其实施过程中存在的问题和需优化的方面,有助于切实解决补偿政策所存在的不足之处,为补偿政策的完善提供改进思路和参考依据,具有实践价值。

第二节　文献综述

一、补偿政策的理论

约翰·罗尔斯(John Rawls)提出了弱势补偿原则。20 世纪 90 年代末,罗尔斯在其代表作《正义论》中强调:现实社会中存在不公平现象,为减少社会中存在的不公平,需要从现有的对弱势群体采取一视同仁的原则向补偿性原则进行转变,有区别地对待强势与弱势两大群体,能够更加有效地实现社会平等。①

舒尔茨和贝克尔(Gary S. Becker)提出的人力资本理论,认为人力资本形成过程中教育发挥了关键性作用,突出表现在其对国民经济发展力水平

---

① ［美］约翰·罗尔斯.正义论[M].何怀宏,等,译.北京:中国社会科学出版社,1988:3.

和社会劳动生产率水平的提升上。[①] 该理论为世界各国投资教育以及资助在校大学生提供了有力的理论依据。

布鲁斯·约翰斯通(Bruce Johnstone)教授认为高等教育将使多个主体受益,因而不应依靠政府单独来提供教育投入的所有成本,其他受益者也应负担部分投入,而学生贷款制度的实行使得学生能够在一定程度上"寅吃卯粮",同时"卯不断粮"。[②]

除此之外,瑞典著名学者胡森(Husen)在讨论贫困大学生资助工作时提出实现教育机会均等理论。美国马丁·特罗(Martin Trow)教授在高等教育大众化理论中强调了教育公平理念。著名的《科尔曼报告》(又名《关于教育机会平等》)倾向于对弱势学生强调机会均等。这些理论为补偿政策的实施提供了理论依据。[③]

国内学者在结合具体国情的基础上对教育补偿做了详细的解读。张锦华就人力资本的外溢性认为,教育无论是作为一种私人性质的投资,还是从教育的受益主体来分析,都可能出现区域溢出效应,如此将会对贫困地区和家庭投资教育的积极性产生不利影响,若想达到教育和经济的平衡发展,必须对贫困地区和家庭实施政策性补偿。[④]

褚宏启等提出平等、差异和补偿应当作为教育资源分配的三大原则。平等原则包括受教育权平等和教育机会平等;差异原则主要是针对学生的不同兴趣和爱好,不断丰富多种教学资源,满足不同学生的教育需求;补偿原则强调的是对于学生经济能力的关注,在进行教育资源的分配时对处于弱势地位的学生给予合理的补偿,这也是世界各国占主导地位的实现教育公平的措施。[⑤]

许丽英指出教育领域的补偿其主要含义是弥补损害和维持正义,教育

---

①　[美]西奥多·W.舒尔茨.论人力资本投资[M].吴珠华,等,译.北京:北京经济学院出版社,1990:89—105.

②　Johnstone, D. B. Sharing the Cost of Higher Education: Student Financial Assistance in the UK, the Federal Republic of Germany, France, Sweden and the US[M]. New York: College Board Publications, 1986:67.

③　许丽英.教育资源配置理论研究:缩小教育差距的政策转向[D].长春:东北师范大学,2007:9.

④　张锦华.教育溢出、教育贫困与教育补偿:外部性视角下弱势家庭和弱势地区的教育补偿机制研究[J].教育研究,2008(7):21—25.

⑤　褚宏启,杨海燕.教育公平的原则及其政策含义[J].教育研究,2008(1):10—16.

补偿不仅要作为教育资源合理分配的一种观念和意识,更应成为一种基本准则。①

以上所述中外学者关于为家庭经济弱势学生提供补偿的相关理论,特别是补偿原则、成本分担理论和人力资本理论等理论为世界各国所接受,为家庭经济弱势本科生的补偿提供了坚实的理论基础。具体到我国国情,无论是从社会公平、人力资本的角度,还是从教育公平的角度,政府和社会及时有效地做出对弱势群体的补偿不仅是一种道德责任,更是创建和谐社会的一种义不容辞的责任。

二、补偿政策的实践

补偿政策的实践研究主要是指通过实施某些补偿政策,对其所反映出来的问题及取得的成效进行的思考,或者介绍某项补偿政策的实施情况。研究在实践经验的基础上,提出一些新的认识,以促进这些补偿政策的改进或倡导其广泛实施。

美国佩尔研究所(Pell Institute)根据对高等教育入学机会的调查研究结果,提出:如果我们期望建立一个向所有公民提供有价值的教育机会,使所有公民无论收入多寡,都能获得大学文凭的社会,那我们需要做的还有很多,而增加对低收入家庭学生的资助是提高大学生保留率和毕业率的必要措施。②

英国学者苏珊·泰勒(Suzan R. Taylor)和莎莉·贝克(Sally-Ann Baker)概述了在威尔士高等教育机构体育与运动科学系进行的一项关于学生资助项目的探索性研究,详细介绍了同伴支持小组这种学生资助项目的实施及其对参与者的影响,并且认为该种资助模式应普遍应用到大学中去,以发挥其促进积极行为和改善沟通技巧等的作用。③

莫纳什大学迈克尔·朗(Michael Long)教授研究了澳大利亚政府提供给本国高校大学生的补偿措施,对其中政府提供的费用援助(assistance

① 许丽英.教育资源配置理论研究:缩小教育差距的政策转向[D].长春:东北师范大学,2007:11.

② Tinto, V. Student Retention and Graduation: Facing the Truth, Living with the Consequences[R]. Washington, D. C. :Pell Institute for the Study of Opportunity in Higher Education, 2004. Occasional Paper No. 1:14.

③ Taylor, S. R., Baker, S. The Student Assistance Program: Higher Education's Holy Grail[J]. Pastoral Care in Education, 2012. 30(1):39-47.

with fees support)和收入支持协助(assistance through income support)两种主要财政援助模式进行了详细说明。①

罗伯特·透寇珊(Robert K. Toutkoushian)和沙斐格(M. N. Shafiq)阐述了美国政府对高等教育进行财政资助的形式,并对政府的财政资助和按学生需求评定奖学金的两种援助形式进行比较和对照,主张以按学生需求评定奖学金的资助形式为主。②

《大学的门槛:美国低收入家庭子女的高等教育机会问题研究》一书研究了美国低产阶级家庭的子女中学毕业后的继续教育情况,指出了政府和社会保障这些学生进入大学学习的机会和权利的重要意义。③

国内对家庭经济弱势学生补偿政策的实践研究主要有以下几个方面:

第一,对学生资助体系运行中所存在问题的分析。任学锋和徐涛主编的《贫困大学生教育援助研究》④、杨克瑞的《大学生资助的贷款误区及政府责任的实现》⑤、楼世洲和邬敏燕的《大学生资助政策和运行机制的研究》⑥、柯文进的《对大学生资助政策的分析》⑦等学术成果对我国现行学生资助体系运行中存在的各种问题进行了阐述,并提出了相应的改进措施。

第二,通过比较研究,分析中外大学生资助体系的不同及国外资助制度对健全我国资助制度的启示。张民选的《理想与抉择:大学生资助政策的国际比较》对美国大学生资助政策的资助理念、资助方式和"资助包"等进行了

---

① Long,M. Government Financial Assistance for Australian University Students[J]. Journal of Higher Education Policy and Management,2002. 24(2):127-143.

② Toutkoushian,R. K. Shafiq,M. N. A Conceptual Analysis of State Support for Higher Education: Appropriations Versus Need-Based Financial Aid[J]. Research High Education,2010(51):40-64.

③ [美]多纳德·E·海伦编著.大学的门槛:美国低收入家庭子女的高等教育机会问题研究[M].安雪慧,周玲,译.北京:北京师范大学出版社,2008:3.

④ 任学锋,徐涛主编.贫困大学生教育援助研究[M].成都:西南交通大学出版社,2006.

⑤ 杨克瑞.大学生资助的贷款误区及政府责任的实现[J].清华大学教育研究,2005(8):87—91.

⑥ 楼世洲,邬敏燕.大学生资助政策和运行机制的研究[J].北京科技大学学报(社会科学),2008(1):140—144.

⑦ 柯文进.对大学生资助政策的分析[J].江苏高教,2001(6):24—25.

研究，探寻其中可供我们借鉴的制度安排；①甘永涛在《历史视野中的大学生资助政策》中，对中外高等教育补偿政策的发展进行了讨论，就我国与西方国家在对学生进行相应的经济或其他方面的补偿政策的差异进行了比较，同时思考其形成的原因；②袁连生对美国高校学生资助需求公式的计算方法、理论依据进行了详细介绍，为我国大学生资助需求公式的建立提供参考；③荣黎霞对印度和南非这两个发展中国家为推进教育公平所制定的政策和采取的措施，从多方面进行了比较分析，并从中总结了能增进我国教育公平的经验。④

第三，对某一项特定资助政策的实践进行的研究。李红桃在《国家助学贷款运行机制》中对国家助学贷款相关研究进行了归纳，并总结了其发展趋势；⑤陈道华认为勤工助学作为大学帮助贫困学生解决经济困难的主要方式之一，应将解决经济困难和培养自立自强精神相结合，并实现发展形式的多样化；⑥孙绵涛和楚旋对免费师范生政策进行了系统的梳理和深思，认为这项政策还存在一些问题，比如实施面有限、内容不够全面等，还需进一步改善。⑦

补偿政策的实践研究成果较为丰富，以上研究主要介绍了国内外各种补偿政策的实施情况，为了解补偿政策及其实施提供了参考，加深了我们对补偿政策的认识。同时，也应看到已有的研究成果对贫困大学生补偿政策的实践研究多停留在对政策内容实施的表象描述层面，缺乏微观层面的经验探究；针对实践过程中所出现的问题而提出的部分对策建议较为宏观，针对性和操作性不足。

三、政策体验

目前我国针对学生补偿政策体验进行的质性研究较为缺失，但是存在

---

① 张民选.理想与抉择:大学生资助政策的国际比较[M].北京:人民教育出版社，1998:369.

② 甘永涛.历史视野中的大学生资助政策[J].现代教育科学，2003(6):12—14.

③ 袁连生.美国大学生资助需求公式及对中国的启示[J].教育与经济，2007(3):66—69.

④ 荣黎霞.发展中国家如何致力于更加公平的教育:以印度和南非为例[J].比较教育研究，2007(2):1—5.

⑤ 李红桃.国家助学贷款运行机制[M].武汉:华中科技大学出版社，2008:10.

⑥ 陈道华.论新时期大学生勤工助学活动的发展路径[J].高教探索，2005(4):92—94.

⑦ 孙绵涛,楚旋.师范生免费教育政策研究的现状及反思[J].当代教育论坛，2008(6):12—16.

部分其他教育政策体验的研究成果。政策体验是主体与客体之间双向互动,同时又侧重于主体感知的一种过程,研究起来比较费时费力。

祁型雨和李腾达认为教师并没有发挥自身在政策体验过程中应有的作用,致使政策缺乏科学性。由于相关的法律规定的不完善,教师成为政策制定的旁观者和最终的执行者,没有教师政策体验的政策是不可信的。完整的政策体验至少应该涵盖价值、过程及内容,并协调好各个部分之间的关系,为教育政策的客观公平提供保证。实现教师政策体验的路径包括理论和实践两个部分。①

张天雪就校长的政策体验进行了探究,认为校长的政策体验对于政策的制定作用至关重要,应得到足够的重视。政策体验作为一种感悟和内心感受有着其自身的复杂性,因此在分析校长政策体验的时候要运用多元分析方法。② 他还通过对以往学者对教育政策主体中校长的研究进行分析,发现现有研究较少关注到校长的政策体验。③

以上是对教师和校长两个政策体验主体的研究,学生的政策体验也具有探究的必要性。沈建从学生这一主体出发,从体验的自由性、自主性、情感性、形象性和行为性五个方面探讨了学生体验的人文教育价值所在,并认为体验是作为一种活动或者过程而存在的。④ 丁笑炯从英国高校留学生学生体验的视角分析了早期英国采取的经济利益取向的政策的缺陷,认为相关政策导向应逐渐转向以学生体验为基础。他认为对于留学生的政策不能简单地以利益来衡量,应当重视留学生的体验,学生体验是学生所能确切感觉到的自身在学校所受到的教育在多大程度上为自己以后的工作或生活提供帮助;同时主张为学生提供融入当地文化、开展就业指导和就业能力培训才能增加学生对学校的认同感。⑤

学生作为教育政策最终的作用对象之一,对于什么样的教育政策更能适应自身的发展更有发言权。学生政策体验来自于个体对于自身所处的教

---

① 祁型雨,李腾达.教师政策体验的基本范畴及其路径[J].教育发展研究,2010(2):35—39.

② 张天雪.教育政策研究要关注校长的政策体验[J].中小学教育,2004(12):49—50.

③ 张天雪.论校长教育政策体验的研究[J].湖南师范大学教育科学学报,2004(6):50—53.

④ 沈建.体验性:学生主体参与的一个重要维度[J].中国教育学刊,2001(2):41—43.

⑤ 丁笑炯.从经济收益到学生体验:英国高校留学生政策转向述评[J].高等教育研究,2011(5):104—109.

学或者活动情景过程的感知,是对相关政策的效果的一种客观表征。对于家庭经济弱势本科生补偿政策研究而言,应在研究中注重本科生的体验,并以其体验为基础来改进本科教育中的弱势补偿政策。

第三节　概念界定

家庭经济弱势本科生。"弱势"是指力量弱小的,常与"群体"组合成"弱势群体"作为一个社会性概念出现,指处于社会不利地位的群体;生理性标准、经济性标准以及社会权利标准是判断一个群体是否属于弱势群体的常用标准。根据经济性标准,一些社会成员由于各种原因导致经济收入能力不足,难以维持基本生活需要而成为经济性弱势群体,即通常所说的贫困群体。[①] 经济性标准是本研究所指的弱势群体的概念界定的质的规定性。本研究家庭经济弱势本科生是指,经各普通高等学校资助系统认定的家庭经济困难的在读本科学生,他们家庭经济资源相对匮乏,从而在整个本科生群体中呈弱势状态。

补偿政策。"补偿"就其含义而言,是指弥补个体或者群体所缺少的、以抵去其所损(缺)失的举措。教育补偿主要包括两个方面的内容:首先是指教育损害补偿,主要是指在社会发展进程中,因某些因素而牺牲掉一部分人的利益,导致这部分个体或群体在社会中处于不利地位,由政府与利益集团给予他们相应程度的补偿。其次是指教育正义维护,为了实现处于社会不利地位的个体或群体接受教育的权利,实现公平与正义,政府与利益集团提供给其额外的教育补助。二者虽然在理论层面有区别,但实际上二者是不可分割的一个整体。社会弱势群体的出现,归根到底是国家经济社会发展的结果。在这样的情景下,弱势群体必然与经济社会发展的过程相关联。更进一步地可以认为,他们是社会资源在进行配置的过程中没有被给予相应机会的、经济能力不足的人群。而且以上两层含义具有内在一致性。[②] 本研究所论及的本科生补偿政策一方面是指面向本科学生的国家奖学金、国家助学金和勤工助学等各种以经济资助形式为主的扶助政策;另一方面,补

---

① 洪小良,王雪梅.新世纪北京城市弱势群体研究[M].北京:中国经济出版社,2012:1.

② 许丽英.教育资源配置理论研究:缩小教育差距的政策转向[D].长春:东北师范大学,2007:87.

偿政策除了经济方面的资助外,还包括政治、社会和教育等多方面的援助,补偿政策概念范围较资助政策来说要广泛。质言之,本研究中的补偿政策是指国家对家庭经济弱势本科生所采取的包括经济资助政策在内的所有弥补偿还政策。

政策体验。"政策"是指政权组织和社会集团为实现某些目标而制定的具有权威性的规定,规定的内容包括对所要实现目标的指导原则、行动准则、工作制度和具体实施措施等。① 本研究中所指的"政策"除了国家政府机关所制定和颁布的政策法规外,还包括个案学校(A 校)制定的关于家庭经济弱势学生的补偿资助规范。"体验"是主体知、情、意、行的亲历、体认与验证的活动过程,是生理和心理、感性和理性、情感和思想、社会和历史等方面的复合交织的整体矛盾运动。② "政策体验"即主体对政策的价值、过程和结果的一种知、情、意、行的感知。这里的主体指的是补偿政策的受助者即家庭经济弱势的本科学生。

第四节　研究设计及其实施

一、研究方法

质性研究是"以研究者本人作为研究工具,在自然情境下采用多种资料收集方式对社会现象进行整体性探究,使用归纳法分析资料和形成理论,通过与研究对象互动对其行为和意义建构获得解释性理解的一种活动"③。本研究采用质性研究方法,通过半结构式访谈收集资料,以 NVivo10.0 质性分析软件作为其辅助工具,在编码时以扎根理论作为方法论基础,不带理论预设地深入分析家庭经济弱势本科学生对补偿政策的真实体验,试图找出补偿政策在哪些方面取得了成效,哪些方面还需要改进等,以期为相关弱势补偿政策的完善提供有价值的政策建议。

(一)扎根理论④

扎根理论的创始人是美国学者格拉斯(Glaser)和斯特劳斯(Strauss),

① http://baike.so.com/doc/5414341-5652483.html.2014-12-30.
② 沈建.体验性:学生主体参与的一个重要维度[J].中国教育学刊,2001(2):41.
③ 陈向明.质的研究方法与社会科学研究[M].北京:教育科学出版社,2000:12.
④ 陈向明.扎根理论的思路和方法[J].教育研究与实验,1999(4):58—63.

它是运用规范化的程序,从具体现象出发,通过分析概括而引导出扎根的理论的研究方法。它主要是通过分析资料来形成理论,研究者事先并不对所研究的对象进行理论性的假定,而是直接从现实的实际情况出发,通过对原始资料的观察,从中归纳出概括性的经验,并将其上升到理论的高度。扎根理论与我们以往接触到的研究方式不同,它是通过深入一手资料,仔细研究资料所指向的重点与核心内容,然后将这些重点与核心提取出来,思考彼此间存在的内在联系,从而概括资料的主旨,建立一种基于材料、扎根于现实的新的理论,其独特之处就在于提取出来的概念和思想理论是建立在事实的基础上的。

扎根理论研究的关键点在于其所构建的理论来源于对所收集到的资料的提炼,深入的资料分析是其理论成形的基础。这是一个自下而上的数据整合过程,对收集到的资料进行高度的浓缩。在同其他理论相比较时,它的亮点就在于研究者事先并不对所研究的对象进行理论假设。理论并不是凭空而产生的,它必定来源于一定的资料,越是原始的资料越能够作为理论形成的依据。研究者所秉承的理念是资料乃理论的生命之源,只有与资料相结合的理论才能在实际中发挥应有的作用,能够更好地指导人们的实践活动。

扎根理论研究主要包含以下几个步骤,依次是:从资料到概念的逐步登录;比较二者之间的生成性理论;发展理论性概念之间的关联性;通过理论性的抽样对资料进行相应的编码;通过相应的理论建构,进而求得理论性的概念以及与其相关的密度、变异度和高度的整合性。对资料进行逐级编码是扎根理论研究中最重要的一环,一般主要包括三个级别的编码。

一级编码也叫开放式编码。该编码强调在进行相应的资料分析时要保持开放的心态,对于自己的偏见和定见要持有保留意识,在对资料进行登录时一定要保持所收集到的资料的真实性,为的是能够通过对资料的分析找出其相应的类属,进而确定类属的属性和相应的维度。这个过程如同是一个"V"形,编码登录初期范围比较宽泛,以后在登录时逐步缩小范围,一直到编码达到相应的饱和度。这一过程亦是可中止性的,在其进行的过程中可以暂时停下来进行分析,对于过程中出现的问题进行思考,进行相应的完善。本研究进行开放式编码时共形成240个开放编码。

二级编码也称轴心编码或者关联式编码。这个阶段是要找出前面从材料中产生的一级编码之间的各种内在逻辑关系,以使原材料之间的各种联系显示出来。这些联系可以是因果关系、情境关系、相似关系、功能关系和结构关系等等。本研究在前面形成的 240 个开放编码的基础上,形成 117 个轴心式编码。

三级编码又称选择编码或核心编码。核心类属是在所有已经产生的概念类属中挑选出来的或经过整合产生的,它是整个分析的聚焦点。就其自身而言,有一定的概括性,对于大部分所取得的成果都能够包含在其理论范畴内,起到总括性的作用。核心类属的确立,能够在很大程度上为下一步理论的发展提供方向。本研究最终形成了政策执行、政策效果和政策认同三个核心编码维度。

（二）访谈法

根据本研究的具体情况,我们采取半结构化访谈的形式,这样可以保证访谈既不偏离主题,也能获得更丰富的材料。在确定研究问题、明确研究的意义、内容后,我们开始学习与调查内容相关的知识,准备访谈提纲。然后找同学进行模拟访谈,讨论和完善访谈提纲,锻炼访谈技巧。我们根据本研究的目的,事前确定了访谈对象。在初次接触时,我们即向潜在的被访谈对象介绍自己,并解释此次交流的目的以及访谈的项目内容等信息。在被访谈者完全清楚和明白我们的意图、自愿同意接受访谈并签署书面知情同意书的基础上,与被访谈者进行日常聊天。在建立基本的信任和初步感情的情况下,我们再实施正式访谈,耐心、慎重地提出问题。我们提问的方式主要采取竹笋剥皮、层层深入的方式,所使用的语言力求通俗易懂。[①]

二、研究工具

研究采用由澳大利亚 QSR(Qualitative Solutions & Research)公司推出的一款计算机辅助质性数据分析软件 NVivo10.0(简称 NVivo)来对访谈资料进行整理分析。NVivo 的全称是"Non-numerical Unstructured Data by Techniques of Indexing, Searching and Theorizing",即非数量化之无结构资料的索引、搜寻与理论化,Vivo 代表的含义为"自由自在"。NVivo 的使用范围一般是材料比较多的质性研究项目,其对资料加工和处理非常迅速,能够为质性分析提供很大便利。[②] 本研究使用的版本为 NVivo10.0,其操作步骤如图 10-1 所示。

---

① 林聚任,刘玉安.社会科学研究方法[M].济南:山东人民出版社,2004:208—217.

② https://www.qsrinternational.com/. 2018-04-05.

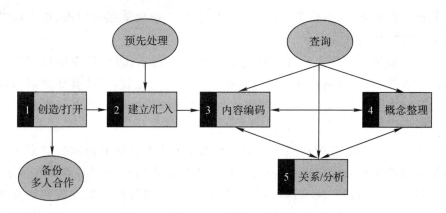

图 10-1　NVivo 的操作过程①

第一步,创建/打开项目。在成功安装并已激活 NVivo10.0 软件的电脑上,启动软件,此时将出现一个欢迎界面。点击其中的"新建项目"图标,将出现一个对话框。可以在其中输入新建项目的名称,我们在此新建一个名称为"论文访谈材料"的项目。

然后,从文件选项卡中打开该项目,将出现一个 NVivo 工作界面。这个界面与 office 软件相类似,上面部分为功能区,左侧为导航视图,右侧为工作区。

第二步,建立/汇入预先处理过的文件。NVivo 软件可以处理多种格式的材料,如文档文件、图形文件、声音文件和动画文件等。我们把以受访学生编号命名的 15 份访谈转录稿导入该项目,导入的为 word 文档形式的访谈数据。因为材料一经导入就将无法编辑其内容,因此,在导入之前要对访谈数据进行整理。双击文件打开之后,就可以对软件右下方的材料进行处理。

第三步,对内容进行编码。编码可以采取两种不同的方式来进行:一种是由粗到细,这种方法适用于对材料很熟悉,或者研究者非常清楚自己所寻找的主题,可以先建立节点,再在材料中编码;另一种是从细处着手,即直接在明细视图中对原始材料进行细致的编码(根据需要创建节点),之后再合并节点,并将其分组,形成相关的类别。本研究采用的是第二种编码方式,即根据访谈数据内容来进行编码,然后创建节点并合并节点。编码阶段是非常关键的环节,以扎根理论为基础来进行。在编码时使用得最多的是树

---

① 金文.基于 Nvivo 的课堂视频分析[D].上海:华东师范大学,2012:15.

状节点和自由节点,树状节点是具有包含和属于层次关系的节点,而自由节点是没有被分类的临时性节点。

第四步是进行概念整理。通过第三步的编码工作后,研究所提取出的编码内容较多,通过对这些编码进行进一步的分析比较,寻找彼此之间内在的关联性或相异性,形成不同的类属。也可理解为将自由节点归类到树状节点中去。

NVivo 提供的查询功能十分强大,我们可以使用以下查询功能来对材料来源中的文本进行挖掘:文本搜索查询可以搜索材料中的某个词或短语,并在预览节点中查看所有匹配项;词频查询可列出材料中出现频率最高的词,并通过标签云、矩形式树状结构图等将结果可视化;另有编码查询(在任意节点组合处收集所有编码)、矩阵编码查询(根据搜索条件创建节点矩阵)、编码比较查询(比较不同人员的编码)和关联查询(查找通过某种方式与项目中的其他关联的项)等。[①]

最后是关系/分析。通过前面几步的处理,接下来就可以根据材料来源或者节点以及节点矩阵在 NVivo 中生成各种可视化的图表、模型等,也可以生成项目关系图,这些都可以将材料之间的关系简洁清晰地呈现出来。

NVivo 具有其他质性分析软件的共同特点,即其分析阶段的编码也是依托于扎根理论来进行的,其突出的好处在于它强大的编码功能,可以将众多材料与某一研究题目相关的全部信息集合起来,而不需研究者从大量资料中去寻找材料的内容概要,节约搜寻信息的时间,可在短时间内进行有效的思考和创造。

三、研究实施

编制访谈提纲:研究通过对大学生补偿政策文献的阅读和对已有关于家庭经济弱势本科生资助政策执行研究文献的分析,整理出受助学生补偿政策体验的三个维度。然后,通过反复斟酌和筛选,使用简洁、通俗的语言表述,形成本访谈提纲的基本题项。

选择研究对象:根据研究对象的确定标准,我们采取简单随机抽样的方法从 A 校学生资助系统抽取 15 位被认定为家庭经济贫困并享受过国家或学校补偿的本科学生作为访谈对象。之所以选择 A 校,一是因为研究者本科不是在该校就读,对该校的学生资助情况并不了解,这样,在进行质性研

---

① NVivo 10 使用入门[EB/OL]. http://www.qsrinternational.com. 2014-12-01.

究时,研究者能够不带预设、以开放的心态去更好地了解研究对象和相关事件,另一个原因就是基于取样的便利原则。对研究对象的抽样是按照质性研究"目的性抽样"原则的"校标抽样"的具体方式开展的。"目的性抽样"旨在使抽到的研究对象能在最大程度上提供有效的信息。由于研究者对研究对象的解释性理解的深刻性和细致性,它所需要的研究对象的数目也是较少的。但是,国外学者林肯(Lincoln)和古巴(Guba)的理论认为对于访谈所采用的样本的数目应当达到至少 12 个这一标准。[①] 校标抽样重点在于能够在对研究对象进行分析之前设定相应的标准或者是一定的条件,然后挑选满足要求和符合条件的对象进行研究。本研究以 A 校为个案学校访谈家庭经济弱势本科生补偿政策体验,体验的学生主体需符合以下两点要求:一是经过 A 校学生资助系统认定为贫困生的在读本科学生,且在大学期间获得过补偿和资助;二是所有样本整体上看在性别、专业等维度上的分布与 A 校全体学生的相关分布较为一致。通过接触,研究选取了以下本科学生并对他们实施了访谈。研究对象的具体信息如表 10-1 所示。基于保密性原则,被访者的姓名以编号代替。

表 10-1　受访学生与访谈实施信息

受访者	性别	年级	专业	访谈时间	访谈地点
S1	女	大二	小学教育	2014 年 10 月 13 日	新桃园 22 幢自习室
S2	男	大二	教育技术学	2014 年 10 月 14 日	16 幢 202 室
S3	女	大四	应用心理学	2014 年 10 月 17 日	新桃园 22 幢自习室
S4	女	大二	化学	2014 年 10 月 22 日	桂苑食堂
S5	男	大三	数学与应用数学	2014 年 10 月 25 日	新田径场外大草坪
S6	女	大三	翻译专业	2014 年 10 月 27 日	外语学院 5 楼
S7	女	大二	汉语言文学	2014 年 10 月 28 日	新桃源女生宿舍
S8	女	大四	机电技术教育	2014 年 11 月 1 日	图书馆
S9	男	大二	网络工程	2014 年 11 月 5 日	杏园食堂
S10	男	大二	机械设计制造	2014 年 11 月 10 日	初阳湖畔
S11	男	大三	材料物理	2014 年 11 月 16 日	桂苑食堂

① 刘礼艳,刘电芝,严慧一,等.优秀贫困大学生心理弹性与保护性因素分析[J].现代大学教育,2013(3):66—73.

续表

受访者	性别	年级	专业	访谈时间	访谈地点
S12	女	大二	国际经济与贸易	2014 年 11 月 17 日	16 幢前草坪
S13	女	大三	汉语国际教育	2014 年 11 月 20 日	25 幢 301 室
S14	女	大四	生物科学	2014 年 11 月 23 日	旧田径场
S15	女	大三	环境设计	2014 年 11 月 28 日	北门某美食店

实施访谈:研究者根据和被访者事先约定的时间,选择合适而相对安静的访谈地点。见面后先与被访者进行日常的聊天,以便与被访者之间彼此熟悉,为后续访谈创造一个比较轻松的环境。然后,在获得被访者同意的前提下,通过录音设备对正式访谈过程进行录音,为后面准确而完整地获得访谈材料做准备。访谈主要是以设计好的访谈提纲为主线,在此基础上加以发挥来进行的。

资料整理:在结束每次访谈后,研究者及时将访谈材料整理出来,把录音转换成文本,整个访谈阶段的录音共转录出约 10 万个汉字。为方便区分不同访谈者的材料,按照访谈时间的先后顺序,将每一份转录出来的文本材料进行数字编号,如将第一个访谈者的访谈材料命名为 S1,将第二位访谈者的材料命名为 S2,依此类推。

资料分析:研究者运用质性分析软件 NVivo10.0 来对庞大的文字资料进行分析,得到初步的研究结果。在这个基础上,运用管理科学中的"双因素理论"、信息经济学中的"信息不对称"理论以及文化研究领域的"抵制理论"等学科知识,从全新的理论视角对家庭经济弱势本科生的补偿政策体验进行分析和思考。

四、研究伦理

当科学研究的对象为人的时候,须坚持一些基本的原则,在社会科学界受到大家普遍认同的基本伦理原则有尊重研究对象、受益原则以及平等原则等。[①] 具体到本研究,访谈是遵循知情同意、无伤害和平等尊重原则来开展的。首先,在访谈开始之前,将项目的基本情况以书面形式的知情同意书送到受访者手中。在(潜在)被访谈对象获得并理解本项研究的信息后,由

---

① 黄盈盈,潘绥铭.中国社会调查中的研究伦理:方法论层次的反思[J].中国社会科学,2009(2):149—163.

(潜在)受访谈对象自行决定是否参与本访谈。如果同意参与,就由受访者在知情同意书上签名,交由研究者保存;如果不同意,则取消访谈。其次是无伤害原则。这里不仅包括有形的、身体的伤害,还包括无形的、心理的伤害,不给受访者造成任何的伤害,最重要的一点要求就是对受访者信息的保密。本研究所有受访者的姓名以及能够识别出受访者的一些重要信息都被隐去或改写。最后是尊重和平等原则。在交谈过程中,研究者不仅从语言、表情、肢体动作和眼神等方面体现出对受访者的尊重,更重要的是发自内心的尊重和平等。

第五节　补偿政策的历史变迁与现行框架

一、补偿政策的历史演变

我国关于大学生资助政策的发展研究成果颇丰。综合以往研究和相关材料,新中国成立后,我国家庭经济弱势本科生补偿政策经历了如下三个发展阶段。

(一)1949—1983 年:"免费加人民助学金"模式

新中国成立后,各地政府在努力恢复正常的生产生活的同时,也着手制定了一些对中高等学校资助的地方性和临时性政策,各地的政策制定和执行标准不一。经过 1949 年至 1952 年三年时间的调整与发展,当时的政务院在 1952 年颁布了《关于调整全国高等学校及中等学校学生人民助学金的通知》,通知决定从当年的下学期开始,全国的中高等学校一律免缴学费,并将当时实行的公费制更名为人民助学金。[①] 该文件的颁布奠定了我国接下来三十多年的学生资助制度的基础。在 1966—1976 年这段特殊时期,在校学生依然享受人民助学金。政府在"文化大革命"结束后的 1977 年出台了《普通高等学校、中等专业学校和技工学校学生实行人民助学金制度的办法》的文件,依然按照"文革"前的发放办法和范围发给大学生人民助学金,该办法一直实施到 1982 年。

---

① 张民选.理想与抉择:大学生资助政策的国际比较[M].北京:人民教育出版社,1998:368.

(二)1983—1994 年：学生资助制度的改革阶段

改革开放以后，我国各个行业和领域都在进行各种改革以适应时代的发展与变化，教育行业也不例外。国家教委和财政部于 1983 年公布的《普通高等学校本、专科学生人民助学金暂行办法》和《普通高等学校本、专科学生人民奖学金试行办法》是教育领域中大学生资助政策变革的象征，文件从当年秋天开学开始施行。主要内容有：开始实行人民奖学金制度，缩小助学金的发放范围，并提出将逐渐建立以奖学金为主、助学金为辅的资助方式。1980 年上海开始试行收费走读制，走读学生的生活费和医疗费自理，并且要交学杂费，毕业后不包工作分配。1983 年以前，只有部分大学实行委托代培办法，"委培生"和"自费生"的出现，是从免费上大学走向缴费上大学的第一步。

国家教委和财政部于 1986 年颁布《关于改革现行普通高等学校人民助学金制度的报告》，决定实行奖学金和贷学金制度，取消之前的人民助学金制度，自新中国成立后开始实行的人民助学金完成其历史使命。紧接着1987 年颁布的《普通高等学校本、专科学生实行奖学金制度的方法》和《普通高等学校本、专科学生实行贷款制度的办法》，确立了奖学金和贷学金在高校中的法律地位。1989 年《关于普通高等学校收取学杂费和住宿费的规定》标志着我国普通高校开启自费上学的时代。至此，"免费上大学"的历史时期正式结束。[①]

进入 20 世纪 90 年代，国家不再对高校收费进行全国性统一规定，而是将各地区的高校收费标准制定权下放到地方，由省级政府根据具体情况确定高校收费标准。在这个过程中，学费标准普遍提高。我国物价也开始迅速上涨，高校学生费用支出增加，加上高校收费标准的提高，高校里生活困难的学生数量增加，政府不得不制定各种资助办法。1993 年，国家教委联合财政部门出台多项政策，要求对家庭经济贫困的大学生给予学费减免、组织勤工助学等补偿措施，帮助他们顺利完成学业。[②]

(三)1994 年至今：大学生资助体系的形成与完善

从 1994 年起，我国在部分高校开始实行"招生并轨"政策。1995 和 1996

---

① 赵明吉,赵敏,龙希利,等.高校家庭经济困难学生问题研究[M].济南:山东大学出版社,2010:92.

② http://baike.baidu.comview3099083.htm? fr=aladdin.2014-12-31.

年,"并轨"的学校不断增加,到1997年全国所有高校实行并轨。在收费标准并轨与提高的同时,为了保证贫困大学生顺利完成学业,大学生资助的方法与形式也更加丰富、系统,并在实践中不断进行完善。[①]

1994年颁布的《关于在普通高等学校设立勤工助学基金的通知》,要求各高校留出资金,成立专门用于资助贫困生进行勤工俭学的基金,切实开展好勤工助学工作。1995年《国家教委关于对普通高等学校经济困难学生减免学杂费有关事项的通知》对家庭经济特别困难的学生实施学费减免政策。1999年通过颁发《关于国家助学贷款的管理规定(试行)》,我国尝试运用金融手段来资助高校贫困生,推行助学贷款的补偿政策。该政策试行一年后,在2000年即得到全面的推广实施。2002年,国家设立起新中国成立后的第一项以"国家"开头命名的奖学金——国家奖学金,用来资助高校中品行优良、学习优异的贫困学生。2005年政府颁布了《国家助学奖学金管理办法》,把国家奖学金改称国家助学奖学金,由助学金和奖学金两部分组成。该政策在2007年进行了改善,为优秀贫困生专门设立国家励志奖学金,国家奖学金获得者不再要求一定是贫困生。国家分别于2006、2009、2011年对赴偏远地区服务的高校毕业生、应征入伍的毕业生以及退役后考入高校的学生实行学费补偿和助学贷款代偿制度。此外,还有师范生免费教育、"绿色通道""特困补助"等补偿制度。至此,我国的大学生资助政策经历了由单一的"免费加人民助学金"到"奖""贷""助""减""免""勤"等多种形式所组成的多元化资助体系。

二、补偿政策的现行框架

从新中国成立以后,高校家庭经济弱势本科生补偿政策经过不断的变革和发展,到今天已形成"奖""贷""助""减""免""勤"等内容丰富、形式多样的补偿体系。整理相关政策文本与资料,研究说明现行的补偿政策框架如下:

"奖"主要是指国家奖学金和国家励志奖学金,两者都是一年评一次,其中大一新生不参加评选。国家奖学金的设立目标为勉励学生刻苦钻研、全面发展,因而不管是贫困生还是非贫困生,只要表现优异均可参加评选,其奖励金额为8000元每年;而国家励志奖学金是针对优秀的贫困学生而设立

---

① 张民选.理想与抉择:大学生资助政策的国际比较[M].北京:人民教育出版社,1998:385.

的,非贫困学生不能参评,奖金金额为5000元每年。在同一年度内,国家奖学金和国家励志奖学金不能同时获得。奖学金虽然奖励金额较高,但其覆盖率比较低,对申请者要求也较高。

"贷"是指助学贷款。助学贷款是为解决贫困大学生的学费和生活费而设立的,由政府牵头联合银行等金融机构向贫困学生提供信用贷款,不需提供担保和抵押。学生在毕业之前的贷款利息由国家财政补贴,毕业之后由学生自己在规定年限内还清贷款本金和利息。助学贷款现在又分生源地助学贷款和校园地助学贷款,两者的区别主要在于申请贷款的地点不同。国家助学贷款的申请金额一般为每人每年不超过6000元。

"助"即国家助学金。国家助学金是国家对高校贫困生的一种关心和帮助,资金来源由国家财政和地方财政共同承担。助学金的具体资助标准因地方和学校性质不同而略有不同,全国的平均资助标准为每人每年3000元,国家助学金可以与国家奖学金或者励志奖学金中的一项同时获得。国家助学金是由国家免费无偿资助的,在高校的覆盖率也比较高,是受众人数较多的一项补偿政策。

"减""免"主要指减收部分学费和免收全部学费的政策。该项措施主要是为了帮助那些有特殊困难的群体而设立。对于普通高校中家境特别困难、没法筹集到学费的学生,尤其是那些烈士子女、因公牺牲人员的子女、优抚家庭子女和孤儿等,减收或免收其学费。学费减免的具体实施办法由各高校根据各地方政府的规定,结合本校的实际情况制定。

"勤"即勤工助学。作为学校学生资助工作的项目之一,勤工助学是指学校在校内为学生提供一些工作岗位,由学生自愿申请,利用课余时间参加,并取得劳动报酬的实践活动。勤工助学因工作时间灵活、收入可靠等受到学生的青睐,学校在提供岗位时的原则之一是优先给予贫困学生,这也是帮助贫困学生的有效途径。各高校参照国家2007年颁布的《高等学校勤工助学管理办法》组织实施。

除了以上主要的资助形式,还有其他一些补偿方式:

贫困生入学资助项目是2012年下学期开始实施的针对大学贫困新生的一次性资助项目,资助费用包括由中央专项公益金提供给贫困新生入学报到的车费及入学后的短期生活费。就读省外高校的新生资助标准为每人1000元,就读省内高校的新生每人为500元。

特殊困难补助是由高校自筹资金设立的、为帮助在读期间因某些突发原因导致家庭经济陷入窘境造成生活困难的学生,提供给他们临时的、一次性的无偿援助。

国家还对应征入伍的高校在校生和应征入伍的高校毕业生以及赴基层就业且服务三年或三年以上的高校毕业生,实行学费补偿和助学贷款代偿制度。2011年国家开始对考上全日制普通高校的退役士兵给予教育资助,包括学费、家庭贫困退役士兵学生的生活费以及其他奖助学资助。

第六节　编码与文本分析

一、编码分析

本研究在扎根理论的指导下,通过编码的方式对访谈材料进行分析,根据访谈文本的具体情况,对访谈材料逐渐概括进行了三次编码。

第一级开放编码是在通读并熟悉15份访谈材料的基础上,从材料中抽取出初步的概念。研究对受访学生的家庭经济状况、接受补助的亲身体会以及补助对家庭经济的影响等方面的描述进行逐句归类编码。以原始材料中的关键字或关键词语为编码基础,初步产生240个开放编码,开放编码有:户籍类型、经济状况差、收入不稳定、年收入低、多子女就读、消费支出、不自信、学习差距、信息不真实、做兼职解决经济问题、名额分配不合理、缺乏监管、制度不完善、政策不足之处、政策实施效果和改进措施等。

对原始文本进行完编码后,此时的内容还是繁多,因此,在现有开放编码的基础上,进行二级编码,将相关联的、含义相近的开放编码整合而使得概念词具有更强的解释力,能更全面精确地解释现象。研究将原始资料的240个开放编码归纳为117个二级轴心编码,主要包括评定标准、名额分配、信息真伪、家庭经济状况、学习动力和政策效果等主题。

第三级的选择编码是在二级轴心编码的基础上进行再分类,从中选出更具说服力和概括性的焦点,来对中心内容进行诠释。对117个二级编码进行高度概括,由此形成政策执行、政策效果和政策认同三个选择编码。

其中的选择式编码和轴心编码形成分析软件中的树状节点和子节点,参考点数即开放编码的数量。编码层次构成的节点层次和材料信息见表10-2。表中的节点材料来源数和参考点数目的多少解释的是各个节点在材料中的重要程度,数目越多表示越重要。从树状节点来看,政策执行是最受重视的领域,其次是政策影响,再次是政策认同。在政策执行中,受助者比较关注的依次是评定标准、名额分配以及信息真伪,少数部分同学提到了学习成绩和补偿项目;在政策影响这个树状节点下,学习动力和家庭经济状况占据着重要位置;而在政策认同方面,比较受人关注的是政策效果和隐性抵制。

表 10-2 节点层次与材料信息

树状节点和子节点	节点材料来源数[a]	参考点数[b]	参考点举例
政策执行 评定标准	11	32	特困学生跟一般贫困学生的评定标准不公平,有些家庭经济很困难的被评为一般困难学生,但是家庭经济还好的被评为特困生。
评定过程	8	21	在贫困生的评定过程中可能会存在一些不公平公正的现象,不是很清楚这个流程。
名额分配	10	27	名额按比例平均分到各个学院和班级,但是并不是所有学院和班级的贫富水平都差不多。
学习成绩	2	6	评定还是在看成绩。我们班的确有成绩不是很好但是挺贫困的学生,他们就没有助学金,更没奖学金了。
后续监管	7	19	有一个同学他就申请了助学金,但是他不怎么学习,经常玩游戏,就是不思进取。
补偿项目	3	5	国家助学金的发放比例相对于奖学金来说要高一些,其次,勤工助学的岗位也还算比较多的。
信息真伪	8	22	对交上去的申请材料,学校很难具体地去一一核实,因为大家来自全国各地,去查对需要花费很大力气。
政策影响 学习动力	13	15	我觉得学习动力和钱没有关系,学习动力主要还是看个人的认识,对待学习的态度。
家庭经济状况	12	17	本来家里收入很低,每年几千块钱的补助对我们家来说还是作用很明显的。
自身经济压力	5	8	每个学期的补助,加上在学校做勤工俭学每个月都有两百多的收入,够生活了就可以少去外面做一些兼职。
消费水平与行为	5	12	每个月的开销大概四五百,不会说学校发钱了就大手大脚,还是跟原来一样的,比较节俭,钱可以留着作为以后的生活费。
弱势心理	4	9	作为贫困生,你是领补助的,多少会有一点的自卑。在平时的生活中,也没有太怎么着,就是也还算正常。
政策认同 政策意图	3	4	这个政策本身它的出发点是好的,它是国家或者学校关心贫困学生的一种表现。

树状节点和子节点	节点材料来源数[a]	参考点数[b]	参考点举例
政策效果	9	14	反正从经济方面来说,对缓解贫困学生的经济压力还是起到了一点效果的。
政策建议	3	5	在名额的分配方式以及贫困学生的评定标准上面可以做得更好一些,让大家更信服。
隐性抵制	8	13	需要偿还的助学贷款和免费的助学金相比较,肯定是首先选择国家助学金了。
显性抵制	6	11	有些人就是毕业后有钱也不还,因为他想着反正这钱是国家的,国家也不缺这一点钱。

注:a 表示包含该节点访谈材料的数量;b 代表所有访谈材料中包含该节点出处的数量。

以上是通过表格的形式展示的家庭经济弱势本科生补偿政策体验访谈材料的整个编码情况。需要指出的是,NVivo10.0 可以就访谈中的某个特定主题或者个案进行分析,因篇幅原因,这里不进行展示。另外,还可以通过 NVivo10.0 对材料的可信度进行分析。软件能够测算出访谈各材料来源之间的 Pearson 相关系数,由 Pearson 相关系数可以得知各个访谈个案之间的内容相关程度。研究按照单词相似性聚类分析求出的各份材料之间的 Pearson 相关系数,最低的是 S5 与 S11 之间为 0.798901,近似于 0.8,其余材料之间相关性系数均在 0.8 以上。由此可以看出各个个案之间具有强的正相关性,即所有访谈对象对于家庭经济弱势本科生补偿政策的体验具有高度一致性,本研究的访谈材料具有较好的可信度。

在如上编码工作的基础上,研究对访谈所转录的语料进行了深入的文本分析。

二、政策执行:信息经济学视角下的补偿政策

作为补偿政策的主体之一,受助学生在政策执行这一动态过程中,反映最多的是关于贫困生评定的公平性问题以及补偿资源分配与贫困生家庭经济状况之间一致性等问题。

> S9:我家庭的经济状况一直不太好,妈妈今年 58 岁,爸爸今年 65 岁,他们一方面是年纪比较大了,另一方面是身体一直不太好,所以家里面的负担会比较大。况且我和我弟弟都在读书,由于父母双方的亲戚比较少,所以能够资助我和弟弟读书、生活的帮助力量比较小。由于

爸爸的身体状况和家庭其他方面的原因,我家庭的经济状况一直处于比较差的状态。主要收入来源现在是我妈打工的收入,我爸因为年纪比较大,下岗在家,加上身体不好,就不容易找到工作。妈妈现在是做清洁工,一般(月)收入在 1000 元以下,是按照天数来计算的。我现在获得的补偿是一般贫困的国家助学金,每年 2500 元。但是我知道还有一些同学家里也确实贫困,但是因为名额不够,所以连一般贫困都没评上。

S5:我的家庭经济状况就不太好,主要就是因为我们生活在农村里面嘛,家里面爸妈身体也不太好,主要收入来源一般都是靠家里务农收获得到的。家里除了我以外还有弟弟和妹妹都在上学,(我们)在学校读书的费用就占了(家庭)生活开支的一大部分,再加上爸爸身体有病,患有胸积水和关节炎各种劳累积累下来的疾病,妈妈患有肾结石和腰椎间盘突出,就基本上不能干重活。反正我父母他们两个就是硬撑着,为了支持我们三个读书就硬撑着,不能干重活还是要去干。但是,因为在家乡那边没有像这边沿海地区可观的经济收入嘛,更多的还是靠种地,有时就在附近村庄给别人打零工获得点收入,所以家庭经济状况还是不太乐观。家里年收入这个具体也……不好算吧,我觉得就像爸爸他如果有时候做零工的话,就是一个月千来块,然后除去一些成本什么的,一个月大概就五六百,五六百再乘以 12 个月,(一年)不到 1 万吧。我现在接受的补偿是那个 2500 元一年的国家助学金。

根据国家助学金政策的有关标准,考虑到不同家庭经济弱势本科生的困难程度有所不同,因此 A 校的国家助学金也是分成不同的等级:家庭经济特别困难学生和家庭经济困难学生,前者简称特困生,后者简称一般困难学生。特困生和一般困难学生的补偿金额有所区别,特困生每年补助 4000 元,一般困难学生则每年补助 2500 元。特困生的名额要少于一般贫困生,因而特困生名额一般优先给予来自单亲家庭或者家庭成员有残疾的学生,对于一般家庭,即便再困难也只能给予一般困难的名额。学校是以硬性标准来评定贫困生的等级的,而不是实际的家庭经济状况。

S12:我家本来经济状况还可以,爸爸妈妈是搞养殖业,养鱼的,但是从前年开始家里亏了很多钱,欠了很多债。还有一个妹妹在上高中,姐姐大学毕业不久,但是她自己创业没成功,也欠了很多钱。所以我就申报了补助,每年 2500 块钱。

S6:大学入学的时候会填写一份家庭情况调查表,然后学校会评定你进入哪个贫困等级。大学四年都用这一份,这份调查表没有真正做到与时俱进,因为有些家庭的困难是暂时的,而不是长久的,但是却可以大学四年都得到资助;也有一部分同学家庭条件在大学期间可能突然变得不好,天灾人祸什么的,这样这些同学得到的帮助就很少了。

学生的经济困难状况不一定是一成不变的,同一学生在不同时期的经济困难的程度也是不一样的,也有部分家庭情况良好的学生因为一些突发的事故而陷入窘境,因学生数量众多,学校无法动态地掌握学生的家庭经济变化状况。

S7:其实我当初报这个的时候就挣扎了很久,因为我不了解班上其他同学的情况到底是怎么样的,有可能出现这样两种情况:我不申请,而经济条件比我要好的同学申请了;我申请了,而经济条件不如我的同学却没有申请。所以很纠结,不确定到底报不报得上。

S1:评定的话,首先要自己申请,然后全班公投。这个环节其实也挺表面的,因为各个寝室之间交流不多,都比较独立,所以其实大家对彼此的实际情况了解得也不多,所以,在投票的时候就看跟谁的关系比较好一点就投谁了。老师也很难一一去核实。

由于不同地区的经济发展水平不一致,家庭经济收入难以非常精确地计算,经济困难学生的评定也没有量化的评判标准,在不同的学生心中,对经济困难的理解也不完全一致,他们虽然清楚自己的家庭经济状况,但却无法掌握自己所处环境中的整体状况,形式上公平民主的评选也因彼此缺乏深入了解而失去其公平实质,导致实践中的经济困难名额分配与实际情况并不完全匹配。

S10:这个政策好是好,但是也还是有执行得不好的地方,像我们班上的同学家里条件都很好,全班就我一个人申请这个补助,其他同学都不申请,补助名额多了。但是我们宿舍有个同学家里是贵州山区的,父母在家种地,他还有个弟弟也在上中学,家里条件真的很苦的,可是因为他们班有十来个新疆学生,新疆同学是优先的,所以,他就申请不到这个补助的名额了,因为每个班名额只有那么多。

S15:这个名额分配不合理,有些学院,像音乐学院、美术学院这些院的学生本来家里条件就比较好,学校根据学生人数按比例分配给他们院里的补偿名额经常都浪费了,有钱都发不出去;而像我其他学院的一个同学,他们班评这个助学金的时候,名额有限,但是他们申请的人特别多,所以就要进行竞选,由同学来投票,可能他平时也比较内向,投他票的同学比较少,所以他就没评上了。我们班的情况是大家觉得这个不好意思,觉得如果申请的话有面子上的问题,所以我们班往往是名额多了。

在补偿金额一定的情况下,政府和学校对学生补偿名额的确定都是采取一种简单易行的方法,按贫困学生的平均比例来下拨补偿金,无法满足现实中所有贫困学生的需要。而在具体补偿资源分配的时候,学校根据对贫困生的资格审核来确定受助对象,高校调查贫困生家庭经济情况需付出大量的人力、物力和财力,因此,高校只能根据各个学院的学生总体人数,依据一定比例,大概估算各个学院的贫困生人数,再由学院根据这一方法具体分配到各个年级、各个班级,再具体到个人。这样就导致一些学院名额不够,一些学院名额有余,没有充分发挥补偿的作用。

微观信息经济学研究的一个重要方面就是当两方当事人之间所拥有的信息不对等时,怎样寻找一种条约和规章来规范两边当事人的经济行为。如交易一方没有办法观察和监测对方行动的一切信息,或者获得这些信息需要付出昂贵的代价,这时交易的双边当事人就处于一种信息不对称的状况。① 同样的,在高校学生资助工作中,学生和学校作为不同的主体,也普遍存在着信息不对称的现象。如上面所述情况,虽然学生对于自身家庭经济状况的了解很充分,处于信息的优势方,但是因为贫困生人数较多,分布较广,家庭收入水平的确定难以把握等原因,导致学校无法全面地掌握所有贫困生的实际经济状况。学校如果一一去详细了解每位学生的具体家庭经济状况,那将要付出非常高昂的成本。实际上,由于多方因素,将来自各地的学生家庭经济状况进行摸底排序也是难以实现的。因此,在贫困生的认定和等级评定中,学校只好根据一些既定的规则来相对有效地执行资助工作。这一切,皆因学校和学生之间存在着的信息不对称。信息不对称会造成学校和学生双方之间的利益失衡,影响公平公正等原则和国家助学金这一资源配置的效率,其典型表现有"逆向选择"和"道德风险"。

---

① 李小鲁.高校贫困生资助新视野[M].广州:广东高等教育出版社,2011:1.

（一）逆向选择

S2：我家里经济条件一般，我爸是电器修理员，我妈就在家里开个小店。家里每个月的收入不是很清楚，因为是农村户口可以申请国家补助，所以我就报了名。其实我也就是试试看嘛，因为我们班有新疆来的同学，（他们）因为是少数民族所以基本上都能评上补助，但其实并不是每个新疆来的同学家里条件都不好，（他们中）有些同学花钱比我们还要厉害。所以，我看爸妈挣钱也辛苦，就想减轻他们一些负担，现在每年也能获得 2500 元的国家补助。

S13：申请的话，就是自己提交申请，交一张有村委会盖章、镇政府盖章的贫困证明。村委会的话基本上都会盖的，都是熟人嘛，抬头不见低头见；镇政府其实对具体情况也不清楚，但是像这种学生申请补助什么的，基本上拿过去也都会给你盖的。

S8：其实当初填写这个补助申请表格，纯粹就是那个时候有名额嘛，填的时候也填得很简短，后来排序排到最后一名，名额多就给我了，名额不够的话，其实也没关系的。

按照现在补偿的申请规则，学生只要填写申请表格和提供家庭经济情况的证明就可能得到补偿，不需要付出其他的成本；而学生户籍所在地的民政部门从地方利益出发，或者因为一些熟人关系，也不会花费时间和精力去对这些开证明的学生情况做详细调查，只要学生有需要，一般都会给贫困证明盖章，致使一些非贫困的学生也变成了贫困生，这在一定程度上加大了学校评定工作的难度，降低了真正家庭经济弱势的学生获得补偿的概率。

1970 年美国经济学家阿克洛夫（G. Akerlof）提出的旧车市场模型为逆向选择的诞生奠定了理论基础，旧车市场也就是人们平时所说的"柠檬"市场。旧车市场上，逆向选择的问题主要来自于买者和卖者关于旧车质量信息的不对称。本来旧车市场中存在着质量好的和质量一般以及质量不好的二手车，卖车者很清楚这些信息，而买方对此并不是很清楚。对于买方来说，他最多愿意支付这些旧车的平均质量的价格，而卖车者是不会以这个价格出售质量好的二手车的。长此以往，质量好的这些车反而卖不出去，卖出去的都是质量一般和质量不好的二手车，这与正常的优胜劣汰的市场交易原则是背道而驰的,这就是经济学中所讲的逆向选择。①

将逆向选择这一理论推广到其他领域,则指在信息不对称情况下所造成的市场资源配置扭曲的现象,使得那些最有可能造成不利(逆向)结果的交易对象,经常被搜寻到,交易最踊跃。在贫困生资助体系中,高校无法确切得知每个家庭经济弱势学生详细具体而动态的家庭经济困难情况,学生与高校两者所拥有的信息不对称,造成的可能结果是不那么贫困或者非贫困的学生占据了补偿的名额,而相对来说更困难的学生获得的补偿却要少,以至于有些贫困学生根本没有得到任何资助,造成逆向选择。从访谈材料看,出现了几种情况:家庭经济条件尚可的学生去申报国家补助而被评上了,家庭真正困难的学生却因名额不够没能享受到补偿;家庭经济特别困难的学生获得一般贫困的补偿金额,而家庭条件一般的学生却享受着特别困难的补助资源。

> S6:我爸爸在我很小的时候就不在了,是妈妈一个人在家种地、帮别人打零工供我读书。虽然说现在国家每年可以补助 4000 块钱一年的伙食费,但是因为家里收入很少,我每年的学费和生活费对家里来说压力还是很大的。我知道有助学贷款啊,但是我妈宁愿省吃俭用,找亲戚借,也不想我去申请贷款。她说到时候一样要还的,还有各种各样的规定,借和还都不自由,还是不欠政府的钱心里踏实。

> S2:不还助学贷款可能有这两种情况,一种是贷款的这些学生大多家里经济不宽裕,特别是那些来自边远地区、贫困山区的毕业生,他们一时难以找到工作或难以找到理想的工作;即便找到了,因为本来家庭经济就不好,他们就要承担更多的家庭责任和经济压力,这样一来就导致他们难以及时偿还贷款;还有一种情况就是个人的信用问题,工作后有钱了却不想偿还,就是失信、违约的情况。

> S5:政府和银行、学校给你提供这么一个贷款,是社会对你的一种帮助;再说,有借有还,当时你既然去借了,就要偿还,而且银行还不(向你)收利息手续费的,做人要凭良心,不能忘恩负义,想着反正我也已经读完了,不还钱也不能把我怎么样,有这样想法的人太不应该了。

> S12:当初借款的时候已经签好协议的了,既然你已经毕业了,即使你没有找到工作,但是你还是可以通过一些打工的方式,可以靠着自己

---

① 靖继鹏.信息经济学[M].北京:清华大学出版社,2004:369—370.

的能力来偿还这笔钱了。因为助学贷款也不会让你一次性还完,我觉得这个还是跟个人自身对这件事的态度、他自身的品行有更多的关系。

同样,由于高校、政府、银行和学生之间的信息不对称,也会导致逆向选择的发生。在助学贷款项目办理过程中,银行和学生之间的信息不对称使得银行在放贷前没法详细了解每个助学贷款申请者的具体经济情况,而一般以学校对贫困生的认定结果为衡量标准,决定贷款发放情况,而从前面的情况我们可以看到,学校对数量众多的学生的经济情况的了解也是非常有限的。此时的银行所获得的信息就不是那么全面和准确了,无法识别每位学生详细的风险类型,只可根据已有的信息来推断学生整体的还贷能力和意愿。某些家庭条件并不那么困难,但是富有超前消费意识的学生积极申请贴息贷款;相反,有些家里经济状况很差而无力负担学费和生活费的家庭,因为传统思想的束缚还不愿意去银行申请助学贷款,这样一来,本来是为帮助贫困学生的政府贴息的贷款政策没有帮到那些最需要帮助的学生,而让那些经济条件尚好的学生得到了优惠,那些寻求助学贷款最踊跃者,往往是最有可能拖欠贷款的人,鉴于贷款追讨的高成本,作为经济人的银行从降低风险的角度考虑,必然会采取相应措施,做出惜贷的反应。而当其他一些确实有贷款需求的学生来申请时,可能遭到银行的拒绝,而使原本贫困的家庭遭遇更加艰难的处境。

(二)道德风险

　　S9:我有一个同学的室友原来大一的时候申请了国家助学金,但是他却一点都不懂得珍惜,经常课也不去上,就天天窝在宿舍打游戏,就是不思进取的那种。

　　S3:我们班有个同学去年申请了助学贷款和生活补助,其实看他平时的消费,感觉他们家也并没那么穷,电脑什么的都有。后来,发了补助后,我们的补助是一年分两次发放的,每学期期末发一次,然后他就给自己买了个喜欢的手机。

　　S6:其他同学接触得不多,但是我知道我们班有一位特困生,她家里所在的那个地方就是蛮贫穷的。但是十一放假的时候她就去旅游了,然后在她宿舍,可以看到她笔记本电脑什么的也都是齐备的,衣服什么的好像买的也很多啊。当然我也不是有什么意见。

在补助下发给学生后,学校对补助金的用途缺乏有效的监督,国家助学金的价值在于帮助贫困学子解决生活中的困难,让他们能顺利地完成学业,而不是为了给学生吃喝玩乐,也不是要满足其虚荣心,铺张浪费,甚至用于购买相对昂贵的物品。在信息经济学中,我们称这种情况为因信息不对称而产生的道德风险行为。道德风险又称败德行为,最早产生于保险市场。在保险市场上,投保人在没有投保的情况下发生的损失要全部自负,而在投保后,由于损失将由保险公司承担,因此可能会出现不如投保之前尽责甚至采取一些不道德的行为,当然这些行为是隐蔽的、保险公司无法监测到的。不仅仅在保险市场上,日常生活中的道德风险也随处可见。在高校贫困生资助工作中,有些学生获得补偿金后,学校也没有办法监察这笔钱的详细使用情况,学生是将其用作生活费、上缴学费、补贴家用,还是用来添置奢侈品,或者用这笔钱去从事其他活动,再或者不遵守纪律、不认真学习等,这些道德风险问题的存在使得高校贫困生资助偏离了国家家庭经济弱势本科生补偿政策的初衷。[1]

三、政策效果:双因素理论视角下的政策效果

双因素理论又称激励保健理论,是由美国著名学者弗雷德里克·赫茨伯格(Fredrick Herzberg)在 20 世纪 50 年代所提出来的。该理论的提出在管理学界引起较大反响。双因素理论的提出基于赫茨伯格和他的助手们大量的案例调查,通过对调查结果的分析,他们得出:对于职工来说,从事的职业本身和其工作内容才是能够让他们感到满意和心情愉悦的因素,即激励因素;而引起职工不满情绪的大都是和人际关系以及工作环境等相关的方面,赫茨伯格称其为保健因素。保健因素与我们平常所说的卫生保健的含义相近,即生活中卫生保健虽不能直接治病,但保健工作做得好能让疾病远离,保证我们正常有序的生活,一旦某个保健环节的工作没做到位,就会引起身体不适。具体到公司企业等组织中,组织的规则制度、薪酬福利、上下级之间的关系、工作氛围乃至办公设备等基础设施都可以归纳为保健因素,当组织中的这些因素好时,员工不会产生不满情绪,但是并不一定会让员工以积极进取的态度投入工作中去,可能出现的一种情况是既没有不满也没有满意的状态。但是当这些保健因素没有达到员工预期的水平时,就会引起他们的抱怨和不满。而激励因素则是那些能够起到鞭策和激励作用的、能够让人实现自我价值的因素。譬如被欣赏、职责、目标、成就和发展等,若

---

① 李小鲁.高校贫困生资助新视野[M].广州:广东高等教育出版社,2011:1—4.

是具备这些要素,将给员工带来更多的激情和鼓励。从这个层面来说,这是赫茨伯格对传统观点的一种否定,仅仅通过提供给员工高薪水、优越的工作环境和条件等,虽然能消除员工的不满情绪,甚至在一段时间内提高工作热情,过了一段时间以后,员工从心理上适应了这个环境,即便没有产生不满,之前的激情也会慢慢消失,从而失去激励的效果。保健因素固然重要,然而只有激励因素才能给予员工持续努力的动力,创造出好成就。①

双因素理论对家庭经济弱势本科生资助的政策体验具有较好的解释力。

(一)保健作用

家庭经济弱势本科生补助政策体系的建立和实行,主要是帮助贫困学生解决大学期间的学费、住宿费和生活费问题,因此,提供的基本上是经济上的补偿。这些补偿在经济弱势本科生补偿政策体验中被感受到的作用相当于双因素理论中保健因素的效用。

> S4:我家在农村,父亲上班,母亲务农,弟弟上中学,爷爷奶奶没有收入。我享受国家助学金每年2500元,参加学校的勤工助学,每月工资250元;我每月的生活费用在400~500元。我觉得这份补助金实际上对于我家庭经济压力还是有一定的缓解作用的。因为有了这份补助金之后,我爸妈给我的一些生活开支还有一些零用钱就可以大大减少了。毕竟差不多2000块钱一个学期,节省点用还是可以用很久的,这样家里就只要给我交学费,或者在生活费方面稍微给我一点就够了。我也这么大了,不想再经常向他们要钱。

> S14:我来自四川山区,爷爷奶奶年迈多病,父母外出打工,有一个姐姐在读大学。我享受国家助学金每年4000元,获得国家励志奖学金5000元,以及学校奖学金2000元;另外我参加勤工助学每月有250元的收入;我每月消费700~800元。这些补助,怎么说呢,其实在很大程度上缓解了(我家的)经济压力。因为我父母在外打工嘛,虽然说每个月加起来肯定也有一点钱,但是每个月开销也不少,加上我和姐姐两个人读书的费用,对他们来说压力也是蛮大的;而且父母工作也很辛苦,从早上八点一直要上到晚上十点才下班,时间很长,挣的钱也不是很多,所以(补助)减轻很多负担。我从大二开始就没向家里要过生活费,

---

① 郭咸纲.西方管理思想史[M].2版.北京:经济管理出版社,2002:225—226.

还有比如自己想考的证书,像驾照和心理咨询师证这些都是我自己出的,所以我这边减轻了家里的一些负担,家里稍有盈余的钱就去还债,这样家里的经济压力就会小很多。

S11:我家在农村,父母以前种地,这几年家里种植了果树作为经济来源,有一个哥哥在读大学;我享受国家助学金每年2500元;每月消费在1000元左右。老实讲,这个助学金的金额并不是特别多,像我们在大学里面每年的学费啊生活费啊,各方面的开销也挺大的,一年两千多块钱对经济方面的帮助有是有点,但是还是比较小。不过感觉在精神方面受到了支持,所以,我觉得更多的益处还是精神方面的。

S9:怎么说呢?各种资助政策也是国家和政府对贫困学子的一种关注吧,让我们知道政府并没有不管我们这些弱势群体,也关心我们的生活。

S5:在没有获得补助之前,为了减轻家里的负担,一有时间我就出去做兼职。我做过很多兼职,像(做)家教、发传单、促销和当导游,等等。家教算是轻松而收入高的了,有30块钱一小时。而发传单就很辛苦了,就是去各个寝室发传单,收入就是一幢楼8块钱,就是你发完一幢楼,他给你8块钱。要一间一间地发,每一张都要卷成卷,放在门把手上。而且一栋楼跑上跑下,有些寝室,管理很严的,宿管认识这幢楼里的每一个人,所以这时候他就不会让我进去了。很辛苦,还要斗智斗勇,工资还少,真的感觉很辛苦。而且这种工作,纯属体力活,也没什么技术含量,但是为了生活没办法。现在有补助以后,我就不那么疯狂地去做兼职了,只在周末的时候做家教。

从访谈中我们能切身体会到这些贫困学生家庭的艰难与无奈,一方面由于身体、年龄和知识技能等原因难以找到合适的挣钱机会,另一方面,地区经济落后导致贫困生家人劳动所获得的收入有限,相对较高的学费使得贫困家庭培养一个大学生每年所需的学习和生活费用要花掉家庭收入的绝大部分,或者是这些贫困家庭整个一年的家庭收入,有些甚至还存在缺口。通过国家的各种补偿政策,贫困学生每年能获得的补偿金额少则一两千,多的达上万元,虽然数目不是太大,但是对这些省吃俭用、懂事的贫困学生来说,却发挥着非常重要的作用。国家出台的这一系列补偿政策给家庭经济弱势本科生提供了制度上的保障,一般地,无论怎么困难,都不至于因经济问题而失去上大学的机会,学费、住宿费可以通过助学贷款来解决,生活费可以申请补助或勤工助学来解决,学习成绩好还可以申请奖学金。所以,在地区经济发展不平衡、高等教育消费较高的现实条件下,国家通过给大学生提供上学的保障制度,可以在一定程度上消除家庭经济弱势本科生及其家长对社会的无奈与不满。补偿政策不仅缓解了贫困学生及其家庭的经济压力,也让这些为了生活而忙于四处兼职的学生有了更多的时间来学习,保证他们能拥有一个相对比较稳定的生活和学习状态。应该说,国家实施的一系列补偿政策在缓解高校贫困学生家庭经济困难方面起到了很大的作用。

S13:领取补助对我的消费行为我觉得没有什么影响,还是和平常一样,因为它只是几千块钱,如果你拿到了之后就大肆挥霍什么的,那钱只有这么多,你挥霍完了之后不就没有了吗? 挥霍完之后你就会养成那种习惯,就是没有钱也想要花钱。(领取补助后)就还是和以前一样嘛,你平常怎么花就怎么花,就不要因为拿了这个钱之后就突然变得特别大方,钱乱花,这样很不好。

S5:这个对消费方面没影响,和其他同学相比,我的消费水平应该算比较低的,比如购买日常用品,其他同学可能比较追求品牌啊什么的,我就比较重视优惠、打折,会选择比较经济实惠的东西。其他同学看定了一样东西就会(立即)买下来,我可能会货比三家,选择比较实惠的那家。

S14:我觉得对消费行为是没有影响的,因为我从小到大用父母的话来说就还是比较听话、比较节约的人,不会身上有钱,就特意地去花掉,还是按部就班,该用哪样就用哪样,不会因钱多钱少,死扣腰包或者大加挥霍。

行为习惯是人们在长期生活中所形成的一种稳定状态,俗话说"习惯成自然",所指如是。在消费方面,消费主体的消费行为习惯也是在日积月累中所形成的,它会在消费行为中影响着人们。访谈中,受资助学生在平时的生活中,大多形成一种节约的消费理念,即使受到无偿的经济资助,也并未对他们的消费行为和习惯产生多大的影响,他们依然保持原来的生活水平和消费方式。所以,受补偿的家庭经济弱势本科生的消费水平具有稳定性,他们所获得的补偿资源能够在其生活中起到保健作用。

(二)激励作用

人是具有思维和行动能力的,人们的所作所为都是一种有意识、有目的的活动,简单来说是有行为动机存在的,动力作为一种精神力量对人的行为具有激励和推进作用,并且这种力量能挖掘出人的内在潜力。那么,家庭经济弱势本科生补偿政策对学生的学习具有多大的激励作用?

> S12:其实我也不太好意思说,这些政策对学习的动力好像没起到多大的促进作用。刚开始的时候,我觉得拿奖学金也并没什么,就觉得也没多大的事,可是现在就慢慢地意识到,各方面的压力都来了。有时候觉得奖学金还是挺有(促进)作用的,因为你要拿奖学金的话主要是凭成绩嘛,主要还是看成绩,如果你拿一等奖学金是两千嘛,拿国家奖学金是八千,这样想一想,奖学金还是有很大作用的,能干不少事情。想到这里的时候就觉得自己要好好学习,拿奖学金也算是自己赚的一份钱嘛,至少可以缓解一下家里的经济情况,就是用作自己的生活费啊。但是好像这种思想只会闪过那么几秒钟,这种思想不会持续很久。

权利和义务是相对等的,一个人享有多少权利就应负有多少义务。访谈中的一些同学在思想上将其享受的补偿资源当成是一项权利,作为学生,他们当前要做的就是履行好学习的义务。但是从结果上来看,补偿政策并没有取得我们预期的激励效果,在很多时候只能说是得到了一种要求自我上进的认识而已,在思想上,这种想法存在的时间是短暂的,短期内可以让学生努力学习,但无法较长期地保持下去。

> S13:我家在安徽农村,单亲家庭,父亲打工。从大一开始我就每年领取国家助学金,学习成绩优异,名列年级前茅,每年都得国家励志奖学金和学校奖学金。我每个月生活开销只需要四五百块钱就够了,偶尔也会有比较大的开销,像买手机啊,考心理咨询师、驾照等各种证件的花费就蛮大的。但是因为我平时做的兼职比较多,基本上每个月都会有一千多(元)的收入,所以,还是可以解决自己的开销。助学金和奖学金,我是用来还助学贷款的,因为助学贷款每年拨的是六千嘛。应该说获取奖学金只是我认真学习的一个附属产品吧,一个阶段有一个阶段的主要任务,现在既然在学校(读书),那么我就该好好学习啊。也就是说即使成绩好没助学金、奖学金,我也还是会一样的努力的。

> S7:我从进入大学就规划好了,大四要考研的。我是这么觉得的,既然选择了学习这条路,就要走好。而且现在不是说是"拼爹时代"嘛,像我这种没背景、没人脉,就是说什么都没有的,完完全全要靠自己实

力的,考了研究生之后最起码自己的竞争力会稍微提高一点,所以……还是有这个想法的。我家里也说自己想考就去考,他们还是支持我的。虽然家里经济条件有限,但是通过贷款和自己平时做做兼职,我完全可以解决这个问题的,现在就是这样啊,基本上不会问家里要钱。

S13:努力学习最主要的也不能说是为了奖学金吧,我本身觉得读书是件很美好的事情啊。可以了解各方面的知识,懂得很多道理,特别是当我所学习的东西能为自己或者别人的生活解决实际中碰到的问题的时候,真的是很有成就感、很开心的,就像有句话说的,"书中自有黄金屋"。

S4:我平时在生活中,可能心里面有一点点自卑吧。比如对那种家庭条件很好的同学总会在心里面形成一种……感觉,就是不太敢去和人家交流,就总会在心里面暗示自己,可能会有"沟"啊,比如说生活方式不太一样,生活啊、消费方式不太一样,跟他们就会有一些隔阂。只有在学习时,这种感觉才会暂时消失,特别是在学业上取得成功时,比如考得很好,或者比别人知道更多的专业知识的时候,我才会找回一点自信的感觉。

通过对一些学习成绩优秀的家庭经济弱势本科生的访谈,可以看出他们努力学习的动力来源于学习本身。虽然他们家境贫困,为了帮助家里减轻经济压力,他们中大部分都在做兼职,但是,这些都不足以成为阻碍他们学习优异的障碍,也不能影响他们积极学习的热情。他们的学习动力更多的是建立在他们的价值理念、学习抱负、成就感等基础之上。通过努力学习,可以体现他们的价值,通过努力学习能实现他们的理想,通过努力学习能让他们的求知欲得到满足,通过努力学习能获得一种成就感,是这些而不是可能获得的补偿资源构成了学生学习的动力来源。

从以上语料来看补偿对学习的影响,结合赫茨伯格的双因素理论可知,补偿政策对绝大部分学生所提供的帮助只属于一种保健因素,而非激励因素。经济资助确实给学生的生活提供了帮助,从一定程度上能为其提供一个良好的生活和学习环境,给予他们更充分的学习时间,让他们感受到国家和政府的关心。但是经济补偿对于促进贫困生学习动力的提高、激发其学习热情方面所起的作用是有限的。虽然有同学从主观上认为,补偿对学习应该是有一种促进作用,但是结果(学业表现)表明,补偿并未给其学业带来因心理激励所导致的实质性提高。对于有些学生,在奖学金的金钱激励下,短时间内可能会产生想要努力学习的念头,但是仅仅是这样的念头而已,其无法在学生心中形成一种长期的激励力,促使学生真正付诸行动,努力学习。当然获得补偿的同学中也有成绩非常优异者,但这些学生对学习的热情也并非全因补偿而起,只是因为学习这件事情本身存在价值,所获得的补偿只是作为其努力学习的一种附属产品。这一调查结果与双因素理论基本相吻合,即补偿作为一种保健因素,它不能直接提高学生的学习成绩,甚至也只能在一定的程度上减轻学生的经济压力,改善学生的生活和学习的环境,而能够激励学生勤奋学习的因素还是学习本身,比如知识与学习给人带来的乐趣和满足感、求知的欲望等。

双因素理论给我们提供了另外一种认识:在"满意"和"不满"之间还存在着"没有满意"和"没有不满意"的情况。这对高校学生资助政策的基本启示是,要调动和维持学生的积极性,首先要注意保健因素,以防止不满情绪的产生,即做好家庭经济弱势本科生的补偿保障工作。但是要激发学生的学习热情,自觉主动地认真学习,创造奋发向上的氛围,仅仅做好保健方面的工作还远远不够,因为只有激励因素才更能对贫困学生内在心理长久地发挥作用,起到促进他们更加努力学习从而更好成长的作用。[①]

四、政策认同:抵制理论视角下的政策认同

本研究的"认同"是指具有某种共性的群体成员对于某一事物的评价和认可度。政策认同指的是,接受过补偿政策的主体对于补偿政策及其实行过程中的一种心理态度和赞同程度。从宽泛的意义来看,政策认同不仅直接包括了对政策本身的认可,而且还间接包含着对政策制定主体和政策执行主体的认同。[②]

由于经济、社会、文化、历史与现实等方面的原因,政府为了避免家庭经济弱势本科生因经济困难而失去上大学的机会,使其在本科期间获得公平成长,为他们提供各种补偿。国家实施的这一系列政策是"善"的,且有重要意义,充分体现了政府对广大贫困学子的关怀,是让人觉得温暖,且产生感激之情的。那么,作为政策接受主体的学生对于补偿政策本身以及作为政策制定主体的国家和执行主体的学校、银行和政府的认同情况是怎样的?

S4:对政策的认同,不能说满意吧,也不能说不满意,有这么一个政

---

① 丁家云,谭艳华.管理学[M].3版.合肥:中国科学技术大学出版社,2014:249—251.

② 王国红.试论政策执行中的政策认同[J].湖南师范大学社会科学学报,2007(4):46.

策,总比没有要好吧。不管怎么样,补助的覆盖面广了的话,即使有再多的人"搭便车",多多少少总能帮到些真正需要帮助的学生,对于这些学生来说,这就是有价值的。

S10:评定基本上是通过个人报名啊,然后班级考核一下,再是学院评定,这样子嘛。我觉得肯定有一些不真实的地方,你总不能强制让一些自己不想申请(补助)的贫困生去报名,但是另外又存在一种情况,有一些申请人的材料上面所写的就是过了……夸张。但是我觉得,很难找到一个比较合理的方法。

S14:我觉得学校现在的评定方式还是在看成绩,因为我自己有奖学金,所以评定时我觉得还好。但是像我们班,的确有成绩不是很好,但是家里确实很贫困的学生就没评上,(学校)相对来说在这方面做得欠缺考虑。(有些)真正贫困的人,他们没有得奖学金,也没有得到助学金,对他们来说,学习成绩不好,就连助学金都没有了。本来补助额度应该根据困难程度来定,但是我觉得现在的额度是根据成绩来定的。不是看你有多苦多难就应该得到多少补助,反而是在你贫困的基础上,根据你的成绩有多好来评定补助额度的多少。

S11:虚假,有是有的,因为它最终的审核是由学校这方面专门的老师负责,如果有些贫困生和老师认识的话,老师可能会给他们开个后门。我知道的,就是有个同学家里也是一般贫困,但跟那边老师认识,他就获得了特困嘛。这种情况比较难解决,如果说是完全的信息公开,这个问题可能是可以解决,但是另一方面要顾及贫困生的心理状况及个人隐私,似乎又是不可行的。

S3:这个也不好评价,因为你说有些人经济有困难,那最直接的帮助就是金钱上的帮助,这个见效最快。(对于)精神上的帮助,你说他不一定听得进去。金钱上的帮助我觉得是最快最直接的,(这个制度)也没有什么好评价的,只能说它可能执行得不够好吧。

按常理,人们接受来自外界的帮助时,心中总是充满感激之情,对于提供帮助的人也是赞誉有加。所以,作为政策受益者的学生对补偿政策的低认同度可能是让人出乎意料的一个访谈结果。但是结合前面的分析,其实这个结果又在情理之中。从访谈内容来看,学生对补偿政策本身也是比较认同的,受诟病的主要原因在于政策执行过程中所出现的关于补偿名额评定方式、评定标准以及具体的操作等一些背离补偿初衷的操作,包括前文所论及的逆向选择和道德风险现象在内,这些都让学生从心理上感受到政策的执行并不是那么公平合理。

S1:我觉得现在的家庭经济弱势本科生的补偿政策还不够完善,主要是受众面不够广,因为我身边还有许多和我差不多的家庭经济较困难的同学,但是因为班级名额有限,不能够接受到补助,或者是隔一两年才有机会受到补助。还有的话,补助的力度也可以更大一些。

S8:宣传方面做得还不够,对国家层面补偿政策了解不是很多。从我自己来看,大一的时候,对于补偿政策、人数完全不了解,后来听说有补助,大二大三才去申请。学生进校时应多普及些(这些信息),能够让真正需要这方面帮助的同学及时地得到帮助。还是应该让更多的人去了解这些政策以及流程或评定方式,公开程度大些,群众也会更信服些。

S13:主要是在名额的评定方面存在一些有失公正的情况,一系列的,比如申请材料审核、班级评选、学校终审等各个环节都可能出现不公正的情况,要想办法改进。

面对上面这些情形,联系前面的访谈内容,容易让人联想到"抵制"理论。抵制理论形成的基础是再生产理论,学者们在对再生产理论进行反思和批判的漫长过程中,最终形成了抵制理论。法国学者米歇尔·德塞都(Michel de Certeau)研究了大众在日常生活中的所经常采取的一些抵制行为,也可以称之为"战术"。这里所说的"抵制"与我们日常讨论的政治生活中的抵制不同,它是基于微观权力思想的一种表征意义上的抵制,强调的是我们日常的权力关系,即权力的弱势方怎样在权力强势方的管制下寻找一片属于自己的相对自由的天地。简单地说,就是大众在表面上承认主导文化的规范和引导作用,私下却在寻求不同的方式和借口,采取有利于自身利益的行为。[①]

对于米歇尔·德塞都的"抵制"理论,我们取其合理内涵。面对高校家庭经济弱势学生数量的增加,国家会同学校、银行等机构为他们提供无偿资助、奖学金以及偿还本金的助学贷款等,但是由于一些主观和客观的原因,并不是所有家庭经济弱势的本科学生都能享受到该补偿政策,也不是所有享受该政策的学生都是真的家庭经济贫困。一方面,学生接受补偿政策的

---

① 岳磊.理想选择与文化抵制[D].郑州:郑州大学,2010:4.

制度规则,因为如果他们不接受这种规则,那他们就会失去享受补助的机会,甚至失去完成大学学业的可能。另一方面,大学生在遵循这些规则的同时,他们会在补偿政策制度的空间里采取各种各样可能的抵制行为,这些抵制行为有可能是主观故意的,也有可能是一种无意识的抵制行为,来为自己寻找一个行为的自由空间,达到自身利益的最大化或获得某种抵制的"快感"。

S12:同等条件下,如果别人在申请材料上都夸大(贫困程度)而你写得非常真实,那么在名额有限的情况下,你肯定就比较难获得补助名额了。稍微写得那个(夸张)一点,别人也不会那么仔仔细细地一项一项地核查,也不好查啊。

S15:贫困生名额都会在学校网站上公布的,可能也是为了让大家更好地监督吧。可是这样,有些心理脆弱或者说是自尊心很强的同学,即使家庭再贫困,再怎么需要这些补助,他们也不愿去申请,不想让别人知道自己家里条件不好。

S8:贫困生活补助(国家助学金)是政府免费提供的,名额还算比较多,如果成绩好,还能申请针对优秀贫困生设立的(国家)励志奖学金;申请助学贷款的话,虽然说不要利息,但是申请手续比较麻烦一些,而且毕业几年之内就要还清。两者相比较那肯定是选择免费助学金了。

以上学生的心理和行为我们都可以称之为抵制。这种抵制发生在大学生日常的生活之中,作为补偿政策实施的主要负责者的学校,代表强势者一方在学校内行使其权力,向家庭经济弱势学生提供补偿,而作为弱势者的学生一方,必须承担提供书面申请及证明材料的义务。学生会按照学校的要求提供相应的申请及贫困证明材料,但是会对材料内容在客观实际情况的基础上进行"适当"的修饰,使其有更大可能获得补偿名额。抵制理论认为,强势者在他们所构建的领域内行使其权力。[①] 基于补偿评选公开公正的要求,学校需将获得补偿的学生名单对外公布,部分贫困学生无法接受学校将其弱者地位公之于众的条件,因此,他们选择放弃申请补偿,即逃离强者所构建的那个领域,放弃贫困生资格的申请就可以避免将自己的信息公开。德塞都认为大众在日常生活中的抵制行为往往会采取一定的策略。对于家

① 蔡连玉.论微观政治视角下的高校学费抵制[J].江苏高教,2008(1):40—43.

庭经济弱势的学生及其家长而言,在我国的资助体系中,同时存在着无偿资助和助学贷款两种补偿形式,不到万不得已的情况下,出于追求效益最大化的目的,申请者往往倾向于选择无偿的资助方式,这也是学生及家长在采取所谓的策略。

> S7:毕业后,学生的就业情况不稳定,流动性比较大,联系方式也经常改变,想着时间久了就能不用还了,因为学校和银行都无法找到其贷款本人,而自己是更加不会主动去跟银行联系的。银行要是一个个这样去追债的话,务必花费大量精力,有时付出的经济代价比学生所欠的贷款数量还要高,这样银行也划不来,就有很多(贷款的毕业生)抱着这样的侥幸心理。

> S3:有些人就是毕业后有钱也不还,因为他想着反正这钱也不是哪一个人出的,而是国家的,国家也不缺这一点钱,不要白不要,而且那么多人不还,我一个人不还也不能拿我怎么样,(他们)抱着这样一种不负责任的态度。

贫困学生对补偿政策的抵制有的是通过采取一定的不那么外显的策略,我们暂且称之为隐性抵制,而有些学生的抵制则是明显而直接的,我们称之为显性抵制。如上面所述的对助学贷款的拖欠,就是简单直接的抵制行为。一般地,显性抵制会产生比隐性抵制更大的影响,如较高的助学贷款拖欠率经各方媒体报道后,严重地影响到银行的放贷积极性,也对大学生的诚信形象产生了负面影响。隐性抵制如学生隐瞒真实信息、隐瞒申请补偿的真实意图等,则是学校、银行难以察觉的。

> S9:我觉得首先实施起来要有一个监管体系,因为实施起来真的是各种(问题)五花八门。落实政策时,真的是偏离目标好远了……我们学校还算好了,像内地经济不太发达的地方就有点那个(违规操作)了。还有一点就是对受助者的监督,既然(补助)给他了,就是要发挥这个作用,因为有一些人,虽然是接受了,但是他还是学习没有什么提高,也不懂珍惜,花钱没有节制,大手大脚的。

抵制行为一般是指在人的主观意识控制下,在遵循一定规制的前提下所表现出来的一些自我行为,可以说是有意为之。但是从贫困学生对补偿政策的态度和行为来看,我们发现有些抵制行为并不是他们故意为之的,即学生并没有这样的主观意图,但是却造成了事实上的抵制,与政策制定者、执行者预期的结果相反。比如，某些有着"花明天的钱，圆今天的梦"这种消费理念的学生去申请补偿，只是想简单地满足自己的消费欲望，或者这只是他们的一种消费习惯，并没有主观上的对政策的一种抵制意识，但是将本应用于帮助家庭贫困学生的经费用来挥霍，实际上就与补偿的目的背道而驰了。

第七节　结论、建议与反思

一、研究结论

通过梳理我国家庭经济弱势本科生补偿政策体系，以及对本科生补偿政策体验的访谈分析，我们得出如下三点研究结论：

第一，信息不对称导致补偿政策的实施出现各种违背补偿政策公平公正原则的行为。由于补偿政策的各主体，特别是学校、银行和学生之间存在信息不对称，出现受人诟病的逆向选择和道德风险行为。在补偿"蛋糕"大小既定且有限的情况下，"伪贫困生"的出现将部分真正的家庭经济弱势本科生排挤出局；在无法准确、具体掌握每位学生家庭经济状况的情景下，高校只能按平均比例将补偿名额分配到班级，出现名额不足与名额浪费并存现象；部分获得补偿的学生思想觉悟不高，不能对自己进行正确评估，缺乏诚信以及感恩上进之心，滥用补助。这一切皆因为对学生经济状况和诚信素养等情况掌握不全面，而且如果要获取准确充分的信息，需要付出高昂成本，这也是家庭经济弱势本科生资助工作一直以来所面临的未解难题。

第二，我国以提供经济补偿为主的资助体系给学生的学习生活带来的影响，主要起到的是"保健因素"的作用，其激励效果并不明显。通过申请助学贷款缴纳学费或者学费减免可以给经济弱势学生家庭减少压力；通过国家助学金以及勤工助学所得能为学生在校生活提供基本保障，且可减轻兼职压力，赢得较多的学习和休息时间；获得助学金的贫困生，成绩突出者还可获得各种奖学金，奖学金数额一般较高，可补贴学生的生活费用甚至补贴家用。学生所述的补偿作用为可以让他们拥有一个相对比较正常的学习生活条件，拥有一种相对平和的心态来面对社会，避免或减轻他们对贫富差距的不满程度。但是，补偿对受助学生产生的影响主要是这些，并未对学生的学业和成长产生持久有效的激励力，即便是数额较大的奖学金也难以充分持久地激励贫困学生通过努力学习来争取获得。强烈而持久的学习激励力主要来源于学生对人生价值的认识,对知识的兴趣和渴望,以及自己心中设定的某些成长目标等,这些因素才是本科学生勤奋进取的根本性原动力。

第三,家庭经济弱势本科生一方面接受来自补偿政策的经济援助,另一方面由于对补偿政策的执行及其实际效果存在非正面看法,而对政策的认同度不高,出现类似于抵制理论所描述的情况:既遵循着既定的规则,却又在规则的范围内寻求自己的活动空间。学生们根据补偿政策的规则,尽量提供能使自己满足补偿申请条件的证明和材料,如通过将家庭收入降低一些,支出增加一些,以便能争取到一个无偿补助的名额,获得一笔额外收入;也有符合申请条件的学生选择放弃,只为避免在补偿程序中自己作为受资助学生信息被公布;在同时提供有偿的助学贷款和无偿的"奖""助""减""免"等时,出于追求利益最大化的目的,学生一般都会选择不需付出任何代价的无偿方式;最显著的抵制是申请到助学贷款而毕业后不偿还贷款的行为。家庭经济弱势本科生的如上表现从行为上客观表达了对补偿政策的不认同。

二、政策建议

根据研究得出的如上结论,基于不同视角对家庭经济弱势本科生补偿政策体验的解读分析,我们提出了相对应的三点政策性建议。

(一)建立科学的信号传递与信用激励制度

从信息经济学的视角解析高校家庭经济弱势本科生的补偿政策工作,我们认识到,在政策各方主体信息不对称的情况下,与补偿政策出发点相违背的逆向选择和道德风险现象是较为常见的,存在较大的发生可能性,这就需要我们深入思考这些问题产生的原因,采取有针对性的措施来防范。建立信号传递机制和信用激励制度是信息经济学中普遍采用的避免逆向选择和道德风险现象的最有效方法,这样就使信息的优势方为了良好的声誉等,主动采取行动将其私人信息以信号的形式传递给只拥有公共信息的信息劣势方,以便信息劣势方识别,或者是处于信息劣势的一方,采取其他方式使得信息优势方主动透露其隐蔽信息给信息劣势方。

首先,为了避免逆向选择应构建信息对称机制。其中最为有效的也是建立一套完整的信号传递机制,尽量地使学生资助工作中的各个主体——学生、学校、政府以及银行等之间的信息相对称。例如,政府和学校可以依托现代数字化的信息平台,建立全国联网的电子信息档案,将高校家庭经济弱势学生的家庭经济状况、获取资助的情况等信息登记在系统内;加强和生源地政府的联系,及时更新信息,将他们的调查结果以及学生以前小学、中学的经济状况列入系统中,提高信息的真实性,有利于学校动态地掌握学生的情况并加强后续的监管。又如,当银行对贫困生的信用了解不够,又无法支出更高的成本去掌握信息时,可借鉴其他国家和地区的经验,通过担保机制,由信用较好的第三方出面担保。这些方式都将在高校家庭经济弱势本科生资助中发挥信号传递机制的作用,从而减少信息不对称给高校学生资助工作所带来的风险和交易成本。

其次,为避免道德风险的主要办法是建立个人信用体系基础上的信用激励机制。这里的激励是指信息劣势方需要设计一种激励机制,使得信息优势方能朝着自己的目标做出更大的努力,降低信息优势方的道德风险,进而减少由于信息不对称所导致的效率损失。一方面可以考虑使遵守资助规则的学生得到一定的奖励,另一方面使违约者得到惩罚。有时通过允许诚信的学生获取一定的"诚信奖励"是利大于弊的,虽然此举可能会增大资助成本,但是可以从其他方面得到回报,使得资助具有可持续性。除了对诚信行为的正面激励,还必须对失信行为采取有效的惩戒措施,使其为失信行为付出较大代价。也就是说,制定惩戒措施时必须满足的一条基本准则是:使行为人为失信行为付出的代价要远高于其遵守诚信规则的成本,如果前者低于后者的话,从另外一个角度来说就是在实质地鼓励失信行为。

信号传递机制与信用激励机制二者之间是相互关联并彼此促进的关系。比如为避免逆向选择而采用的信号传递机制,在某种程度上也会避免一些道德风险现象出现;反过来,亦是如此。既然现实中逆向选择和道德风险两类现象可能同时发生,并且相互作用,因而也启发我们在高校家庭经济弱势本科生资助中,探索并实行能够同时防止逆向选择与道德风险发生的机制。

（二）增加弱势补偿政策中激励性补偿比重

根据赫茨伯格的双因素理论,在保健因素和激励因素双管齐下的条件下,才能充分地调动员工的工作积极性,二者紧密相关,缺一不可。同样地,为了调动家庭经济弱势学生的学习积极性和主动性,在做好保健工作的基础上,更要注意利用激励因素去激发学生的学习热情,使其学有所成,服务社会。激励因素主要是与学习本身、学习内容相关的,可以满足学生自我价值实现、个人发展等层面的需求,这些都是激发学生积极性的激励因素。要从补偿政策的角度来提高学生的学习动力,可以尝试增加激励性补偿政策。

上文研究发现,政府和学校给予家庭经济弱势本科生的补偿更多的是一种保健因素,而激励效果有限,但是这种情况的存在与当前制度安排中贫困学生获得激励性资助的可能性不高有关。目前我国的补偿政策以无偿资助的国家助学金为主,其覆盖率达学生总数的 20%,一般只要达到"家庭经济困难"这一指标即有机会申请成功;而针对贫困生设立的国家励志奖学金虽奖励金额较高,但因名额十分有限,仅占学生总数的 3%,对学生学业表现要求较高,竞争也比较激烈。对于绝大部分的普通贫困生来说,励志奖学金的目标太高,难以达到,因而也就失去了激励的效果。若提高奖学金的覆盖面,并按奖学金金额由高到低划分几个不同的层次,不同的学业表现对应不同层次的奖学金,表现越优秀的学生所获得的金额越高,表现一般的学生只要努力也可获得相应的奖励金额。这种"跳一跳、够得着"的目标将对大部分的贫困学生产生吸引力,他们只要肯努力、有进步,都能有所收获。这样的补偿方式可以激励更多家庭经济弱势本科生以高度的热情投入到学习中去,且久之,努力学习的习惯则会成为自然。

(三)多种制度安排提升补助受益者认同度

对补偿政策的认同既包括家庭经济弱势本科生对补偿政策在实施中的心理态度和评价,也包括了学生对政策本身以及政策的制定者和执行者的认同。补偿政策制定者制定政策的出发点是好的,但补偿政策还存在完善的空间,加上其在执行过程中出现了一些影响政策目标实现的现象,所以产生补偿政策实际认同程度比较低的问题。而且贫困学生还在政策的规制下,做出一些有利于自身的行为选择,也就是我们讨论的抵制行为。要得到贫困学生的更多认同,可以从以下方面来努力:

第一,从访谈可以看出,家庭经济弱势学生对政策制定者及政策本身还是持肯定态度,即政策体系是比较完善的,而如何按照政策的规定来公平公正地落实政策才是最重要的问题。因此,需对政策的执行做进一步的法律规定,明确各个环节的执行主体的责任和义务,对各项补偿政策的实施细则做出权威性的规范,使执行中出现的虚假、"搭便车"、有失公平公正等违规行为得到防范,以此创设一个公平有序又有效的经济弱势本科生资助格局。

第二,由于家庭经济弱势本科生数量庞大,国家投入的补偿资源有限,各地的经济发展水平也不同,助学金、学费减免等无偿补偿措施难以覆盖整个贫困生群体,受助者享受的补偿金额相对于大学生高额的学费和生活费支出来说也只能在一定程度上起到缓解经济拮据的作用,难以从整体上完全解决家庭经济弱势学生的经济问题。国家应继续加大对教育的投入,各高校也可以通过与校外相关企业组织联合,以学校为单位,联系可靠的组织为学生提供更多的勤工助学岗位,使学生能够通过课余时间的劳动来缓解自身经济困难问题。这是一举多得的制度安排,学生既能获得一定的经济收入,树立自立自强的信心,同时又能锻炼自己的能力,提前为进入社会做好准备。家庭经济弱势本科生在这样的制度安排下能够得到多方面收获,就会更加认同补偿政策。

第三,本科教育应引导家庭经济弱势本科生合理对待贫困问题。其实,从某种程度上来说贫穷也是一笔财富,俗话说"穷人的孩子早当家",家境贫寒能增长人的阅历,使人懂得感恩,锻炼人的意志,催人奋发图强。在当前物质社会,一些家庭经济弱势学生受外界影响,对贫穷产生错误的认识,因家境贫寒而产生自卑心理、弱势心理,或极力伪装不让别人知道家庭状况,甚至产生懒惰和依赖外界帮助的心理。本科教育应从思想认识上来指导这些学生客观而正确地评价家庭,认识自我和社会,勇敢地面对困境,并努力走出困境。也应帮助他们克服自卑或虚荣心理,培养他们自信、坚韧勇敢而有担当的良好品质。如此教育活动能够引导他们正确合理地受益于高校弱势补偿政策,以提升他们对补偿政策的认同度。

三、研究反思

本研究访谈对象均选自 A 校的本科学生,这是一种立意与方便抽样,对本研究的选题来说,这样的样本选取是合理的。但是,不同地区、不同层次、不同类型的贫困本科生对补偿政策的体验可能存在一定的差异,所以对我们的研究结论进行外推时须谨慎。

质性研究访谈的主要目的是通过与被访谈者交流,了解其对某种现象或某件事情的理解、认知和感受等。在这个过程中,作为访谈者的研究人员不可以具有诱导性,而是应该做一个"忠实"的听众。同时,质性访谈也比一般的"谈话"要开放得多。通过这种方法我们搜集到的资料是一种"活"的资料,研究者通常要对记录下来的信息进行再现和归类,以便对研究对象和研究事件有比较深入的分析和动态的把握。但是,正是由于这类资料获取途径的动态性,对访谈实施者的要求也较高。比如要有设计科学的访谈提纲,要对访谈领域的知识掌握全面,要有很好的提问技巧和良好的沟通能力等。研究者由于初次进行质性研究访谈,在某些方面还处于一个学习探索的阶段,可能在访谈中存在着不足,从而影响到访谈效果。

　　此外,理论的建构是扎根理论研究的目的所在,所以它对研究者的理论敏感性要求很高。而对质性研究还处于探索过程中的研究者,在对访谈资料进行编码时,受到自身理论水平的限制,提炼出的访谈内容中的主题可能不是特别精确,甚至还可能遗漏了一些重要的信息或有价值的线索,资料没有被充分利用起来。研究者在以后将努力进一步提升研究素养。

第十一章　家庭经济弱势本科生补偿
原则及其实现

对家庭经济弱势本科生实施经济补偿是教育脱贫和社会文明的内在要求,为此国家实施了多样化的经济补偿政策体系。基于教育事业的特殊性,经济弱势本科生经济补偿应坚守差别公平、教育关怀和精准有效原则,其中差别公平和教育关怀是精准有效的前提,三个原则是一种"三位一体"式存在。根据如上原则考察高校经济补偿实践会发现,其中存在"信息不对称""搭便车"与"寻租"等问题。为此教育行政部门和高校应建立信息充分采集并合理共享制度,增强认定制度刚性并控制自由裁量,合理实施信息公开并完善申诉体系,这些举措是经济弱势本科生经济补偿原则得以实现的有效路径。

通过教育摆脱贫困具有稳定性,且基于文明社会弱势补偿理念,家庭经济弱势本科生理应得到有效的经济资助。向经济弱势学生提供低息或无息贷款等举措,是国内外资助本科生最通用的做法。[①] 随着我国高等教育大众化的逐步推进,高校经济弱势本科生人数显著增加。我国政府为保障家庭经济弱势本科生顺利接受高等教育,已制定实施了"奖、助、贷、勤、免、补"相结合的多样化经济补偿政策体系。教育事业有其自身的特殊性,科学的补偿原则是家庭经济弱势本科生经济补偿体系得以进一步完善的逻辑起点。

---

① Msigwa, F. M. Widening Participation in Higher Education: A Social Justice Analysis of Student Loans in Tanzania[J]. High Education, 2016(72):541-556.

明确对经济弱势本科生实施经济补偿的原则,将有助于审视并解决高校补偿实践中所存在的问题。

第一节　经济弱势本科生经济补偿的主要原则

家庭经济弱势本科生已然成为我国高校中的一个特殊群体,他们希望通过知识来改变命运,教育脱贫是他们实现向上社会流动的重要途径。这就需要政府、社会和高校共同努力,来帮助他们渡过难关,实现梦想。基于教育事业的特征,政府制定、社会配合和高校实施的、针对经济弱势本科生的经济补偿政策体系应当坚守差别公平、教育关怀和精准有效原则,这些原则以"有效性"为旨归,呈"三位一体"关系,是对家庭经济弱势本科生实施经济补偿的内在要求。

一、差别公平原则

美国学者科尔曼和瑞典学者胡森提出,"教育公平"的标准包括"进入教育系统的机会均等""进入不同教育渠道的机会均等""教育成效均等"和"教育影响生活前景均等"。[1] 经济弱势本科生的存在,实际上就是一种教育不公的表现,教育不公直接带来社会不公,不解决本科生贫困问题就不符合"有教无类"的教育公平原则。[2] 政府施行对经济弱势本科生的经济补偿政策本意就在于保障高等教育公平。经济补偿政策满足了广大经济弱势家庭学子接受高等教育的迫切需要,不仅产生良好的社会效益,更促进了社会公平正义的实现。经济弱势本科生经济补偿政策的公平性要体现在补偿起点、补偿过程以及补偿结果上。[3] 做好对贫困本科生的认定工作是实现经济补偿公平的起点,也是先决条件。需要建立科学合理有效的公平竞争机制、严谨的考察制度,结合经济弱势学生的具体情况,保证认定的公平性。应明确补偿体系的方向性,对经济弱势本科生的经济补偿是合理的,并非是对非经济弱势本科生的不公平。在对经济弱势学生实施经济补偿的过程中,也

---

① 赵晓梅,刘少雪.处理高等教育效率与公平问题的系统方法[J].复旦教育论坛,2003(4):51—55.

② 甘剑锋.和谐社会构建中高校贫困生问题研究[D].武汉:华中师范大学,2008:33—51.

③ 李爱霞.教育公平理论视野下的我国高校贫困生资助制度研究[D].青岛:青岛大学,2010:27—28.

应做到程序正义,这是补偿过程公平的体现。补偿结果公平主要体现在经济弱势本科生与非经济弱势本科生有同等的机会顺利完成学业,获得身心方面的应有成长。对高校贫困本科生的认定和补偿政策体系的制定、执行、监督、评价过程都应该体现公平原则,才能实现社会的公平正义。①

群体不同的教育对象、复杂的教育体系等使得教育公平往往是相对公平,是有差别的公平。② "公平"不意味着"绝对平等",绝对平均的"一刀切"不等于公平,也就是说并非所有的弱势本科生都应该接受同等的补偿,经济补偿应该有针对经济弱势程度和学业努力程度不同而带来的差别。每个经济弱势学生的基本情况不同,他们存在个体情景的差异,也存在学业努力程度的不同,在"底线补偿"的基础上,差别对待才能体现真正的公平。"公平"也并不意味着对经济弱势本科生的补偿要使其经济上达到非经济弱势学生的水平,只是保证他们能够顺利完成学业,获得身心应有发展,而不是提供特别丰富的物质条件使他们与非经济弱势本科生达到同等的生活水平。正确理解公平的具体内涵,切实保障经济补偿差别公平是高校实施经济补偿政策的重要原则。

二、教育关怀原则

对经济弱势本科生的经济补偿是发生在教书育人的学校场域内的活动,它应该对学生成长产生正面积极影响,也就是对本科生来说,它应该是具有教育性的。经济补偿除了具有经济功能外,还应该具有育人的功能。如国家励志奖学金能够激励贫困本科生成才;实施助学贷款应强化大学生的诚信教育,增强其责任心和社会责任感;勤工俭学能够培养本科生艰苦奋斗、自立自强精神等。国家对经济弱势本科生进行了有偿或无偿的补助,作为受助学生理应"知恩图报",这里并非一定是现实物质的回报,而是通过刻苦学习,树立远大抱负来回馈社会。③ 补偿政策体系奠定了经济弱势本科生求学的物质基础,理应激发其求学热情,对其学业成功以及优良品质形成应当具有促进作用。

---

① 梁军.公平正义:高校贫困生资格认定及资助的根本价值理念[J].学校党建与思想教育,2009(4 中):70—71.

② 徐丽红.高校帮困资助工作视角的差别性教育公平[J].中国成人教育,2014(1):51—54.

③ 袁小平.高校贫困生救助工作中感恩教育的研究:对 NT 大学的调查分析[D].上海:华东师范大学,2011:5.

经济弱势本科生由于成长环境的原因,本身易形成自卑、孤僻等负面个性,甚至狭隘地理解物质利益,造成道德风险,缺乏自立自强精神,存在热衷于人际交往的开放性与自我封闭性的矛盾,借助对其经济补偿帮助他们树立正确的社会价值观,是经济补偿教育性的重要内涵体现。对经济弱势本科生经济补偿的教育性还应该体现出人文关怀,在补偿的过程中应尊重每一位经济弱势本科生的人格、尊严和隐私等,平等对待每一位经济弱势学生,引导他们追求人生价值、树立责任观念,激发其感恩情感和爱国情怀,培养健康心理,增强抗挫能力,塑造诚信和自强品格。[①] 另外特别重要的一点是,在对经济弱势本科生实施经济补偿时,要用程序正义和结果的差别公平,为学生提供教育榜样,使其在弱势关怀和公平公正意识等方面受到熏陶,这也是经济补偿教育关怀原则的内在要求。

三、精准有效原则

政府对经济弱势本科生的补偿比例和幅度在不断加大,但是无论如何加大力度,由于补偿资金的客观有限性,特别要考虑将有限的资源发挥最大的效用,保证经济补偿的有效性是高校开展经济补偿工作的关键所在。有效性包括"有效率"和"有效益"两个方面,"有效率"是指投入产出比尽量大;"有效益"指的是所从事的活动有助于组织目标的达成。[②]

经济弱势本科生群体的扩大与补偿资源的相对稀缺性之间的矛盾已经成为高校补偿工作的突出问题。[③] 高校在执行经济补偿工作中要确保真正经济弱势的学生得到相应的补偿,要将非经济弱势学生拒之补偿受益范围之外,不因补偿名额的既定性而将非经济弱势学生纳入补偿范围之内,来破坏经济补偿的效率。也就是说,对经济弱势本科生的经济补偿要根据实际情境以及经济弱势本科生群体变化的波动情况,适时灵活地对经济补偿方案进行调整,以使补偿资金发挥最大的补偿效益。[④] 对贫困程度不同的学生给予不同程度的补偿,这就要求在贫困本科生的认定环节将工作考虑周全、

---

① 黄素君.高校贫困生资助育人功能研究[D].杭州:中国计量学院,2013:15—19.

② [美]斯蒂芬·罗宾斯,[美]玛丽·库尔特.管理学[M].7版.孙健敏,等,译.北京:中国人民大学出版社,2004:7.

③ 赵炳起,李永宁.高校贫困生资助绩效评价与提升对策研究[J].高等工程教育研究,2007(3):64—68.

④ 白华编著.当代高校学生教育管理的理论与实践[M].西安:陕西人民出版社,2004:58—60.

落实细致。在无限扩大政府投入不现实的情况下,需要通过提高补偿效率这一途径来改进补助工作。因此,在实施经济弱势本科生经济补偿过程中,必须要体现效率性原则,而效率原则其核心就是贫困生的认定要具有精准性。在此基础之上,大学还应让所做的经济补偿在提高本科生人力资本积累上做出尽可能大的贡献,这也是经济补偿效率提升的重要一环。为此,甚至可以在保证对所有经济弱势本科生实施"底线补偿"的基础上,提供竞争性制度供给,让那些学业成绩更为优秀的经济弱势学生得到更多的补偿,以此提升补偿效率。

经济弱势本科生经济补偿的有效性还体现在"效益"维度。对高校经济弱势本科生进行经济补偿是一项管理活动,而管理活动应在"效率"和"效果(益)"两个方面都要经得起考核,[①]这样才能体现经济弱势本科生经济补偿的有效性原则。所谓效益,强调的是与组织目标一致的效率。大学组织及本科教育的重要旨趣之一是人才培养,另外在社会责任维度还应是整个社会公平的示范,以及实现社会公平的"利器"。从这个角度看,经济弱势学生经济补偿的效益性还应体现在补偿整个活动的教育关怀性和差别公平性上。明确地说,经济弱势本科生的补偿活动本身要通过教育关怀原则产生出教育方面的直接收益,特别是要包括补偿活动本身实施过程中的教育性,以及尽到对社会的公平正义责任。这两个方面加上前文所论及的受补偿经济弱势学生成长上的收益一起构成了经济弱势学生经济补偿的有效性。

由上可知,经济弱势本科生经济补偿的"差别公平原则"和"教育关怀原则"是"精准有效原则"的前提。要实现精准有效原则,就要求经济补偿做到差别公平和教育关怀。经济补偿的如上三个原则是"三位一体"的存在,是以"有效性"为主旨追求,"差别公平"和"教育关怀"为取径,归根到底是要追求经济弱势学生经济补偿的有效性。

第二节　经济弱势本科生经济补偿存在的问题

集宣传教育、困难程度认定等于一体的经济弱势本科生经济补偿工作十分复杂,在高校实践中,由于体量大、范围广、操作难而存在诸多亟待解决

---

① 蔡连玉.优质教育管理的标准及其实现路径:人性假设的视角[J].当代教育科学,2011(1):33—36.

的问题。国内学者也有在加深对问题的认识并积极探索解决之道,但是以补偿原则为基准的基于现实人性的整体系统性分析还有待深入。我们把补偿过程中各利益相关者的"经济人"人性假设作为起点,用补偿三原则为基准考察整个补偿活动,会发现存在如下问题。

一、"信息不对称"

信息不对称理论(Information Asymmetry Theory)是微观信息经济学研究的一个核心内容,是指在市场经济活动中,各类人员对有关信息的了解是有差异的;在合作或交易的双方,一方比另一方占有更充分的信息时,就会利用自身拥有信息的优势而采取不利于另一方的行为。[①] 对经济弱势本科生的经济补偿存在两个层面的信息不对称,其一是事前信息不对称,即经济补偿评定过程中或者说补偿资金发放前出现的信息不对称;其二是事后不对称,是指补偿资金发放后出现的信息不对称问题。理论上将事前信息不对称称为"逆向选择",将事后信息不对称称为"道德风险"。[②]

首先在对家庭贫困本科生的认定方面,高校无法掌握学生家庭经济情况的全部信息与学生相对了解自身家庭经济情况,产生信息不对称。其次,我国高校目前认定贫困本科生主要还是依据学生家庭经济调查表和当地民政部门的证明。这些依据可能会受到学生(及其家庭)单方面操作,这种操作就会产生"伪贫困生"。学生与高校之间的信息不对称就可能促使学生为追逐利益而"逆向选择"成为"贫困生"或"特困生"。高校补偿名额有限,"逆向选择"使得一些真正的经济弱势本科生没有受到补偿或补偿没有达到应有的等级,这就使得经济补偿政策的实施效率与效果大打折扣,与经济补偿政策应该坚守的有效性原则相悖。同时也会对真正的经济弱势学生不公,从而违背经济补偿的公平性原则,而补偿活动也会因此失去或降低了自身的教育关怀性。信息不对称还体现在补偿完成之后。国家对经济弱势本科生实施补偿是为了帮助和鼓励他们勤奋学习,顺利完成学业,所以学生应将受助资金合理用于学习和生活。学生接受补偿之后,可能将补偿资金肆意挥霍、购买奢侈品等,高校无法直接获得受助学生如何使用补偿资金的情况,由此产生的信息不对称可能违背补偿政策本身的出发点。家庭经济弱

---

① 张剑波,潘留仙.民办高校兼职教师中的道德风险及其规避探析[J].现代大学教育, 2006(5):59—61.

② 潘立.完善国家助学金制度的策略思考:基于对申请者诚信的分析[J].兰州教育学院学报,2012(7):91—93.

势本科生之所以"弱势",可能是由于家庭低收入、因病致贫、因灾致贫等原因,但是这些致弱因素会随着时间的推移或者个体行动而消失,但这种现象可能发生在补偿工作完成后,且学生依然受到补偿,显然这是因为事后信息不对称所致。事后信息不对称除了会降低经济补偿的效率,以及损害公平性外,还会对学生的成长带来较大的负面影响,诚信缺失、品行不端等不良品格形成的道德风险势必会削弱经济补偿的教育性。由此看来,信息不对称在经济补偿中的危害较大,会触犯到经济补偿应当把握的每一条原则。而现实情况是,我国尚没有建立实施严格的个人资产监控制度,家庭资产信息收集不充分,并且有效合理分享相关信息的机制缺失,所以在经济弱势学生经济补偿中所需要的信息对称这一基础性条件并不完全具备,导致"逆向选择"和"道德风险"现象在较大程度上存在,这些都有悖于经济弱势学生经济补偿三原则。

二、"搭便车"

搭便车理论(Free Riding Theory)是美国经济学家曼瑟尔·奥尔森(Mancor Olson)在《集体行动的逻辑》一书中所提出的,其基本含义是不付成本而坐享他人之利,[1]对一个集团而言,这是一种少数"剥削"多数的现象。[2] 存在搭便车现象的前提有两个,一是个体是理性自利经济人的人性假设,另一是存在非排他性的共同利益。[3] 对经济补偿家庭经济弱势本科生这一活动而言,这两个条件都具备,经济弱势学生及利益相关者都是经济人,而得到的经济补偿作为公共利益具有非排他性。所以不难理解,在对经济弱势本科生的经济补偿工作中存在着各种搭便车现象,这一现象也是当前高校实施经济补偿工作面临的挑战。学费减免、国家助学金等补偿措施是一种无偿补助,一些非经济弱势学生也想借机成为"贫困生",在关键制度尚未健全的情况下,他们就搭乘了经济弱势学生的便车,获得了本不该获得的经济补偿。在我国高等教育已实现大众化的背景下,国家和政府为了让更多学生能够有机会接受高等教育,采取减或免学费的形式,给家庭经济弱势学生提供入学机会,但是在这一过程中,有些家庭经济相对富足的学生却搭

---

① 赵鼎新.集体行动、搭便车理论与形式社会学方法[J].社会学研究,2006(1):1—21.

② [美]曼瑟尔·奥尔森.集体行动的逻辑[M].陈郁,郭宇峰,李崇新,译.上海:三联书店,上海人民出版社,1995:29.

③ 蒋文能.搭便车、集体行动与国家兴衰:奥尔森集体行动理论述评[J].学术论坛,2009(11):75—79.

乘了便车,他们只需要交较少的学费就能接受高等教育。苏赫巴特尔(Sukhbaatar)指出以需求为基础的学费减免是最有效的[①],我国目前施行的学费减免,因为信息不对称导致贫困生识别困难这一困境的存在,并非全部是基于需求的,这种搭便车现象是不难观察到的。如上"搭便车"现象降低了经济弱势本科生经济补偿的效率,不利于经济补偿目标的达成,效益问题同样面临挑战。非经济弱势本科生搭乘了经济弱势本科生的补偿便车,对经济弱势本科生而言是不公平的,因为这就相当于他们掠夺了经济弱势本科生应该获得的经济补偿,而使自身本来相对富足的那些学生经济条件更加优越,显然破坏了经济补偿的公平性原则。这一现象发生在本科学生中间,又有悖于教育关怀原则。

除了非经济弱势本科生搭乘经济弱势本科生的便车之外,还存在经济弱势本科生自身搭便车的现象。家庭经济弱势本科生本应该通过政府的经济补偿而更加努力学习,树立远大理想回报社会,而现实中,他们可能对政府的经济补偿形成依赖,没有了经济方面的后顾之忧而不思进取,生活颓废,勉强毕业。这一问题的存在不仅降低了经济补偿的有效性,更没有体现经济补偿的教育性原则,虽然这些经济弱势学生往往能够勉强完成学业,但是他们难以养成良好的人格品质,没有获得应有的成长。

三、"寻租"

"寻租(Rent Seeking)"是西方新制度经济学中的概念。租,指租金,也称经济租,指"一种资源所获得的超过其正常市场报酬的那部分收入"[②]。也就是指由于障碍、垄断、特权等因素妨碍了市场竞争的作用,从而使少数有特权者获得超额的收入。寻租即寻找机会而获得租金,不同的学派从不同的角度对寻租进行了定义,新制度经济学认为,寻租特指相关的利益主体为了追求自身收益的最大化而寻求由于制度、权力、组织设置形成的各种超额利润,造成社会浪费的行为。[③] 这种寻租行为并没有提高生产效率,也没有降低社会成本,因此它对社会经济的发展、社会财富的增加没有发挥积极作用。寻租活动是通过交易领域财富的人为转移,不改变社会财富总量的前

---

① Sukhbaatar, J. Student Financial Aid in Mongolia: The Effect on Bacherlor's Degree Completion[D]. Pennsylvania: The Pennsylvania State University,2007:20.

② 王跃生.没有规矩不成方圆:新制度经济学漫话[M].北京:生活·读书·新知三联书店,2000:166.

③ 卢现祥.新制度经济学[M].武汉:武汉大学出版社,2004:86—87.

提下的财富再分配,因此它并不增加任何实际的社会财富产出,却要消耗大量的人力、物力和财力造成社会资源浪费现象。

对经济弱势本科生的经济补偿涉及当地民政部门的盖章证明,以及评定人员的主观行为,由于关键制度供给和制度刚性不足,使得经济补偿认定中存在租金,各利益主体相继追逐,势必会导致寻租行为的存在。绝大多数高校认定家庭贫困学生时都需要学生家庭所在县(区)、乡镇、街道办事处开具贫困证明,这就把生源地政府推向了家庭贫困本科生认定的前台,但是对某一个特定学生是否开具贫困证明,以及开具的贫困证明贫困程度如何,都与生源地相关机构的直接利益相关较少。一些学生或家长为了让贫困证明显得更"贫困",就向县乡村三级政府中的有关办事人员施以贿赂。这样一方面,民政部门具有垄断权力,且不需要承担具体责任,办事个体却能获得额外收入;另一方面,学生可以通过较少的付出,而获得"贫困生"或"特困生"资格,从而获得远高于付出的政府经济补偿,这样就为寻租的两个方面主体提供了行动的动力。一般来说,家庭贫困本科生的认定,除了需要学生自己开具的三级政府证明,在高校的工作实施中,一般地,最终实际上是由辅导员来主导做出是否是家庭贫困本科生及其贫困程度如何的评定。辅导员原则上拥有最后的决定权,但是不论如何自由裁量,其自身利益似乎又不会受到损害,这就给寻租行为又一次提供了动力,学生因此可能采取各种手段来提供"租金",以此来确保自身能够受到补偿。三级地方政府开具证明无力寻证,高校辅导员资助认定无追责,学生弄虚作假难查处惩戒,这样实践中就会出现寻租行为。①

无论是地方行政部门还是高校辅导员的寻租行为,都违背了经济弱势本科生经济补偿应该坚守的有效性、公平性以及教育性原则。寻租行为本身就是一种社会浪费行为,其存在必然对正常工作的开展带来挑战。如何减少寻租行为是目前对经济弱势本科生进行补偿工作所面临的现实困境。

需要强调指出的是,经济弱势本科生经济补偿过程中出现的"信息不对称""搭便车"和"寻租"等问题之间存在相互因果关系,如"伪贫困生"搭便车成功就是由高校与学生之间的信息不对称所致,信息不对称又会被利用来进行"寻租","寻租"的结果又可能是一种"搭便车"。

①　白华,徐英,李诺枫.高校贫困生资助的过程管理研究[J].黑龙江高教研究,2014(7):38—40.

第三节　经济弱势本科生经济补偿原则的实现

　　在经济弱势本科生经济补偿工作中出现了诸多问题,它们违背了经济补偿本应遵循的原则。针对这些实践问题,在补偿资源有限的情境下,根据责任政府的理念,如何坚守补偿原则显得尤为重要。信息的充分采集与安全共享、制度的刚性与合理自由裁量,以及信息的合理公开与结果的有效申诉,是实现经济补偿原则的有力保证。

一、建立信息充分采集并合理共享制度

　　当前我国认定家庭贫困本科生的方法主要有十余种,如三级政府证明法、相关困难证件法、辅导员评定法、班委会评选法、直接界定法、消费水平界定和饭卡监控法、最低生活保障线比照法、经济生活指数法、暑假家访与家庭问卷法和贫困小组认定法等。① 无论采用何种方式,认定本科生的家庭贫困状况都需要搜集其家庭经济状况方面的信息,充分采集信息是实施经济补偿的起步工作。如上认定方法都有其合理之处,但是仅仅依靠某一种方法采集本科生家庭经济状况方面的信息是远远不够的。例如单凭三级政府证明家庭经济状况,显然存在许多弊端,高校需要结合学生相关的困难证件、学生日常消费状况等来综合评定其贫困状况,由辅导员、班委会、评定小组共同商定困难名额分配。另外,由于这些证明由学生单方面提供,在高校内部实施评定,与家庭并未取得直接联系,因此进行必要的家庭实地考察与访问也显得尤为重要。只有做到学生、高校、家庭和政府四结合才有可能实现信息的充分采集。在这里政府的角色特别重要,应借鉴国外的经验,逐步建立健全对城乡居民资产登记和收入监控制度,这一方面是国家税务体系工作的需要,另一方面还能为贫困本科生认定提供居民家庭经济状况的最为基础的数据。

　　各相关主体在充分采集学生家庭经济状况信息的基础上,还要建立由政府主导的信息合理共享制度。本科生家庭经济信息在各相关主体间信息共享,是解决贫困生认定过程中信息不对称问题的关键,由此减少"搭便车"和"寻租"现象的发生,从而促进经济弱势学生经济补偿原则的实现。但是

---

① 　杨晴.高校贫困生认定的路径[J].教育学术月刊,2009(8):51—53.

在另一方面贫困生家庭经济状况以及评定结果的合理共享需要在不侵犯学生隐私的前提下进行,建立共享制度固然重要,但是必须保护学生的隐私,规避信息泄漏的风险,因此共享制度需合理,以确保信息安全。信息充分采集并合理共享是经济弱势本科生经济补偿原则实现的基础。

二、增强认定制度刚性并控制自由裁量

世界上很多国家都已经制订实施了保障经济弱势学生经济补偿政策落实的专门法律,如美国的《国防教育法》和《助学贷款改革法》,日本的《日本育英会法》等,由于法律制度的普遍适用性与权威性,既能确保各项资助政策的统一执行,又便于机关部门对执行情况的监督和检查。① 要想经济补偿政策取得显著成效,必须注重制度建设,健全完善制度并严格落实制度是政策实施效果的根本保障。在实践中应制定落实贫困生认定规范,进一步增强制度执行力和制度约束的刚性。无论是高校评定贫困生的过程制度,还是家庭与当地政府提供信息的真实性制度规定,都要严格落实,认真执行,不打折扣,不搞变通。制度约束有没有刚性直接决定了学生、家庭、高校和政府能否坚守经济弱势学生经济补偿原则。现实中,因相关制度刚性不足,一些生源地机构、高校辅导员从中寻租,使得经济补偿原则难以得到实现。落实制度不严格、弹性大,这是经济补偿政策在实施过程中出现诸多问题的重要原因和主要表现。在经济弱势学生经济补偿实践中,应避免制度约束成为"橡皮筋",既要问责,又要曝光,以强化问责传导压力,切实增强制度约束的刚性。

发达国家的家庭经济困难调查是基于明确的税收系统和征信系统,能够得到家庭收支的明细账目,而我国由于家庭收入情况不透明,难以获得学生家庭收支的准确具体信息。② 西方经典理论认为街头官僚之所以能够进行"政策再制定",就是因为他们拥有自由裁量权,他们为了规避执行风险或降低工作压力或获取额外利益来运用自由裁量权,这是影响政策执行效果的重要根源。③ 由于相关制度供给不足,我国地方政府或高校的政策执行者获得了相当程度的自由裁量权,一定程度上他们能够左右学生家庭是否贫

① 薛浩,陈万明.我国高校贫困生资助政策的演进与完善[J].高等教育研究,2012(2):87—90.

② 毕鹤霞.国内外高校贫困生认定与研究述评[J].比较教育研究,2009(1):62—66.

③ 朱亚鹏,刘云香.制度环境、自由裁量权与中国社会政策执行:以C市城市低保政策执行为例[J].中山大学学报(社会科学版),2014(6):159—168.

困以及贫困程度如何的评定和贫困生名额的分配,甚至控制评审程序,这就难免会对坚守经济补偿原则造成威胁。因此当前的补偿实践需要增强制度刚性,控制权力主体的自由裁量权。增强制度刚性、限制自由裁量是实现经济弱势学生经济补偿原则的必需。

三、合理实施信息公开并完善申诉体系

经济弱势本科生补偿管理信息按层级自上而下单向流动,资助方与受助方之间体现的是不平等关系。补偿成效应为资助工作的最终追求。补偿程序并不是在确定了受助名单之后就意味着补偿实施工作的圆满完成,而是要将整个过程和结果进行合理公开,使得补偿工作尽可能达到透明化。同时,这一举措也将加强经济弱势学生补偿监督体系的建设,强化行政监督、司法监督与社会监督,确保经济弱势学生经济补偿的公平、公正、公开,并能有效避免经济弱势学生资助过程中由委托代理所引发的道德风险问题。[①] 合理实施信息公开,不仅要确保不会对经济弱势学生造成负面影响,而且还应对其自身产生一定的激励作用,能够潜在地教育经济弱势学生需要自立自强,艰苦奋斗,并感恩社会。

完善的申诉体系将有力地保障经济补偿政策的实施成效。一方面,完善的申诉体系将伪贫困生趋于险境,避免伪贫困生泛滥的恶性循环局面;另一方面,申诉体系的建立和完善也对地方政府以及高校评定委员会的工作起到监督作用,以保障整个补偿工作的有效性。然而建立有效的经济弱势学生经济资助申诉体系并非易事,需要考虑申诉者的心理压力,排除对申诉者的可能危害需要建立合理的申诉流程,在申诉的诸环节都需要有有效监督,确保正当申诉被受理,错误行为被纠正。信息合理公开,建立有效的申诉体系,是实现家庭经济弱势本科生经济补偿原则的保障。

---

① 黄建美,邹海贵.高校贫困生资助工作中的道德风险与道德教育[J].中国高教研究,2013(5):87—90.

第十二章　家庭经济弱势本科生的
非经济补偿研究

　　家庭经济弱势本科生非经济补偿主要是指高校采用非直接物质的方式对家庭经济弱势本科生实施补助的行为。非经济补偿能够促进经济弱势学生文化资本和潜在的社会资本、经济资本积累,从而在应对经济弱势学生成长问题上起着重要作用;对经济弱势学生进行非经济补偿是文明社会弱势补偿理念和教育脱贫的内在要求。当前实践中非经济补偿未受到应有重视且系统性考量不够,零散的非经济补偿措施效果不彰。为了充分发挥非经济补偿的作用,促进经济弱势本科生更好成长,相关主体应强化非经济补偿意识,大学应根据经济弱势学生需要的多层次和成长的多维度,来构建体系化的非经济补偿机制,并周期性评估非经济补偿的效果。

　　当前国内大学校园里的家庭经济弱势本科生群体较为庞大,特别是在综合实力中等及偏下的大学中。[①] 近年来,国家高度关注经济弱势本科生的成长,颁布了系列政策对这一弱势群体实施补偿,地方行政部门和高校都做了相应落实。综观现有各种对经济弱势本科生的补偿努力,多以经济扶助为主,非经济类补偿有待强化;学界对经济弱势本科生研究关注的重心也多与物质资助相关。但是经济弱势本科生在大学期间除了基本的物质需要外,非经济类补偿对其个体成长不可或缺。对经济弱势本科生非经济补偿的理论与实践进行深入探讨,具有重要意义。

---

　　① 李培林,李强,马戎主编.社会学与中国社会[M].北京:社会科学文献出版社,2008:292.

第一节　经济弱势本科生非经济补偿的内涵与价值体现

"补偿"意为抵消(消耗、损失)或补足(差额、欠缺)。① 根据这个解释,可以把它理解为对损失、消耗进行填补,或者是对差额、欠缺实施补助。前者是传统意义上的理解,如侵权赔偿,其实质在于对损害的填补,包含了赔偿之意。后者是指政府为了改善居民的福利,通过相应的制度给予补助,比如社会救助等,它不以损害的存在为前提。② 基于以上,经济弱势本科生非经济补偿的"补偿"应归于后者,指高校以非直接物质补偿的方式给予家庭经济弱势本科生以帮扶。也就是说,经济弱势本科生在大学期间,除了经济贫困外,还面临由经济弱势带来的精神层面(人力资本)的贫乏,此时经济资助已无法直接弥补他们所面临的身心成长相对劣势,高校基于文明社会弱势补偿理念,就需要为经济弱势本科生提供非经济补偿。在解决经济弱势本科生的成长问题时,经济资助是基础,还需要辅之以非经济补偿。经济资助直接以物质的方式给予经济弱势本科生帮扶,非经济补偿则主要以非物质形式帮助经济弱势本科生,其内容有解决经济弱势本科生心理问题的心理援助、思想问题的思想援助、辅导学业的学业援助以及培育能力的能力援助等。为经济弱势本科生提供非经济补偿,目的在于在保障这一弱势群体身心健康的基础上,培养他们的自立自强精神,提高他们的素质能力,从而帮助他们更好地成长。与非经济补偿相对的概念就是我们更为熟悉的经济补偿,但是经济弱势学生非经济补偿与经济补偿并非是绝对区隔开的,有时在同一种形式的经济弱势学生补偿行为中同时存在经济补偿与非经济补偿元素。譬如对贫困生开放的助教岗,经济弱势本科生可以通过助教这一岗位在能力上得到提高和补偿,这是非经济补偿,另一方面又可以通过担任助教这一工作得到直接经济补偿。质言之,经济弱势本科生非经济补偿具有补偿的非直接经济性,而又往往能够使他们在知识能力上得到补偿提升。

著名伦理学家约翰·罗尔斯在《正义论》中提出了公平三原则理论。首

---

① 中国社会科学院语言研究所词典编辑室编.现代汉语词典[M].7版.北京:商务印书馆,2016:103.

② 许丽英.教育资源配置理论研究:缩小教育差距的政策转向[D].长春:东北师范大学,2007:100.

先是自由原则,即每个社会成员都有获得和他人相同的、最广泛的自由的权利;其次是机会的平等原则,即有关社会上的职位、地位和利益应该向每个人开放;最后是差别原则,即用补偿的办法来保障处于社会弱势地位者的利益。[①] 根据罗尔斯公平三原则,为经济弱势本科生提供的非经济补偿,在一定程度上保障了他们在接受教育过程中的公平。法国著名社会学家皮埃尔·布迪厄认为,个体所拥有的资本可分为文化资本、社会资本、经济资本和象征资本四种形态,且这四种资本之间可以相互转化,而象征资本只是前三者的延伸和固化。[②] 可以观察到,经济弱势本科生一般地除了在经济资本上弱势外,在文化资本和社会资本积累上也处于不利地位,对经济弱势本科生进行非经济补偿正是罗尔斯差别补偿原则的要求,而非经济补偿对经济弱势学生成长具有重要价值。

　　布迪厄认为文化资本是指"借助于不同的教育行动传递的文化物品",它具有"具体化""客体化"和"制度化"三种形态。其中,具体化的形态表现为修养、学识、价值观念、生活方式和性情等,客体化的形态表现为书籍、乐器等,制度化的形态如证书等。[③] 文化资本是个体和家庭在社会经济优势环境中所拥有的首要资本。[④] 有研究表明,与非经济弱势本科生相比,经济弱势本科生不仅在经济资本上处于弱势地位,而且在具体化形态的文化资本方面也处势不利。如生活中涉及的聊天内容、兴趣爱好等会让贫困本科生感到苦恼。他们害怕在同学讨论旅游攻略时插不上话;也不敢和同学一起去逛街,因为怕同学嘲笑自己的品味差;害怕和同学一起去高档餐厅,怕因为自己不懂如何点餐而被嘲笑。[⑤] 此外,经济弱势本科生比较专注于自己专

---

　　① ［美］约翰·罗尔斯.正义论[M].何怀宏,何包钢,廖申白,译.北京:中国社会科学出版社,2014:7—8.

　　② Maclean, M. , Harvey, C. & Press, J. Business Elites and Corporate Governance in France and the UK[M]. London: Palgrave Macmillan, 2006:29.

　　③ Bourdieu, P. The Forms of Capital[G]//Richardson, J. G. ed. Handbook of Theory and Research for the Sociology of Education. Westport, CT: Greenwood Press, 1986:241-258.

　　④ Jaeger, M. M. Does Cultural Capital Really Affect Academic Achievement? New Evidence from Combined Sibling and Panel Data[J]. Sociology of Education, 2011, 84(4):281-298.

　　⑤ 秦惠民,李娜.农村背景大学生文化资本的弱势地位:大学场域中文化作为资本影响力的视角[J].北京大学教育评论,2014(4):72—88;185.

业的学习,没有非经济弱势本科生的兴趣广泛。[①] 高校作为经济弱势本科生接受高等教育的重要场域,会对经济弱势本科生具体化形态的文化资本积累产生重大影响。高校在新生入学教育之初,向经济弱势本科生讲解大学生活的特征以及大学学习方式的不同,能帮助他们更好地适应;通过举办各种校园文化活动,能让他们认识到兴趣培养的重要性;辅导员与经济弱势本科生面对面的心理交谈,能让他们意识到自身的不足,从而正视差距的存在,培养正确的价值观。这些都是在文化资本维度对经济弱势本科生实施的非经济补偿,对其成长具有重要意义。

社会资本是指不同规模与量的社会网络,是一种交往能力的体现。[②] 社会资本存在的基础是人与人之间交往的社会关系。经济弱势本科生由于与非经济弱势学生相比有着不一样的家庭背景和成长经历,在人际交往能力方面,他们往往面临更多的挑战。在交往的过程中,贫困本科生通常会表现出自卑、无所谓、焦虑、郁闷、多疑、嫉妒、虚荣等心理问题。[③] 这些心理问题使他们在人际交往方面存在障碍,同时也让他们体会到与人交往的困难,产生人际交往的困惑:他们既渴望与人交往,但又存在交往不适,处于困苦和矛盾之中,而难以找到可以倾诉的对象。[④] 经济资助主要解决的是经济弱势学生基础性的物质层面困难,未能直接解决他们在社会资本积累方面所面临的困境。但是大学可以通过咨询辅导等方式帮助经济弱势本科生克服内向敏感心理、培养对他人的信任、减少孤独感等;通过创设机会,加强经济弱势本科生与非经济弱势学生群体的沟通,以帮助他们获得更多质量好的资源,提高他们的自信心。[⑤] 如上经济弱势本科生非经济补偿能够在社会资本方面弥补他们的成长劣势。

经济资本是由生产的不同因素、经济财产、各种收入和各种经济利益组成的。[⑥] 经济弱势本科生接受到的经济资助为他们提供了上大学的机会并

---

① 程新奎.经济弱势群体的生存境遇:以布迪厄理论解析华东师大本科生群体的内部差异[D].上海:华东师范大学,2006:57.

② Portes, A. Social Capital: Its Origins and Applications in Modern Sociology[J]. Annual Review of Sociology, 1998,24(1):1-24.

③ 徐震虹.贫困大学生人际交往和人格指向[J].安徽农业大学学报(社会科学版),2005(2):79—81.

④ 袁瑞宁.高校贫困生人际交往能力调查研究[D].保定:河北大学,2011:13.

⑤ 潘勇涛.社会资本视野下的高校贫困生资助模式[J].江苏高教,2010(5):150.

⑥ 高宣扬.布迪厄的社会理论[M].上海:同济大学出版社,2004:149.

使其得以可能完成本科学业,而非经济补偿也具有经济资本积累价值。但是需要明确的是,经济弱势本科生非经济补偿是通过精神层面、特别是在知识能力方面为经济弱势本科生积累潜在的经济资本做出贡献,而不是一种直接形式的经济资本积累,后者偏离了作为通识教育的普通本科教育的职责范畴。所谓潜在经济资本是指一种将来能够积累更多现实经济资本的意识和能力。而一般地,家庭经济弱势本科生在积累现实经济资本的意识和能力上与非经济弱势学生相比存在相对劣势,因此,作为非经济补偿,高校可以有针对性、有侧重地对经济弱势本科生进行一定程度的专业与能力培训,使他们更好地具备职业岗位能力;[①]高校还可以通过组织榜样人物交流会,激发经济弱势本科生经济上自立自强的意识,以及通过组织拓展实践活动培养经济弱势本科生的实践能力和抗挫折能力等,这些都是以非经济补偿的方式促进经济弱势学生积累潜在经济资本的途径。经济弱势本科生在大学期间培养的相关素养,即潜在经济资本能够帮助他们进入社会后积累更多的现实经济资本。

第二节　经济弱势本科生非经济补偿的政策与实践问题

　　早在启蒙运动时期,卢梭等思想家就认为,在自然状态下人生而平等,教育公平是一种基本人权。[②] 改革开放以来,随着我国市场经济的不断深入发展,社会阶层开始分化。家庭经济贫困的经济弱势本科生在受教育期间各种资本的积累相对不利。为此从 1949 年新中国成立以来,国家就开始对经济弱势学生进行资助。从开始的"免费＋人民助学金"阶段到现在的"多元化"探索阶段,经过 60 多年的发展,目前已经形成了相对完备的资助体系。[③] 在这些资助政策中,国家也对非经济补偿做了相应的规定。2007 年,教育部和财政部共同下发的《高等学校勤工助学管理办法》明确指出"勤工助学是提高学生综合素质和资助家庭经济困难学生的有效途径"。勤工助学分校内岗和校外岗,学生参加勤工助学的时间原则上每周不超过 8 小时,

---

① 吴建章.高校贫困生问题研究[M].济南:山东人民出版社,2016:114.

② 刘精明,等.教育公平与社会分层[M].北京:中国人民大学出版社,2011:4.

③ 王蕊.我国高校贫困生资助体系研究[D].长春:东北师范大学,2010:21.

每月不超过 40 小时。① 教育部在《关于切实做好〈2009 年普通高等学校新生入学"绿色通道"和贯彻落实国家资助政策有关工作〉的通知》和《关于切实做好〈2010 年普通高等学校家庭经济困难新生入学"绿色通道"及其他资助工作〉的通知》中继续强调要"努力增加校内勤工助学岗位、积极开发校外勤工助学资源,规范校内外勤工助学管理,引导和组织家庭经济困难学生参加勤工助学活动"②。除了对家庭经济弱势本科生给予"勤工助学"的补偿外,相关政策中还强调了要给予弱势学生特殊的关怀。教育部在《关于认真做好 2008 年高等学校新生资助有关工作的通知》中指出:"对于因地震灾害造成的孤残学生,要在生活、学习等方面给予特殊的关心和帮助。"③而《教育部关于切实做好 2009 年普通高等学校新生入学"绿色通道"和贯彻落实国家资助政策有关工作的通知》则强调"对烈士和优抚对象子女、孤残学生、少数民族学生中家庭经济特别困难的学生要更多地给予特殊的关心和帮助"④。2010 年,在教育部颁布的相关文件里更加明确了非经济补偿,该文件指出:"各地教育行政部门、各高校在全面做好家庭经济困难新生和在校生资助工作的同时,要密切关注特殊困难学生的学习和生活。并在学习和生活上给予特殊的关心和帮助。"⑤2012 年教育部则强调"要对通过'绿色通道'入学的新生给予更多人文关怀,引导他们正确面对困难,消除自卑心理,安心开始新的学习和生活"⑥。但是对于此类非经济补偿方式应如何实施,

---

① 高等学校学生勤工助学管理办法的通知[EB/OL]. [2017-02-27] http://www. moe. gov. cn/jyb_xxgk/gk_gbgg/moe_0/moe_1443/moe_1581/tnull_25280. html.

② 2010 年普通高等学校家庭经济困难新生入学"绿色通道"及其他资助工作的通知[EB/OL]. [2017-02-27]. http://www. moe. gov. cn/srcsite/ A05/s7052/201008/t20100808_181273. html.

③ 关于认真做好 2008 年高等学校新生资助有关工作的通知[EB/OL]. [2017-02-27]. http://www. moe. gov. cn/srcsite/A05/s7052/200807/ t20080711_181384. html.

④ 教育部关于切实做好 2009 年普通高等学校新生入学"绿色通道"和贯彻落实国家资助政策有关工作的通知[EB/OL]. [2017-02-27]. http:// www. moe. gov. cn/srcsite/A05/s7052/200907/t20090714_181387. html.

⑤ 教育部关于切实做好 2010 年普通高等学校家庭经济困难新生入学"绿色通道"及其他资助工作的通知[EB/OL]. [2017-02-27]. http:// www. moe. gov. cn/srcsite/A05/s7052/201008/t20100808_181273. html.

⑥ 教育部关于切实做好 2012 年普通高等学校家庭经济困难新生入学及各项资助工作的通知[EB/OL]. [2017-02-27]. http://www. moe. gov. cn/srcsite/A05/s7052/201207/t20120719_181268. html.

政策文本中则没有明确规范。

国内高校也进行了经济弱势本科生非经济补偿的探索。譬如,为了全面提升家庭经济困难学生的素质,帮助他们更好地了解社会、回报社会,锻炼他们的组织和实践能力,浙江大学开展了"困难学生教育实践项目";杭州电子科技大学则通过免费为家庭经济困难学生提供各类裁判员培训班的方式,帮助他们获得国家三级裁判等级证书,然后在各类体育赛事中做裁判员,这个项目提高了经济弱势学生在体育赛事中的组织管理能力,也提高了他们的身体素质,帮助他们健康地成长;[①]中国农业大学则成立了"向日葵爱心社",中国人民大学等高校成立"新长城自强社",他们以社团的方式引导家庭经济弱势学生发挥自己的参与性与主动性,使这部分学生在参与社团活动的过程中培养自身的勤奋、自信、诚信等优秀品质。[②] 尽管政策层面和高校都开展了经济弱势本科生非经济补偿的实践探索,但综而观之,尚存在如下问题:

第一,非经济补偿的意识不足。为了让经济弱势本科生能够顺利入学并完成学业,我国政府为他们提供了经济补偿,但是,不同家庭经济背景的本科生在入学后个体成长情况是不一样的。家庭经济弱势的本科生,经济上的困难会给他们成长带来挑战,这些问题往往不是单纯的经济资助就能解决的。虽然宏观政策中有规定对这些经济弱势学生应给予更多的关照,但涉及非经济补偿的内容规范与经济资助相比,毕竟还只是很小的一部分。譬如,在教育部《关于切实做好 2012 年普通高等学校家庭经济困难新生入学及各项资助工作的通知》政策文本中,从五个方面概括了如何全面落实各项资助政策。而在这五条中,有关如何落实非经济补偿的措施仅有一条,这一条涉及的也只是加强学生勤工助学管理工作。[③] 而勤工助学属于经济资助与非经济补偿相结合的方式,所以在这五条措施里,没有一条是专门针对如何实施非经济补偿的规范。在高校层面,有学者通过访谈发现,经济弱势

---

① 张立英.谈发展性资助在高等教育资助中的意义与实践:以浙江省发展性资助实践为例[J].教育探索,2012(12):31—32.

② 卜长安,乔琨.高校贫困生资助及成才教育初探[J].西安建筑科技大学学报(社会科学版),2005(4):74—78.

③ 教育部关于切实做好 2012 年普通高等学校家庭经济困难新生入学及各项资助工作的通知[EB/OL].[2017-03-11]. http://www.moe.gov.cn/ srcsite/A05/s7052/201207/ t20120719_181268.html.

学生甚至不知道学校或学院是否开设了心理咨询室,①大多数大学都没有为经济弱势学生设立专门的成长咨询机构。由此观之,在对经济弱势本科生的非经济补偿上,高校的重视意识欠缺。

第二,非经济补偿的系统性考量不足。实践中针对经济弱势本科生实施的非经济补偿主要有心理援助、思想援助、能力援助和学业援助等。在宏观层面,高校非经济补偿缺少基于经济弱势学生成长需求和各种资本积累补偿的系统性构建,往往头痛医头、脚痛医脚。另一方面,在具体非经济补偿措施中,高校在对经济弱势本科生进行心理健康教育时,对他们内在需求、成长渴望和价值冲突关注较少;教育方法上又普遍采用灌输式教育;教育过程中则忽视了经济弱势本科生的个性差异。另外,面对经济弱势学生的心理问题,大学往往把它等同于思想问题,用解决思想问题的方法来解决心理问题。② 能力援助方面,高校通过组织社团活动或者学习小组的形式锻炼经济弱势本科生的创新能力和实践能力,但由于活动内容经常缺乏实际意义,致使许多经济弱势本科生不愿意参加,造成了资源的浪费。此外,高校设置的勤工助学岗简单、随意,缺少与学校专业的人才培养目标和要求相结合的系统性考量。学业援助方面,高校在对经济弱势本科生给予非经济补偿帮扶过程中,往往忽略了他们由于视野狭窄、英语实践能力差等带来的学业困境,高校缺少对经济弱势本科生学业上的辅导,这使他们在面对学业困境时不能得到及时的外部帮助。可见,在实践中经济弱势本科生的非经济补偿比较零散,措施往往缺乏系统性的科学考量。

第三,非经济补偿的效果不彰。由于没有足够重视对经济弱势本科生给予非经济补偿,加上缺乏对非经济补偿的系统考量,致使现有非经济补偿未能取得良好的效果。相关表现如一些贫困本科生诚信不良。诚实守信是传统美德,但在经济补偿中却经常暴露出他们的诚信危机。③ 有的经济弱势本科生提供虚假信息、“逆向选择”,甚至通过“寻租”行为来达到获取经济补偿的目的,这说明对经济弱势本科生的诚信教育效果不佳,致使他们诚信意识弱化。这不仅不利于经济弱势学生综合素质的提高,也不利于整个社会的和谐发展,效果良好的经济弱势学生非经济补偿应能产生诚信教育的效果。另外经济弱势本科生的心理问题较为普遍。有的经济弱势学生心理承

① 王卫东.高等教育过程公平的社会学分析[D].武汉:华中师范大学,2012:54.

② 吴建章.高校贫困生问题研究[M].济南:山东人民出版社,2016:76.

③ 龙显均.从国家助学贷款看大学生诚信危机[J].中国高教研究,2004(4):72—73.

受力弱,害怕别人的同情,不愿意提及以及公开自己拮据的生活和遭遇的困难,也不愿意向学校寻求帮助。他们比较关注他人对自己的评价,有时还会把他人的关心帮助当作是嘲笑和施舍。[①] 经济弱势学生往往有很强的自尊心,其结果是,即使学校设置了专门的心理咨询室,组织了针对经济弱势学生的帮扶活动,但是碍于周围同学的眼光,他们也较少主动地寻求帮助。总的来说,实践中经济弱势学生非经济补偿效果不彰,应针对所存在的问题进行相应改进。

第三节　经济弱势本科生非经济补偿实践的改进路径

非经济补偿作为一种扶贫方式,它在解决经济弱势本科生面临的非经济困难和补偿他们全面成长方面扮演着举足轻重的角色。但是,实践中经济弱势本科生非经济补偿还存在诸多不足。为了帮助经济弱势学生更好成长,对他们的非经济补偿应从如下路径进行改进。

强化对经济弱势本科生实施非经济补偿的意识。经济弱势本科生除了面临经济问题外,还有非经济困难。非经济问题往往都会关涉到经济弱势学生的成长,具体地都会影响到他们在大学期间的文化资本、社会资本和经济资本的积累。经济弱势学生只有在成长上得到应有的非经济补偿,才更有可能实现稳定脱贫和向上社会流动,所以相关主体应强化非经济补偿意识。针对经济弱势学生非经济补偿,在政策层面应有特别的规范,以此来引领社会和高校重视经济弱势本科生成长中的非经济需求。对这些非经济补偿政策应在新闻媒体上进行充分的宣传,使之成为社会共识。同样地,在高校内部的大学管理者和一线教师都应意识到非经济补偿对经济弱势本科生成长和各种资本积累的重要意义。为此,管理者和教师都应认真研读国家颁布的相关政策,学校应定期召开非经济补偿相关的专题会议。通过宣传学习、研讨交流等活动,可以使全体教育者能够意识到非经济补偿对于经济弱势学生成长的意义,这种意识也将会引导教育工作者的具体教育实践。在学生方面,高校可在新生入学时向他们宣传非经济补偿政策,使其充分知晓,在此基础上,提高经济弱势本科生自己主动求助的意识。对经济弱势本

---

① 矫宇.高校贫困学生群体的"精神贫困"与"心理脱贫"[J].东北师大学报(哲学社会科学版),2008(4):183—189.

科生进行非经济补偿,除了外在主体的努力,经济弱势学生也要充分发挥自身的主体性,面对自己的不足,要主动地寻求帮助。只有外因和内因共同发挥作用,才能真正帮助他们更好地成长,所以提升经济弱势学生自身的非经济补偿意识具有重要意义。

构建多层次多角度经济弱势学生非经济补偿的系统体系。经济弱势本科生不仅要面对经济贫困,还面临经济之外个人成长上的劣势与困境。根据马斯洛需要层次理论,经济弱势本科生的需求不只包括解决温饱类的低层次的生理需求,还包含更高层次的精神方面需要,如安全、受尊重和自我实现等。如果说经济弱势学生的经济补偿能够一定程度上满足他们的物质需求,那么在此基础之上,经济弱势本科生的精神层次的安全、被尊重和自我实现的需求则需要非经济补偿来进行帮扶。另一方面经济弱势本科生面临的不是单纯的一种经济贫困问题,他们同时面对心理、学习、技能等方面的成长劣势和困境。这些维度可以用布迪厄的资本维度理论来归类,即经济弱势本科生在文化资本、社会资本和经济资本(后两者主要是潜在的)积累上一般都处于相对劣势。所以构建经济弱势学生非经济补偿体系时还应从这些不同资本角度来系统考量,以使经济弱势学生在各维度都能够得到相应的帮扶,从而可能公平地实现个人成长。由此可见,当前零碎、非系统化的非经济补偿体系已很难全面地解决经济弱势本科生面临的复杂的成长问题。高校应多层次、多角度地构建非经济补偿系统体系。首先,在满足经济弱势学生基本经济需要的基础上,非经济补偿体系应逐层考虑经济弱势本科生的较高层次的需要。即大学在确保舒解经济弱势本科生经济困难的基础上,应根据经济弱势本科生生存和发展的分层需要,给予他们心理、思想和能力等方面的帮扶,引导他们拥有健康的心理、正确的"三观"和应有的素养能力。其次,经济弱势本科生成长过程中会面临在文化资本、社会资本和经济资本积累(后两者主要是指积累这些资本的意识和能力)上的相对劣势,因此高校要对经济弱势学生积累这三类资本的可能路径进行分析,由此采用合适的机制来弥补他们在三类资本积累上的相对劣势。第三,在如上分层、分角度思考的基础上,高校还应整合各种非经济补偿方式,使它们之间具有一种合理的平衡,能够产生合力。从满足学生不同层次和不同角度的需求出发构建的非经济补偿系统体系,能更好地解决经济弱势本科生所面临的成长问题。另外,经济弱势本科生非经济补偿体系的系统性还要求在实践层面,加强对各种举措的系统科学考量,以使其更具合理性。

周期性评估经济弱势本科生非经济补偿的实施效果。对非经济补偿的实施效果进行周期性评估,其目的是了解非经济补偿取得的效果,即经济弱势本科生的心理、思想和素养能力提升等方面的问题是否得到了改善,各种资本积累上的相对劣势有没有得到应有的帮扶补偿。如心理方面,经济弱势本科生是否能以积极的心态对待周围的人和事,是否能很好地控制自己的情绪,是否了解自己、接受自己的不足等;在人际交往中,他们是否能正确处理自己与他人之间的关系、是否能与他人自信地沟通交流等;思想方面,他们是否养成了一种独立自主、自力更生的意识,以及经济弱势学生是否具有正确的世界观、人生观和价值观,是否能正确地看待自身贫困的原因,同时具有健康的金钱观。此外,经济弱势学生是否养成了感恩意识也很重要。在学习方面,经济弱势本科生是否能很好地应对学习上的挑战、适应新的学习环境,是否能明确学习的动机,培养学习上的爱好等。由于实践中对经济弱势本科生的非经济补偿未得到足够的重视,加之比较零散且系统化考量不足,因此大学对非经济补偿更没有能够形成补偿效果周期性评估的意识,也较少有制定相应的评估指标并基于此实施评估。大学应制定相关的政策以加强对非经济补偿评估的重视,同时成立专业的评估机构,制定系统化的评估标准,周期性地实施补偿效果评估。周期性评估主要是评估经济弱势本科生的各层次各维度的成长需要是否得到了有效弥补,另外还需要将评估的结果及时反馈,以便能分析其原因,采取改进措施,完善非经济补偿体系,从而帮助经济弱势本科生更好成长,促进他们将来能够稳定脱贫,实现向上社会流动。

第三部分　家庭经济弱势本科生成长
及其补偿的比较研究

　　本部分首先对澳大利亚大学生经济状况与补偿政策进行了深入的论述与分析,由此启示我们应强化对国内各类大学生经济弱势群体的经济状况调查,以调查结论作为基础,提升教育补偿政策的精准有效性,而且应在实践中强化对大学生经济弱势群体的关怀,帮助经济弱势群体稳定"脱贫"。

　　其次,本部分分析了美国大学生贷款危机和可能的解决路径,由此启示我们吸取美国大学生贷款危机的教训,做出有效的制度设计,以避免家庭经济弱势本科生因补偿性经济贷款导致进一步的、成长中的恶性循环。

分析框架	探究维度	分布的章
分国别比较	澳大利亚	第十三章澳大利亚大学生经济状况与补偿政策
	美国	第十四章美国大学生助学贷款危机与解决路径

　　本部分使用的研究方法为比较研究。

第十三章　澳大利亚大学生经济状况与补偿政策

　　研究大学生经济状况及其学业影响,有利于提高政府补偿政策的针对性。澳大利亚每五年开展一次全国性大学生经济状况的调查,最近一次由墨尔本大学高等教育研究中心于 2012 年实施,并于 2013 年发布《大学生经济状况报告(2012)》。《报告》呈现了澳大利亚各类大学生的收入和资助来源,以及他们的开支和债务程度数据,并且把土著学生、低社会经济地位学生、留学生进行了对比。《报告》揭示经济状况在一定程度上影响了各类经济弱势大学生的学业,并介绍了澳大利亚政府大学生经济补偿政策的调整状况。《报告》启示我们,应强化对国内各类大学生经济弱势群体的经济状况调查,以提高政府补偿政策的精准有效性,而且对大学生经济弱势群体的关怀是社会文明进步的体现。

　　2012 年,澳大利亚大学联盟委托墨尔本大学高等教育研究中心对"澳大利亚大学生经济状况"进行调查,该调查收集了不同大学生群体的经济状况及其学业影响的量化数据,并于 2013 年 7 月发布了《大学生经济状况报告(2012)》。[①] 自 20 世纪 70 年代中期起,"大学生经济状况调查"就成为澳大利亚一项长期坚持的研究项目,每隔五年实施一次。2012 年的调查在研究

---

　　① Bexley, E., Daroesman, S., Arkoudis, S. & James, R. University Student Finances in 2012: A Study of the Financial Circumstances of Domestic and International Students in Australia's Universities [R]. Melbourne: Center for the Study for Higher Education of the University of Melbourne,2013:6.

方法上做了一些重要改变,注重与 2006 年数据进行比较,反映了国家补偿政策背景的变化。另外,留学生群体首次被作为调查对象。[①] 本次调查采用网上填答问卷的方式,基于 2010 年澳大利亚教育行政部门公布的学生入学人数,进行分层抽样,向 37 所大学各年级共 83851 名大学生发放问卷,回收有效样本 11761 份,有效回收率为 14.03%。[②]

第一节　澳大利亚各类大学生群体的经济状况

根据 2012 年的调查,超过 2/3 的学生对自己的经济状况感到担忧,尤其是 25 岁以上和来自低收入家庭的学生。与 2006 年的数据相比,澳大利亚大学生对经济状况的担忧程度增长了 12%。虽然收入水平、政府及社会对学生的支持力度有所增加,但债务水平却逆行上涨,一半以上学生出现财政赤字。[③] 这说明学生的经济状况不容乐观。澳大利亚大学生群体具有多样性,学生收入、资助来源,花费以及债务程度也不一样。

一、各类大学生的收入和资助来源

澳大利亚大学生收入和资助的来源较多,主要有:打工收入、各类奖助学金、政府资助项目、基于家庭的政府经常性补贴、其他政府经常性补贴(如房子补贴等)和其他收入(如分红收入、出卖固定资产收入等)。[④] 调查数据显示,2012 年,由于大龄学生、低收入家庭学生数量增加,学生群体之间的差

---

① Bexley, E., Daroesman, S., Arkoudis, S. & James, R. University Student Finances in 2012: A Study of the Financial Circumstances of Domestic and International Students in Australia's Universities [R]. Melbourne: Center for the Study for Higher Education of the University of Melbourne,2013:6.

② Bexley, E., Daroesman, S., Arkoudis, S. & James, R. University Student Finances in 2012: A Study of the Financial Circumstances of Domestic and International Students in Australia's Universities [R]. Melbourne: Center for the Study for Higher Education of the University of Melbourne,2013:3-6.

③ Bexley, E., Daroesman, S., Arkoudis, S. & James, R. University Student Finances in 2012: A Study of the Financial Circumstances of Domestic and International Students in Australia's Universities [R]. Melbourne: Center for the Study for Higher Education of the University of Melbourne,2013:7-8.

④ 驻澳大利亚使馆教育处. 澳大利亚大学生的经济状况不容乐观[J]. 世界教育信息,2002(8):23—24.

异更加明显,学生收入的差异也在扩大。但总体来说,自 2006 年以来国内学生的平均年收入保持相对稳定。[①]

(一)土著学生的收入和资助来源

与其他学生相比,土著学生的年收入稍高一些。他们收入的主要来源是打工所得,约占总收入的 48.7%,其次是政府资助项目,如青年津贴、其他类型的津贴,以及奖助学金等。[②] 对于高学位的土著学生来说,政府资助占其总收入的比例很大。约 1/2 的全日制本科生和约 2/3 的全日制研究生获得了青年津贴。土著博士研究生的收入和资助来源主要是奖学金,如政府和大学提供的奖学金,而攻读本科或硕士阶段课程的学生,则可通过申请助学金来帮助完成学业。免除学费也是土著学生收入的来源之一,但是能够获得这种资助的学生比例非常低。调查数据表明,仅有约 6.2% 的全日制土著学生获得了免学费资助。另外,超过 1/3 的土著学生获得了医疗保健方面的援助,这一定程度上可以缓解他们的财务压力。[③]

(二)低社会经济地位学生的收入和资助来源

根据澳大利亚社会经济地位指标,在澳大利亚人口中,经济状况最差的后 25% 属于低社会经济地位群体。[④] 来自低社会经济地位家庭的学生,大部分都得不到家庭资助,对经济状况的担忧程度最高。因此,除了在校外兼职打工,这部分学生更需要申请政府津贴和资助,以便顺利完成学业。政府

---

① Bexley, E., Daroesman, S., Arkoudis, S. & James, R. University Student Finances in 2012: A Study of the Financial Circumstances of Domestic and International Students in Australia's Universities [R]. Melbourne: Center for the Study for Higher Education of the University of Melbourne,2013:6.

② Bexley, E., Daroesman, S., Arkoudis, S. & James, R. University Student Finances in 2012: A Study of the Financial Circumstances of Domestic and International Students in Australia's Universities [R]. Melbourne: Center for the Study for Higher Education of the University of Melbourne,2013:21,68.

③ Bexley, E., Daroesman, S., Arkoudis, S. & James, R. University Student Finances in 2012: A Study of the Financial Circumstances of Domestic and International Students in Australia's Universities [R]. Melbourne: Center for the Study for Higher Education of the University of Melbourne,2013:21,68-71.

④ Bexley, E., Daroesman, S., Arkoudis, S. & James, R. University Student Finances in 2012: A Study of the Financial Circumstances of Domestic and International Students in Australia's Universities [R]. Melbourne: Center for the Study for Higher Education of the University of Melbourne,2013:10.

津贴和资助成为低社会经济地位学生收入的主要来源,青年津贴和奖学金是低社会经济地位学生获得的普遍的资助形式。① 调查显示,超过一半的低社会经济地位学生成功申请到青年津贴;超过 25％的低社会经济地位学生申请奖学金,申请者中超过 65％的学生可获得部分或全额资助。此外,他们还可以申请譬如非现金项目、账单支付、食品供应资助,以及享受学生联合会、咨询和医疗保健等资助性服务。②

(三)留学生的收入和资助来源

2012 年大学生经济状况调查,首次把留学生作为研究对象包括在内,这有利于更全面地了解澳大利亚整个国家的大学生经济状况。③ 在澳大利亚,留学生的经济状况基本取决于他们自己国家的经济水平以及家庭经济条件,此外,学习的资金来源(如奖学金、本国或澳大利亚的资金资助)和本国与澳大利亚货币之间的汇率,都对留学生经济状况带来影响。留学生的收入与资助来源比较单一,主要来自家庭和朋友的资助,小部分来自于奖学金。调查显示,依赖于打工收入的留学生比例较低,只有约 1/5 的留学生通过打工来支付学费。④ 由于受签证条款限制,留学生可工作时长有限,并且

---

① Bexley, E., Daroesman, S., Arkoudis, S. & James, R. University Student Finances in 2012: A Study of the Financial Circumstances of Domestic and International Students in Australia's Universities [R]. Melbourne: Center for the Study for Higher Education of the University of Melbourne,2013:81-82.

② Bexley, E., Daroesman, S., Arkoudis, S. & James, R. University Student Finances in 2012: A Study of the Financial Circumstances of Domestic and International Students in Australia's Universities [R]. Melbourne: Center for the Study for Higher Education of the University of Melbourne,2013:82-85.

③ Bexley, E., Daroesman, S., Arkoudis, S. & James, R. University Student Finances in 2012: A Study of the Financial Circumstances of Domestic and International Students in Australia's Universities [R]. Melbourne: Center for the Study for Higher Education of the University of Melbourne,2013:93.

④ Bexley, E., Daroesman, S., Arkoudis, S. & James, R. University Student Finances in 2012: A Study of the Financial Circumstances of Domestic and International Students in Australia's Universities [R]. Melbourne: Center for the Study for Higher Education of the University of Melbourne,2013:93-94.

不能享受到本地学生的一些优惠政策,如交通优惠等。[①]

二、各类大学生的开支及债务程度

2012 年,澳大利亚学生的支出模式与 2006 年相比有很大的差别,生活支出所占比例增大。不完全是由于 CPI 的变动,更多的是因为学生生活方式和所担负的责任发生了改变。学生支出增长最快的领域主要是租借/抵押、食物、生活用品等基本生活支出,学习支出等其他方面支出变化不大。[②] 在债务程度上,2012 年,大多数学生选择个人教育贷款来支付学费或延迟支付学费。与 2006 年相比,更少比例的学生选择提前偿还教育贷款。[③] 调查显示,超过 50% 的本科生和留学生出现资金赤字,仅有 1/3 的学生预算过剩。总体来看,国内学生完成学业累积的债务和个人资金赤字的比例相当高,尤其是土著学生中的非全日制硕士阶段课程学生,平均个人预估债务水平高达 65583 美元。[④] 与收入和资助来源一样,土著学生、低社会经济地位学生和留学生在开支和债务程度方面也存在一定差异。

（一）土著学生的开支及其债务程度

基本生活费用和学习费用是土著学生资金支出的两大主要类型,其中基本生活费用支出占更大比例,且增长较快。学生基本生活费用支出主要集中在住宿、食品、交通费用、个人支出以及信贷偿还等领域,这几类支出占土著学生基本生活支出的绝大部分。与学习相关的费用支出主要是购买课

---

① Bexley, E., Daroesman, S., Arkoudis, S. & James, R. University Student Finances in 2012: A Study of the Financial Circumstances of Domestic and International Students in Australia's Universities [R]. Melbourne: Center for the Study for Higher Education of the University of Melbourne,2013:95-97.

② Bexley, E., Daroesman, S., Arkoudis, S. & James, R. University Student Finances in 2012: A Study of the Financial Circumstances of Domestic and International Students in Australia's Universities [R]. Melbourne: Center for the Study for Higher Education of the University of Melbourne,2013:28.

③ Bexley, E., Daroesman, S., Arkoudis, S. & James, R. University Student Finances in 2012: A Study of the Financial Circumstances of Domestic and International Students in Australia's Universities [R]. Melbourne: Center for the Study for Higher Education of the University of Melbourne,2013:37.

④ Bexley, E., Daroesman, S., Arkoudis, S. & James, R. University Student Finances in 2012: A Study of the Financial Circumstances of Domestic and International Students in Australia's Universities [R]. Melbourne: Center for the Study for Higher Education of the University of Melbourne,2013:37-40.

本、文具用品、笔记本电脑等的费用支出和往返于学校家庭的交通费用。全日制和非全日制的土著学生在基本生活费用和学习费用的支出方面存在差异,非全日制土著学生要稍高于全日制学生。[①] 2012 年"澳大利亚大学生经济状况调查"的研究报告中,对土著学生的债务程度未做出详细论述。从土著学生基本生活支出中贷款的偿还总额,可以看出土著学生的债务程度普遍较高。[②]

(二)低社会经济地位学生的开支及债务程度

由于缺少父母的经济资助,低社会经济地位学生更倾向于经济独立、学习生活自给自足,这些学生的开支要高于其他学生群体。调查数据显示,2012 年,低社会经济地位学生的支出模式与其他类型学生基本一致,主要集中在基本生活支出和与学习相关的支出上,其中住宿、食品和交通等基本生活支出占总支出的 80% 左右。[③] 在这类学生中,全日制本科生的支出要高于其他非全日制的学生,高出的部分也基本集中在基本生活支出方面。[④] 同时,低社会经济地位学生的债务水平也要高于其他学生,尤其是非全日制本科生。全日制学生和非全日制学生的债务结构有所不同。对于全日制学生,个人教育贷款在债务中占有最高比例,达到了约 69%,其次是长期付息债务,约占总债务的 19%。对于非全日制学生,长期付息债务比例最高,约

① Bexley, E. , Daroesman, S. , Arkoudis, S. & James, R. University Student Finances in 2012: A Study of the Financial Circumstances of Domestic and International Students in Australia's Universities [R]. Melbourne: Center for the Study for Higher Education of the University of Melbourne,2013:28,73.

② Bexley, E. , Daroesman, S. , Arkoudis, S. & James, R. University Student Finances in 2012: A Study of the Financial Circumstances of Domestic and International Students in Australia's Universities [R]. Melbourne: Center for the Study for Higher Education of the University of Melbourne,2013:40.

③ Bexley, E. , Daroesman, S. , Arkoudis, S. & James, R. University Student Finances in 2012: A Study of the Financial Circumstances of Domestic and International Students in Australia's Universities [R]. Melbourne: Center for the Study for Higher Education of the University of Melbourne,2013:86-87.

④ Bexley, E. , Daroesman, S. , Arkoudis, S. & James, R. University Student Finances in 2012: A Study of the Financial Circumstances of Domestic and International Students in Australia's Universities [R]. Melbourne: Center for the Study for Higher Education of the University of Melbourne,2013:30.

占总债务的 55％,个人教育贷款则占约 38％。①

(三)留学生的开支及债务程度

与其他学生群体一样,留学生开支类型主要是基本生活和学习相关支出。基本生活开支中用于租房、食品、交通和个人花费的支出约占总开支的80％。调查数据表明,在留学生中,存在学位水平越高,支出水平越高的趋势。本科留学生由于年龄偏小,单身比例高,所以支出水平最低。总的来说,在留学生群体中,租房、家庭及个人用品开支所占比例最大,约占总支出的 60％。另外,因为远离家乡,交通费用占到了总支出的约 10％。② 学习相关支出主要是教育类贷款偿还。奖学金和学费减免在留学生中的覆盖率低于 10％,大部分留学生为了能够顺利完成学业,选择申请个人教育贷款。因此,澳大利亚留学生债务程度普遍较高,特别是本科留学生。大约有 40％的本科留学生的债务来自于其父母和朋友的无息贷款,37.3％来自自己国家的贷款计划。对于研究生来说,几乎 3/5 的学生的债务都来自国内的政府贷款计划。③

第二节　澳大利亚大学生经济状况的学业影响

2012 年,"澳大利亚大学生经济状况研究"报告显示,经济状况严重影响

① Bexley, E. , Daroesman, S. , Arkoudis, S. & James, R. University Student Finances in 2012: A Study of the Financial Circumstances of Domestic and International Students in Australia's Universities [R]. Melbourne: Center for the Study for Higher Education of the University of Melbourne,2013:40-41.

② Bexley, E. , Daroesman, S. , Arkoudis, S. & James, R. University Student Finances in 2012: A Study of the Financial Circumstances of Domestic and International Students in Australia's Universities [R]. Melbourne: Center for the Study for Higher Education of the University of Melbourne,2013:98-99.

③ Bexley, E. , Daroesman, S. , Arkoudis, S. & James, R. University Student Finances in 2012: A Study of the Financial Circumstances of Domestic and International Students in Australia's Universities [R]. Melbourne: Center for the Study for Higher Education of the University of Melbourne,2013:98-100.

学生的学习体验。① 不容乐观的学生经济状况会影响学生对学校、课程及学习方式的选择,不少学生因为经济状况而推迟学习计划、旷课甚至是辍学。②

从宏观上看,因为绝大部分学生或多或少都以打工为重要的经济来源,因此,通过对打工时间等相关数据的分析,澳大利亚大学生经济状况对学业的影响便窥见一斑。报告显示,2012 年,以某种形式打工的学生人数比例有下降趋势。2006 年,有打工行为的全日制本科生的比例为约 85%,到 2012 年,下降为约 80.6%。这一比例基本回到了 2001 年的水平(2001 年约78.1%的全日制本科生打工)。但与此同时,这些打工的全日制学生,每周的平均工作时长有所增长,本科生由 14.8 小时增加到 16 小时,硕士研究生由 17 小时增加到 20.1 小时,博士研究生则由 8 小时增加到 10.5 小时。③ 随着工作时间的增加,越来越多的学生声称这严重影响了他们的学业表现,他们普遍认为对工作的投入会影响到他们的考试成绩。相比于 2006 年的调查数据,存在此想法的学生人数比例增加了约 10%。这种情况更多存在于高学历的学生群体当中,对于全日制博士研究生来说,认为打工时间增加对自己学业有较大影响的人数比例由 2006 年的约 28.5%,增长到了约 40.1%。④

从不同的学生群体来看,经济状况对学生的学业影响的方面和程度是不一样的。

---

① Bexley, E., Daroesman, S., Arkoudis, S. & James, R. University Student Finances in 2012: A Study of the Financial Circumstances of Domestic and International Students in Australia's Universities [R]. Melbourne: Center for the Study for Higher Education of the University of Melbourne,2013:55.

② Bexley, E., Daroesman, S., Arkoudis, S. & James, R. University Student Finances in 2012: A Study of the Financial Circumstances of Domestic and International Students in Australia's Universities [R]. Melbourne: Center for the Study for Higher Education of the University of Melbourne,2013:9-10.

③ Bexley, E., Daroesman, S., Arkoudis, S. & James, R. University Student Finances in 2012: A Study of the Financial Circumstances of Domestic and International Students in Australia's Universities [R]. Melbourne: Center for the Study for Higher Education of the University of Melbourne,2013:44.

④ Bexley, E., Daroesman, S., Arkoudis, S. & James, R. University Student Finances in 2012: A Study of the Financial Circumstances of Domestic and International Students in Australia's Universities [R]. Melbourne: Center for the Study for Higher Education of the University of Melbourne,2013:49.

　　超过一半的土著学生认为经济状况影响了他们的学业。土著学生在这些大学生群体中,年龄较大,超过 40 岁的土著学生比例高于其他学生群体。这些学生可能需要照顾家庭,甚至是家庭的经济支柱。再者,患有残疾的土著学生比例较高。因此,经济状况对这些土著学生的影响程度比较明显,经济状况对土著学生的学业影响主要体现在对大学、课程以及学习方式的选择上。很多土著学生表示会因为经济状况而推迟学习或改变学习计划。和其他学生一样,经济状况是土著学生选择非全日制学习方式的主要原因。如果经济条件允许,这些非全日制的学生,大多数都更愿意选择全日制的学习方式。[①] 2012 年调查报告显示,超过 2/3 的土著本科生认为工作影响了正常上课,占用了较多的复习和自习时间。有工作的土著学生中,超过一半曾经因为打工而缺课。尽管如此,多数土著学生认为,打工对他们是有帮助的,他们认为这些实习经历有利于毕业之后找到更好的工作,实现他们的职业目标,摆脱经济状况的困扰。[②] 在没有经济状况限制的条件下,土著学生比其他学生群体更愿意迁居到离学校近的地方,以更方便地完成学业。[③]

　　低社会经济地位的学生年龄较大,平均年龄 28 岁左右。这些学生大多经济独立,需要照顾家庭成员,并且是家庭唯一的经济支柱。因此,低社会经济地位学生一般选择较为灵活的学习方式,如校外学习、混合式学习和非全日制学习。许多低社会经济地位学生因为经济状况影响,无力承担包括

　　① Bexley, E., Daroesman, S., Arkoudis, S. & James, R. University Student Finances in 2012: A Study of the Financial Circumstances of Domestic and International Students in Australia's Universities [R]. Melbourne: Center for the Study for Higher Education of the University of Melbourne, 2013:67,78.

　　② Bexley, E., Daroesman, S., Arkoudis, S. & James, R. University Student Finances in 2012: A Study of the Financial Circumstances of Domestic and International Students in Australia's Universities [R]. Melbourne: Center for the Study for Higher Education of the University of Melbourne, 2013:76.

　　③ Bexley, E., Daroesman, S., Arkoudis, S. & James, R. University Student Finances in 2012: A Study of the Financial Circumstances of Domestic and International Students in Australia's Universities [R]. Melbourne: Center for the Study for Higher Education of the University of Melbourne, 2013:66.

书刊、文具、学习资料在内的与学习有关的费用,有的甚至需要推迟学习计划。[1] 在低社会经济地位的学生中,认为经济状况对自己学业有影响的人数比例比其他学生群体略高约 5 个百分点。经济状况对低社会经济地位学生的学业影响主要体现在选择哪所大学、学习什么样的课程、选择全日制或者非全日制学习方式、学业与打工时间的冲突这四个方面。[2] 调查报告显示,在低社会经济地位的学生中,仅有 1/4 学生愿意选择非全日制的学习方式,其他大部分学生都更愿意选择全日制学习方式。这些愿意选择非全日制学习的学生,主要是因为工作、家庭责任或者缺乏奖学金及其他经济资助。[3] 打工对低社会经济地位学生的学业带来一定影响,特别是打工时间的增加。调查显示,全日制和非全日制低社会经济地位学生中的约 34.6% 和 52.2% 认为,打工能够帮助他们实现职业目标,其余学生则认为打工严重影响了学业,或者耽误了正常上课。在低社会经济地位学生中,因为打工而曾经缺课的学生人数比例比其他学生群体略低,仅有约 1/3。[4]

相对来说,经济状况对留学生的影响程度较低。根据 2012 年澳大利亚大学生经济状况对学业影响的调查,约 40%~50% 的留学生认为经济状况影响他们选择去哪个国家、哪所大学学习;约 20% 的留学生认为经济状况影响他们对专业和课程的选择;约 7% 的学生会因为经济状况改变而推迟学习计划。相比于其他学生群体,在留学生群体中,有打工行为的学生人数比例

---

① Bexley, E., Daroesman, S., Arkoudis, S. & James, R. University Student Finances in 2012: A Study of the Financial Circumstances of Domestic and International Students in Australia's Universities [R]. Melbourne: Center for the Study for Higher Education of the University of Melbourne,2013:80.

② Bexley, E., Daroesman, S., Arkoudis, S. & James, R. University Student Finances in 2012: A Study of the Financial Circumstances of Domestic and International Students in Australia's Universities [R]. Melbourne: Center for the Study for Higher Education of the University of Melbourne,2013:78-79.

③ Bexley, E., Daroesman, S., Arkoudis, S. & James, R. University Student Finances in 2012: A Study of the Financial Circumstances of Domestic and International Students in Australia's Universities [R]. Melbourne: Center for the Study for Higher Education of the University of Melbourne,2013:88.

④ Bexley, E., Daroesman, S., Arkoudis, S. & James, R. University Student Finances in 2012: A Study of the Financial Circumstances of Domestic and International Students in Australia's Universities [R]. Melbourne: Center for the Study for Higher Education of the University of Melbourne,2013:80,91.

要低 30 个百分点。一部分原因是留学生通常比国内学生能够获得更多来自家庭的资助,另一部分原因可能是签证对于工作种类和工作时长的限制。[①] 但是,有超过 1/3 的留学生认为在澳大利亚学习和生活的费用超过了他们的预期。因此,仍然有一半左右的留学生因受物价、高额开支的影响,不得不去工作,并且延长工作时间,以获得更多收入,平衡财务状况。[②] 对于博士留学生而言,很少因为经济状况影响他们的学业,这是因为博士生获得奖学金资助的比例远高于攻读本科和硕士课程的学生。对于攻读本科和硕士课程的留学生而言,他们的工作时间一般是每周 16～20 个小时。另外,有约 7%～12% 的留学生表示,他们的工作时限通常会超过签证的规定。在有打工行为的留学生中,大约 1/3 的学生认为打工以及工作时间的延长,影响了自己的学业,以致没能获得预期的考试分数。[③]

第三节　澳大利亚各类型大学生经济补偿政策

20 世纪 70 年代开始,澳大利亚高等教育办学模式基本稳定下来:由联邦政府出资,并参与政策制定,各州和地区政府负责实施。[④] 为了更全面地普及高等教育,提高民众的受教育水平,澳大利亚政府出台了一些资助政策,并历经多次改革。在 2012 年,澳大利亚政府为了更多地帮助来自低收入家庭的学生,尤其是 25～34 岁的高龄学生群体,对资助政策进行了改革,

---

① Bexley, E. , Daroesman, S. , Arkoudis, S. & James, R. University Student Finances in 2012: A Study of the Financial Circumstances of Domestic and International Students in Australia's Universities [R]. Melbourne: Center for the Study for Higher Education of the University of Melbourne,2013:101.

② Bexley, E. , Daroesman, S. , Arkoudis, S. & James, R. University Student Finances in 2012: A Study of the Financial Circumstances of Domestic and International Students in Australia's Universities [R]. Melbourne: Center for the Study for Higher Education of the University of Melbourne,2013:104.

③ Bexley, E. , Daroesman, S. , Arkoudis, S. & James, R. University Student Finances in 2012: A Study of the Financial Circumstances of Domestic and International Students in Australia's Universities [R]. Melbourne: Center for the Study for Higher Education of the University of Melbourne,2013:93;102-103.

④ 邵平. 大学生资助政策的比较研究[D]. 南京:东南大学,2007:18.

做出了提高奖助学金资助标准等的一系列调整。[①] 目前,澳大利亚大学生资助政策属于"混合式"资助模式,这种模式可以满足不同条件的学生群体,使他们能够享受到相应的经济补偿。澳大利亚大学生资助政策包含三个核心特点:成本差别学费、按收入比例还款的贷学金,以及以家庭经济状况调查为前提的助学金。[②] 澳大利亚政府资助大学生的方式主要有:高等教育贷款计划、联邦奖学金计划、助学金和其他津贴。

一、高等教育贷款计划

"高等教育贷款计划"是根据澳大利亚《高等教育法》(1988)规定制定,由澳大利亚联邦教育、科学和培训部,以及税务署和各高等学校管理并执行。根据该计划规定,澳大利亚公民和持有澳洲永久居民(PR)签证的人,或者新西兰居民才有资格申请该项贷款。该项贷款没有利息,还款依据是学生工作后的收入情况。[③] 2003 年,澳大利亚联邦政府用新的高等教育贷款计划(HECS-HELP)取代原来的高等教育贷款计划,并设立了两项新的贷款计划:全额自费—高等教育贷款计划(FEE-HELP)、海外学习—高等教育贷款计划(OS-HELP)。[④]

HECS-HELP 高等教育贷款计划针对的是联邦政府资助课程的学费,旨在帮助学生顺利完成学业。这项贷款计划的基本运作模式会继续维持 HECS 的现有情况。贷款本金由政府发放,贷款利息由政府按一定比例进行部分补贴。学生在毕业后,用纳税的形式,进行偿还本金和利息。该贷款计划有三种还款方式:一次性支付、部分支付和延期支付。学生提前支付贷款可以按比例获得折扣,提前支付 500 澳元以上的可以享受 10% 的折扣,一次性付清的可以享受 20% 的折扣。学生贷款偿还的比率与收入水平相关,

---

① Bexley, E., Daroesman, S., Arkoudis, S. & James, R. University Student Finances in 2012: A Study of the Financial Circumstances of Domestic and International Students in Australia's Universities [R]. Melbourne: Center for the Study for Higher Education of the University of Melbourne,2013:20.

② 杨国洪,等编著.大学生资助体系的国际比较与借鉴[M].广州:中山大学出版社,2013:230.

③ 邵平.大学生资助政策的比较研究[D].南京:东南大学,2007:19.

④ 杨国洪,等编著.大学生资助体系的国际比较与借鉴[M].广州:中山大学出版社,2013:233.

还款的金额会根据居民消费价格指数浮动的情况进行调整。[①]

　　FEE-HELP 高等教育贷款计划主要针对公立或者政府认定的私立高校学生,最高限额是 5 万澳元。学生们可以根据自己的情况,按照所学课程的费用需求进行贷款。FEE-HELP 贷款没有利息但是会产生 20％的贷款费用,贷款本金也会根据居民消费价格指数浮动的情况进行调整。FEE-HELP 贷款计划下,学生提前支付贷款可以享受一定的折扣,但一次性付清贷款没有额外的奖励。[②] OS-HELP 高等教育贷款计划提供给学生最高 5000 澳元的贷款,用于全日制公立高校本科生在海外学习的生活费和交通费。申请该项贷款的本国学生必须满足计划所列的相关条件。OS-HELP 与 FEE-HELP 高等教育贷款一样,没有利息但是会收取 20％的贷款费用。贷款本金同样会根据居民消费价格指数浮动的情况进行调整。提前支付或者一次性支付贷款的相关折扣政策方面,与 FEE-HELP 高等教育贷款一致。[③]

二、联邦奖学金计划

　　2003 年澳大利亚议会通过了《2003 年高等教育支持法案》。《法案》提出,从 2004 年开始,实施两种新类型的奖学金计划:"联邦标准奖学金"和"联邦研究生研究奖学金",旨在进一步扩大教育公平,为家庭经济劣势但成绩优秀的学生提供更多的支持。[④] "联邦标准奖学金"包括"联邦教育成本奖学金"(Commonwealth Education Costs Scholarship, CECS)和"联邦住宿奖学金"(Commonwealth Accommodation Scholarship, CAS)两种。"联邦成本奖学金"是为了补偿学生在教育方面所花费的成本。这里的学生主要是指来自低社会经济地位的学生和部分经济条件较差的土著学生,让他们能够顺利享受到澳大利亚高等教育,以提高全民素质,缩小贫富差距。该奖学金每年可为学生提供 2000 澳元的资助,连续四年发放,至今资助了数以万

---

　　① Nelson, B. Our Universities: Backing Australia's Future [R]. Canberra: Commonwealth of Australia, 2003:22-23.

　　② Nelson, B. Our Universities: Backing Australia's Future [R]. Canberra: Commonwealth of Australia, 2003:24.

　　③ Nelson, B. Our Universities: Backing Australia's Future [R]. Canberra: Commonwealth of Australia, 2003:25.

　　④ 祝怀新,李玉静.澳大利亚高等教育资助制度改革新策略[J].高等教育研究,2005(3):100—101.

计的学生。"联邦住宿奖学金"主要帮助学生支付住宿费用。澳大利亚有很大一部分农村或者来自偏远地区的学生因为离学校较远,产生较高的住宿费用。这一费用对学生来说,是一项较重的负担。该项奖学金每年可为符合条件的申请者提供 4000 澳元的资助,同样连续四年发放,为不少学生选择心仪但离家较远的高校提供了可能。[1] 联邦研究生研究奖学金是为了鼓励研究生多做创新和高质量的研究所设立的,希望借此提高高校乃至整个国家的研究水平。因此,申请者必须具备较高的研究才能,曾经取得过高水平的研究成果。获得该项奖学金的学生可以用奖学金支付研究和生活费用,同时还有权利享受工资和其他津贴。[2]

2009 年,澳大利亚联邦政府宣布将通过增设"学生起点奖学金"(Student Start-up Scholarship)和"迁居奖学金"(Relocation Scholarship),让教育支持进一步覆盖广大学子,尤其是来自低社会经济地位家庭的学生。这两项奖学金将会逐步取代"联邦教育成本奖学金"和"联邦住宿奖学金"。在申请者身份条件审核上,会比之前更为严格,目的是能够照顾到更多最有资助需求的优秀的"寒门子弟"。[3] 2010 年 1 月 1 日起,所有享受"青年津贴"(YA)和"澳大利亚助学金"(AUSTUDY)的大学本科生,都可以申请这两项奖学金。"学生起点奖学金"可以被获得资助的学生们用来购买教科书、学习相关的设备等,为他们学习相关费用提供必要的支持。该项奖学金每学期初支付给学生,一年支付两次,支付的金额将会随着物价的变动而有所调整。"迁居奖学金"相比于"联邦住宿奖学金",在支付金额方面具有更大的灵活性,学生每年所获得的资助金额不等同,第一学年可获得最高金额,次年次之,再之后,随着物价水平变动进行调整。"迁居奖学金"同样是为了补偿因为进入高校学习,不得不远离家乡的学生们。[4]

三、学生财政支持体系

澳大利亚学生财政支持系统(Student Financial Supplement Scheme,

---

① 葛盈辉,朱之平.澳大利亚大学生资助政策及其变革[J].比较教育研究,2006(6):45—49.

② 谢秀琴.世纪初澳大利亚高等教育学生资助政策[J].中国新技术新产品,2009(21):243—244.

③ 唐科莉.澳大利亚高等教育资助政策新动向:学生收入支持体系一揽子改革解析[J].世界教育信息,2010(2):38—40.

④ 杨国洪,等编著.大学生资助体系的国际比较与借鉴[M].广州:中山大学出版社,2013:239.

SFSS)始于 1993 年,主要是对学生生活相关费用进行资助。① SFSS 刚建成时,主要由"青年津贴"(YA)和"澳大利亚助学金"(AUSTUDY)构成。"学生起点奖学金"和"迁居奖学金"成立后,也被纳入其中。除此之外,还有"土著助学金"(ABSTUDY)、"交通津贴"(Fares Allowance)和"教育养恤金补充"(Pensioner Education Supplement)三项相关资助政策。② 这一体系层次丰富,覆盖面广,资助力度大,在推动澳大利亚高等教育普及、落实教育公平方面起着至关重要的作用。

"青年津贴"针对的是 16~24 岁之间的全日制本科生,或者选修规定课程的研究生以及学徒工。该项津贴发放数额的高低由学生是否与父母同住的情况决定,与父母同住的学生获得的数额较低,反之,可以获得较高数额。③ "澳大利亚助学金"针对的是 25 岁或以上的全日制学生,或者选修规定课程的研究生以及学徒工。该助学金每两周发放一次,学生可以自由选择用于学习开支或者用于生活开支。④ "土著助学金"是针对符合条件的土著居民和托雷斯海峡岛民的政策。该项奖学金资助符合条件的土著学生和托雷斯海峡的岛民,增加他们参与中等和高等教育以及职业培训的机会,以促进土著居民和托雷斯海峡的发展。申请该项奖学金的学生,同时有资格申请"起点奖学金"和"迁居奖学金"。⑤ "交通津贴"是针对学生的交通费用,如果申请者需要经常往返家和学习地,并且距离较远,便可以获得该项津贴,用以补偿这部分费用。该项津贴的获得不影响其他奖助学金的申请。

---

① 杨国洪,等编著.大学生资助体系的国际比较与借鉴[M].广州:中山大学出版社,2013:237.

② Bexley, E., Daroesman, S., Arkoudis, S. & James, R. University Student Finances in 2012: A Study of the Financial Circumstances of Domestic and International Students in Australia's Universities [R]. Melbourne: Center for the Study for Higher Education of the University of Melbourne,2013:20.

③ 司劲松.澳大利亚现行高等教育资助政策[J].宏观经济管理,2002(4):54—55.

④ Bexley, E., Daroesman, S., Arkoudis, S. & James, R. University Student Finances in 2012: A Study of the Financial Circumstances of Domestic and International Students in Australia's Universities [R]. Melbourne: Center for the Study for Higher Education of the University of Melbourne,2013:20.

⑤ Bexley, E., Daroesman, S., Arkoudis, S. & James, R. University Student Finances in 2012: A Study of the Financial Circumstances of Domestic and International Students in Australia's Universities [R]. Melbourne: Center for the Study for Higher Education of the University of Melbourne,2013:20.

"教育养恤金补充"是对学习特定课程的学生的补贴。[1]

基于《大学生经济状况报告(2012)》,我们对澳大利亚大学生的经济状况(包括收入与资助来源、开支和债务程度)、经济状况对学业的影响,以及政府对大学生经济补偿政策有了深入了解。首先需要明确的是,大学生经济状况的如上三个维度是紧密相关的,大学生的收入与资助来源、开支与债务程度会对学生的学业带来不可避免的影响,而政府对低社会经济地位学生的经济补偿政策又会影响他们的经济状况与学业。《大学生经济状况报告(2012)》的主体内容在于大学生的经济状况及其学业影响,在政府经济补偿维度,我们在《报告》信息的基础上补充了其他内容,以完整呈现澳大利亚政府是怎样来经济补偿低社会经济地位大学生的。反思国内相关状况,我们对学生的收入与资助来源、开支与债务程度的研究非常薄弱,而对大学生的经济补偿,我国政府出台实施了诸多政策,但是这些政策的理论和数据基础是薄弱的。所以,政府对家庭经济弱势大学生补偿政策的精准性和整体效果,需要深入去研究。其次,《大学生经济状况报告(2012)》所展示的内容说明,澳大利亚政府对低社会经济地位大学生这样的弱势群体的关照落到了实处,相比而言,我们需要有更多的研究来关注大学生群体中的少数民族学生、来自偏远农村的学生、大龄学生、家庭经济弱势学生和留学生。对这些大学生群体经济状况及其学业影响的关注和研究,可以提高政府大学生经济补偿政策的有效性,这也是社会文明进步的体现。

---

① Bexley, E., Daroesman, S., Arkoudis, S. & James, R. University Student Finances in 2012: A Study of the Financial Circumstances of Domestic and International Students in Australia's Universities [R]. Melbourne: Center for the Study for Higher Education of the University of Melbourne,2013:20.

第十四章　美国大学生助学贷款危机与解决路径

　　当前美国大学生助学贷款问题的严重程度堪比"次贷危机"。美国联邦政府大学生资助体系由助学金、三种不同形式的助学贷款和工读计划所组成。在教育市场化的背景下,大学学费整体大幅上涨;联邦政府大学生资助体系较为陈旧,学生续贷、还贷困难;大学毕业生就业市场低迷,大学教育溢价严重,这些共同导致了美国大学生助学贷款的危机困境。为缓解和解决如上危机,家长、学校与借贷方都应做到信息充分公开以帮助学生理性选择贷款;学校与社区应紧密合作以减轻学生贷款压力;政府应主导完善助学贷款体系以满足学生实际需求,增进社会公平。反思美国大学生助学贷款危机能够为我国大学生教育补偿实践的改进带来启示。

　　美国大学生助学贷款在近 20 年来总量持续增长,现已成为其国内最庞大的非抵押债务类型。[①] 大量助学贷款的借款者及其家庭正在艰难承受还款重负,预计有六成千禧一代的大学毕业生在步入 40 岁时仍将肩负偿还助学贷款的压力。[②] 大学生助学贷款危机的影响已不再局限于大学系统内,它牵动了万千家庭,负面效应堪比"次贷危机",成为全美热议、亟待解决的社会问题。对美国大学生助学贷款危机的表现、产生原因以及可能解决路径

---

　　① Quadlin, N. Y., Rudel, D. Responsibility or Liability? Student Loan Debt and Time Use in College [J]. Social Forces, 2015, 94 (2):589-614.

　　② Staff, J. Study: 60 Percent of Millennial College Grads Expect to Still Face Student Loans into Their 40s[J]. Business Journal News Network, 2016(5):8.

进行探究,具有启发价值。

第一节 美国大学生助学贷款的危机表现

20世纪70年代始,在新自由主义教育观的影响下,教育不再只是扮演公益角色而越发成为一项私人投资。依据"成本分担"理论,政府、社会、学生及其家庭等主体作为高等教育的受益者,应共同承担教育成本。但随着大学收费而来的便是高校入学率的骤减与毕业率的停滞不前。为了促进"社会公平"与"机会均等"的实现,美国政府主导各金融机构推出了面向大学生的多种贷款方案。然而,助学贷款业务的增长却是梦魇的开始。近年显现出的、堪比"次贷危机"的大学生助学贷款问题一定程度上把美国高等教育推向了举步维艰的危机困境。

截至2016年年底,美国助学贷款已高达1.3万亿美元,相较于2006年,十年内贷款总额增长了170%,刷新了相关数据记录。此外,新的债务来源仍不断扩大——较之十年前的大学毕业生人均贷款数额2万美元,2015年毕业的大学生则是"美国历史上负债最多的一届学生",其人均背负的贷款数额已达3.4万美元。其中,约36%的借款人欠下了近1万美元,65%的借款人欠下了近2.5万美元,而5%的借款人则身处助学贷款的漩涡中心,至2016年负债金额已超过10万美元,这部分学生的贷款总额占据了1.3万亿美元助学贷款的30%。① 在助学贷款的人数与贷款总额不断攀升的同时,贷款的违约率居高不下。除当前在校就读以及还在六个月宽限期内的借款人外,46%的助学贷款仍处于没有还款的状态。② 值得注意的是,相较于高额借款人群,助学贷款违约率最高的发生在借款少于5000美元的借款人群中。③ 在针对2009年大学毕业生助学贷款还款率的相关研究中发现,近60%的原始贷款低于5000美元的借款人都感受到了经济状况紧张带来的

---

① Chakrabarti, R., Haughwout, A., Lee, D. et al. Press Briefing on Household Debt, with Focus on Student Debt[EB/OL]. [2017-06-24]. https://www.newyorkfed.org/medialibrary/media/press/PressBriefing-House-hold-Student-Debt-April32017.pdf.

② Cooper, P. Student Loan Defaults Are Up, New Data Show[EB/OL]. [2017-06-25]. https://economics21.orghtmlstudent-loan-defaults-are-new-data-show-1724.html.

③ Trends in Student Aid 2016[EB/OL]. [2017-06-24]. https://trends.collegeboard.org/sites/default/files/2016-trends-student-aid_0.pdf.

压力。其中,17.2%的借款人拖欠日期超过 120 天,1/3 的借款人构成了违约(拖欠超过 360 天)。① 研究表明,这些初始债务较低的学生通常来自低收入家庭,他们属于不可能顺利完成学业并取得学位证书的群体。2011—2012 学年,24%的联邦学生贷款项目借款人在未能获得任何学位或结业证书的情况下离开了学校,相较于 9%的成功取得学位或结业证书的借款人,他们要承受为期近两年的由助学贷款违约所造成的恶果。②

大学生助学贷款已成为美国年轻人无法承受之重。近些年,"回巢族"在美国悄然兴起且有愈演愈烈之势。相关研究表明,高额助学贷款的确是促使学生回家"啃老"的幕后推手。背负着助学贷款债务的年轻人为应对与日俱增的经济压力,被迫削减各种消费性开支。助学贷款难以偿清,大学毕业生纷纷选择推迟或不进行买房置业。与之相应地,年轻一代的婚育意愿也逐年下降,出生率的降低进一步加剧了美国人口老龄化。在面对职业选择时,虽然就业市场的情况已不容乐观,年轻人还是想尽可能地争取更高薪酬的工作机会,低薪水的公益类工作无人问津。另外,在助学贷款的重压下,毕业生们势必会考量多方风险而不敢贸然开始创业。③ 此外,助学贷款的风暴还波及学生的父辈与祖辈,众多家庭由于无力还款而卷入漩涡不得解脱。纽约联邦储蓄银行的数据显示,相较于十年前的 7 万人口,至 2014 年已有超过 200 万年过六十的老人肩负着助学贷款的还款重压。这一群体人均背负 2 万美元的贷款,较之 2005 年人均金额增长了 60%。共计有 430 亿美元的助学贷款尚未偿还,较之 2005 年总额翻了 5 番。④ 波士顿大学退休研究中心的最新调查报告显示,一旦目前处在工龄的业主贷款水平与新近离开高校的大学生承担的助学贷款水平持平,就将额外增加 4.6%的业主

① Watts, R. Public Universities, Managerialism and the Value of Higher Education [M]. London: Palgrave Macmillan, 2017:270.

② Trends in Student Aid 2016[EB/OL]. [2017-06-24]. https://trends. collegeboard. org/sites/default/files/2016-trends-student-aid_0. pdf.

③ Houle, J. N. , Warner, C. Into the Red and Back to the Nest? Student Debt, College Completion, and Returning to the Parental Home among Young Adults[J]. Sociology of Education, 2017, 90 (1):89-108.

④ Staff, J. A Growing Number of Americans 60 and Older Have Student Debt[J]. Bloomberg Business Week, 2014(8):43-44.

要在退休后应对收入不足的风险。① 如此看来,助学贷款的负担不仅已经影响到相当部分借款人的工作与生活,更涉及几代人的终身财产安全,这无疑会引发系列严重的社会问题。

美国大学生助学贷款已带来了如上所述的诸多负面社会效应,但是如果只是简单地停止或减少对大学生发放助学贷款,则会导致众多家庭经济弱势的学生难以进入大学门槛和完成学业,从而产生严重的社会不公和诸多因年轻人失学带来的社会问题,这就造成了美国大学生助学贷款的危机与困境。

第二节　美国现行高等教育学生资助体系

探讨美国大学生助学贷款危机困境产生的原因,有必要先了解美国当前高等教育学生资助体系。大学学费飞涨,为了不让大学梦成为泡影,学子们纷纷选择了助学贷款以完成学业。在此过程中,联邦政府因资助大学生人数总量及资助金额远高于州政府,无可争议地在高等教育资助体系中扮演了主要角色。根据美国教育部网站所公布的资料,联邦政府资助项目主要有助学金、助学贷款和工读计划三类。其中,佩尔助学金为联邦政府所实施的最重要的助学金项目,而助学贷款则主要由"联邦帕金斯贷款""联邦直接贷款"和"联邦学生家长贷款"三个部分组成,工读计划则是一种兼职工作机会的提供。②

第一,助学金。联邦佩尔助学金(Federal Pell Grant,FPG)设立于1972年,由联邦政府直接向学生提供资助。大学生能否拥有申请资格由联邦政府通过数据分析计算后敲定,通常只有来自低收入家庭、深受经济困扰的学生才能获得该助学金。符合佩尔助学金申请要求的学生包括尚未获得学士学位的本科生以及攻读教育专业文凭的学生。助学金的数额不固定,而是根据学生不同的财政需要以及其他具体情况而定。不同于助学贷款,佩尔

---

① Munnell, A. H. , Hou, W. , Webb, A. Will the Explosion of Student Debt Widen the Retirement Security Gap? [J]. 401K Advisor, 2016, 23 (3):11.

② Financial Aid for Graduate and Professional Degree Students[EB/OL]. [2017-06-25]. https://studentaid. ed. gov/ sa/sites/default/files/graduate-professional-funding-info. pdf.

助学金不需要偿还。①

第二,助学贷款。一是联邦帕金斯贷款(Federal Perkins Loans,FPL)于1958年《国防教育法》颁布之后设立,资金由联邦政府划拨给各高校后,由各高校依据其财政状况进行自行分配,即贷款方为学校。② 帕金斯贷款的固定利率为5%,借款人就读期间的利息由联邦政府补贴。该贷款贫困本科生、研究生均可申请,符合申请条件的借款人每年贷款数额可达5500美元,最高可达27500美元。借款人毕业后拥有9个月的还贷宽限期以及长达10年的还款期限。但并非所有的大学都提供帕金斯贷款,能否获得申请资格取决于学生个人的实际经济需要以及其所在学校资金使用情况。③ 二是联邦直接贷款(Federal Direct Loan)是迄今为止美国联邦政府投资最大的助学贷款项目,于1965年《高等教育法案》颁布后设立,原名为联邦斯坦福贷款(Federal Stanford Loan,FSL)。④ 联邦直接贷款包括两种:直接贴息贷款(Direct Subsidized Loan)和直接无贴息贷款(Direct Unsubsidized Loan)。直接贴息贷款与联邦帕金斯贷款一样,贫困本科生方能申请,借款人就读期间的利息由联邦政府代为支付。贴息贷款项目第一年最多可贷3500美元,第二年最多可贷4500美元,第三年及往后每年最多可贷5500美元,本科生可贷金额最大可达23000美元。⑤ 直接无贴息贷款的资助对象范围远大于直接贴息贷款,所有本科生均可申请获得。但不同于贴息贷款,政府不对该贷款项目的借款人就读期间所产生的贷款利息负责。这类贷款大部分学生第一年最多可贷5500美元,第二年最多可贷6500美元,第三年及往后每年最多可贷7500美元,本科生可贷金额最大可达31000美元。⑥ 三是联邦学

---

① Woo, J. H. Degrees of Debt Student Borrowing and Loan Repayment of Bachelor's Degree Recipients 1 Year After Graduating: 1994, 2001, and 2009[R]. Washington, D. C. : U. S. Department of Education, 2013:18.

② Avery, C. , Turner, S. Student Loans: Do College Students Borrow Too Much—Or Not Enough? [J]. Journal of Economic Perspectives, 2012, 26 (1):165-192.

③ Block, S. The Right Way to Borrow for College[J]. Kiplinger's Personal Finance, 2014, 88 (11):54-59.

④ Avery, C. , Turner, S. Student Loans: Do College Students Borrow Too Much—Or Not Enough? [J]. Journal of Economic Perspectives, 2012, 26 (1):165-192.

⑤ Block, S. The Right Way to Borrow for College[J]. Kiplinger's Personal Finance, 2014, 88 (11):54-59.

⑥ Block, S. The Right Way to Borrow for College[J]. Kiplinger's Personal Finance, 2014, 88 (11):54-59.

生家长贷款(Federal Parent Loans for Undergraduate Students,PLUS)设立于 1980 年。① 不同于一般的学生贷款,这是联邦政府给学生父母提供选择的一种贷款项目,申请该贷款项目的学生家长相当于为子女上大学的花费买单。借款人不需要拥有一份完美的信用记录才能获得贷款,但一旦发现不良记录(如申请破产或过去五年内房屋被抵押拍卖),他们就将被取消贷款资格。② 联邦学生家长贷款的利率是变化的,2016 年下半年至 2017 年上半年为 6.31%。③

第三,工读计划。联邦工读计划(Federal Work-Study Program,FWS)为有经济资助需求的在读本科生和研究生提供兼职工作机会,该工读计划鼓励学生们参与到社区服务或者与所学专业相关的工作中去赚取学习所需花费。④ 目前大约有 3400 所高等教育机构提供工读项目,需要注意的是,学生每小时所获薪酬不得低于联邦政府所规定的最低工资标准。⑤

第三节　美国大学生贷款危机的产生原因

通过接受高等教育积累个人人力资本,从而拥有更好的生活这一理念已成为社会共识。所以进入大学学习的需求十分旺盛,经济条件十分窘迫的家庭也是如此。美国高等教育机构有公立、私立之分,私立大学一般收费相对高昂,进入公立高校就读的学生占据了入学人口的大部分。长期以来,美国(公立)社区学院都有着"付得起""开放包容"的声誉。然而,相关研究表明,即便社区学院平均收取的费用大约仅为四年制公立大学收费的三分

① Avery, C., Turner, S. Student Loans: Do College Students Borrow Too Much—Or Not Enough? [J]. Journal of Economic Perspectives, 2012, 26 (1):165-192.

② Block, S. The Right Way to Borrow for College[J]. Kiplinger's Personal Finance, 2014, 88 (11):54-59.

③ Federal Student Loan Programs[EB/OL]. [2017-06-25]. https://studentaid. ed. gov/sa/sites/default/files/federal-loan-programs. pdf.

④ Financial Aid for Graduate and Professional Degree Students[EB/OL]. [2017-06-25]. https://studentaid. ed. gov/sa/sites/default/files/graduate-professional-funding-info. pdf.

⑤ Federal Work-Study (FWS) Program[EB/OL]. [2017-06-25]. https://www2. ed. gov/programs/fws/index. html.

之一,大多数学生仍然难以承担起所需花费。① 综合多方因素来探究,美国大学生贷款危机的产生主要有如下三个方面的原因:

　　教育市场化,学费水涨船高。高等教育曾经一度被视为纯公益事业。二战结束后,在《退伍军人法案》的支持下,超过 200 万的退伍军人从中获益并得以进入大学学习。可以说,美国高等教育在 20 世纪 70 年代以前从某种意义上说是免费的。然而,在人力资本理论与新自由主义市场化改革的推动下,里根政府不再将高等教育视为纯公共产品。教育作为一项个人投资,是改善自我、出人头地并实现社会阶层流动的途径,也是"美国梦"极其重要的组成部分。② 高等教育不再由政府免费提供,它具备了准公共产品的性质。过去 30 年间,在知识商品化、教育市场化的形势下,美国高等教育机构为取得更高的大学排名以谋求更多的教育市场份额,纷纷进行扩张。高级的图书馆、先进的实验室、大型的体育场和豪华的宿舍楼等无一不增强了其硬件实力。而为建造、维护这些设施,大学又需另聘请更多的职工以满足日常运作需求。在激烈的市场竞争中,各学术机构逐渐变身成为一个个大型的知识企业,而成本的攀升自然便以高昂"学费"的形式分摊给被其视为"顾客""消费者"的学生及其家庭。③ 2008 年金融危机爆发,美国经济受到了重创。在举国上下经济一片低迷的情境下,社会各领域及相关部门对政府财政援助的优先权进行了激烈争夺。然而,较之于医疗卫生体系、交通保障部门和监狱劳教机构等短期内投资易见成效的部门,高等教育在此类"资金争夺战"中往往处于劣势地位。④ 政府对高等教育的拨款削减,而维持教学规模及大学日常运行的开销又分外庞大,为填补教育支出,高等教育机构只得通过裁减经费、提高收费的方式将成本转移到学生及其家庭身上。面对急速上涨的学费,越来越多的学生为完成学业势必选择助学贷款以求减轻大学学费对其家庭经济造成的冲击。此外,学生贷款对商业借贷机构来

---

　　①　McKinney, L., Burridge, A. B. Helping or Hindering? The Effects of Loans on Community College Student Persistence[J]. Research in Higher Education, 2015, 56 (4): 299-324.

　　②　葛滨."美国梦"之谜:美国国情再认识[M].广州:羊城晚报出版社,2003:228.

　　③　Kandiko, C. B. Neoliberalism in Higher Education: A Comparative Approach (2010)[EB/OL]. [2017-06-25]. http://openaccesslibrary.org/images/BGS220_Camille_B. Kandiko. pdf.

　　④　高芳祎.美国公立研究型大学财政危机及其应对策略研究:加州大学的经验与启示[J].复旦教育论坛,2014(12):92—98.

说本身便有利可图，所以助学贷款供给旺盛。学费的提高刺激了贷款债务的增加，于是学生贷款市场进一步扩大。而投资于证券化贷款的高等教育机构便可在此过程中获利两次：一为学生缴纳的学费；二为学生贷款产生的债务利息。在如此可观的利润驱使下，部分高等教育机构便十分热衷于帮助学生申请助学贷款，甚至不惜通过诱骗欺瞒的手段达成目的。例如，通过误导的方式给学生以学费较低的心理暗示，又或者偷换概念，将大学学费等同于大学所需花费，对入学后学生要承担的租房、出行、食物和医疗保险等生活所需费用避而不谈。[①] 如此这般招收每一个潜在的大学生，不顾学生日后可能面临的巨额债务压迫，以达到机构盈利的目标。

　　资助体系陈旧，续贷还贷困难。尽管当前大学入学人数总量庞大、学生家庭背景复杂多样，美国却依旧沿用 20 世纪 60 年代建立的高等教育资助体系，至今并无太多改变。对贫困生进行认定时，美国是通过预期家庭贡献（Expected Family Contribution, EFC）的数值来决定学生是否具有申请联邦政府援助资格。具体计算公式为：预期家庭贡献（EFC）＝（家庭收入＋财产）－（平均生活开支×家庭人口）。而 EFC 的数值又需通过学生提供的自愿申请联邦政府资助表（Free Application for Federal Student Aid, FAFSA）给出的信息方能计算出。[②] 现行的美国高等教育资助体系陈旧，虽然在一定程度上满足了部分学生的实际需要，但远达不到"社会公平""机会均等"的政策目标。正如上文提到的，大学为谋求利益，降低入学门槛、鼓动学生贷款接受高等教育，而一旦这些大多数来自中下社会阶层的学生背负贷款步入大学校门后，很快他们就会遭遇入不敷出的窘境。原有的助学金和助学贷款仅能分担部分学费，而基本的衣食住行所需花费及其他学杂费则全由个人承担。这无疑给在校生带来了巨大的压力，一方面是应对课业提出的学习要求，另一方面是维持生存所面临的经济挑战。相关大学生被迫纷纷去找寻兼职机会，而在市场不景气的大环境下，就连时薪异常低廉的工作都很难找到，更不用提这些兼职会不会与学生们的课表冲突或影响其规律的作息。又因一周工作时间难以达到领取政府所发放食品救济券的基本时长

---

　　① Kutz, G. D. For-Profit Colleges: Undercover Testing Finds Colleges Encouraged Fraud and Engaged in Deceptive and Questionable Marketing Practices[R]. Washington, D. C.: United States Government Accountability Office, 2010:4-7.

　　② The EFC Formula(2017-2018)[EB/OL]. [2017-06-25]. https://studentaid. ed. gov/sa/sites/default/files/2017-18-efc-formula. pdf.

要求,许多在校生可以说是又困又饿地坚持去上课,其学习效率与品质可想而知。在此艰难条件下,部分大学生会选择申请更多的助学贷款以求结业,部分大学生则从全日制学习转为非全日制学习,或从四年制转为两年制。①而一旦学生做出后者选择,按照美国教育部网站公布的相关规定,当受资助学生在某种程度上改变其应循的项目受助要求(如辍学或转全日制为非全日制),则极有可能要归还全部或部分的佩尔助学金。②续贷已然十分困难,而还贷则更为严苛。一旦未能及时偿还所欠学生贷款,就会引发滞纳金、附加利息及其他费用,原本尚能勉强承担的贷款如滚雪球般地膨胀,最终达到骇人的总额。在拖欠贷款的过程中,借款人时刻都要忍受着这些苦果。除了要应对专门的追款机构发来的雪片般的邮件、打来的无休止的电话外,个人的信用记录也将受到严重影响,这无疑使得借款人在贷款购房购车、获得社会福利保障等多方面受到重重阻碍。更为残酷的是,根据美国相关法律,在大多数情况下,即使大学生借款人申请破产,也摆脱不了必须还清助学贷款的宿命。③

就业市场低迷,大学溢价严重。接受高等教育本应是解决个人财务问题、提升经济实力的有效途径。而贷款作为一种工具,用明天的收入为今天的消费或创收行为买单,同样也可能是一种理智决策。在知识商品化、教育市场化的浪潮下,大学俨然变身为兜售教育服务的"商家",而学生则成为购买教育的"消费者"。将人生宝贵的几年时间和精力投入大学学习,获取象征知识与能力的学位证书,并从此获得巨大的足以改变人生轨迹的回报,即便要承担一定数额的助学贷款也是值得的——这便是人们时常接收到的、主流的高等教育机构宣传。然而,事实经常并非如此。在金融危机爆发、就业市场长期处于低迷状态的大环境下,愈来愈多的大学毕业生挣扎在疲于维持温饱的困境中。相关研究表明,单论 2014 年,就有 20% 的四年制大学毕业生收入远低于高中毕业生的平均收入,而 17% 的高中毕业生收入却远

①　Baum, S. Student Debt: Rhetoric and Realities of Higher Education Financing[M]. New York: Palgrave Pivot, 2016:32-36.

②　Grants and Scholarships are Free Money to Help Pay for College or Career School[EB/OL]. [2017-06-25]. https://studentaid. ed. gov/sa/types/grants-scholarships # why-repay-grant.

③　Block, S. The Right Way to Borrow for College[J]. Kiplinger's Personal Finance, 2014, 88 (11):54-59.

高于大学毕业生收入的平均水平。① 换言之,目前拥有高学历已不再是获得一份稳定高薪工作的保障了。即便大学毕业生找到了份工作,也普遍存在着收入较低、理想与现实落差较大的问题,同时还可能面临着失业的风险。究其原因,可以说是经济危机的爆发对美国劳工市场的方方面面产生了巨大影响。看着养老储蓄金的价值大幅缩水,越来越多人计划推迟自己的退休年龄,还有部分已经退休的美国人由于有经济压力而重返职场。同时,许多大公司由于经济不景气纷纷减少或停止了校园招聘。较之于工作经验丰富的职场老手,年轻人由于经历缺乏以及前辈们固有的对"85 后""90 后"的负面刻板印象,往往要面对着更为苛刻严峻的就业形势。此外,科技的飞速发展,使得诸如制造、服务以及零售等传统类型的工作岗位正在逐渐消失,而转为由自动化机器人运作。以上种种均导致美国劳动力市场人口老龄化现象愈发严重,千禧一代的年轻人成为美国失业危机的重灾区。② 学生们选择助学贷款的初衷是为获取一个更高的学位以期毕业后能享受更好的生活、拥有更光明的发展前景。但事实上许多人未能顺利结业或获得任何学位认证,而那些贷巨款得以结业并获得学位的毕业生也和前者一样,都承受着由失业和无法如期偿还助学贷款带来的紧迫感。斥"巨资"进入大学接受高等教育,毕业后却不能找到合适的工作,生活前景一片黯淡,学生们遭受蒙蔽,其权益无疑被严重侵害。在投资预期与实际回报迥异的情况下,或失望或愤怒的人们开始反思质疑教育投资行为,即不惜借贷以求接受高等教育的决定值得么? 更多时候人们只是一味地效仿他人,而没有结合自身实际去真正思考入学背后的原因以及为了理想的未来生活究竟该如何做等问题。

第四节　美国大学生贷款危机的解决路径

综上所述,众多美国大学生当前的处境是迈入了大学殿堂,却有着不能

---

① U. S. Census Bureau. Current Population Survey:2015 Annual Social and Economic Supplement, PINC-03 [EB/OL]. [207-06-25]. https://www. census. govhheswwww/cpstables/032015/perinc/toc. htm.

② Monge-Naranjo, A. Student Loans under the Risk of Youth Unemployment[J]. Review, 2016, 98 (2):129-158.

顺利毕业的忐忑，面对的是高额贷款违约的风险，而未来成功的希望又较为渺茫。助学贷款危机伤害到的不仅仅是一个个对人生怀揣美好梦想的鲜活生命，更为严重的是打破了其背后整个家庭所赋予的希冀，这无疑堪称"美国梦"的破碎。美国大学生助学贷款危机不断发酵恶化，缓解和解决危机存在如下可能路径：

首先，信息公开以促进理性贷款选择。作为助学贷款的主体责任人，学生及其父母在做出关键的第一步即选择贷款项目之前，应根据获得的已有信息并结合自身家庭情况再三斟酌。秉承着"合适的大学、合适的价格"这一基本原则，家长应如实告知孩子自己的存款以及未来能负担得起的贷款金额。此外，父母还应对孩子未来的抱负和期望进行必要的了解，并理智考虑一旦选择了贷款项目，自己愿意为之承担偿还的份额。在对父母是否要为孩子学费出份力的问题上，多数理财顾问都会建议他们应将退休储蓄放在优于支付孩子学费的位置上，毕竟学费可贷而退休金不可贷。而当一个家庭确定让孩子上大学，就应及早填写自愿申请联邦政府资助表（FAFSA）以争取获得联邦政府资助的机会。[1] 在整个过程中，父母和孩子应开诚布公，对择校、择贷及其利弊充分讨论并慎重抉择。毕竟作为一项教育投资，需对投入与产出比做到理性判断，这样才能从源头上降低负债过重的风险。但同时，为促使更多家庭做出理性贷款的决策，大学和政府相关部门也需要做到信息公开。就高等教育机构而言，在其招生宣传过程中应告知学生及其父母大学所需花费的真实数额，具体到除学费及学杂费之外的住宿费（或租房费）、交通费、食品费和医疗保险费用等各开支明细，为他们提供一般性参考以更好地与大学生家庭实际经济情况相适配。另外，高等教育机构应积极参加政府组织的专业测评，如实提交入学率、毕业率和就业率等重要数据以便学生和家长对各机构实力状况有细致了解，从而进行比较评估，并最终做出适宜的决策。而联邦政府在此过程中亦应努力做到信息公开并欢迎社会监督。如各贷款项目背后所潜藏着的风险，联邦政府有必要对其进行直观的排名，褪去晦涩的专业术语，让学生及其家庭能更好地了解未来可能

---

[1]　Rosato，D. Having the College Money Talk：10 Key Questions Every Family Should Discuss［EB/OL］．［2017-06-25］．https：//www. phoenixcsd. org/Portals/0/College%20Costs%20Consumer%20Reports. pdf.

伴随他们数年的贷款项目,并做更充分的考量。①

其次,学院社区合作减轻贷款重压。近年来,随着家庭经济收入不平等现象的加剧,大学学费与大学准入资格在全美范围内引起广泛热议。美国前总统奥巴马(Barack H. Obama)提出的关于提供两年专科制免费大学教育的倡议,更是把社区学院推向了舞台中央。这无疑是一项极为大胆的提议,但同时也戳中了助学贷款问题的要害,以至于直到今天仍有许多教育专家不断向政府谏言请求投票通过该倡议。一旦该政策计划得以真正落实,受益最大的将会是占人口多数且经济条件不太富裕的家庭。目前,一个低收入家庭供一名家庭成员进入社区学院学习,其花费占家庭收入的比例高达40%。若家庭成员上的是四年制大学,其花费占家庭收入的比例更可达到骇人的59%。即便是中产阶层家庭,如果要供一名家庭成员进入公立大学学习,需要支付(或借款支付)的费用也占家庭年收入的四分之一,选择私立高等教育机构要应对的经济压力更甚。② 尽管"免费"很可能只是种口号,因为学院总会有路径获得一定回报,但是这却给了寒门子弟一份希望,大学不会因高昂的费用而紧闭大门,更多的人能有机会去获得学位证书。事实上,当前已有许多州纷纷采取行动致力于使社区学院教育变得让一般家庭负担得起。③ 再者,鉴于经济危机下就业市场不景气、美国大学生们基本生活需要不能得到保障的事实,当地企业更应携手与社区学院合作,承担起应尽的社会责任,为搬走助学贷款这座压迫学生致其不得喘息的大山贡献力量。如爱心捐赠推动高校免费午餐项目的启动,让学子不用忍受饥饿的折磨;又如竞标公益性的学校土木工程,建造让利最大的校舍,使学子们不再受到风寒的侵袭;再如改善劳工市场,各雇主们尽量照顾在校就读生,依据其课表时间安排兼职工作的时间与任务,确保学子不至于陷入学业、工作"两头着火"的境地。与此同时,学院也应创造更多的机会帮助学生减轻贷款压力。如增加助教、助研等校园工作岗位,聘用学生担任图书管理员、档

① Baum, S. Student Debt: Rhetoric and Realities of Higher Education Financing[M]. New York: Palgrave Pivot, 2016:86-91.

② Goldrick-Rab, S. President Obama's Free Community-College Plan Is a Necessary Plan-and a Good One [EB/OL]. [2017-07-15]. https://core. ac. uk/download/pdf/35434382. pdf.

③ Morris, C. Paying It Forward: The National Debate to Make Community College Free Continues as More States Develop a Tuition-Free Plan for Students[J]. Higher Education, 2015, 32 (23):12-13.

案管理员等。①

　　第三,完善贷款体系满足实际需求。社会的发展变化日新月异,人们面对的生存环境也变动不居。然而,当前美国联邦政府大学生资助体系较之半个世纪前变化甚小。政府相关部门应意识到,在金融危机影响下,物价上涨幅度远超居民收入涨幅,就业市场的不景气对美家庭经济而言更是雪上加霜,这自然波及贷款求学大军。因此,贴近学子生活、倾听其内心真实诉求并改革高等教育资助体系、完善相关法令法规以切实满足学生实际需要,便成为解决助学贷款危机的关键一步。针对许多大学生风餐露宿的情况,教育部门应及时做出回应,施以援手,并成立专门的机构或派专人每学期对学生的经济状况进行跟踪调查,尤其注重他们衣食住行等基本生存需求是否得到保障。针对续贷困难问题,相关部门应检查现有申请环节出现的纰漏之处,适时修改诸如学生因父母多一份兼职收入而被降格、新贷款项目不符合最初构想导致入不敷出的条例。简言之,助学贷款的资助体系需更加"接地气",更加人性化。其次,应有更多毕业生受益于公共服务贷款宽恕项目(Public Service Loan Forgiveness,PSLF)而获得减免,这样高额贷款的负担能得以减轻。该贷款宽恕项目的设立旨在鼓励人们参与到公益性质的公共服务领域中,如教师、警察、护士和社工等只要符合相关政策要求,都能够得到一定额度的贷款减免。② 另外,对于那些未能获得政府减免而又深陷助学贷款泥沼的毕业生来说,争取破产保护应算得上是一条比较有益的维权之路了。不同于其他信贷,助学贷款不会因为借款人委实没有能力偿还后通过宣告破产而取得法律意义上的财产保护。助学贷款行为就其本质而言与其他信贷行为无异,但却被不公正地严苛对待。借款人长期拖欠违约后几乎不可能全部偿清所累积下的巨额款项,正常的工作与生活节奏被全盘打乱,物质与精神两方面都受着折磨。而即便如此,他们仍然不能通过法律手段和程序来卸下助学贷款的重荷。如此制度安排着实不合情理,亟待改革完善。③

　　①　Eisler,D. L.,Garrison,S. Addressing College Student Loan Debt:Strategies for Success[J]. College & Research Libraries News,2014,75 (7):374-391.

　　②　Public Service Loan Forgiveness:Questions and Answers for Federal Student Loan Borrowers[EB/OL]. [2017-07-15]. https://studentaid. ed. gov/sa/sites/default/files/public-service-loan-forgiveness-common-questions. pdf.

　　③　Baum,S. Student Debt:Rhetoric and Realities of Higher Education Financing[M]. New York:Palgrave Pivot,2016:98-99.

　　由以上研究可知,美国大学生贷款危机与高等教育市场化、学生贷款选择过程中信息不对称以及助学贷款体系陈旧等因素有关。我国助学贷款实践过程中也存在类似问题,而且我们也应对事实存在的经济弱势家庭为支撑家庭成员就读大学可能带来的"因教致贫"现象高度警惕。对经济贫困家庭而言,其发展条件处于相对弱势地位,高等教育可能是一座摆脱贫困的桥梁,也可能成为家庭更为贫困的起始。美国大学生助学贷款危机启示我们,应扎实地调查家庭经济弱势大学生的生存和受教育状况,了解他们的真实成长需求,根据现实状况改善我国大学生助学贷款体系;助学贷款各相关方需要合理地信息公开,高校应精准定位贫困大学生,并且对他们实施有效的包括经济资助在内的多种形式的教育补偿,以促进他们在大学就读期间的扎实成长和多种形式资本的积累,从而能够在毕业后稳定地摆脱贫困,实现向上社会流动。而且在我国,大学生助学贷款与其家庭一般是捆绑在一起的,也就是父母要为子女的助学贷款偿还承担连带责任;并且与美国一样,我国也没有实施因为大学生毕业后经济收入低下甚至破产从而免除偿还助学贷款责任的制度。在这种情景下,对贫困大学生实施有效的教育补偿,使他们能够在大学期间得到良好成长,不只是对家庭经济弱势学生本人,而且对其家庭和整个区域社会摆脱贫困实现共同富裕影响重大。

主要参考文献

学术著作

[1] [奥]A. 阿德勒. 超越自卑[M]. 刘泗,译. 北京:经济日报出版社,1997.

[2] [奥]阿德勒. 自卑与超越[M]. 徐家宁,徐家康,译. 吉林:吉林人民出版社,2007.

[3] [奥]维特根斯坦. 哲学研究[M]. 李步楼,译. 北京:商务印书馆,2000.

[4] [德]康德. 康德论教育[M]. 李其龙,彭正梅,译. 北京:人民教育出版社,2017.

[5] [德]齐美尔. 社会是如何可能的:齐美尔社会学文选[M]. 林荣远,编译. 桂林:广西师范大学出版社,2002.

[6] [法]P. 布迪厄. 文化资本与社会炼金术[M]. 包亚明,编译. 上海:上海人民出版社,1997.

[7] [法]P. 布尔迪厄,J. 帕斯隆. 继承人:大学生与文化[M]. 邢克超,译. 北京:商务印书馆,2002.

[8] [法]P. 布尔迪厄. 国家精英:名牌大学与群体精神[M]. 杨亚平,译. 北京:商务印书馆,2004.

[9] [法]P. 布尔迪约,J. 帕斯隆. 再生产:一种教育系统理论的要点[M]. 邢克超,译. 北京:商务印书馆,2002.

[10] [法]布尔迪厄,[美]华康德. 实践与反思[M]. 李猛,李康,译. 北京:中央编译出版社,1998.

[11] [法]卢梭. 爱弥儿[M]. 李平沤,译. 北京:商务印书馆,1978.

[12] [法]米歇尔·福柯.规训与惩罚[M].刘北成,杨远婴,译.北京:生活·读书·新知三联书店,1999.

[13] [法]皮埃尔·布迪厄.实践感[M].蒋梓骅,译.南京:译林出版社,2003.

[14] [法]朱迪特·勒薇尔.福柯思想辞典[M].潘培庆,译.重庆:重庆大学出版社,2015.

[15] [捷]夸美纽斯.大教学论[M].傅任敢,译.北京:人民教育出版社,1997.

[16] [美]彼得·纳迪.如何解读统计图表:研究报告阅读指南[M].汪顺玉,席仲恩,译.重庆:重庆大学出版社,2009.

[17] [美]彼得·圣吉.第五项修炼:学习型组织的艺术与实务[M].2版.郭进隆,译.上海:上海三联书店,1998.

[18] [美]杜威.民本主义与教育[M].邹恩润,译.北京:商务印书馆,1947.

[19] [美]多纳德·E.海伦编著.大学的门槛:美国低收入家庭子女的高等教育机会问题研究[M].安雪慧,周玲,译.北京:北京师范大学出版社,2008.

[20] [美]凡勃伦.有闲阶级论[M].蔡受百,译.北京:商务印书馆,1982.

[21] [美]弗洛德·J.福勒.调查问卷的设计与评估[M].蒋逸民,等,译.重庆:重庆大学出版社,2010.

[22] [美]亨利·吉鲁.教育中的理论与抵制[M].2版.张斌,等,译.北京:教育科学出版社,2016.

[23] [美]理查德·谢弗.社会学与生活[M].9版.刘鹤群,房智慧,译.北京:世界图书出版公司,2006.

[24] [美]林南.社会资本:关于社会结构与行动的理论[M].张磊,译.上海:上海人民出版社,2005.

[25] [美]迈克尔·W.阿普尔.教育能够改变社会吗?[M].王占魁,译.上海:华东师范大学出版社,2013.

[26] [美]曼瑟尔·奥尔森.集体行动的逻辑[M].陈郁,郭宇峰,李崇新,译.上海:上海三联书店,上海人民出版社,1995.

[27] [美]诺伯特·威利.符号自我[M].文一茗,译.成都:四川教育出版社,2011.

[28] [美]帕萨·达斯古普特,伊斯梅尔·萨拉格尔丁编.社会资本:一个多角度的观点[M].张慧东,等,译.北京:中国人民大学出版社,2005.

[29]［美］乔纳森·布朗.自我［M］.陈浩莺,等,译.北京:人民邮电出版社,2004.

[30]［美］乔治·H.米德.心灵、自我与社会［M］.赵月瑟,译.上海:上海译文出版社,1992.

[31]［美］塞缪尔·亨廷顿.我们是谁:美国国家特性面临的挑战［M］.程克雄,译.北京:新华出版社,2005.

[32]［美］斯蒂芬·罗宾斯,［美］玛丽·库尔特.管理学［M］.7版.孙健敏,等,译.北京:中国人民大学出版社,2004.

[33]［美］西奥多·W.舒尔茨.论人力资本投资［M］.吴珠华,等,译.北京:北京经济学院出版社,1990.

[34]［美］西奥多·W.舒尔茨.人力资本投资:教育和研究的作用［M］.蒋斌,张蘅,译.北京:商务印书馆,1990.

[35]［美］约翰·S.布鲁贝克.高等教育哲学［M］.3版.王承绪,等,译.杭州:浙江教育出版社,2001.

[36]［美］约翰·罗尔斯.正义论［M］.何怀宏,何包钢,廖申白,译.北京:中国社会科学出版社,2014.

[37]［美］珍妮·H.巴兰坦,［美］弗洛伊德·M.海默克.教育社会学:系统的分析［M］.6版.熊耕,王春玲,王乃磊,译.北京:中国人民大学出版社,2011.

[38]［美］珍妮·H.巴兰坦.教育社会学［M］.朱志勇,等,译.南京:江苏教育出版社,2011.

[39]［瑞士］费尔迪南·德·索绪尔.普通语言学教程［M］.高名凯,译.北京:商务印书馆,1980.

[40]［印度］阿马蒂亚·森.贫困与饥荒:论权利与剥夺［M］.王宇,王文玉,译.北京:商务印书馆,2001.

[41]［英］巴兹尔·伯恩斯坦.教育、符号控制与认同［M］.王小凤,等,译.北京:中国人民大学出版社,2016.

[42]［英］贝磊.教育补习与私人教育成本［M］.杨慧娟,等,译.北京:北京师范大学出版社,2007.

[43]［英］罗伯特·霍奇,［英］冈瑟·克雷斯.社会符号学［M］.周劲松,张碧,译.成都:四川教育出版社,2012.

[44]［英］罗伯特·帕特南.使民主运转起来:现代意大利的公民传统［M］.王列,赖海榕,译.南昌:江西人民出版社,2001.

[45] [英]斯图亚特·霍尔,[英]保罗·杜盖伊编著.文化身份问题研究[M].庞璃,译.开封:河南大学出版社,2010.

[46] [英]希拉里·阿克赛,波德·奈特.社会科学访谈研究[M].骆四铭,王利芬,等,译.青岛:中国海洋大学出版社,2007.

[47] 白华编著.当代高校学生教育管理的理论与实践[M].西安:陕西人民出版社,2004.

[48] 班建武.符号消费与青少年身份认同[M].北京:教育科学出版社,2010.

[49] 包亚明主编.文化资本与社会炼金术[M].包亚明,译.上海:上海人民出版社,1997.

[50] 陈向明.教师如何作质的研究[M].北京:教育科学出版社,2001.

[51] 陈向明.质的研究与社会科学研究[M].北京:教育科学出版社,2003.

[52] 陈永龄主编.民族词典[M].上海:上海辞书出版社,1987.

[53] 陈勇,谢维扬主编.中国传统学术的近代转型[M].上海:上海人民出版社,2011.

[54] 陈卓.教育与社会分层[M].北京:教育科学出版社,2012.

[55] 丁尔苏.符号与意义[M].南京:南京大学出版社,2012.

[56] 丁家云,谭艳华.管理学[M].3版.合肥:中国科学技术大学出版社,2014.

[57] 窦卫霖,等.教育公平的话语分析[M].南京:江苏凤凰教育出版社,2014.

[58] 方然."社会资本"的中国本土化定量测量研究[M].北京:社会科学文献出版社,2014.

[59] 冯增俊.教育人类学[M].江苏:江苏教育出版社,1993.

[60] 高宣扬.布迪厄的社会理论[M].上海:同济大学出版社,2004.

[61] 葛滨."美国梦"之谜:美国国情再认识[M].广州:羊城晚报出版社,2003.

[62] 宫留记.资本:社会实践工具:布尔迪厄的资本理论[M].郑州:河南大学出版社,2010.

[63] 郭咸纲.西方管理思想史[M].2版.北京:经济管理出版社,2002.

[64] 何东昌主编.中华人民共和国重要教育文献:1976—1990[M].海口:海南出版社,1998.

[65] 洪小良,王雪梅.新世纪北京城市弱势群体研究[M].北京:中国经济出

版社,2012.

[66] 蒋逸民.教育机会与家庭资本[M].北京:社会科学文献出版社,2008.

[67] 靳玉乐主编.多元文化课程的理论与实践[M].重庆:重庆出版社,2006.

[68] 靖继鹏.信息经济学[M].北京:清华大学出版社,2004.

[69] 李宝元.人力资本与经济发展:跨世纪中国经济发展及其战略选择的人本视角与考察[M].北京:北京师范大学出版社,2000.

[70] 李红桃.国家助学贷款运行机制[M].武汉:华中科技大学出版社,2008.

[71] 李惠斌,杨雪冬主编.社会资本与社会发展[M].北京:社会科学文献出版社,2000.

[72] 李培林,李强,马戎主编.社会学与中国社会[M].北京:社会科学文献出版社,2008.

[73] 李小鲁.高校贫困生资助新视野[M].广州:广东高等教育出版社,2011.

[74] 李悦娥,范宏雅.话语分析[M].上海:上海外语教育出版社,2002.

[75] 林崇德,杨治良,黄希庭主编.心理学大词典(下)[M].上海:上海教育出版社,2003.

[76] 林聚任,刘玉安.社会科学研究方法[M].济南:山东人民出版社,2004.

[77] 林娜.高校贫困生资助新模式[M].桂林:广西师范大学出版社,2008.

[78] 刘精明.国家、社会阶层与教育[M].北京:中国人民大学出版社,2005.

[79] 刘精明,等.教育公平与社会分层[M].北京:中国人民大学出版社,2016.

[80] 刘小枫.个体信仰与文化理论[M].成都:四川人民出版社,1997.

[81] 卢现祥.新制度经济学[M].武汉:武汉大学出版社,2004.

[82] 陆学艺.当代中国社会流动[M].北京:社会科学文献出版社,2004.

[83] 裴娣娜.教育研究方法导论[M].合肥:安徽教育出版社,1995.

[84] 钱理群.活着的理由[M].桂林:广西师范大学出版社,2010.

[85] 邱天助.布尔迪厄文化再制理论[M].台北:桂冠图书股份有限公司,2002.

[86] 任学锋,徐涛主编.贫困大学生教育援助研究[M].成都:西南交通大学出版社,2006.

[87] 佘丽琳.人际交往心理学[M].北京:光明日报出版社,1989.

[88] 沈立人.中国弱势群体[M].长春:长春出版社,2003.

[89] 世界银行.1980年世界发展报告[R].北京:中国财政经济出版社,1980.

[90] 世界银行.2000/2001年世界发展报告[R].北京:中国财政经济出版社,2001.

[91] 孙远太.文化资本与教育不平等[M].北京:知识产权出版社,2013.

[92] 唐玉琴,张乐方.高校家庭经济困难学生的多维透视[M].北京:中国书籍出版社,2015.

[93] 陶东风.社会转型与当代知识分子[M].上海:上海三联书店,1999.

[94] 汪民安主编.文化研究关键词[M].南京:江苏人民出版社,2007.

[95] 王丽.符号化的自我:大学生服装消费行为中的自我概念研究[M].北京:中国社会科学出版社,2006.

[96] 王跃生.没有规矩不成方圆:新制度经济学漫话[M].北京:生活·读书·新知三联书店,2000.

[97] 文军,蒋逸民.质性研究概论[M].北京:北京大学出版社,2010.

[98] 文一茗.《红楼梦》叙述中的符号自我[M].苏州:苏州大学出版社,2011.

[99] 吴刚主编.教育社会学的前沿议题[M].上海:上海教育出版社,2011.

[100] 吴建章.高校贫困生问题研究[M].济南:山东人民出版社,2016.

[101] 吴康宁.教育社会学[M].北京:人民教育出版社,1997.

[102] 徐柏才.少数民族大学生的民族认同研究[M].北京:人民教育出版社,2012.

[103] 徐瑞,刘慧珍.教育社会学[M].北京:北京师范大学出版社,2010.

[104] 许欣欣.当代中国社会结构变迁与流动[M].北京:社会科学文献出版社,2000.

[105] 薛晓源,曹荣湘主编.全球化与文化资本[M].北京:社会科学文献出版社,2005.

[106] 薛在兴.打开大学生就业之门的钥匙:社会资本、人力资本与大学生就业[M].北京:中国社会科学出版社,2011.

[107] 杨昌江.贫困生与教育救助研究[M].长沙:湖南教育出版社,2008.

[108] 杨东平.中国教育公平的理想与现实[M].北京:北京大学出版社,2006.

[109] 杨国洪,等编著.大学生资助体系的国际比较与借鉴[M].广州:中山

大学出版社,2013.

[110] 袁振国.当代教育学[M].北京:教育科学出版社,2010.

[111] 张民选.理想与抉择:大学生资助政策的国际比较[M].北京:人民教育出版社,1998.

[112] 张敏杰.中国弱势群体研究[M].长春:长春出版社出版,2003.

[113] 张意.文化与符号权力[M].北京:中国社会科学出版社,2005.

[114] 赵明吉,赵敏,龙希利,丛培卿,等.高校家庭经济困难学生问题研究[M].济南:山东大学出版社,2010.

[115] 赵一凡,张中载,李德恩主编.西方文论关键词[M].北京:外语教学与研究出版社,2006.

[116] 赵一凡.从卢卡奇到萨义德:西方文论讲稿续编[M].北京:生活・读书・新知三联书店,2009.

[117] 赵毅衡.符号学原理与推演[M].南京:南京大学出版社,2011.

[118] 中国教育年鉴编辑部编.中国教育年鉴(2001)[M].北京:人民教育出版社,2001.

[119] 中国社会科学院语言研究所编.新华字典[M].11 版.北京:商务印书馆,2011.

[120] 中国社会科学院语言研究所词典编辑室编.现代汉语词典[M].7 版.北京:商务印书馆,2016.

[121] 周怡,朱静,王平,李沛.社会分层的理论逻辑[M].北京:中国人民大学出版社,2016.

[122] 朱国华.权力的文化逻辑[M].上海:上海三联书店,2004.

[123] 朱永新.新教育[M].桂林:漓江出版社,2009.

期刊与学位论文

[1] 艾尼瓦尔・亚森.内地新疆少数民族大学生学习适应性研究:以大连市部分高校为例[D].大连:大连理工大学,2014.

[2] 白华,徐英,李诺枫.高校贫困生资助的过程管理研究[J].黑龙江高教研究,2014(7).

[3] 毕芙蓉.文化资本与符号暴力:论布迪厄的知识社会学[J].理论探讨,2015(1).

[4] 毕鹤霞.国内外高校贫困生认定与研究述评[J].比较教育研究,2009(1).

[5] 卜长安,乔琨.高校贫困生资助及成才教育初探[J].西安建筑科技大学

学报(社会科学版),2005(4).

[6] 蔡连玉,易娟.大学的就业责任及其履行困境[J].国家教育行政学院学报,2011(1).

[7] 蔡连玉.论微观政治视角下的高校学费抵制[J].江苏高教,2008(1).

[8] 蔡连玉.优质教育管理的标准及其实现路径:人性假设的视角[J].当代教育科学,2011(1).

[9] 查婧.家庭对文化资本的影响[J].太原师范学院学报(社会科学版),2007(3).

[10] 陈道华.论新时期大学生勤工助学活动的发展路径[J].高教探索,2005(4).

[11] 陈华平.试论心理资本、人力资本和社会资本在大学生创业中的功用[J].牡丹江教育学院学报,2015(2).

[12] 陈曦.高校贫困生心理问题探因与帮护[J].中国青年研究,2005(12).

[13] 陈向明.扎根理论的思路和方法[J].教育研究与实验,1999(4).

[14] 陈岩.医学生人际信任现状及其影响因素研究[D].合肥:安徽医科大学,2014.

[15] 陈治国.布尔迪厄文化资本理论研究[D].北京:首都师范大学,2011.

[16] 陈智旭.贫困大学生人际交往问题及对策研究[J].高教探索,2011(4).

[17] 程然.“符号自我”的构建与当代教育的使命[J].课程教学研究,2013(8).

[18] 程新奎.经济弱势群体的生存境遇:以布迪厄理论解析华东师大本科生群体的内部差异[D].上海:华东师范大学,2006(4).

[19] 褚宏启,杨海燕.教育公平的原则及其政策含义[J].教育研究,2008(1).

[20] 戴芸,夏拥军.内地新疆少数民族学生学习状况的调查和对策探析[J].中国电力教育,2008(11).

[21] 丁笑炯.从经济收益到学生体验:英国高校留学生政策转向述评[J].高等教育研究,2011(5).

[22] 董丹辉.社会资本视角下的家庭经济地位与大学生就业分析[J].传播经纬,2015(2).

[23] 董泽松,马雁琳,傅金芝.云南少数民族青少年社会生活适应研究适应[J].内蒙古师范大学学报(教育科学版),2005(8).

[24] 杜瑞.教育与生活关系的发生、发展及演变研究[D].海口:海南师范大学,2011.

[25] 杜社会.美国“肯定性行动”中的族裔优惠与宪法平等[J].黑龙江民族丛刊,2014(4).

[26] 范梨新. 维吾尔族大学生文化适应及民族认同研究[D]. 成都:西南民族大学,2012.

[27] 方清云. 论少数民族大学生文化适应的影响因素[J]. 西南农业大学学报(社会科学版),2012(1).

[28] 冯廷勇,李红. 当代大学学习适应的初探研究[J]. 心理学探析,2002(1).

[29] 傅松涛,刘树船. 教育生活简论[J]. 河北大学学报(哲学社会科学版),2004(5).

[30] 甘剑锋. 和谐社会构建中高校贫困生问题研究[D]. 武汉:华中师范大学,2008.

[31] 甘永涛. 历史视野中的大学生资助政策[J]. 现代教育科学,2003(6).

[32] 高芳祎. 美国公立研究型大学财政危机及其应对策略研究:加州大学的经验与启示[J]. 复旦教育论坛,2014(12).

[33] 葛盈辉,朱之平. 澳大利亚大学生资助政策及其变革[J]. 比较教育研究,2006(6).

[34] 桂富强. 高校贫困生消费行为和消费观念的现状与对策[J]. 中国青年政治学院学报,2007(1).

[35] 何莹,张庆林,李红. 少数民族与汉族大学生学习适应性的调查研究[J]. 西南大学学报(人文社会科学版),2004(3).

[36] 何志华. 非正式群体与彝族大学生的文化适应:以成都某高校为例[J]. 西南民族大学学报,2015(5).

[37] 黄彩文,钱春富. 少数民族大学生的文化适应与和谐校园建设:基于云南民族大学的调查分析[J]. 红河学院学报,2014(4).

[38] 黄彩文,于爱华. 少数民族大学生的文化适应与民族认同:以云南民族大学为例[J]. 楚雄师范学院学报,2009(7).

[39] 黄建美,邹海贵. 高校贫困生资助工作中的道德风险与道德教育[J]. 中国高教研究,2013(5).

[40] 黄素君. 高校贫困生资助育人功能研究[D]. 杭州:中国计量学院,2013.

[41] 黄盈盈,潘绥铭. 中国社会调查中的研究伦理:方法论层次的反思[J]. 中国社会科学,2009(2).

[42] 冀军. 人际信任与家庭收入、职业特征间关系的实证研究:基于成都市大样本社会调查[D]. 成都:西南交通大学,2012.

[43] 江小平. 皮埃尔·布迪厄:《社会学问题》[J]. 读书,1987(5).

[44] 姜旭萍,姚娟.高校经济贫困生思想现状及教育对策[J].学校党建与思想教育,2009(29).

[45] 蒋文能.搭便车、集体行动与国家兴衰:奥尔森集体行动理论述评[J].学术论坛,2009(11).

[46] 焦炜,刘孟玥,张国艳.西北少数民族大学生学习适应状况调查:以高校省高校为例[J].高等理科教育,2012(10).

[47] 矫宇.高校贫困学生群体的"精神脱贫"与"心理脱贫"[J].东北师大学报(哲学社会科学版),2008(4).

[48] 金文.基于Nvivo的课堂视频分析[D].上海:华东师范大学,2012.

[49] 金学官.中国少数民族大学生文化适应的人类学研究[D].北京:中央民族大学,2000.

[50] 柯文进.对大学生资助政策的分析[J].江苏高教,2001(6).

[51] 李爱霞.教育公平理论视野下的我国高校贫困生资助制度研究[D].青岛:青岛大学,2010.

[52] 李东霞.浅析社会资本与大学生就业的关系[J].淄博师专学报,2007(3).

[53] 李怀宇.少数民族学生在学校教育中的文化适应:基于教育教育人类学的认识[J].贵州民族研究,2006(4).

[54] 李辉山,包福存,何蓉.家庭环境对"90后"大学生人际关系适应的影响研究:以兰州六所高校的调查数据为例[J].兰州交通大学学报,2012(2).

[55] 李丽萍,张月.大学生宿舍人际关系现状及影响因素研究:以云南师范大学为例[J].商场现代化,2012(3).

[56] 李伟.贫困大学生人际交往现状研究[D].长沙:湖南师范大学,2008.

[57] 李昕,俸娜,闫春平.不同家庭经济状况对大学生人际关系的影响[J].新乡医学院学报,2007(6).

[58] 李勇,王亚锋,张艳红.家长的职业、文化程度和家庭经济状况对学生学习成绩的影响[J].现代中小学教育,1998(1).

[59] 李长健,罗洁.基于和谐视角的选择性行政行为制度探索[J].四川行政学院学报,2009(3).

[60] 李志刚.论"教育生活"[D].郑州:河南大学,2005.

[61] 梁军.公平正义:高校贫困生资格认定及资助的根本价值理念[J].学校党建与思想教育,2009(4 中).

[62] 梁前德.家庭经济状况与大学生消费的实证分析:以武汉地区2662名大学生消费调查数据为例[J].江汉论坛,2009(8).

［63］刘宝存.美国肯定性行动计划:发展·争论·未来走向［J］.新疆大学学报(社会科学版),2002(4).

［64］刘宝存."肯定性行动计划"论争与美国少数民族高等教育的未来走向［J］.西北民族研究,2011(3).

［65］刘芳.当代中国大学生文化资本与就业选择［D］.长春:东北师范大学,2008.

［66］刘浩强,张庆林.家庭经济状况对儿童成长的影响［J］.淮北煤炭师范学院学报(哲学社会科学版),2004(4).

［67］刘佳.文化资本积累与转化视阈下的大学生考证热［J］.理工高教研究,2009(6).

［68］刘礼艳,刘电芝,严慧一,等.优秀贫困大学生心理弹性与保护性因素分析［J］.现代大学教育,2013(3).

［69］刘联,彭友霖.高校贫困生超前消费现象探析［J］.商场现代化,2008(32).

［70］刘喜东,刘颖,李柳情.贫困大学生学习生活问题分析及对策探讨［J］.中国成人教良,2008(6).

［71］龙宝新.论仪式文化对教师教育生活的建构功能［J］.扬州大学学报(高教研究版),2011(4).

［72］龙显均.从国家助学贷款看大学生诚信危机［J］.中国高教研究,2004(4).

［73］龙晓东.贫困大学生心理健康问题成因分析与对策研究［J］.高等教育研究,2003(5).

［74］楼世洲,邬敏燕.大学生资助政策和运行机制的研究［J］.北京科技大学学报(社会科学),2008(1).

［75］陆慧.论专科生的文化资本积累与择业［D］.武汉:华中师范大学,2013.

［76］罗菊花,金水高,翟凤英,马林茂,于文涛.家庭经济状况评价指标探讨［J］.卫生研究,1996(12).

［77］罗筑华,陈熙,占红星.独立学院贫困生国家助学金评定探讨［J］.教育与教学研究,2009(6).

［78］吕迎春.贫困大学生社团参与的价值探索［J］.浙江师范大学学报(社会科学版),2009(4).

［79］马费成,张勤.国内外知识管理研究热点:基于词频的统计分析［J］.情报学报,2006(2).

［80］马俊.高校贫困生感恩意识淡薄原因及对策分析［J］.西南民族大学学

报(人文社会科学版),2012(S2).

[81] 马梅芳.农村贫困女大学生社会关系网络个案研究[D].北京:中央民族大学,2010.

[82] 宁洪颖.大学生学习适应性及其与人格特征的关系[D].天津:天津师范大学,2008.

[83] 宁宇.A校家庭经济弱势本科生补偿政策体验研究[D].金华:浙江师范大学,2015.

[84] 潘立.完善国家助学金制度的策略思考:基于对申请者诚信的分析[J].兰州教育学院学报,2012(7).

[85] 潘勇涛.社会资本视野下的高校贫困生资助模式[J].江苏高教,2010(5).

[86] 祁型雨,李腾达.教师政策体验的基本范畴及其路径[J].教育发展研究,2010(2).

[87] 谦立,肖力.福柯的微观政治[J].中国研究生,2008(6).

[88] 强晓华,查晓虎.大学生的文化资本及其在职业获得中的作用[J].安徽工业大学学报(社会科学版),2007(1).

[89] 秦惠明,李娜.农村背景大学生文化资本的弱势地位:大学场域中文化作为资本影响力的视角[J].北京大学教育评论,2014(4).

[90] 秦云,葛明贵.家庭经济状况对青少年阅读的影响[J].当代青年研究,2011(1).

[91] 荣黎霞.发展中国家如何致力于更加公平的教育:以印度和南非为例[J].比较教育研究,2007(2).

[92] 邵平.大学生资助政策的比较研究[D].南京:东南大学,2007.

[93] 沈建.体验性:学生主体参与的一个重要维度[J].中国教育学刊,2001(2).

[94] 司劲松.澳大利亚现行高等教育资助政策[J].宏观经济管理,2002(4).

[95] 斯日古楞.内蒙古中职学校蒙古族新生学习适应性调查及对策研究[D].乌鲁木齐:内蒙古师范大学,2005.

[96] 宋卫民.浅议贫困大学生消费自卑心理[J].商场现代化,2006(14).

[97] 苏鑫.家庭经济水平与本科生文化资本状况的相关研究[D].金华:浙江师范大学,2016.

[98] 孙海波.从社会学视角看大学生考证现象:文化资本的积累和与经济资本的相互转化[J].商业文化(学术版),2008(8).

[99] 孙进.文化适应问题研究:西方的理论与模型[J].北京师范大学学报(社会科学版),2010(5).

[100] 孙来勤.身份认同与身份挣扎:L 镇中学六位农村教师日常叙事[D].长春:东北师范大学,2012.

[101] 孙丽璐,刘燕.国外跨文化教育中的文化适应研究[J].重庆理工大学学报(社会科学),2010(7).

[102] 孙绵涛,楚旋.师范生免费教育政策研究的现状及反思[J].当代教育论坛,2008(6).

[103] 孙涛,沈红.基于家庭经济状况调查的高校贫困生认定:国际比较的视角[J].外国教育研究,2008(10).

[104] 唐德忠.少数民族大学生的学习适应研究:以 E 大学的维吾尔族学生为个案[D].上海:华东师范大学,2010.

[105] 唐科莉.澳大利亚高等教育资助政策新动向:学生收入支持体系一揽子改革解析[J].世界教育信息,2010(2).

[106] 通嘎.跨文化背景下少数民族大学生生活适应能力的个案研究[J].和田师范专科学校学报(汉文综合版),2008(7).

[107] 童宏保.从人力资本到社会资本:教育经济学研究的新视角[J].教育与经济,2003(4).

[108] 王德斌.当前高校校园文化建设存在的问题及对策探析[J].思想理论教育导刊,2009(6).

[109] 王殿春,张月秋.大学生学习动机与家庭经济状况的相关研究[J].教育探索,2009(12).

[110] 王甫勤.大学生寝室人际关系影响因素的实证探究[J].大学教育科学,2008(1).

[111] 王光炎,王佳,李继国,张心雨.大学生心理健康状况调查与分析[J].武汉体育学院学报,2005(8).

[112] 王国红.试论政策执行中的政策认同[J].湖南师范大学社会科学学报,2007(4).

[113] 王荣.大学生宿舍人际关系新探[J].烟台教育学院学报,2005(3).

[114] 王如鹏.简论圈子文化[J].学术交流,2009(11).

[115] 王蕊.我国高校贫困生资助体系研究[D].长春:东北师范大学,2010.

[116] 王卫东.高等教育过程公平的社会学分析[D].武汉:华中师范大学,2012.

[117] 王欣瑜.生活与教育的涵义及其辩证关系[D].呼和浩特:内蒙古师范大学,2006.

[118] 王亚鹏,李慧.少数民族的文化适应及其研究[J].集美大学学报,2004(1).

[119] 韦春林.论教育与生活的关系[J].科教导刊(上旬刊),2011(1).

[120] 韦璞.社会资本的测量方法:经验研究综述[J].特区经济,2007(2).

[121] 魏巍,李强.社会资本、创业自我效能感与大学生创业意愿关系的实证研究[J].西安电子科技大学学报(社会科学版),2015(1).

[122] 文梦雪,陈竹,包卫."90后"大学生人际信任的现状研究:基于生活与网络环境的比较[J].湖南工程学院学报,2016(1).

[123] 吴斌珍,李宏彬,孟岭生,施新政.大学生贫困及奖助学金的政策效果[J].金融研究,2011(12).

[124] 吴梅丽,周满霞,林小锋,等.家庭经济状况对大学新生心理的影响[J].四川教育学院学报,2009(3).

[125] 肖地生.美国肯定性行动政策探源及其发展[J].南京师范大学学报(社会科学版),2016(1).

[126] 萧俊明.布尔迪厄的实践理论与文化再生理论[J].国外社会科学,1996(4).

[127] 谢秀琴.世纪初澳大利亚高等教育学生资助政策[J].中国新技术新产品,2009(21).

[128] 熊静,余秀兰.研究型大学贫困生与非贫困生的学习经历差异分析[J].高等教育研究,2015(2).

[129] 徐丽红.高校帮困资助工作视角的差别性教育公平[J].中国成人教育,2014(1).

[130] 徐震虹.贫困大学生人际交往和人格指向[J].安徽农业大学学报(社会科学版),2005(2).

[131] 许传新.大学生宿舍人际关系质量研究[J].当代青年研究,2005(4).

[132] 许进军,张含玮,姚艳红.贫困大学生的消费观[J].中外企业家,2013(32).

[133] 许丽英.教育资源配置理论研究:缩小教育差距的政策转向[D].长春:东北师范大学,2007.

[134] 许殷宏,武佳滢.班级内教师权力运作的微观政治分析[J].中等教育,2011(3).

[135] 薛浩,陈万明.我国高校贫困生资助政策的演进与完善[J].高等教育研究,2012(2).

[136] 阎秀丽,苑旸,宋真.家庭经济状况与学生心理健康的相关性研究[J].济南职业学院学报,2013(2).

[137]严海波.我国高校贫困生资助政策演变及现状研究[J].中国成人教育,2015(9).

[138]颜明.西部地区民族高校学生贫困现状与消费行为研究[J].云南民族大学学报(哲学社会科学版),2011(4).

[139]杨宝泉,贾晓辉.对家庭经济困难学生进行情感关怀和心理救助的探索与实践[J].中国高教研究,2008(2).

[140]杨红英.当代大学生学术生活体验研究[J].首都师范大学学报(社会科学版),2009(1).

[141]杨建新.论我国少数民族的文化[J].甘肃理论学刊,2006(2).

[142]杨金江,苏永忠,李德波.彝族大学生家庭经济状况对其人际关系的影响:以云南农业大学彝族大学生为例[J].消费导刊,2008(8).

[143]杨克瑞.大学生资助的贷款误区及政府责任的实现[J].清华大学教育研究,2005(8).

[144]杨晴.高校贫困生认定的路径[J].教育学术月刊,2009(8).

[145]姚福喜,徐尚昆.国外社会资本理论研究进展[J].理论月刊,2008(5).

[146]叶菊艳.叙述在教师身份研究中的运用:方法论上的考量[J].北京大学教育评论,2013(1).

[147]于胜男.家庭文化资本对学生学习习惯的影响研究[D].长春:东北师范大学,2012.

[148]余伟,郑钢.跨文化心理学中的文化适应研究[J].心理科学进展,2005(6).

[149]余秀兰.60年的探索:建国以来我国大学生资助政策探析[J].北京大学教育评论,2010(1).

[150]袁连生.美国大学生资助需求公式及对中国的启示[J].教育与经济,2007(3).

[151]袁瑞宁.高校贫困生人际交往能力调查研究[D].保定:河北大学,2011.

[152]袁小平.高校贫困生救助工作中感恩教育的研究:对NT大学的调查分析[D].上海:华东师范大学,2011.

[153]岳磊.理想选择与文化抵制[D].郑州:郑州大学,2010.

[154]张二玲.家庭经济差异性对90后高职大学生心理的影响[J].武汉职业工程技术学院学报,2014(2).

[155]张剑波,潘留仙.民办高校兼职教师中的道德风险及其规避探析[J].现代大学教育,2006(5).

[156] 张锦华. 教育溢出、教育贫困与教育补偿：外部性视角下弱势家庭和弱势地区的教育补偿机制研究[J]. 教育研究,2008(7).

[157] 张劲梅. 西南少数民族大学生的文化适应研究[D]. 重庆：西南大学,2008.

[158] 张劲梅. 云南少数民族大学生的文化适应研究[J]. 昆明理工大学学报,2012(4).

[159] 张京玲. 藏、壮少数民族大学生文化认同态度与文化适应的关系研究[D]. 重庆：西南大学,2008.

[160] 张立英. 谈发展性资助在高等教育资助中的意义与实践：以浙江省发展性资助实践为例[J]. 教育探索,2012(12).

[161] 张民选. 关于奖学金、助学金和贷学金政策的比较研究[J]. 教育研究,1994(9).

[162] 张清海. 贫困生学习动机与学习因素的实证研究[J]. 中外企业家,2011(20).

[163] 张锐. 少数民族优惠政策[J]. 文山学院学报,2010(3).

[164] 张栓云. 少数民族大学新生学习适应问题及对策研究[D]. 重庆：西南大学,2006.

[165] 张天雪. 教育政策研究要关注校长的政策体验[J]. 中小学教育,2004(12).

[166] 张天雪. 论校长教育政策体验的研究[J]. 湖南师范大学教育科学学报,2004(6).

[167] 张新劳. 家庭因素对学生学业成就影响的调查研究[D]. 苏州：苏州大学,2008.

[168] 张艳. 高校贫困生心理问题分析与救助[J]. 江苏高教,2012(1).

[169] 张玉婷. 不同家庭背景学生的高等教育经验：基于学生投入理论的质性研究[J]. 教育学报,2016(6).

[170] 张直. 少数民族学生入学政策改革：从"肯定性行动计划"的视角审视[D]. 北京：中央民族大学,2007.

[171] 章兴鸣. 符号生产与社会秩序再生产：布迪厄符号权力理论的政治传播意蕴[J]. 湖北社会科学,2008(9).

[172] 赵炳起,李永宁. 高校贫困生资助绩效评价与提升对策研究[J]. 高等工程教育研究,2007(3).

[173] 赵波. 论大学生生活适应问题及对策[J]. 南京邮电学院学报(社会科学版),2002(2).

［174］赵鼎新.集体行动、搭便车理论与形式社会学方法［J］.社会学研究，2006(1).

［175］赵晓梅，刘少雪.处理高等教育效率与公平问题的系统方法［J］.复旦教育论坛，2003(4).

［176］赵长林，扈中平.教育生活与个体的幸福［J］.当代教育科学，2008(17).

［177］郑洁.家庭社会经济地位与大学生就业：一个社会资本的视角［J］.北京师范大学学报(社会科学版)，2004(3).

［178］郑庆节.飘移之间：大学生村官的身份建构与认同［J］.青年研究，2010(5).

［179］周大雄，陈海平.高校贫困生的社会网络资本：拓展与重构：社会网络资本对高校贫困生职业地位获得影响研究［J］.高等教育研究，2005(10).

［180］周芳.家庭经济状况对大学生自杀意念的影响［J］.中国健康心理学杂志，2009(2).

［181］周娟.社会资本概念与测量的理论研究综述［J］.改革与开放，2010(10).

［182］周全.教育研究的伦理诉求：兼论《贝尔蒙报告》［J］.现代教育论丛，2009(11).

［183］周蜀溪.中学生学习动机与家庭经济状况的相关关系［D］.成都：四川师范大学，2006.

［184］周宪.文化工业—公共领域—收视率：布尔迪厄的媒体批判理论［J］.国外社会科学，1999(2).

［185］周霄汉，李侠.象征资本的运作及其不正当收益［J］.佛山科学技术学院学报(社会科学版)，2013(5).

［186］周小李.女大学生就业难：文化资本与符号资本的双重弱势［J］.教育研究与实验，2011(1).

［187］朱亚鹏，刘云香.制度环境、自有裁量权与中国社会政策执行：以 C 市城市低保政策执行为例［J］.中山大学学报(社会科学版)，2014(6).

［188］驻澳大利亚使馆教育处.澳大利亚大学生的经济状况不容乐观［J］.世界教育信息，2002(8).

［189］祝怀新，李玉静.澳大利亚高等教育资助制度改革新策略［J］.高等教育研究，2005(3).

英文文献

［1］Cicourel, A. V. Origin and Demise of Socio-Cultural Presentations of Self from Birth to Death：Caregiver "Scaffolding" Practices Necessary for Guiding and Sustaining Communal Social Structure throughout the Life Cycle[J]. Sociology,2012, 47(1).

[2] Flexner, A. The Usefulness of Useless Knowledge [J]. Harper's Magazine, 1939, 179.

[3] Monge-Naranjo, A. Student Loans under the Risk of Youth Unemployment[J]. Review, 2016, 98 (2).

[4] Munnell, A. H., Hou, W., Webb, A. Will the Explosion of Student Debt Widen the Retirement Security Gap? [J]. 401K Advisor, 2016, 23 (3).

[5] Donkin, A., Roberts, J., Tedstone, A. et al. Family Socio-Economic Status and Young Children's Outcomes [J]. Journal of Children's Services, 2014, 9(2)

[6] Lareau, A., Weininger, E. B. Translating Bourdieu into the American Context: The Question of Social Class and Family-School Relations[J]. Poetics, 2003, 31.

[7] Astin, A. W. What Matters in College: Four Critical Years Revisited [M]. San Francisco: Jossey-Bass, 1997.

[8] Nelson, B. Our Universities: Backing Australia's Future [R]. Canberra: Commonwealth of Australia, 2003.

[9] Jenks, C. Cultural Reproduction[M]. London: Routledge and Kegan Paul, 1993.

[10] Carter, P. L. Black Cultural Capital, Status Positioning, and Schooling Conflicts for Low-Income African American Youth[J]. Social Problems, 2003(1).

[11] Morris, C. Paying It Forward: The National Debate to Make Community College Free Continues as More States Develop a Tuition-Free Plan for Students[J]. Higher Education, 2015, 32 (23).

[12] Chacon, J. A. The Experiences of Low-Income Latino: A Students in the California Community College System at a Time of Education Budget Cuts[J]. Journal of Hispanic Higher Education, 2013(3).

[13] Chiswick,B. R. The Earnings and Human Capital of American Jews [J]. The Journal of Human Resources, 1983(3).

[14] Avery, C., Turner, S. Student Loans: Do College Students Borrow

Too Much—Or Not Enough? [J]. Journal of Economic Perspectives, 2012, 26 (1).

[15] Coleman, J. S., Campbell, E. C. & Hobson, J. Equality of Educational Opportunity[M]. Washington, DC: U. S. Government Printing Office, 1966.

[16] Johnstone, D. B. Sharing the Cost of Higher Education: Student Financial Assistance in the UK, the Federal Republic of Germany, France, Sweden and the US [M]. New York: College Board Publications, 1986.

[17] Toomey, D. M. Educational Disadvantage and Meritocratic Schooling [J]. Australian and New Zealand Journal of Sociology, 1976(12).

[18] Eisler, D. L., Garrison, S. Addressing College Student Loan Debt: Strategies for Success[J]. College & Research Libraries News, 2014, 75 (7).

[19] De Graaf, N. D., De Graaf, P. M., Kraaykamp, G. Parental Cultural Capital and Educational Attainment in the Netherlands: A Refinement of the Cultural Capital Perspective[J]. Sociology of Education, 2000(73).

[20] DiMaggio, P., Mohr, J. Cultural Capital, Educational Attainment, and Marital Selection[J]. American Journal of Sociology, 1985(6).

[21] DiMaggio, P. Cultural Capital and School Success: The Impact of Status Culture Participation on the Grades of U. S. High School Students[J]. American Sociological Review, 1982, 47.

[22] Douglass, J. A., Thomson, G. The Poor and the Rich: A Look at Economic Stratification and Academic Performance among Undergraduate Students in the United States. [J]. Center for Studies in Higher Education, 2008, 15.

[23] Bexley, E., Daroesman, S., Arkoudis, S. & James, R. University Student Finances in 2012: A Study of the Financial Circumstances of Domestic and International Students in Australia's Universities[R]. Melbourne: Center for the Study for Higher Education of the University of Melbourne,2013.

[24] Cassirer, E. An Essay on Man: An Introduction to a Philosophy of Human Culture [M]. New Haven: Yale University Press, 1944.

[25] Msigwa, F. M. Widening Participation in Higher Education: A Social Justice Analysis of Student Loans in Tanzania[J]. High Education, 2016, 72.

[26] Budgen, F., Main, S. J., Callcott, D., Hamlett, B. The First Year at University: Giving Social Capital a Sporting Chance[J]. Australian Journal of Teacher Education, 2014,39(7).

[27] Garrison-Wade,D. F. ,Lewis, C. W. Affirmative Action: History and Analysis[J].Journal of College Admission,2004(summer).

[28] Kraaykamp, G., Eijck, K. V. The Intergenerational Reproduction of Cultural Capital: A Threefold Perspective[J]. Social Forces,2010,89 (1).

[29] Kutz, G. D. For-Profit Colleges: Undercover Testing Finds Colleges Encouraged Fraud and Engaged in Deceptive and Questionable Marketing Practices [R]. Washington, D. C.: United States Government Accountability Office, 2010.

[30] Halsey, A. H., Lauder, H., Brown, P. & Wells, A. S. eds. Education: Culture, Economy, Society [M]. London: Oxford University Press, 1997.

[31] Hottell, D. L. Summer Bridge Program 2.0: Using Social Media to Develop Students' Campus Capital [J]. Change the Magazine of Higher Learning, 2014(5).

[32] Xue, H. Cultural Adaptation and Personal Capital Formation: The Experiences of Chinese Students in UK Higher Education [M]. Shanghai: Shanghai Jiao Tong University Press, 2011.

[33] Shotter, J. Conversational Realities: The Construction of Life through Language[M]. London: Sage, 1993.

[34] Petrash, J. Waldorf Education: Back to the Future[J]. Encounter: Education for Meaning and Social Justice, 2010, 23(4).

[35] Jackson, T. R. The Lived Experience of Economically Disadvantaged, Black Students Attending Predominantly White, Elite Private Boarding Schools [D]. Atlanta: Georgia State University, 2010.

[36] Jaeger, M. M. Does Cultural Capital Really Affect Academic

Achievement? New Evidence From Combined Sibling and Panel Data [J]. Sociology of Education, 2011, 84(4).

[37] Coleman, J. S. Foundations of Social Theory [M]. Cambridge: Harvard University Press, 1990.

[38] Coleman, J. S. Social Capital in the Creation of Human Capital[J]. The American Journal of Sociology, 1988(94).

[39] Houle, J. N. , Warner, C. Into the Red and Back to the Nest? Student Debt, College Completion, and Returning to the Parental Home among Young Adults[J]. Sociology of Education, 2017, 90 (1).

[40] Whitney, J. , Lovewell, J. , Moeller, B. et al. Building Relationships, Sharing Resources, and Opening Opportunities: A STEM Learning Community Builds Social Capital for Students with Disabilities[J]. Journal of Postsecondary Education and Disability, 2012,25(2).

[41] Jencks, C. Inequality: A Reassessment of the Effects of Family and Schooling in America[M]. New York: Basic Books, 1972.

[42] Woo, J. H. Degrees of Debt Student Borrowing and Loan Repayment of Bachelor's Degree Recipients 1 Year After Graduating: 1994, 2001, and 2009 [R]. Washington, D. C. : U. S. Department of Education, 2013.

[43] Onyx, J. , Bullen, P. Measuring Social Capital in Five Communities [J]. The Journal of Applied Behavioral Science, 2000,36(1).

[44] Lin, J. , Hsieh, Y. , Lin, F. Modification Effects of Family Economic Status and School Factors on Depression Risk of Single-Father Family Children in Mid-Taiwan Area [J]. Research in Developmental Disabilities, 2013, 34.

[45] Richardson, J. G. ed. Handbook of Theory and Research for the Sociology of Education[M]. Westport, CT: Greenwood Press, 1986.

[46] Knight, J. , Rochon, R. Starting Online: Exploring the Use of a Social Networking Site to Facilitate Transition into Higher Education [J]. The Electronic Journal of e-Learning,2012,10(3).

[47] Noble, J. , Davies, P. Cultural Capital as an Explanation of Variation in Participation in Higher Education [J]. British Journal of Sociology

of Education，2009，30(5)．

[48] Jonsson，J. O. Class Origin，Cultural Origin and Educational Attainment[J]．European Sociological Review,1987(3)．

[49] Staff，J. A Growing Number of Americans 60 and Older Have Student Debt[J]．Bloomberg Business Week，2014(8)．

[50] Staff，J. Study：60 Percent of Millennial College Grades Expect to Still Face Student Loans into Their 40s[J]．Business Journal News Network，2016(5)．

[51] Saenz，K. P. ，Combs，J. P. Experiences，Perceived Challenges，and Support Systems of Early College High School Students [J]．Administrative Issues Journal：Connecting Education，Practice，and Research,2015,5(1)．

[52] Aleksic-Maslac，K. ，Magzan，M. ICT as a Tool for Building Social Capital in Higher Education [C]．Croatia：University of Ulster Waterfront Hall Belfast,2011．

[53] Stolle，K. The Case for Summer Bridge：Building Social and Cultural Capital for Talented Black STEM Students[J]．Science Educator，2011，20(2)．

[54] Hennessy-Himmelheber，K. S. Making Connections[D]．Rutgers：The State University of New Jersey，2015．

[55] Kim，P. Y. ，Bámaca-Colbert，M. Y. ，Jian，N. & Gonzales-Backen，M. A. Friends' Cultural Orientation as a Mediator between Familial Ethnic Socialization and Ethnic Identity among Mexican-Origin Adolescent Girls [J]．Cultural Diversity and Ethnic Minority Psychology，2017，23(2)．

[56] Lochner，K. ，Kawachi，I. ，Kennedy，B. P. Social capital：A Guide to Its Measurement[J]．Health & Place，1999 (5)．

[57] Kohls，L. R. Survival Kit for Overseas living：For Americans Planning to Live and Work Abroad (4th Edition)[M]．London：Nicholas Brealey Publishing，2001．

[58] Levine，D. U. Society and Education (9th ed.)[M]．Boston：Allyn and Bacon，1996．

[59] McKinney，L. ，Burridge，A. B. Helping or Hindering? The Effects

of Loans on Community College Student Persistence[J]. Research in Higher Education, 2015, 56 (4).

[60] Pernillo, M. D., Rivas, S., Fuentes, L. et al. Measurement of Socio-Economic Status in Families of Children with Cancer in Guatemala[J]. Pediatric Blood & Cancer, 2014, 61(11).

[61] Maclean, M., Harvey, C. & Press, J. Business Elites and Corporate Governance in France and the UK[M]. London: Palgrave Macmillan, 2006.

[62] Hashemi, M., Hojjati, A., Nikravan, F. et al. The Comparison of Socio-Economic Status of Families and Social Support of Parents for the Physical Exercises of Their Children[J]. Procedia-Social and Behavioral Sciences, 2013(82).

[63] Salomon, M. Social Capital Outcomes of Adult Learning and Literacy Initiatives: How Do We Measure Them? [R]. Quebec: The Centre for Literacy of Quebec, 2010.

[64] Wu, M. The Socio-Cultural and Academic Adjustment of Students at a Learning University for Minorities in China[D]. Idaho: University of Idaho, 2008.

[65] Hansen, M. H. Lessons in Being Chinese: Minority Education and Ethnic Identity in Southwest China[M]. Hong Kong: Hong Kong University Press, 1999.

[66] White, M. J., Kaufman, G. Language Usage, Social Capital, and School Completion among Immigrants and Native-Born Ethnic Groups [J]. Social Science Quarterly, 1997, 98(2).

[67] Long, M. Government Financial Assistance for Australian University Students[J]. Journal of Higher Education Policy and Management, 2002. 24(2).

[68] Lamont, M., Lareau, A. Cultural Capital: Allusions, Gaps and Glissandos in Recent Theoretical Developments [J]. Sociological Theory, 1988(6).

[69] Zhou, M., Hill, A. M. Affirmative Action in China and the U. S. : A Dialogue on Inequality and Minority Education [M]. New York: Palgrave MacMillan, 2009.

[70] Mitchall, A. M. Influences on the Motivation of Low-Income, First-Generation Students on the Path to College: A Cross-Case Analysis Using Self-Determination Theory[D]. Raleigh: North Carolina State University, 2015.

[71] KOÇ, M., Ann, K. The Consequences of Internet Cafe Use on TURKISH College Students' Social Capital[J]. The Turkish Online Journal of Educational Technology, 2007, 6(3).

[72] Magson, N. R., Craven, R. G., Bodkin-Andrews, G. H. Measuring Social Capital: The Development of the Social Capital and Cohesion Scale and the Associations between Social Capital and Mental Health [J]. Australian Journal of Educational & Developmental Psychology, 2014(14).

[73] Quadlin, N. Y., Rudel, D. Responsibility or Liability? Student Loan Debt and Time Use in College[J]. Social Forces, 2015, 94 (2).

[74] OECD. PISA 2006-Learning for Tomorrow's World: First Results from PISA 2006[M]. Paris: OECD, 2007.

[75] Bourdieu, P., Wacquant, J. D. An Invitation to Reflexive Sociology [M]. Chicago: University of Chicago Press, 1992.

[76] Parks-Yancy, R. Interactions into Opportunities: Career Management for Low-Income, First-Generation African American College Students [J]. Journal of College Student Development, 2012(4).

[77] Bourdieu, P., Passeron, J. C. Reproduction in Education, Society & Culture [M]. Translated by Nice, R. New York: Sage Publication, 1990.

[78] Bourdieu, P., Wacquant, L. Invitation to Reflexive Sociology[M]. Chicago: University of Chicago Press, 1992.

[79] Bourdieu, P. Distinction: A Social Critique of the Judgement of Taste [M]. Translated by Nice, R. Cambridge: Harvard University Press, 1984.

[80] Bourdieu, P. Languageand Symbolic Power [M]. Cambridge: Harvard University Press, 1991.

[81] Bourdieu, P. Le Sens Pratique[M]. Paris: Editions de Minuit, 1980.

[82] Bourdieu, P. The Logic of Practice[M]. Cambridge: Polity Press;

Stanford: Stanford University Press, 1990.

[83] Portes, A. Social Capital: Its Origins and Applications in Modern Sociology[J]. Annual Review of Sociology, 1998, 24(1).

[84] Allen, R. E. eds. The Pocket Oxford Dictionary of Current English (Seventh Edition)[M]. New York: Oxford University Press, 1984.

[85] Toutkoushian, R. K., Shafiq, M. N. A Conceptual Analysis of State Support for Higher Education: Appropriations Versus Need-Based Financial Aid[J]. Research High Education, 2010(51).

[86] Turner, R. H. Sponsored and Contest Mobility and the School System [J]. American Sociological Review, 1960, 25(6).

[87] Harker, R. K. On Reproduction, Habitus and Education[J]. British Journal of Sociology of Education, 1984, 5(2).

[88] Watts, R. Public Universities, Managerialism and the Value of Higher Education[M]. London: Palgrave Macmillan, 2017.

[89] Robinson, R., Garnier, M. Class Reproduction among Men and Women in France[J]. American Journal of Sociology, 1985(2).

[90] Semo, R., Karmel, T. Social. Capital and Youth Transitions: Do Young People's Networks Improve Their Participation in Education and Training? Occasional Paper[R]. Adelaide: National Center for Vocational Education Research, 2011.

[91] Moschetti, R., Hudley, C. Measuring Social Capital among First-Generation and Non-First-Generation, Working-Class, White Males [J]. Journal of College Admission, 2008(4).

[92] French, S. E., Chavez, N. R. The Relationship of Ethnicity-Related Stressors and Latino Ethnic Identity to Well-Being [J]. Hispanic Journal of Behavioral Sciences, 2010(7).

[93] Block, S. The Right Way to Borrow for College [J]. Kiplinger's Personal Finance, 2014, 88 (11).

[94] Baum, S. Student Debt: Rhetoric and Realities of Higher Education Financing[M]. New York: Palgrave Pivot, 2016.

[95] Sukhbaatar, J. Student Financial Aid in Mongolia: The Effect on Bacherlor's Degree Completion[D]. Pennsylvania: The Pennsylvania State University, 2007.

[96] Sullivan, A. Cultural Capital and Educational Attainment [J]. Sociology, 2001(4).

[97] Taylor, S. R., Baker, S. The Student Assistance Program: Higher Education's Holy Grail[J]. Pastoral Care in Education, 2012,30(1).

[98] Bennett, T., Savage, M., Silva, E., Warde, A., Gayo-Cal, M., Wright, D. Cultural Capital and the Cultural Field in Contemporary Britain[R]. CRESC Working Paper Series 3,2005.

[99] Teachman, J. D. Family Background, Educational Resources, and Educational Attainment[J]. American Sociology Review, 1987(8).

[100] Strayhorn, T. L. When Race and Gender Collide: Social and Cultural Capital's Influence on the Academic Achievement of African American and Latino Males[J]. The Review of Higher Education, 2010(3).

[101] Schultz, T. W. Investment in Human Capital[J]. The American Economic Review, 1961, 51(1).

[102] Brändle, T., Häuberer, J. Social Capital of Non-Traditional Students at a German University: Do Traditional and Non-Traditional Students Access Different Social Resources? [J]. International Journal of Higher Education, 2015,4(1).

[103] Venegas, K. M. The Internet and College Access: Challenges for Low-Income Students[J]. American Academic, 2007, 3.

[104] Tinto, V. Student Retention and Graduation: Facing the Truth, Living with the Consequences[R]. Washington, D. C. : Pell Institute for the Study of Opportunity in Higher Education, 2004. Occasional Paper No. 1.

[105] Wang,N. Rethinking Authenticity in Tourism Experience[J]. Annals of Tourism Research, 1999, 26(2).

[106] Weber, M. From Max Weber: Essays in Sociology[M]. Oxford: Oxford University Press, 1946.

[107] White, K. R. The Relationship between Socioeconomic Status and Academic Achievement[J]. Psychological Bulletin, 1982(3).

[108] Zhang, X., Zhang, J. Social Capital: An Alternative Model to College Graduation[R]. Chicago: AIR 2010 Forum, 2010.

[109] Young, Y., et al. eds. Cross-Cultural Adaptation: Current Theory and Research[M]. Newbury Park: Sage, 1987.

[110] Luo, Y., Wang, Z., Zhang, H., Chen, A. The Influence of Family Socio-Economic Status on Learning Burnout in Adolescents: Mediating and Moderating Effects[J]. Journal of Child and Family Studies, 2016, 25(7).

政策法规

[1] 高等学校学生资助政策简介(本专科学生)[S]. 2014.

[2] 关于对高等学校生活特别困难学生进行资助的通知[S]. 1989.

[3] 关于对高等学校生活特别困难学生进行资助的通知[S]. 1993.

[4] 关于对普通高等学校经济困难学生减免学杂费有关事项的通知[S]. 1995.

[5] 关于国家助学贷款的管理规定(试行)的通知[S]. 1999.

[6] 关于进一步加强高等学校学生资助工作机构建设的通知[S]. 2006.

[7] 关于进一步加强高校资助经济困难学生工作的通知[S]. 1999.

[8] 关于进一步加强学生资助政策宣传工作的通知[S]. 2015.

[9] 关于进一步做好高等学校勤工助学工作意见的通知[S]. 1989.

[10] 关于普通高等学校收取学杂费和住宿费的规定[S]. 1989.

[11] 关于切实解决高校贫困家庭学生困难问题的通知[S]. 2004.

[12] 关于切实做好 2012 年普通高等学校家庭经济困难新生入学及各项资助工作的通知[S]. 2012.

[13] 关于切实做好高校经济困难学生入学工作的通知[S]. 1996.

[14] 关于认真做好 2007 年高等学校新生入学"绿色通道"和贯彻落实新资助政策有关工作的通知[S]. 2007.

[15] 关于认真做好 2008 年高等学校新生资助有关工作的通知[S]. 2008.

[16] 关于认真做好高等学校家庭经济困难学生认定工作的指导意见[S]. 2007.

[17] 关于实施"西部开发助学工程"的通知[S]. 2000.

[18] 关于调整全国高等学校及中等学校学生人民助学金的通知[S]. 1952.

[19] 关于调整全国各级各类学校教职工工资及人民助学金标准的通知[S]. 1952.

[20] 关于修改《普通高等学校本、专科学生实行贷款制度的办法》部分条款

的通知[S].1989.

[21] 关于学生助学贷款管理的补充意见[S].2000.

[22] 关于印发国家奖学金管理办法的通知[S].2002.

[23] 关于印发普通本科高校、高等职业学校国家励志奖学金管理暂行办法的通知[S].2007.

[24] 关于在普通高等学校设立勤工助学基金的通知[S].1994.

[25] 关于做好 2016 年重点高校招收农村和贫困地区学生工作的通知[S].2016.

[26] 国家助学贷款管理操作规程(试行)[S].1999.

[27] 教育脱贫攻坚"十三五"规划[S].2016.

[28] 普通高等学校本、专科学生人民奖学金试行办法[S].1983.

[29] 普通高等学校本、专科学生人民助学金暂行办法[S].1983.

[30] 普通高等学校本、专科学生实行贷款制度的办法[S].1987.

[31] 普通高等学校本、专科学生实行奖学金制度的办法[S].1987.

[32] 中共中央、国务院关于打赢脱贫攻坚战的决定[S].2015.

[33] 中华人民共和国高等教育法[S].1998.

索 引

附　录

第二章附录:本科生家庭经济对其文化资本的影响调查问卷

亲爱的同学:

　　您好! 为了研究家庭经济水平对本科生文化资本状况的影响,进而为改进家庭经济弱势本科生补偿政策提供政策建议,特开发本调查问卷。问卷不记名,调查结果仅供科研所用,您的回答没有是非对错之分,不会给您带来任何负面影响。您的回答对我们研究至关重要,请您放心并如实认真作答。感谢您的参与!

课题组 2015-06-20

第一部分:文化资本状况

在空闲时,你会多久进行一次如下活动?

序号	项目	经常	有时	几乎不	从不
1	看流行的电视综艺节目				
2	去美术馆或博物馆				
3	去剧院、电影院				
4	去流行乐现场音乐会				
5	玩乐器				

续表

序号	项目	经常	有时	几乎不	从不
6	听音乐				
7	看电视了解时事				
8	听广播了解时事				
9	读报纸了解时事				

10.哪种电视节目是你定期看的(可多选)

A.纪录片　　　　B.新闻　　　　C.艺术类节目　　　　D.其他

11.你多久读一次课外书(与专业学习无关的书)?

A.几乎不　　　　B.1月1次　　C.半月一次　　　　D.1周1次

E.1周2次　　　　F.1周3次或以上

12.请列举出你最近读过的课外书的书名或作者?

_____

_____

13.你所拥有的与专业相关的资格证书有多少?

A.0本　　　　　　B.1本　　　　C.2本　　　　　　D.3本

E.4本　　　　　　F.5本及以上

14.你父亲(或母亲)的最高学历或者在攻读的学位是?

A.没有　　　　　B.小学　　　　C.初中

D.高中(或相同等级的职业资格证书)

E.大学(或相同等级的职业资格证书)

F.研究生(硕士、博士等)

以下主题你和其他人讨论的频率是?

序号	项目	经常	有时	从不
15	艺术			
16	书籍			
17	科学			
18	时事			
19	音乐			

C.你在休闲时间从事以下活动的频率是？

序号	项目	经常	有时	几乎不	从不
20	参加同学或朋友聚会				
21	进行户外运动				
22	进行室内运动				
23	做志愿者工作				
24	读小说				
25	读非小说类文学				
26	听讲座				
27	去古典乐现场音乐会				
28	去图书馆				
29	参加晚间或白天的学习班				

30.你最近半个月有去看电影吗？

A.有　　　　　　B.没有

31.如果有,你看的是什么电影？

_____

32.你大学期间是否购买过词典、字典之类的工具书？

A.是　　　　　　B.否

33.你大概有多少本藏书？

A.0～5　　　　B.6～10　　　　C.11～30　　　　D.31～60

E.61 及更多

34.你会除英语外的外语吗？

A.会　　　　　　B.不会

35.你喜欢听什么样的音乐？

A.舞台/影视音乐　　　B.古典　　　　　　C.爵士

D.摇滚　　　　　E.其他

第二部分:家庭经济水平

36.你的家庭类型是:

A.健全　　　B.单亲　　　C.孤儿　　　D.重病　　　E.其他

37. 你的家庭经济主要来源是：

A. 务农　　　　B. 务工　　　　C. 半工半农　D. 个体经营　E. 其他

38. 你的家庭所在地是：

A. 城镇（如选此项，请跳过第 40 题）

B. 农村（如选此项，请跳过第 39 题）

39. （家在城镇）你的家庭人均可支配收入大约是：

A. 12000 元　B. 18000 元　C. 25000 元　D. 33000 元　E. 55000 元

40. （家在农村）你的家庭人均纯收入大约是：

A. 2500 元　　B. 5500 元　　C. 8000 元　　D. 12000 元　E. 22000 元

41. 你在校一年所支出（学费＋住宿费＋日常支出）的费用是多少？

A. 12000 以下　　　B. 12000～22000 元　　C. 22000～32000 元

D. 32000～42000 元　E. 42000 及以上

42. 你在校一年的支出占家庭年总收入的比重是（请务必回答）：

A. 80％以上　　　　B. 60％～80％　　　　C. 40％～60％

D. 20％～40％　　　E. 20％以下

D. 以下是你对家庭经济水平的直接感受，请你对所列举的评价项进行判断并打"√"。

家庭经济水平	满意度				
	非常满意	比较满意	一般	不太满意	很不满意
43. 住房条件					
44. 耐用消费品（如家电、家具等）					
45. 食品消费及营养状况					
46. 生活费消费情况					
47. 医疗保健状况					
48. 整体经济状况					

第三部分：基本资料

49. 性别：□男　　□女

50. 年龄：_____岁

51. 民族：_____族

52. 年级：□大一　□大二　□大三　□大四

53.专业类别:□文史类   □理工类   □艺术类

54.生源所在地:□东部地区   □中部地区   □西部地区

第四章附录:本科生家庭经济对其社会资本的影响调查问卷

亲爱的同学:

您好!为研究本科生家庭经济水平对其社会资本状况的影响,进而为改进家庭经济弱势本科生补偿政策提供政策建议,特开发本调查问卷。问卷不记名,调查结果仅供科研所用,您的回答没有对错之分,不会给您带来任何负面影响,请您放心并如实认真作答。感谢您的合作!

课题组   2016-10-17

第一部分:基本信息

1.您的性别:□男   □女

2.家庭所在地:□农村   □乡镇   □城市

3.兄弟姐妹:□独生   □非独生

4.您的年级:□大一   □大二   □大三   □大四

5.您父亲的学历(   )

A.小学及以下   B.初中   C.高中

D.大学   E.硕士   F.博士

6.您母亲的学历(   )

A.小学及以下   B.初中   C.高中

D.大学   E.硕士   F.博士

第二部分:家庭经济状况

维度一:父母职业

7.父亲的职业类型(   )

A.无业人员、临时工、非技术型工人和农民

B.劳务工、个体户、技术型工人

C.低层管理者、专业技术人员、事务性工作人员

D.中层管理者、专业技术人员、专家

E.高层管理者、专业技术人员、行政部门干部

F.其他_____(如您无法在以上选项中找到,请将职业写在此处。)

8. 母亲的职业类型（　　）

A. 无业人员、临时工、非技术型工人和农民

B. 劳务工、个体户、技术型工人

C. 低层管理者、专业技术人员、事务性工作人员

D. 中层管理者、专业技术人员、专家

E. 高层管理者、专业技术人员、行政部门干部

F. 其他_____（同上。）

维度二：家庭收入

9. 您的家庭年人均可支配收入（　）

A. 8000 元及以下　　　　B. 8000～18000 元　　　C. 18000～28000 元

D. 28000～38000 元　　　E. 38000 元及以上

10. 您在校期间年支出的费用（按 10 个月计算）（　　）

A. 6000 元及以下　　　　B. 6000～8000 元　　　　C. 8000～10000 元

D. 10000～12000 元　　　E. 12000 元及以上

11. 您在校一年支出占家庭年收入的比重（　　）

A. 80% 以上　　　　　　B. 60%～80%　　　　　　C. 40%～60%

D. 20%～40%　　　　　　E. 20% 以下

12. 您家庭所拥有的房产总价值（　　）

A. 10 万元以下　　　　　B. 10 万～30 万元以下　C. 30 万～50 万元以下

D. 50 万～70 万元以下　E. 70 万元及以上

13. 您的家庭所拥有的价值在 1 万以上的耐用消费品件数（　　）

A. 0 件　　　B. 1 件　　　C. 2 件　　　　D. 3 件　　　　E. 4 件及以上

维度三：应急经济能力

14. 您的家庭应对重病时的经济状况（　　）

A. 非常差　　B. 比较差　　C. 一般　　　　D. 比较好　　E. 非常好

15. 您的家庭应对失业时的经济状况（　　）

A. 非常差　　B. 比较差　　C. 一般　　　　D. 比较好　　E. 非常好

16. 您的家庭应对突发灾害时的经济状况（　　）

A. 非常差　　B. 比较差　　C. 一般　　　　D. 比较好　　E. 非常好

第三部分:社会资本状况

维度一:社会网络

17.2016 年春节,您与多少亲属通过拜访、打电话、发邮件、发短信等方式拜年(　　)

　　A.几乎没有　B.小部分　　C.大约一半　D.大部分　　E.几乎所有

18.2016 年春节,您与多少非亲属通过拜访、打电话、发邮件、发短信等方式拜年(　　)

　　A.几乎没有　B.小部分　　C.大约一半　D.大部分　　E.几乎所有

19.2016 年传统节日(春节、中秋)期间,您收到多少亲戚或者朋友的祝福(　　)

　　A.几乎没有　B.小部分　　C.大约一半　D.大部分　　E.几乎所有

20.您参加学校组织的志愿者活动的频率(　　)

　　A.从不　　　B.偶尔　　　C.有时　　　D.经常　　　E.总是

21.您参加同学聚会或者娱乐活动的频率(　　)

　　A.从不　　　B.偶尔　　　C.有时　　　D.经常　　　E.总是

22.您参加校内各种比赛或者竞赛的频率(　　)

　　A.从不　　　B.偶尔　　　C.有时　　　D.经常　　　E.总是

23.您是否担任过学校社团的成员(　　)

　　A.否　　　　B.是

24.您是否担任过校级或者院级的学生干部(　　)

　　A.否　　　　B.是

25 您是否参与过志愿者活动(　　)

　　A.否　　　　B.是

26.您是否是中共党员(含预备)(　　)

　　A.否　　　　B.是

维度二:社会规范

下表数字"1—5"分别表示"完全不符合""比较不符合""符合""比较符合""完全符合",哪些题目符合您的表达,请在相应的数字下面打"√"。

题目	完全 不符合	比较 不符合	符合	比较 符合	完全 符合
	5	1	2	3	4
27.我从未有过逃票行为					
28.我能够遵纪守法					
29.我能在国家需要时参军					
30.我有监督政府或公职人员的行为					
31.我积极参加社会和政治组织的活动					
32.我能够真诚地对待身边的所有人					
33.我能够经常帮助周围的人					
34.我经常得到他人的帮助					
35.我愿意帮助比自己境遇差的人					
36.我能够理解与自己看法不同的人					

维度三:社会信任

下表数字"1—5"分别表示"完全不符合""比较不符合""符合""比较符合""完全符合",哪些题目符合您的表达,请在相应的数字下面打"√"。

题目	完全 不符合	比较 不符合	符合	比较 符合	完全 符合
	1	2	3	4	5
37.我信任我的家人					
38.我信任我的亲戚					
39.我信任我的邻居					
40.我信任学校领导					
41.我信任学校老师					
42.我信任学生干部					
43.我信任我的同学					
44.我信任我的朋友					
45.我信任陌生人					
46.我信任大众媒体					

第八章附录：家庭经济弱势本科生的教育生活研究访谈提纲

亲爱的同学：

您好！为了研究家庭经济弱势本科生的教育生活状况，我们开发了本访谈提纲。访谈数据只用作科研，如果研究成果发表，您的个人信息将会进行匿名处理。访谈不会给您带来任何负面影响，请您放心并如实作答。本访谈是半开放式的，您的回答不限于本提纲。感谢您的合作！

课题组　2017-09-27

维度一：社会生活体验

1. 就读期间，你与老师和同学之间的关系是怎样的？

2. 在与人交往的过程中你遇到了哪些挑战？是怎样应对的？

3. 如果担任过学生干部，期间你有什么样的经历和感受？如果没担任过学生干部，你如何评价学生干部这个职位？

4. 你在参与或领导各种校园或班级活动中有什么样的经历和感受？

5. 在社会生活中，你认为非经济弱势学生会表现出哪些不同？

6. 学校对你的帮扶对你的人际交往有哪些影响？

7. 就读期间，在社会生活层面你有哪些难忘的经历（与老师、同学和父母）？

维度二：物质生活体验

8. 你当前具体的经济状况是怎样的（收入来源、开销等）？

9. 你做过哪些勤工助学工作？工作过程中，你有什么样的经历和感受？

10. 在物质生活中你遇到了哪些问题？你是如何克服的？

11. 在物质生活中，你认为非经济弱势学生会表现出哪些不同？

12. 学校对你的物质帮助对你有哪些影响？

13. 就读期间在物质生活层面你有哪些难忘的经历？

维度三：精神生活体验

14. 你当前具体的学业状况是怎样的？

15. 你在学习过程中遇到过哪些困难？你是如何处理这些困难的？

16. 在精神层面，你认为非经济弱势学生会表现出哪些不同？

17. 你对学校的经济弱势学生帮扶有怎样的评价？它对你的精神世界

有哪些影响？

　　18.就读期间对你的"自我成长"有特殊意义的事情有哪些？

　　19.你对自己有一个怎样的规划？本科学习经历对你的人生规划有什么影响？

第十章附录 1:家庭经济弱势本科生补偿政策
体验访谈知情同意书

亲爱的同学：

　　您好！鉴于您在大学期间曾接受过或正在接受国家对家庭经济弱势本科生的补偿,我们诚挚邀请您参加"家庭经济弱势本科生的补偿政策体验研究"项目的访谈。本知情同意书将提供给您关于项目研究的信息、您需要遵照的事项,以及接受访谈相关的风险和可能收益。请仔细阅读,然后决定是否愿意接受我们的访谈。

课题组　2014-09-25

　　1. 项目信息

　　随着高等教育收费制度改革和高校扩招的实施,大量家庭经济弱势的学生被大学所吸纳,政府和学校高度重视这一群体在大学期间的学习生活,在经济上提供方式多样的补偿。为更好地为经济弱势学生提供能满足他们实际需求的帮助,我们特开展此项目的研究,来深入了解受助学生的真实体验。

　　2.访谈安排

　　访谈类型:本访谈为半开放式访谈,访谈实施前将会为您提供一份访谈提纲。

　　访谈内容:您对补偿政策的了解;接受补偿时您的经历体验;您对补偿政策的认同和看法等。

　　实施时间:2014 年下半年,具体时间将与您协商约定。

　　持续时间:完成此次访谈大约需要 60 分钟。

　　3. 不适处理

　　访谈中的某些问题可能会引发您的尴尬或者不适,如果您不愿意回答此类问题,可以跳过它,继续回答其他问题。

4.受访权利

在了解整个访谈项目的内容和目的之后,您可以自愿决定参加还是不参加。

5.可能收益

访谈结束后,我们将赠送小礼品给受访者,聊表谢意。访谈虽无法使您更多地直接受益,但您的参与将帮助我们更好地了解家庭经济弱势本科生补偿政策体验方面的宝贵信息,以丰富有关研究成果,并提出合理的改进补偿政策的建议。

6.隐私保密

为了保护您的隐私,访谈数据在无匿名处理的情况下将不会被传阅或公布,因此,您无须担心来自他人的影响。

7.成果发布

访谈研究结果可能会以论文、专著、报告等形式进行发布。您在成果中所陈述的话语会进行加工和匿名处理。

知情同意签字:

我已经阅读了本知情同意书,并且研究人员已经将此次科学研究的目的、内容、风险和受益情况向我做了详细的解释说明,对我询问的所有问题也给予了解答,我对此项研究已经了解,我自愿参加本项研究。

受访者签名:

日　　　期:

第十章附录2:家庭经济弱势本科生的补偿政策体验研究访谈提纲

亲爱的同学:

您好！为了研究家庭经济弱势本科生的生活体验,特开发本访谈提纲。访谈数据只做科研用,如果研究成果发表,您的个人信息将会进行匿名处理,所以访谈不会给您带来负面影响,请您放心并如实作答。访谈将持续约一个小时,您的回答可以不限于本提纲。诚挚感谢您的合作!

课题组 2014-09-25

1.您的家庭经济状况怎样? 主要收入来源是哪些?

2.您获得的补助分别来源于哪些项目? 额度分别为多少? 获得补助后,您是怎样管理和使用这些补助金的?

3.您在申请补助这件事上有过愉快或不愉快的经历吗? 如果有,请与我们分享。

4.您每月生活开销是多少? 获得补助对您的消费水平、消费方式有哪些影响? 您所获得的补助在多大程度上缓解了您和您家庭所面临的经济压力?

5.经济补助对您的生活带来了哪些影响(学习动力、学业表现、学习抱负、人际交往、集体生活、感情生活)? 经济补助对您而言,最大的意义是什么?

6.大学期间,您做过兼职来改善自己的经济状况吗? 如有,做什么工作? 月收入多少? 感受怎样? 做兼职对您的学业有什么影响? 如您没有做过兼职,为什么?

7.您对当前学校补助金的评定方式有什么看法? 有虚假行为吗? 应怎样解决?

8.您认为国家和学校对家庭经济弱势本科生的补助有没有达到预期效果?

9.您如何评价现有家庭经济弱势本科生补偿政策? 如果需要改进,应怎样改进?

10.您如何看待当前一些家庭经济弱势本科生毕业后,不及时偿还助学贷款的现象?

11.将来走向社会后,您会不会去帮助其他家庭经济弱势的学生? 为什么?

12.受到经济补助的经历,对您对学校、政府和社会的看法有什么样的影响?

图书在版编目(CIP)数据

家庭经济弱势本科生成长及其补偿研究 / 蔡连玉等著.
—杭州:浙江大学出版社,2019.3
ISBN 978-7-308-18875-3

Ⅰ.①家… Ⅱ.①蔡… Ⅲ.①家庭经济学—影响—本
科生—补偿—教育政策—研究—中国 Ⅳ.①G649.20

中国版本图书馆 CIP 数据核字(2018)第 301894 号

家庭经济弱势本科生成长及其补偿研究

蔡连玉 等著

责任编辑	吴伟伟 *weiweiwu@zju.edu.cn*	
责任校对	杨利军　李瑞雪	
封面设计	春天书装	
出版发行	浙江大学出版社	
	(杭州市天目山路 148 号　邮政编码 310007)	
	(网址:http://www.zjupress.com)	
排　　版	杭州隆盛图文制作有限公司	
印　　刷	杭州钱江彩色印务有限公司	
开　　本	710mm×1000mm　1/16	
印　　张	22.5	
字　　数	400 千	
版 印 次	2019 年 3 月第 1 版　2019 年 3 月第 1 次印刷	
书　　号	ISBN 978-7-308-18875-3	
定　　价	68.00 元	